KB039224

제
4
판

법조윤리
강의

김건호 · 한상규

박영사

제4판 머리말

2015년 2월 제3판 개정 작업을 마친 이후 수년이 지났음에도 저자의 타고난 게으름으로 후속 개정 작업을 계속 미룬 채 지내오게 되어 독자들에게 송구스럽고 창피한 마음이 그지없었는데, 다행히 강원대학교 법학전문대학원에서 법조윤리 과목을 전담하고 있는 한상규 교수의 전적인 도움으로 이제야 제4판 개정 작업을 진행할 수 있게 되었다. 우선 이 자리를 빌려 한 교수의 노고에 감사한 마음을 전한다. 이번 제4판에서는 표기상 또는 문맥상의 미흡한 부분을 바로잡음과 아울러 그간에 수차례에 걸쳐 개정된 변호사법 규정 및 변호사윤리장전의 내용을 비롯해 변리사법, 세무사법 및 외국법자문사법, 검사징계법 등 법조윤리와 관련하여 개정된 법 규정의 내용을 반영하여 기술하였다. 특히 2021년 5월 3일 종전의 「변호사업무광고규정」에서 「변호사 광고에 관한 규정」으로 전면 개정되어 2021년 8월 4일부터 시행되고 있는 위 규정의 내용과 이를 둘러싸고 문제되고 있는 논쟁의 핵심적 요지를 소개하였다. 아무쪼록 이번 제4판 개정이 로스쿨에서 법조윤리를 공부하는 학생들에게 미미하게라도 도움이 되었으면 좋겠다는 바람이다. 끝으로 이번 개정판의 출간을 위해 성심을 다해 교정작업을 도와준 박영사 윤혜경 선생에게도 고마운 마음을 전한다.

2022년 2월
저자 김 건 호

머 리 말

주지하고 있다시피 2009년부터 법학전문대학원제도가 시행됨에 따라 변호사
시험을 통하여 변호사자격을 취득하고자 하는 사람은 반드시 법학전문대학원에
서 법조윤리과목을 이수한 후 법조윤리시험에 합격하는 것이 그 필요조건으로
되어 있고, 이에 따라 각 법학전문대학원에서는 법조윤리과목을 전공필수과목으
로 지정하여 법조윤리에 관한 교육에 전념하고 있다. 법조윤리에 관하여 무지한
상태로 있던 필자는 과거 10여 년 동안 변호사로 일해 온 경험이 있다는 이유만
으로 2009년부터 충북대학교 법학전문대학원에서 법조윤리과목에 관한 강의를
담당하게 되었고, 이를 계기로 법조윤리과목을 공부하면서 장래 바람직한 법조
인으로서의 삶, 특히 변호사는 무슨 일을 하는 사람이고 변호사는 무엇을 하는
사람이어야 하는 것인지 등의 문제에 관하여 학생들과 함께 토론하고 고민하여
온 바 있다. 필자가 법조윤리과목을 공부해 오면서 잠정적으로 내린 결론은 변
호사의 윤리와 관련되는 실무상의 제 문제는 윤리 그 자체가 관심의 대상이 되
거나 문제가 되어 생겨난 것이 아니라 대개는 그 내막에 있어 경제적 이해관계
의 대립에서 생겨나는 것이 보통이라는 점과 변호사도 생계를 이어 나가야 할
사람이고 변호사라는 직업도 생활인으로서 생계를 잇기 위한 수단이라는 점을
감안한다면 변호사에 대한 지나친 윤리적 엄숙주의는 너무나 이상주의적이고
비현실적인 것으로서 바람직하지 않다는 것이다. 필자는 이와 같은 전제에서 강
의를 하여 오는 과정에서 종전의 강의 내용만으로는 학생들로 하여금 법조윤리
시험에 대비하여 법조윤리의 전반적인 내용을 체계적으로 지득하게 하기가 어
렵다는 현실을 인식하게 되었고, 이에 법조윤리시험에 대비하기 위한 참고용 교
재로 이 책을 저술하게 되었다. 필자의 이와 같은 의도에도 불구하고 이 책의
내용 중 상당한 부분에서 그 한계와 문제점이 발견될 것이므로 독자들의 매서운
지적과 질책을 기다림과 아울러 앞으로 기회가 되는대로 이를 시정하거나 보완
할 것을 약속한다. 마지막으로 필자로 하여금 이 책을 출간하도록 재촉하고 격

려하여 준 김수갑 원장님과 성심성의껏 이 책의 교정을 도와준 이종만 조교, 그리고 바쁜 와중에도 이 책의 편집과 출판을 담당하여 주신 전희성 님과 진원사 관계자 여러분들에게도 감사의 말씀을 드린다.

2012년 6월
저자 김 건 호

목 차

제1장 법조윤리 총설

제2장 변호사윤리 총설

제3장　변호사와 의뢰인의 관계

제4장　변호사의 의무와 윤리

제5장 변호사의 광고

제6장 기업변호사의 윤리와 외국법자문사 제도

제7장 변호사 및 법무법인 등의 손해배상책임

제8장 변호사에 대한 징계와 변호사법위반에 대한 벌칙

제9장 법관 및 검사의 직무와 윤리

법조윤리 총설

Ⅰ. 법조윤리의 의의

1. 법조 및 법조윤리의 개념

　법조(法曹)란 말은 변호사, 법관, 검사 직역에 종사하는 법률전문가 집단을 통칭하는 것이고, 변호사, 법관, 검사와 같이 법률실무에 종사하는 사람을 일반적으로 법조인(法曹人)이라 부른다. 법률가는 가장 넓은 의미로 법학을 전공하고 이를 기반으로 생계를 유지하는 사람을 말하는데 법조인은 법률가 중에서도 소정의 자격시험에 합격하여 법률서비스를 유료로 수행할 자격을 갖춘 실무가를 의미한다. 한편 윤리란 인간의 행위에 대한 도덕적 가치판단과 규범을 의미하므로 결국 법조윤리란 변호사, 법관, 검사와 같은 법률전문가가 그 직무를 수행함에 있어서 준수해야 할 것으로 요구되는 가치판단기준과 규범[1] 등 그 행동기준을 말하는 것으로 볼 수 있는데, 이는 다시 변호사윤리, 법관윤리, 검사윤리로 구분된다.

2. 법조윤리의 특징

　법조윤리는 일반윤리가 아니라 직업윤리에 해당한다. 즉, 법조윤리는 법률전문가 집단인 법조인에게만 요구되는 전문직[2] 윤리이자 직업윤리로서 일반인이 속하고 있는 사회공동체에 대한 관계에서 그 일반인에게 요구되는 일반윤리 내지 보편적 윤리와는 그 성격이 전혀 다른 것이라 할 수 있다. 전문직 윤리로서 법조윤리의 핵심은 법조인이 수행하는 공적 기능(법치의 실현 내지 정의의 구현 등)을 확보하거나 고객의 신뢰와 이익을 보호하기 위한 것이라는 점에 있으므로,

---

[1] 여기에는 윤리적, 도덕적 규범뿐만이 아니라 법규범까지 포함되는 것으로 보는 것이 일반적이다.

[2] 전문직이라 함은 사회적인 분업의 체제에 있어서 자신의 전문화된 지식 또는 기술을 거래가 가능한 서비스로 생산 및 가공하여 이를 시장에서 독점적으로 판매하는 자로서 그 독점적 지위를 유지하기 위하여 서비스의 생산량이나 질을 통제하는 한편 서비스 공급자의 자격을 제한하는 일단의 경제인을 의미한다. 한상희, "법조윤리란 무엇인가", [법조윤리], 한국학술진흥재단, 박영사, 2010, 18면.

전문직의 영리성보다는 공공성을 강조하게 되고 일반윤리와 법조윤리가 충돌하는 경우 법조인은 법조윤리를 우선시하여 행동하여야 한다는 점에서 그 특징을 찾을 수 있다.

II. 법조윤리의 규범적 구조

1. 미국의 경우

(1) 미국변호사협회(ABA)는 1908년 8월 27일 변호사 직무윤리강령(Canons of Professional Ethics)을 제정한 바 있으나 현실성이 없다는 이유로 1970년 직업책임전범(Model Code of Professional Responsibility)이 이를 갈음하여 제정되었다. 이는 9개의 강령(Canons)에 이어 윤리적 고려사항(ethical consideration)과 징계규칙(disciplinary rules)을 그 내용으로 담고 있는데 징계규칙에서 요구하는 행위를 하지 않거나 금지하는 행위를 한 변호사는 윤리위원회나 법원의 결정에 의해 징계를 받을 수 있는 반면, 윤리적 고려사항의 위반은 징계사유가 되지 않는다. 강령은 다음과 같다.

① 변호사는 법조의 염결성[3]과 능력을 지키는 것에 조력하여야 한다.
② 변호사는 법적 조언을 제공할 의무를 다하는 데 있어 법조에 조력하여야 한다.
③ 변호사는 무인가 변호활동을 예방하는 것에 조력하여야 한다.
④ 변호사는 의뢰인의 신뢰와 비밀을 지켜야 한다.
⑤ 변호사는 의뢰인을 대리함에 있어 독립된 직업적 판단을 하여야 한다.
⑥ 변호사는 능력을 갖추어 의뢰인을 변호하여야 한다.
⑦ 변호사는 법의 테두리 안에서 열심히 의뢰인을 변호하여야 한다.
⑧ 변호사는 법제도를 개선함에 조력하여야 한다.
⑨ 변호사는 직업적으로 불온당한 외관도 피지하여야 한다.[4]

---

3) integrity를 '염결성'으로 번역하는 것이 보통인 것 같다. 그러나 '인격의 온전성'으로 번역하는 경우도 있고(존 롤즈, 정의론, 황경식 옮김, 이학사, 2010, 214면), '인격적 통합성'으로 번역한 예도 있다(이국운, 법률가의 탄생, 후마니타스, 2012, 101면).

4) 변호사는 온당치 못한 일을 하지 않아야 할 뿐만 아니라 온당치 못한 일을 한다고 보일만한 외관(일)도 만들지 말아야 한다는 의미이다.

(2) 위 규정의 시행에 따른 여러 문제점이 발생하게 되자[5] 미국변호사협회는 1983년 8월 2일 변호사의 직업적 품행에 관한 행위규칙(Model Rules of Professional Conduct)을 제정하였고 그 밖에 형사절차, 가사조정사건절차, 상사 중재사건 등에 관하여 다수의 윤리규약을 제정하기에 이르렀는데 대체적으로 미국의 변호사윤리규정은 분량도 많고 내용도 복잡하다.

2. 우리나라의 경우

(1) 변호사윤리

우리나라는 변호사법과 변호사윤리장전 등에서 변호사윤리에 관하여 규율하고 있다.

1) 변호사법

변호사법은 변호사윤리의 기본방향 및 변호사의 권리와 의무 등을 규정하고 있는데 이는 변호사윤리가 단순히 윤리적 행동규범에 그치는 것이 아니라 법규범의 일부로 편제되어 있다는 것을 의미하는 것이다. 변호사법 중에서 변호사윤리와 직결된 부분으로는 제1장 변호사의 사명과 직무, 제2장 변호사의 자격, 제3장 변호사의 등록과 개업, 제4장 변호사의 권리와 의무, 제9장 법조윤리협의회 및 수임자료 제출, 제10장 징계 및 업무정지 등을 들 수 있다.

2) 변호사윤리장전

변호사윤리에 관한 윤리적 행동규범으로는 1962년 대한변호사협회가 최초로 제정한 변호사윤리장전이 있다. 이는 1973년 이후 여러 차례에 걸쳐 부분 개정 되었다가 2014년 2월 24일 대한변호사협회 정기총회에서 전면 개정안이 의결되어, 같은 달 25일 공포, 시행되었고[6] 그 이후 2016.2.29.과 2017.2.27. 약간의 개

---

5) 무엇보다도 '워터게이트 스캔들'에 다수의 변호사들이 개입되었던 사실이 주요 원인이 되었다.
6) 이 전면개정은 로스쿨 제도의 도입 및 법률시장개방에 따른 변호사 수의 증가, 변호사 직역의 확대, 법무법인의 대형화 및 국제화와 법조일원화제도의 도입 등으로 인해 법조

정이 있었다. 개정 변호사윤리장전은 7개 항의 윤리강령과 5장 54개 조문의 윤리규약으로 구성되어 있다.[7] 윤리강령은 개정 전과 마찬가지로 추상적이고 선언적이며 이념적 표방의 성격을 띠고 있고, 윤리규약은 윤리강령의 정신을 구체화시켜 개정 전보다 비교적 자세한 내용을 담고 있지만, 구체적인 사건에 있어서 윤리적 딜레마의 해결에 도움을 줄 만한 내용이 흠결되어 있는 것으로 보인다.

변호사윤리장전의 성격과 관련하여 윤리장전이 변호사에 대한 징계의 근거가 될 수 있는가에 관하여는 견해가 대립되고 있다. 그러나 변호사에 대한 징계는 기본적으로 변호사법에 근거를 두고서 이에 따라 행해져야 하는 것으로 봄이 타당하다. 변호사법상 징계사유는 제91조 제1항, 제2항에서 말하는 '변호사법 위반, 소속 지방변호사회 및 대한변호사협회의 회칙위반, 직무의 내외를 막론하고 변호사로서의 품위를 손상하는 행위'로 되어 있는데, 다만 변호사징계의 실무에 있어서 윤리장전은 보충적 자료로 쓰이고 있고, 징계결정문에도 윤리장전의 해당 조문을 적시하고 있는 것이 보통이다.

3) 그 밖에 윤리규약의 일부로 편입할 수도 있었겠지만, 보다 구체적인 기준을 정할 필요가 있거나 가변적 상황에 탄력적으로 대응하기 위하여 대한변호사협회 또는 지방변호사협회 차원에서 제정한 규정으로 대한변호사협회 회칙, 변호사등록 등에 관한 규칙, 변호사 징계규칙, 변호사 광고에 관한 규정, 변호사 전문분야등록에 관한 규정, 공익활동에 관한 규정 등이 있다.

(2) 법관윤리 · 검사윤리

법관에 대하여는 1995.6.23. 법관윤리강령이, 검사에 대하여는 1999.1.1. 검사윤리강령이 각각 제정되어 시행 중이고, 그 징계에 관하여는 법관징계법과 검사징계법이 각각 제정되어 시행되고 있다.

환경이 크게 변화함에 따라 변호사의 윤리의식을 더욱 공고히 하면서도 현실에 보다 잘 부응하는 내용과 표현으로 바꾸려는 목적으로 행해진 것이다.
7) 개정 전에는 7개 항의 윤리강령과 5장 38개 조문의 윤리규칙으로 구성되어 있었다.

변호사윤리 총설

I. 변호사윤리의 의의 및 성격

1. 변호사윤리는 직업윤리이다

변호사윤리는 변호사가 그 직무를 수행함에 있어서 준수해야 할 것으로 요구되는 도덕적 가치판단과 규범을 말하는 것으로서, 이는 직업윤리이다. 즉, 법조윤리는 직업인의 도덕적 품행(moral conduct)에 관한 것이 아니라 직업적 품행(professional conduct)에 관한 것이다. 예컨대, 현실생활에서 옳지 못한 주장을 하는 사람의 옳지 못함을 알면서도 그의 편을 드는 것은 도덕적으로 정당하다고 하기 어려울 것이나, 변호사는 법정에서 설사 피고인이 유죄라고 믿고 있다 하더라도 무죄의 증거가 있다면 그것을 제시하고 무죄의 변론을 하여야 한다. 이와 같이 변호사윤리, 넓게 보아 법조윤리의 문제는 직업인으로서의 윤리에 관한 것이라는 점을 인식하는 것은 대단히 중요한 것이다. 따라서 이를 수신(修身)과목과 같은 것 또는 도덕적 훈계와 비슷한 것으로 이해해서는 안 된다.

2. 변호사윤리는 실천윤리이다

변호사윤리의 핵심적 주제 중 하나는 돈 문제이다. 아주 단순한 도식으로 변호사윤리와 돈벌이는 서로 반비례하는 관계에 있다고 할 수 있다. 악질의 인간이 양질의 인간보다 경제적으로 더 잘 산다는 것은 느낌만의 문제가 아니라 사회학적으로도 어느정도 증명되어 있다고 하는데, 이런 점에서 변호사윤리는 단순히 입으로 떠들거나 글자로 쓰면 되는 이론이나 해석의 문제를 넘어 궁극적으로 몸으로 보여야 하는 실천의 문제인 것이다. 현재 대한변협에 등록되어 있는 개업변호사의 수는 2021년 12월 기준으로 3만 명을 훨씬 넘어섰고 이 숫자는 앞으로 더욱 증가할 것이지만,[1] 법률시장의 증가율은 이에 훨씬 미치지 못하고 있다. 그 결과 사건을 수임하기 위한 경쟁은 격화되고 있고, 이에 따라 윤리위반

---

1) 1906년 대한제국 시절 제1호 변호사가 등록된 이후 2006년 1만 명이 되었고, 특히 로스쿨 제도가 시행된 2009년 1만 1,000여 명이던 변호사 수는 10여 년 만에 3만 명을 훨씬 상회하고 있다.

행위에 대한 제재도 양적으로 증가하고 있는 것이 현실이다. 결국 변호사 개개인에 국한시켜 본다면, 변호사윤리는 변호사의 자기 확인 또는 자기 가치관 정립에 관한 문제라고 할 수 있다. '변호사는 무엇을 하는 사람인가, 나는 어떤 변호사가 될 것인가'라는 물음은 반드시 변호사윤리에 관한 문제로 귀결된다.

3. 변호사윤리의 규범적 범위

변호사윤리라는 주제에서 다루는 문제는 단순한 윤리규범의 내용을 넘는 것으로써 당장 법률인 변호사법 외에도 변호사법 시행령 및 대한변협이 제정한 변호사윤리장전, 대한변호사 회칙 등의 여러 내용도 그 논의의 대상이 된다. 또한 이런 규범들 외에도 해석론으로서 논의대상이 되고 있는 것이 무척 많은 것이 현실이다. 예컨대, 앞서 본 형사사건에서 변호사가 유죄의 심증을 가지고 있음에도 불구하고 무죄변론을 하여야 하는 것인지에 관하여 변호사법이나 변호사윤리장전에 명시적인 규정이 있는 것은 아니기 때문에 이는 일반적인 해석론을 빌려서 논의되는 것이다. 또한 윤리라는 표현을 사용하고 있지만 변호사윤리의 규범적 범위는 강제적 규정, 즉 법 규정에 관한 것을 포괄하는 것이다. 변호사윤리에 반하는 것으로 이해되는 행위 중 상당수는 변호사법상의 징계사유가 되며, 경우에 따라서는 변호사법에 의한 형사처벌의 대상이 되기도 한다. 변호사윤리는 단지 도덕적인 훈시 내지 훈계를 의미하는 것이 아닌 것이다.[2]

4. 변호사윤리의 중요성

대부분의 법률과목이 다 그렇지만, 법조윤리과목 역시 재미있다고 말하기는 어렵다. 우선 훌륭한 사람(훌륭한 직업인)이 되라는 말이 재미있을 리가 없다. 변호사윤리는 돈이 되는 과목이 아니다. 즉, 변호사윤리를 엄격히 지키다 보면 변호사의 수입에는 큰 지장이 있을 수 있는 것이다. 그러나 훌륭한 직업인이 되지

---

2) 변호사회칙 및 윤리규약위반은 변호사법 제25조 소정의 회칙준수의무를 위반한 위법한 행위이고, 징계책임이라는 변호사법상의 법적 책임을 발생시키므로 변호사윤리규범을 단순한 윤리규범으로 파악하는 것은 잘못이다.

는 못할지언정 직업인으로서의 최소한의 윤리 내지 양심을 지키지 못한다면 이는 분명 문제가 있는 것이다. "윤리를 가르칠 수 있는가"라는 물음은 고전적인 논쟁거리이지만, 그 답이 어떻든 간에 적어도 변호사윤리라는 것이 무엇인지를 잘 몰라서 문제를 일으킨다면, 본인으로서는 억울한 일이고 변호사단체로서도 안타까운 일이 된다.[3] 따라서 변호사윤리는 공부해 둘 만한 가치가 충분한 것이다. 더욱이 우리 법조현실은 전관예우, 과다한 변호사 보수, 사건 수임 관련 비리(대표적인 것으로 이른바 브로커 사무장 문제) 등이 늘 현안으로 되어 있고, 이는 모두 변호사윤리에 관한 문제이다. 변호사 개인적으로 볼 때 변호사윤리는 대부분 거추장스럽고 불편한 것이지만, 법조 전체로 보면 의뢰인인 국민이나 사법절차에 대한 관계에서 절대로 무시할 수 없는 영역이다. 변호사윤리고 뭐고 간에 나 혼자 잘 벌어서 잘 먹고 잘 살면 그만이라고 할 수 있을 것 같지만 변호사윤리에 어긋나는 여러 행태들은 변호사 직역 전체에 영향을 미치게 되고 결국은 변호사 개인의 손해로 돌아오게 됨으로써 공멸의 과정을 거치게 될 것이기 때문이다.[4]

5. 법관윤리 및 검사윤리와의 구별 필요성

변호사윤리를 법관윤리, 검사윤리와 동일한 차원에서 논의하는 것이 타당한가의 문제와 관련하여 이론(異論)이 있을 수 있다. 하지만 법관이나 검사는 오로지 국가기관 또는 사법기관으로서 법률시장 참여자로서의 성격은 전혀 존재하지 않는 반면, 변호사의 경우는 본질적으로 법률서비스 공급자의 지위에 있는 자로서 공익적 목적에 따른 특수한 규율을 받고 있을 뿐이라는 점에서, 즉 본질적으로 사법기관으로서의 지위를 가지지 않는다는 점에서 법관윤리 및 검사윤리는 변호사윤리와는 다른 차원에서 독립적으로 논의되어야 할 필요가 있다. 따

---

3) 어떤 사유로든지 변호사윤리위반으로 징계 또는 처벌을 받게 되면 변호사의 업무와 직업적 장래에 있어서 심각한 영향을 받게 되는 것이 현실이다.
4) 거시적으로는 법치주의의 위기가 초래될 것이고 미시적으로는 법률서비스 시장의 혼란이 초래될 것이다. 이를 방지할 목적으로 변호사법 내지 변호사윤리장전 등에서는 변호사의 조직 내지 직무 등에 관하여 여러 가지 형태로 규제를 가하고 있는 것이다.

라서 변호사자격의 취득을 위한 필수적 과정이라 할 수 있는 법학전문대학원에서의 법조윤리과목은 변호사윤리를 중심으로 구성되어야 함이 합당하다고 생각된다.

Ⅱ. 변호사의 직무

1. 개 설

(1) 변호사법 제3조는 변호사의 직무에 관하여 "변호사는 당사자와 그 밖의 관계인의 위임이나 국가·지방자치단체와 그 밖의 공공기관의 위촉 등에 의하여 소송에 관한 행위 및 행정처분의 청구에 관한 대리행위와 일반 법률사무를 하는 것을 직무로 한다"고 규정하고 있다.[5] 쉽게 말해서 변호사란 의뢰인을 위한 법률사무를 업으로 하는 사람이다. 변호사법 제1조 제1항은 이런 일을 하는 변호사의 사명을 '기본적 인권을 옹호하고 사회정의를 실현함'으로 천명하고 있다. 이어서 제2항은 "변호사는 그 사명에 따라 성실히 직무를 수행하고 사회질서 유지와 법률제도 개선에 노력하여야 한다"고 규정하고 있다.

(2) 이렇게 변호사법 규정만 놓고 보면 그러려니 싶지만, 정작 이해관계가 수없이 충돌하는 사회현장에서 변호사로서 직무를 수행하다 보면, 과연 변호사가 사회정의를 실현하는 사람이라는 말이 사실인지 의문이 드는 경우가 수없이 많이 생긴다. 사회정의의 실현이라는 명분이 위선이거나 단순한 구호에 그칠 뿐이라는 생각이 들 때가 많다는 것이다. 내가 실현하였다는 정의가 혹시 상대방 당사자에게는 말도 못할 부정의가 되는 것은 아닐지 모를 일이고, 그렇다고 해서 변호사가 법관이나 검사처럼 공익을 위한다는 미명하에 자신을 믿고 자신에게

---

5) 변호사법 제109조 제1호에서는 이를 구체화하여 '소송사건·비송사건·가사조정 또는 심판사건·행정심판 또는 심사의 청구나 이의신청 그 밖에 행정기관에 대한 불복신청사건, 수사기관에서 취급 중인 수사사건 또는 법령에 따라 설치된 조사기관에서 취급 중인 조사사건 그 밖에 일반의 법률사건에 관하여 감정·대리·중재·화해·청탁·법률상담 또는 법률관계 문서 작성 기타 법률사무를 취급하는 것'으로 규정하고 있다.

사건이나 사무를 의뢰한 당사자의 이해관계에 어긋나는 일을 하는 것이 옳은 것인지도 확신하기 어려운 것이다. 변호사를 돈을 주고 산 총잡이(hired gunman)로[6] 표현하는 데에는 사회적인 비난이 담겨 있고 그것이 현실적으로 중대한 의미를 가지고 있는 것은 사실이다. 그렇다고 해서 변호사를 '공익의 대변인' 내지 '법원의 역원(an officer of the court)'이라고 칭하는 부류의 인식에 충실하다고 해서 꼭 훌륭한 변호사라고 보기도 어려울 것이다. 생각건대 변호사윤리를 공부하는 사람은 당장 옳게 보이는 명분론에 휩싸여 사물을 양단으로 보는 마인드를 가져서는 안 된다. 어느 쪽을 택하든지 왜 그런 견해나 시각이 생겨났는지를 큰 그림 속에서 깊이 생각하고 고민해 보아야 한다는 것이다.

2. 직무의 범위

(1) 일반 법률사무

대법원은, 법률사건의 의미에 관하여 "법률상의 권리·의무에 관하여 다툼 또는 의문이 있거나 새로운 권리의무관계의 발생에 관한 사건 일반을 말한다"고 하고 있고,[7] 법률사무에 관하여는 "법률사건에 관하여 그 분쟁이나 논의의 해결을 위하여 법률상의 효과를 발생, 변경 또는 보전하는 사항을 처리하는 것으로써 감정·대리·중재·화해·청탁·법률상담 또는 법률관계문서 작성 및 당사자를 조력할 수 있는 기타의 방법 등을 말한다"고 하고 있다.[8] 구체적으로 변호사가 법률자문에 응하거나 의뢰인을 대리하여 계약을 체결하거나 법률상담을 하

---

6) 이른바 '고용된 총잡이'론은 1820년 영국의 George 4세가 Caroline 왕비를 부정행위로 기소하였을 때, 브로엄 경(Lord Brougham)이 의회에서 왕비를 변론하면서 제기된 것인데 그 내용은 다음과 같다.
"변호사는 자신의 책무를 이행할 때 세상에서 단 한 사람만 알면 된다. 그 사람은 바로 의뢰인이다. 모든 수단과 방법을 동원하여, 다른 사람에게 어떠한 위험과 손실을 끼치더라도, 심지어 자신이 그런 위해를 입을지라도 의뢰인을 지키는 것은 변호사의 가장 우선되고 유일한 책무이다. 그런 책무를 수행할 때 다른 사람에게 가져다 줄지도 모를 불안, 고통, 파괴를 고려해서는 안 된다. 비록 그것이 자신의 나라를 혼란에 빠뜨리는 불행한 일이라 하더라도 애국심을 변호사의 책무와 분리하여 결과에 상관없이 계속해 나가야 한다."
7) 대법원 1998.8.21. 선고 96도2340 판결; 대법원 2001.8.21. 선고 2001도1316 판결.
8) 대법원 1998.2.24. 선고 97도2718 판결.

는 것도 이에 해당될 것이고 채권추심업무, 서류의 작성 및 제출대행업무, 상가의 분양 및 임대에 관하여 분쟁이 발생한 이해관계인들 사이에서의 화해, 합의서, 분양계약서의 작성 및 등기사무 등을 처리하는 것도 이에 해당되며 중재인으로서 직무를 수행하는 것, 온라인으로 법률사무를 처리하는 것도 이에 해당된다.[9] 그러나 거래당사자의 행위를 사실상 보조하는 업무를 수행하는 데 그치는 구 부동산중개업법(2005. 7. 29. 법률 제7638호 공인중개사의 업무 및 부동산 거래신고에 관한 법률로 전문 개정되기 전의 것) 제2조 제1호의 소정의 부동산 중개행위가 당연히 포함되는 것은 아니고, 변호사는 구 부동산중개업법과 그 시행령에 따른 중개사무소 개설등록의 기준을 적용받는다는 것이 대법원의 입장이다.[10] 따라서 변호사는 중개사무소 개설등록을 하지 않고 공인중개사처럼 소정의 중개대상물의 매수인, 매도인 등 당사자 양측 사이의 계약을 성사시키기 위한 알선행위는 할 수 없다고 할 것이다. 다만, 변호사가 부동산의 매수인과 매도인이 정해진 상태에서 그 일방으로부터 매매계약의 체결을 위임받고 그 계약의 체결을 대리하거나, 당사자 일방으로부터 매수 또는 매도를 위임받아 이를 대리하여 처리하는 것은 가능하다고 할 것이며 이 경우 부수하게 되는 일부 사실행위도 할 수 있다.

(2) 변리 · 세무 업무

변호사의 자격을 가진 자는 변리사의 자격을 동시에 가진다(변리사법 제3조 제2호), 따라서 변호사는 변리사 업무를 할 수 있다. 과거에는 변호사의 자격을 가진 자는 세무사의 자격을 동시에 가지는 것으로 되어 있었으나 2017.12.26. 세무사법 제3조 제3호가 폐지됨으로써 2018.1.1. 이후로는 세무사 시험에 합격한 자만이 세무자의 자격을 가지는 것으로 되었다. 이에 따라 2018.1.1. 이전까지 변호사 자격을 가진 자는 세무자의 자격을 가지기 때문에 세무사 업무를 할

---

9) 다만, 변호사가 인터넷 포털사이트와 업무제휴를 하고 그 사이트를 통하여 법률사무를 위임받고 상담 또는 수임료 중 일부를 그 대가로 지급하거나 공제하는 방식을 취하는 경우에는 알선이나 소개에 대한 대가의 성격이 있고, 보수를 분배하는 것에 해당하므로 변호사법 제34조 제1항 및 제5항 위반이 될 수 있다. 대한변협 2004.6.17. 법제1557호.

10) 대법원 2006.5.11. 선고 2003두14888 판결.

수 있지만 그 이후 변호사 자격을 갖게된 자는 세무사 시험에 합격해야지만 세무사 자격을 가질 수 있게 된 것이다. 그러나 변호사가 이러한 업무를 함에 있어서는 아래와 같은 일정한 제한이 있다.

1) 지식재산권에 관한 업무는 법률사무에 속하므로 변호사는 변리사 등록을 하지 않고 변호사법에 의해 이들 업무를 할 수 있다. 그러나 변호사가 변리사로서, 즉 변리사 자격으로 변리사 업무를 하려는 경우에는 반드시 특허청장에게 등록을 하고(변리사법 제5조 제1항) 변리사회에 의무적으로 가입해야 한다(같은 법 제11조). 이에 관해서는 위헌 여부가 문제되었으나 헌법재판소는 위헌이 아니라고 결정한 바 있다.[11]

2) 앞서 본 바와 같이 2018.1.1. 이전까지 변호사 자격을 가진 변호사에게는 세무사의 자격이 있으므로 변호사는 세무대리 업무를 할 수 있다. 이는 변호사의 직무로서 행하는 것이므로 변호사는 세무사등록부에 등록하지 않더라도 세무사 업무를 할 수 있다(세무사법 제20조 제1항). 다만 세무사 등록부에 등록하지 않은 변호사는 세무사 명칭을 사용할 수 없다(세무사법 제20조 제2항). 이에 관해서도 위헌 여부가 문제되었으나 헌법재판소는 위헌이 아니라고 결정한 바 있다.[12] 한편 헌법재판소는 세무사 자격을 부여받은 변호사에게 세무사등록을 금지하는 세무사법 제6조 등이 과잉금지의 원칙을 위반하여 세무사 자격을 보유한 변호사의 직업선택의 자유를 침해한다며 헌법에 위반된다고 판단한 바 있다.[13]

Ⅲ. 변호사의 지위

1. 공공성을 지닌 법률전문직

변호사법[14] 제2조는 "변호사는 공공성을 지닌 법률전문직으로서 독립하여

---

11) 헌재 2008.7.31. 선고 2006헌마666 결정.
12) 헌재 2008.5.29. 선고 2007헌마148 결정.
13) 헌재 2018.4.26. 선고 2015헌가19 결정.

자유롭게 그 직무를 수행한다"고 규정하고 있다. 이 규정은 변호사법 제1조(변호사의 사명)와 더불어 변호사에게 전문직(profession)의 특성으로서 공공성, 전문성, 독립성이 요청됨을 선언한 것으로 볼 수 있다. 변호사의 공공성에 관하여 이를 부정하는 입장도 있으나 이를 인정하는 것이 일반적 입장으로서 변호사는 일반인과는 달리 자신의 이익을 의뢰인의 이익 및 공익보다 우선시켜서는 아니 된다.

2. 독립성

변호사는 독립하여 자유롭게 그 직무를 수행하는데, 여기서 변호사의 독립성은 '권력으로부터의 독립', '의뢰인으로부터의 독립', '다른 변호사와의 관계에서의 독립'이라는 3가지를 그 내용으로 하는 것으로서, 그 중 핵심은 의뢰인으로부터의 독립이라고 할 수 있다. 이는 다시 두 가지 의미를 담고 있는데 첫째는, 변호사는 자신의 이익만을 추구하면서 이를 위하여 행동해서는 안 된다는 것이고, 둘째는, 변호사는 의뢰인의 자의적인(부당한) 지시 내지 요구에 따르지 아니한 채 자신의 합목적적인 재량에 따라 그 직무를 수행할 수 있다는 것이다.

3. 상인성의 문제

(1) 변호사가 공공성을 지닌 법률전문직이라 하더라도 변호사는 의뢰인으로부터 수임료를 받고 업무에 관한 광고를 하는 등 그 직무와 관련된 활동이 상업적 성향을 띠고 있다. 또한 실제 현실에서는 "변호사를 선임한다"라는 말보다 "변호사를 산다"라는 말이 통용되고 있는데, 이 말에는 변호사의 전문적인 법지식 내지 법률서비스를 구매한다는 의미도 있지만, 변호사가 이를 제공하는 상인 또는 사업자라는 의식도 담고 있는 것이다. 더구나 변호사는 일반 상인과 마찬가지로 사업자등록을 하고 수임료를 신고하며 소득세와 부가가치세를 납부해야 하는 의무를 부담하는데, 이로 인하여 변호사도 상법상 상인 또는 의제상인에 해당하는 것이 아닌지에 관한 문제가, 즉 변호사의 상인성에 관한 문제가 논

___

14) 이하 별도의 언급 없이 '법'이라고 하면 변호사법을 가리킨다.

란이 되고 있다.

(2) 이와 관련하여 대법원은 "변호사의 영리추구 활동을 엄격히 제한하고 그 직무에 관하여 고도의 공공성과 윤리성을 강조하는 변호사법의 여러 규정에 비추어 보면, 위임인·위촉인과의 개별적 신뢰관계에 기초하여 개개 사건의 특성에 따라 전문적인 법률지식을 활용하여 소송에 관한 행위 및 행정처분의 청구에 관한 대리행위와 일반 법률사무를 수행하는 변호사의 활동은, 간이·신속하고 외관을 중시하는 정형적인 영업활동을 벌이고, 자유로운 광고·선전활동을 통하여 영업의 활성화를 도모하며, 영업소의 설치 및 지배인 등 상업사용인의 선임, 익명조합, 대리상 등을 통하여 인적·물적 영업기반을 자유로이 확충하여 효율적인 방법으로 최대한의 영리를 추구하는 것이 허용되는 상인의 영업활동과는 본질적으로 차이가 있다 할 것이고, 변호사의 직무 관련 활동과 그로 인하여 형성된 법률관계에 대하여 상인의 영업활동 및 그로 인해 형성된 법률관계와 동일하게 상법을 적용하지 않으면 아니 될 특별한 사회경제적 필요 내지 요청이 있다고 볼 수도 없다. 따라서 근래에 전문직업인의 직무 관련 활동이 점차 상업적 성향을 띠게 됨에 따라 사회적 인식도 일부 변화하여 변호사가 유상의 위임계약 등을 통하여 사실상 영리를 목적으로 그 직무를 행하는 것으로 보는 경향이 생겨나고, 소득세법이 변호사의 직무수행으로 인하여 발생한 수익을 같은 법 제19조 제1항 제11호가 규정하는 '사업서비스업에서 발생하는 소득'으로 보아 과세대상으로 삼고 있는 사정 등을 감안한다 하더라도, 위에서 본 변호사법의 여러 규정과 제반 사정을 참작하여 볼 때, 변호사를 상법 제5조 제1항이 규정하는 '상인적 방법에 의하여 영업을 하는 자'라고 볼 수는 없다 할 것이므로, 변호사는 의제상인에 해당하지 아니 한다"라고 하여 변호사의 상인성을 부정하고 있음과 아울러 변호사가 상인이 아닌 이상 "변호사법 제40조에 의하여 그 직무를 조직적·전문적으로 행하기 위하여 설립한 법무법인은, 같은 법 제42조 제1호에 의하여 그 정관에 '상호'가 아닌 '명칭'을 기재하고, 같은 법 제43조 제2항 제1호에 의하여 그 설립 등기 시 '상호'가 아닌 '명칭'을 등기하도록 되어 있으므로, 이러한 법무법인의 설립등기를 '상호' 등을 등기사항으로 하는 상법상 회사의 설립등기나 개인 상인의 상호등기와 동일시할 수 없다. 또한, 일부 변호사에 대하여 상

호등기가 마쳐진 사례가 있다고 하더라도 이는 등기되어서는 아니 될 사항이 잘 못 등기된 것에 불과하므로 이를 이유로 이 사건 상호등기신청을 받아들여야 한다는 근거로 삼기 어려우며, 이 사건 등기관이 이 사건 상호등기신청을 각하한 처분이 헌법상 평등의 원칙에 위반된다고 볼 수 없다"고 하고 있다.15)

(3) 생각건대 변호사가 통상적으로 행하는 업무의 대부분이 영업에 해당한다는 사실은 어느 누구도 부인할 수 없을 것이다. 그렇지만, 변호사의 업무는 공공성 내지 윤리성에 의한 제한을 받지 않은 채 최대한의 영리를 추구하는 것이 허용되는 상인의 영업과는 본질적으로 차이가 있다는 점에서 변호사는 상인 또는 의제상인에 해당하지 않는다고 보는 것이 일응 타당할 것으로 보인다. 다만, 변호사 업무의 공공성이라는 이상과 영업성 내지 상인성이라는 현실 간의 딜레마를 어떻게 합리적으로 조화시킬 것인가가 변호사윤리에 있어서 영원한 과제가될 것이다.

---

15) 대법원 2007.7.26. 자 2006마334 결정.

변호사와 의뢰인의 관계

Ⅰ. 법적 성격

1. 위임계약관계

(1) 변호사법 제3조는 변호사와 의뢰인의 관계가 위임계약관계인 것을 전제로 하고 있고 이에 따라 우리나라의 통설과 판례 역시 같은 입장을 취하고 있다. 즉, 변호사와 의뢰인의 관계는 의뢰인이 변호사에게 그의 직무인 법률사무의 처리를 위탁하는 것을 내용으로 하는 위임계약관계라는 것이다. 따라서 변호사는 원칙적으로 위임계약의 성립을 전제로 하여 변호사윤리에 의한 전문가 책임을 부담하게 된다. 통상 변호사와 의뢰인 간에는 위임(수임)계약서가 작성되는데 이때 위임계약이 성립되는 것으로써[1] 전화상담 또는 방문상담 시에 위임계약이 성립되는 것은 아니다.

(2) 위임계약의 특징

변호사와 의뢰인 간의 위임계약은 민법상 위임계약(민법 제680조), 고용계약(민법 제655조), 도급계약(민법 제654조) 등과 비교할 때 다음과 같은 특징을 갖는다.

1) 당사자 간의 인적 신뢰관계를 기초로 성립된다. 변호사와 의뢰인 간의 법률사무처리의 위임계약은 변호사의 인격, 법적 지식, 변론기술 및 능력 등에 관한 특별한 신뢰를 기초로 성립된다는 점에 특징이 있다. 따라서 변호사는 의뢰인으로부터 보수를 받지 않은 경우에도 선량한 관리자로서 주의의무를 가지고 법률사무를 처리하여야 하고(민법 제681조), 특히 여기 선관주의의무에 있어서 요구되는 주의의 기준인은 일반 사회평균인이 아닌 법률전문가로서의 평균적인 변호사가 되는 것이므로 변호사는 고도의 전문지식과 경험을 갖는 전문가로서

---

[1] 실무상 위임계약서와 함께 변호인이 소송행위를 수행할 수 있도록 의뢰인이 소송위임장(민사사건의 경우) 또는 변호인 선임계(형사사건의 경우)를 작성하는 것이 일반적이다. 소송위임장은 민사소송법 제89조 제1항에 따른 소송대리인의 권한을 증명하는 서면이다. 여기에서의 소송위임(수권행위)은 소송대리권의 발생이라는 소송법상의 효과를 목적으로 하는 단독행위로서 그 기초관계인 위임계약(수임계약)과는 성격을 달리하는 것이고, 의뢰인과 변호사 간의 권리의무는 수권행위가 아닌 위임계약에 의하여 발생한다(대법원 1997.12.12. 선고 95다20775 판결).

그에게는 일반 사회평균인에게 요구되는 주의의무보다 더 중한 고도의 주의의무를 이행할 것이 요구되는 것이다.

2) 변호사는 의뢰인으로부터 독립하여 자신의 합목적적 재량에 의하여 수임한 사무를 처리하는 등 그 의무를 이행할 뿐 의뢰인의 지휘나 명령을 받지 않는다. 다만, 변호사는 의뢰인에 대하여 충실의무를 부담할 뿐이다. 이는 당사자 일방이 타방의 지휘·명령에 복종하는 관계인 고용계약관계와 구별되는 것이다.

3) 변호사는 통상적으로 자신의 전문적 지식과 기술, 능력 및 경험 등을 통하여 법률사무를 처리하는 것으로 족하고 반드시 소송에서 승소 또는 무죄판결을 받아내야 하는 결과를 발생시킬 의무를 부담하는 것은 아니라는 점에서 일의 완성을 목적으로 하는 도급계약과는 구별된다.[2)]

(3) 단순한 위임계약관계로 파악할 경우의 문제점

변호사와 의뢰인 간의 관계를 단순한 민법상 위임계약관계로 파악하게 되면 다음과 같은 문제점이 생기게 된다.

1) 민법의 위임계약에 관한 규정은 원칙적으로 양 당사자가 대등한 것을 전제로 하고 있지만 변호사와 의뢰인의 관계는 현실적으로 그렇지 않다는 점이다. 즉, 의뢰인은 법적으로 해결하기 어려운 문제가 있어 무엇인가 변호사의 조력을 필요로 하고 있는 것이 보통인데, 그 문제를 해결하기 위한 지식이나 정보 등은 변호사에게 편중되어 있고 민법이 정한 정도의 보고의무나 정보제공의무(민법 제683조)만으로는 그 격차를 줄이기 어렵기 때문에 양자의 지위는 결코 대등할 수 없다는 점이다.

2) 민법의 위임계약에 관한 규정은 제680조부터 제692조까지 불과 13개 조문에 불과한데 이것만으로 변호사와 의뢰인의 관계를 규율하기에는 매우 불충분하다는 점이다. 실제로 변호사와 의뢰인 사이의 법률관계는 민법 규정뿐만 아

---

2) 그러나 예컨대 변호사가 계약서 등의 서면을 작성해 줄 것을 내용으로 하는 수임계약을 체결한 경우, 서면을 완성시킬 의무를 부담하게 되는 점에서 이는 도급계약으로서의 성격도 가지게 된다.

니라 변호사법이나 변호사윤리장전 등에 명시된 변호사윤리에 의해 규율되고 있는 것이 현실이다.

3) 민법 제683조의 수임인의 보고의무와 변호사의 보고의무의 범위는 일치하지 않는다. 즉, 민법은 수임인의 보고의무에 관하여 위임자의 청구가 있는 때와 위임이 종료한 때 부담하는 의무로 규정하고 있지만, 변호사는 의뢰인의 청구가 있는 경우는 물론이고 청구가 없는 경우에도 시의적절하게 수시로 사건의 진행상황에 관한 보고의무를 부담한다는 점에서 차이가 있는 것이다.

4) 위임계약의 종료사유에 관하여 민법은 당사자의 어느 쪽도, 언제든지 계약을 종료(해지)시킬 수 있다고 규정하고 있지만(민법 제689조 제1항), 이 규정을 변호사와 의뢰인 사이의 위임계약관계에 그대로 적용할 수는 없다는 점이다. 왜냐하면 변호사와의 위임계약은 계약 당사자 간의 인적 신뢰관계를 기초로 하고 있을 뿐만 아니라 위임사무 자체도 단순하지 않고 변호사를 대체하는 것 역시 쉽지 않은 일이기 때문이다.

5) 민법상 수임인은 특별한 약정이 없으면 보수를 청구할 수 없는 것으로, 즉 위임계약은 무상계약임이 원칙으로 되어 있다(민법 제686조). 그러나 변호사가 수임인이 되는 위임계약의 경우는 그와는 반대로 당사자 사이에 명시적인 약정이 없어도 보수지급약정이 있는 것으로, 즉 유상계약임이 원칙인 것으로 해석되고 있다는 점이다.[3]

6) 민법상 위임계약과는 달리 변호사의 의무에 관하여는 당사자 이외의 단체(예컨대 대한변호사협회) 등이 관심을 가지고 그 준수를 요구하고 강제하고 있고 변호사의 의무위반이 있는 경우 민법상 손해배상에 그치는 것이 아니라 그 변호사에 대한 징계책임까지도 문제가 된다는 점이다.[4]

---

[3] 대법원 1995.12.5. 선고 94다50229 판결.

[4] 변호사의 징계에 대해서는 후술하는 '제8장 변호사에 대한 징계와 변호사법위반에 대한 벌칙' 부분 참조.

2. 변호사의 전문가 의무; 信認義務 내지 信認關係

앞서 본 바와 같이 변호사와 의뢰인의 관계가 위임관계라고 하더라도 이를 단순히 민법상의 위임관계만으로 파악하는 것에는 여러 가지 문제점이 있다. 왜 냐하면 변호사의 직무는 공공성을 가질 뿐만 아니라 변호사는 전문가로서 의뢰 인과 관계를 하면서 선관주의 의무자로서 전문적 지식과 경험을 제공하고, 의뢰 인은 전문적 지식 자체에 관하여 변호사의 자율성에 의지할 수밖에 없기 때문이 다. 이와 같이 자율성을 인정받으면서 의뢰인의 이익을 위하여 힘써야 하는 지 위를 영미법에서는 수탁자(fiduciary)로서의 지위로 개념지우고 이러한 변호사의 의무를 신인의무(fiduciary duty)라고 하면서 이를 기초로 하는 변호사와 의뢰인 의 관계를 신인관계라고 하고 있다.

Ⅱ. 변호사와 의뢰인 관계의 형성 시점과 그 효과

1. 형성시점 - 사건위임계약의 체결

의뢰인에 대한 변호사의 의무 내지 책임은 변호사와 의뢰인 관계의 성립을 전제로 하는 것으로써 원칙적으로 사건 위임계약의 체결에 의해서 발생한다. 즉, 변호사와 의뢰인의 법률관계는 통상 사건수임과 관련하여 변호사와 의뢰인 이 상담을 한 후 수임계약서를 작성하고 수임료를 수수하는 과정을 거쳐서 형성 되는 것이다. 윤리규약 제32조는 "변호사는 사건을 수임할 경우에는 수임할 사 건의 범위, 보수, 보수지급방법, 보수에 포함되지 않은 비용 등을 명확히 정하여 약정하고, 가급적 서면으로 수임계약을 체결한다. 다만 단순한 법률자문이나 서 류의 준비, 기타 합리적인 이유가 있는 경우에는 그러하지 아니하다"라고 규정 하고 있다. 그러나 경우에 따라서 변호사는 사건에 관하여 상담만을 하고서 수 임계약서를 작성하지 않을 수도 있고, 수임료의 수수 없이 사건을 수임하기도 하는데 이러한 경우, 상담료가 유료인지 무료인지를 불문하고 변호사와 의뢰인 관계가 형성된 것으로 보아 변호사에게 법무과오가 있으면 법률전문가로서 그에 대한 책임을 부담하게 되는 경우가 생길 수 있다.

2. 형성의 효과

변호사와 의뢰인 사이의 법률관계가 형성되면 변호사와 의뢰인은 각자 일정한 의무를 부담하게 되는데, 변호사는 우선 선량한 관리자의 주의로써 위임사무를 처리할 의무(민법 제681조), 보고의무(민법 제683조), 인도·이전의무(민법 제684조), 이자지급 및 손해배상의무(민법 제685조), 수임거절의무(윤리규약 제16조 제3항), 과대선전 금지의무(윤리규약 제20조 제2항, 제4항), 성실의무 및 설명의무(윤리규약 제13조 제1항, 제20조 제1항), 비밀유지의무(법 제26조, 윤리규약 제18조), 이익충돌회피의무(법 제31조, 윤리규약 제22조) 등을 부담하게 되고, 의뢰인은 보수지급의무(민법 제686조), 비용선급의무(민법 제687조), 필요비상환의무(민법 제688조) 등을 부담하게 된다.

Ⅲ. 위임사무의 범위

1. 위임사무의 범위

(1) 앞서 본 바와 같이 법률사건 등의 처리를 위임받은 변호사는 그 위임사무를 처리함에 있어 전문적인 법률지식과 경험에 기초하여 성실하게 의뢰인의 권리를 옹호하면서 이를 처리할 의무가 있는데, 이 성실의무는 선관주의의무보다 가중된 의무인 것으로 보는 것이 일반적이다. 그러나 변호사가 처리하여야 할 구체적인 위임사무의 범위는 변호사와 의뢰인 사이의 위임계약의 내용에 따라 정해지고 변호사에게 이와 같은 위임의 범위를 넘어서 의뢰인의 재산 등 그 권리의 옹호에 필요한 모든 조치를 취하여야 할 일반적인 의무는 없다고 보아야 한다.[5] 본안소송을 수임한 변호사가 강제집행이나 보전처분에 관한 소송행위

---

5) 대법원 2002.11.22. 선고 2002다9479 판결.

등을 행하여야 할 의무도 부담하는가에 관하여 대법원은 "구체적인 위임사무의 범위는 변호사와 의뢰인 사이의 위임계약의 내용에 의해서 정해진다"라고 하지만 "권리보전조치의 위임을 별도로 받은 바 없다고 하더라도 그 회수를 위해서 필요한 수단을 구체적으로 강구할 것인지를 결정하도록 하기 위한 법률적인 조언을 할 설명의무가 있는지"에 대해서는 판례의 태도가 나뉘어 있다.

▌▎▏ 관련 판례

1. 대법원 1997.12.12. 선고 95다20775 판결

【판시사항】

[1] 변호사의 소송대리권의 범위와 처리의무 있는 위임 사무의 범위와의 관계

[2] 본안소송을 수임한 변호사가 강제집행이나 보전처분에 관한 소송행위를 할 수 있는 소송대리권을 갖는다고 하여 의뢰인에 대해 당연히 그 권한에 상응한 위임계약상의 의무도 부담하는지 여부(소극)

[3] 소유권이전등기 청구소송을 수임받은 변호사가 의뢰인에게 처분금지가처분절차의 필요성을 설명하여 그 절차를 취해야 할 선량한 관리자로서의 주의의무를 위반했다는 이유로 변호사에게 손해배상책임을 인정한 원심판결을 파기한 사례

【판결요지】

[1] 통상 소송위임장이라는 것은 민사소송법 제81조 제1항에 따른 소송대리인의 권한을 증명하는 전형적인 서면이라고 할 것인데, 여기에서의 소송위임(수권행위)은 소송대리권의 발생이라는 소송법상의 효과를 목적으로 하는 단독 소송행위로서 그 기초관계인 의뢰인과 변호사 사이의 사법상의 위임계약과는 성격을 달리하는 것이고, 의뢰인과 변호사 사이의 권리의무는 수권행위가 아닌 위임계약에 의하여 발생한다.

[2] 민사소송법 제82조의 규정은 소송절차의 원활·확실을 도모하기 위하여 소송법상 소송대리권을 정형적·포괄적으로 법정한 것에 불과하고 변호사와 의뢰인 사이의 사법상의 위임계약의 내용까지 법정한 것은 아니므로, 본안소송을 수임한 변호사가 그 소송을 수행함에 있어 강제집행이나 보전처분에 관한 소송행위를 할 수 있는 소송대리권을 가진다고 하여 의뢰인에 대한 관계에서 당연히 그 권한에 상응한 위임계약상의 의무를 부담한다고 할 수는 없고, 변호사가 처리의무를 부담하는 사무

의 범위는 변호사와 의뢰인 사이의 위임계약의 내용에 의하여 정하여진다.

[3] 소유권이전등기 청구소송을 수임한 변호사가 소송 계속중인 그 수임시로부터 6개월
이 지난 시점에 그 소송의 상대방 9인 중의 1인이 계쟁 토지에 관하여 협의분할에
의한 재산상속을 원인으로 단독 명의로 소유권이전등기를 마친 사실을 등기부등본
을 열람한 결과 알게 되자 상대방이 그 토지를 제3자에게 처분할 염려가 있다고
판단하여 소송대리인의 권한으로써 그 토지에 대한 처분금지가처분신청을 하였으나
그 담보 제공에 따른 가처분 등기가 마쳐지기 전에 상대방이 제3자에게 근저당권설
정등기를 경료해 준 사안에서, 소송의 수임 당시 변호사가 의뢰인에게 그 토지에
대한 소유권이전등기청구권을 보전할 필요성 및 처분금지가처분절차에 관하여 충분
히 설명을 하였어야 할 구체적 사정이 존재하였다고 보기는 어렵다는 이유로, 변호사
의 의뢰인에 대한 선량한 관리자로서의 주의의무 위반으로 인한 손해배상책임을
인정한 원심판결을 파기한 사례.

2. 대법원 2002.11.22. 선고 2002다9479 판결

【판시사항】

[1] 피사취수표와 관련된 본안소송을 위임받은 변호사에게 사고신고담보금에 대한
권리 보전조치까지 취할 의무가 있는지 여부(소극)

[2] 피사취수표와 관련된 본안소송을 위임받은 변호사에게 위임인으로 하여금 사고신
고담보금에 대한 권리 보전조치를 취하도록 설명·조언할 보호의무가 있는지 여부
(적극)

【판결요지】

[1] 일반적으로 수임인은 위임의 본지에 따라 선량한 관리자의 주의의무를 다하여야
하고, 특히 소송대리를 위임받은 변호사는 그 수임사무를 수행함에 있어 전문적인
법률지식과 경험에 기초하여 성실하게 의뢰인의 권리를 옹호할 의무가 있다고 할
것이지만, 구체적인 위임사무의 범위는 변호사와 의뢰인 사이의 위임계약의 내용에
의하여 정하여지고, 변호사에게 이와 같은 위임의 범위를 넘어서서 의뢰인의 재산
등 권리의 옹호에 필요한 모든 조치를 취하여야 할 일반적인 의무가 있다고 할
수는 없으므로, 피사취수표와 관련된 본안소송을 위임받은 변호사가 사고신고담보

금에 대한 권리 보전조치로서 지급은행에 소송계속중임을 증명하는 서면을 제출하여야 할 의무가 있다고 볼 수는 없다.

[2] 의뢰인과 변호사 사이의 신뢰관계 및 사고수표와 관련된 소송을 위임한 의뢰인의 기대와 인식 수준에 비추어 볼 때, 피사취수표와 관련된 본안소송을 위임받은 변호사는, 비록 사고신고담보금에 대한 권리 보전조치의 위임을 별도로 받은 바 없다고 하더라도, 위임받은 소송업무를 수행함에 있어서 사고신고담보금이 예치된 사실을 알게 되었다면, 이 경우에는 수표 소지인이 당해 수표에 관한 소송이 계속중임을 증명하는 서면을 지급은행에 제출하고 수익의 의사표시를 하면 나중에 확정판결 등을 통하여 정당한 소지인임을 증명함으로써 사고신고담보금에 대한 직접청구권이 생기므로, 법률전문가의 입장에서 승소 판결금을 회수하는 데 있어 매우 실효성이 있는 이와 같은 방안을 위임인에게 설명하고 필요한 정보를 제공하여 위임인이 그 회수를 위하여 필요한 수단을 구체적으로 강구할 것인지를 결정하도록 하기 위한 법률적인 조언을 하여야 할 보호의무가 있다.

3. 대법원 2003.3.31. 자 2003마324 결정

【판시사항】

가압류·가처분 등 보전소송사건을 수임 받은 소송대리인의 소송대리권은 본안의 제소명령신청권과 제소명령결정을 송달받을 권한에까지 미치는지 여부(적극)

【결정요지】

가압류·가처분 등 보전소송사건을 수임 받은 소송대리인의 소송대리권은 수임 받은 사건에 관하여 포괄적으로 미친다고 할 것이므로 가압류사건을 수임 받은 변호사의 소송대리권은 그 가압류신청사건에 관한 소송행위뿐만 아니라 본안의 제소명령을 신청하거나, 상대방의 신청으로 발하여진 제소명령결정을 송달받을 권한에까지 미친다.

(2) 사건을 수임한 변호사는 원칙적으로 스스로 그 사건을 처리하여야 하지만 의뢰인의 승낙이 있거나 부득이한 사유가 있으면 복대리인을 사용할 수 있고 (민법 제682조) 복대리인을 사용하더라도 변호사의 대리권은 그대로 유지된다.

한편 변호사의 사무장 또는 사무보조원의 과실은 변호사의 과실로 간주되므로 (민법 제391조) 변호사는 자신이 사용하는 사무장 등에 대한 감독의무를 다하였다는 이유로 면책을 주장하는 것이 허용되지 않는다.

2. 변호사와 의뢰인 간의 권한분배 - 의뢰인의 결정권

변호사와 의뢰인과의 법률관계가 형성된 후 변호사가 그 직무를 수행함에 있어 변호사는 법적 판단에서 독립성을 가짐과 동시에 의뢰인의 의사를 존중하고 그 지시에 따라야 한다. 그런데 변호사의 사건에 대한 판단 내지 생각과 의뢰인의 사건에 대한 그것이 서로 상충될 경우 변호사는 어떻게 하여야 하는가가 문제되는데, 이와 관련하여 의뢰인의 지시를 중시해야 한다는 입장(자기결정보장설)과 변호사의 업무상 재량권을 중시해야 한다는 입장(재량권중시설)이 대립하고 있다.

생각건대 변호사가 수임한 사건의 목적달성 여부와 관련이 있거나 그에 상응하는 정도의 중요성을 가진 사항에 대해서는 언제나 의뢰인의 의사가 존중되어야 할 것이다. 따라서 예컨대 사건을 수임한 변호사가 상대방과 화해를 함에 있어 그에 필요한 권한을 수여받지 않은 채 화해를 한 경우는 물론이고, 화해에 필요한 권한을 수여받았더라도 의뢰인의 의사를 확인하지 않은 채 의뢰인의 의사 또는 추정적 의사에 반하여 화해를 한 경우, 변호사는 채무불이행으로 인한 손해배상책임을 부담하여야 할 것이다.

▌▌▌ 관련 판례

1. 대법원 1995.5.12. 선고 93다62508 판결

> 【판시사항】
> 상고사건을 수임한 변호사가 상고이유서 제출기간을 도과하여 상고기각 된 경우에 상고이유서를 기간 내에 제출하였더라면 승소하였을 것이라는 점에 관한 입증이 없다고 하여 손해배상청구를 기각한 원심판결이 정당하다고 본 사례

【판결요지】

전소송의 항소심에서 패소한 상고인으로부터 상고사건을 수임한 변호사가 수임사건을 태만히 하여 상고이유서 제출기간 내에 상고이유서를 제출하지 아니하여 상고가 기각됨으로 인한 재산상 손해배상을 청구하는 경우, 그 변호사가 전소송의 상고이유서 제출기간 내에 상고이유서를 제출하였더라면 그 원심판결이 취소되고 상고인이 승소하였을 것이라는 점에 관한 입증이 없다고 하여 손해배상청구를 기각한 원심판결이 정당하다고 본 사례.

2. 대법원 1972.4.25. 선고 72다56 판결

【판시사항】

소송대리인의 항소제기 기간 초과로 인하여 입은 손해

【판결요지】

소송대리인의 항소 기간도과로 인하여 입은 손해액의 범위는 적법히 항소를 제기하였더라면 어느 정도 유리하게 변경될 수 있었을런지를 심리하여 결정함이 옳다.

Ⅳ. 변호사의 수임의무와 수임거절의무

1. 변호사가 사건의 수임여부를 결정하는 것은 원칙적으로 그의 자유에 속하는 것인데 이는 변호사강제주의를 채택하고 있는 독일의 경우도 마찬가지이다. 그러나 기본적 인권옹호와 사회정의의 실현 등 변호사로서의 사명을 감안하여 윤리규약과 변호사법은 변호사가 수임을 거절해서는 안 되는 경우와 수임을 거절하여야 하는 경우에 관한 규정을 두고 있다.

(1) 수임을 거절해서는 안 되는 경우

변호사는 의뢰인이나 사건의 내용이 사회 일반으로부터 비난받는다는 이유만으로 수임을 거절할 수 없다. 또한 노약자, 장애인, 빈곤한 자, 무의탁자, 외국인, 소수자, 기타 사회적 약자라는 이유만으로 수임을 거절할 수도 없다. 변호사는 법원을 비롯한 국가기관 또는 대한변호사협회나 소속 지방변호사회로부터 국선변호인, 국선대리인, 당직변호사 등의 지정을 받거나 기타 임무의 위촉을 받은 때에는, 신속하고 성실하게 이를 처리하고 다른 일반사건과 차별하여 취급하여서는 아니 된다. 다만, 그 선임된 사건 또는 위촉받은 임무가 이미 수임하고 있는 사건과 이해관계가 상반되는 등 정당한 사유가 있는 경우에는, 그 취지를 알리고 이를 거절하여야 한다(윤리규약 제16조 제1항 내지 제3항).

(2) 수임을 거절하여야 하거나 수임이 금지되는 경우

이에 해당되는 경우로는 ① 위법한 사건(윤리규약 제11조 제1항) ② 현저하게 부당한 사건(윤리규약 제21조) ③ 승소의 가능성이 없는 사건(윤리규약 제11조 제2항, 제20조 제2항) ④ 이익충돌사건(법 제31조, 윤리규약 제22조) ⑤ 그 밖에 전문성이 없거나 부족하여 성실한 직무수행이 어려운 경우, 사무처리를 할 만한 정신적, 육체적 상태가 아닌 경우 등 적절한 직무수행이 어렵다고 판단되는 경우 등이다.

이와 관련하여 간혹 변호사가 국선변호인을 맡은 경우에 의뢰인이 사선변호인처럼 사건을 처리하여 달라고 부탁하면서 따로 보수를 지급하려는 경우가 있는데 이러한 경우에 변호사는 그 보수의 수령을 거절하여야 하며, 정녕 이를 받고자 한다면 사선변호인으로서 사건을 수임하는 것이 온당한 처사일 것이다(윤리규약 제17조 제2항 참조).

2. 어떤 사건의 수임이나 수행이 변호사 자신의 신념 내지 이념과 다른 경우에 변호사는 그런 이유로는 수임을 거절할 수 없고 거절하여서는 아니 될 것이다. 이는 곰곰이 생각할 때 의미심장한 것으로써 법관의 경우에도 그렇지만, 변호사역시 개인으로서의 양심과 직업인으로서의 양심이 충돌할 경우 개인으로서의

양심이 양보하여야 하는 것으로 보아야하기 때문이다. 의뢰인이 빈곤한 자라고 하여 그 이유만으로 수임을 거절할 변호사는 거의 없을 것이나, 문제는 빈곤한 의뢰인이 보수를 깎자고 하거나 보수 없이 무보수로 사건을 맡아 달라고 할 경우이다. 위 규정의 의미를 제대로 새기면, 그런 경우에도 의뢰인이 능력껏 지급할 수 있는 보수가 작다고 하여 사건의 수임을 거절하는 것은 변호사윤리에 부합된다고 보기 어려울 것이다.

V. 변호사와 의뢰인 관계의 종료

1. 종료사유

변호사와 의뢰인 사이의 관계는 수임사무가 종결되면 종료된다. 그 이외에 위임계약이 해지되거나(변호사가 해임되거나 사임한 경우), 변호사의 사망, 파산, 성년후견개시의 심판에 의하여 이들의 관계는 종료된다(민법 제690조). 의뢰인이 사망 또는 파산한 경우에 위임계약은 종료되지만(민법 제690조), 변호사가 민사소송사건을 수임한 경우에 그 사건이 일신전속적 성질의 사건이 아닌 이상, 의뢰인이 사망하더라도 변호사는 소송대리권을 계속 보유하기 때문에(민사소송법 제95조 제1호), 의뢰인의 상속인이 변호사를 해임을 하지 않는 이상 위임관계는 그대로 존속하게 된다.

2. 의뢰인에 의한 변호사의 해임

(1) 의뢰인은 일방적으로 언제든지 변호사를 해임할 수 있다(민법 제689조 제1항 위임계약의 해지의 자유). 사내변호사의 경우를 제외하고 부당해고의 문제는 발생하지 않는다. 다만 부득이한 사유 없이 변호사에게 불리한 시기에 해임한 경우 손해배상책임이 발생한다(민법 제689조 제2항).

(2) 변호사가 의뢰인의 일방적인 의사에 의하여 해임이 되더라도 변호사의

종전 의뢰인에 대한 비밀유지의무나 이익충돌회피의무 등은 그대로 유지되는 것으로 보아야 한다.

3. 변호사의 사임

(1) 윤리규약에는 이에 관련된 규정이 없으나, 수임거절의 문제와 함께 생각해 보아야 할 것은 변호사의 사임 문제이다. 실무상 변호사가 의뢰인에게 보수를 전부 반환하여 주는 한, 변호사가 사임하는 것에는 그 어떤 윤리적 고려사항도 없다고 생각하는 경우가 대부분이다. 그러나 변호사는 사임에 앞서 의뢰인의 권리가 침해받을 가능성을 최소화하기 위하여 노력하여야 한다. 또한 사임하는 경우에도 변호사는 의뢰인에게 이를 통지하고, 다른 변호사의 선임에 필요한 시간을 주면서 선임을 제안하고, 의뢰인에게 모든 기록과 자료를 전달하고, 후임 변호사에게 협력하고, 피해를 최소화하려는 노력을 기울여 의뢰인의 이익을 보호하여야 할 것이다. 따라서 변호사가 합리적인 이유 없이 의뢰인에게 불리한 시기에 사임하는 것은 불허되고 사임 후에도 의뢰인에 대한 보호의무를 진다는 것이 일반적 견해이고 판례 역시 같은 입장인 것으로 보인다.

(2) 사임이 허용되는 것으로 되는 경우

변호사와 의뢰인 사이의 신뢰관계가 파괴된 경우, 사건처리의 전망에 관해서 변호사와 의뢰인 사이에 심각한 견해 차이가 생겨 협의를 하여도 그 격차를 해소하기 어려운 경우, 변호사가 수임사건을 처리하던 중 변호사윤리상 문제가 생긴 경우, 의뢰인이 변호사보수를 지급하지 않는 경우 등이 여기에 해당할 것이다.

(3) 사임할 경우 반환해야 할 서류

변호사가 수임업무 종료 후 의뢰인에게 반환해야 할 서류에 관하여 대한변호사협회는 원칙적으로 소유권의 귀속에 따라 결정된다고 한다.[6] 따라서 변호

---

6) 대한변협 1997.12.20. 질의회신.

사가 의뢰인, 당사자 또는 신청된 증인과 면담을 하며 작성한 메모, 소송수행 중 변호사가 조사한 이론 및 판례의 메모 등은 변호사의 소유이므로 반환해 줄 의무가 없다. 그러나 의뢰인 또는 당사자가 발급받아 증거로 사용하도록 제공한 등기부등본 등 재발급이 가능한 민원서류, 상대방으로부터 제출되어 입수된 준비서면과 서증 등 각 사본 및 감정서, 사실조회 회신 복사본 등 변호사가 작성하지 않았거나 소송수행과정에서 입수된 서류 등은 의뢰인의 소유이므로 반환하여야 한다.

▮▮▮ 관련 판례

대법원 2008.12.11. 선고 2006다32460 판결

【판시사항】

소송위임계약과 관련하여 위임사무 처리 도중에 수임인의 귀책사유로 계약이 종료되었다 하더라도, 위임인은, 수임인이 계약종료 당시까지 이행한 사무처리 부분에 관해서 수임인이 처리한 사무의 정도와 난이도, 사무처리를 위하여 수임인이 기울인 노력의 정도, 처리된 사무에 대하여 가지는 위임인의 이익 등 제반사정을 참작하여 상당하다고 인정되는 보수 금액 및 상당하다고 인정되는 사무처리 비용을 착수금 중에서 공제하고 그 나머지 착수금만을 수임인으로부터 반환받을 수 있다고 한 사례

【판결요지】

이 사건 소송위임계약 당시 피고에게 착수금을 선불로 지급하면서 피고와의 사이에, 위 착수금에 대해서는 소의 취하, 상소의 취하, 화해, 당사자의 사망, 해임, 위임계약의 해제 등 기타 어떠한 사유가 발생하더라도 반환을 청구할 수 없는 것으로 약정한 사실, 피고는 이 사건 소송위임계약에 따라 원고로부터 위임받은 소송사무를 처리하던 중 2004. 2. 18. 원고를 퇴직한 근로자들로부터 소송을 위임받아 원고를 상대로 한 퇴직금청구소송을 제기한 사실, 피고가 위와 같이 원고를 상대로 소송을 제기할 당시 피고는 당초 원고로부터 위임받았던 소송사무에 관하여 모두 제소 또는 응소를 하고 준비서면 작성·제출, 변론기일 출석 등 일정 정도의 소송수행을 한 사실, 원고는 2004. 4. 1. 피고의 원고에 대한 소송제기로 인한 신임관계 위배를 이유로 피고에게 이 사건 소송위임계약을 해제한다는 통고를 한 사실을 알 수 있는바, 위와 같이 원고와 피고는 이

사건 소송위임계약에 따라 지급된 착수금에 대해서는 원칙적으로 그 반환을 구할 수 없는 것으로 약정한 점, 피고가 이 사건 소송위임계약 종료의 원인이 된 원고에 대한 소송제기행위를 하기 이전에 원고로부터 위임받았던 위 9건의 소송에 관한 소송사무를 일정 부분 처리하였고, 당시까지의 업무처리가 원고와의 신임관계에 위배하여 부적절하게 처리되었다고 볼 만한 별다른 사정이 없는 점, 이 사건 소송위임계약에 따라 피고에게 지급된 착수금은 피고가 처리하는 사무처리의 대가일 뿐 사무처리로 인한 구체적인 결과에 대한 대가로 볼 수는 없는 점 등 제반 사정에 비추어 보면, 이 사건 소송위임계약과 관련하여 위임사무 처리 도중에 수임인인 피고의 귀책사유로 계약이 종료되었다 하더라도, 원고는 피고가 계약종료 당시까지 이행한 사무처리 부분에 관해서 피고가 처리한 사무의 정도와 난이도, 사무처리를 위하여 피고가 기울인 노력의 정도, 처리된 사무에 대하여 가지는 원고의 이익 등 제반 사정을 참작하여 상당하다고 인정되는 보수 금액 및 상당하다고 인정되는 사무처리 비용을 착수금 중에서 공제하고 그 나머지 착수금만을 피고로부터 반환받을 수 있다고 봄이 상당하다.

따라서 원심이 그 판시와 같은 사정들을 감안하여 피고로 하여금 이미 지급받은 착수금에서 상당하다고 인정되는 범위의 비용 및 보수금을 공제한 나머지 금액의 반환을 명한 것은 옳고, 거기에 상고이유의 주장과 같은 위임계약 해지에 따른 청산의무의 범위에 관한 법리오해 또는 채증법칙과 관련된 법령위반 등의 위법이 있다고 할 수 없다.

변호사의 의무와 윤리

Ⅰ. 규정의 체계

변호사의 직무상 법적 의무는 직업윤리로서의 변호사윤리와 일부 겹치기도 하지만, 본래 같은 것은 아니다. 그러나 그렇다고 해서 양자를 구별하는 뚜렷한 기준이 있는 것도 아니기 때문에 이를 혼용하여 설명하는 것이 일반적이다. 변호사의 윤리와 의무에 관한 규범적 근거 내지 법원(法源)으로는 변호사법과 변호사윤리장전이 가장 중요하다. 변호사법에는 주로 변호사의 직업적 의무에 관한 사항이 규율되어 있고[1] 본격적인 윤리규정은 변호사윤리장전에서 찾아볼 수 있다.

Ⅱ. 일반적 윤리

과거 변호사윤리장전 중의 윤리규칙은 제1조에서 변호사의 사명을 규정한 다음, 제2조에서 기본윤리라는 제목으로 제1항부터 제6항까지를 두고 있었는데[2] 이들의 내용은 일견 근사해 보이기도 했지만 시대착오적이거나 오늘날의 보편적인 가치관에 들어맞지 않는 부분이 많다는 비판을 받아 왔다. 이에 대한변호사협회는 2014년 개정 변호사윤리장전에서 이들을 비교적 현실에 맞도록 수정한 바 있다. 구체적으로 윤리규약 제1조는 변호사의 사명에 관하여 "① 변호사는 인간의 자유와 권리를 보호하고 향상시키며, 법을 통한 정의의 실현을 위하여 노력한다. ② 변호사는 공공의 이익을 위하여 봉사하며, 법령과 제도의 민주적 개선에 노력한다."고 규정하고 있고, 윤리규약 제2조는 기본윤리에 관하여 "① 변호사는 공정하고 성실하게 독립하여 직무를 수행한다. ② 변호사는 그

---

1) 특히 제4장 변호사의 권리와 의무(제21조 내지 제39조) 부분이 그러하다.
2) 제2조[기본윤리] ① 변호사는 권세에 아첨하지 아니하고 재물을 탐하지 아니하며 항상 공명정대하여야 한다. ② 변호사는 명예를 존중하고 신의를 지키며 인격을 도야하고 지식의 연마에 힘써야 한다. ③ 변호사는 직무의 내외를 불문하고 품위를 해하거나 공공복리에 반하는 행위를 하여서는 아니 된다. ④ 변호사는 직무의 성과에 구애되어 진실 규명을 소홀히 하여서는 아니 된다. ⑤ 변호사는 특별한 사정이 없으면 법관, 검찰관 기타의 공무원과 금전거래를 하거나 주석이나 오락을 같이 하는 등 오해의 소지가 있는 사적인 접촉을 하여서는 아니 된다. ⑥ 변호사는 사생활에 있어서도 호화와 사치를 피하고 검소한 생활로 타의 모범이 되어야 한다.

직무를 행함에 있어서 진실을 왜곡하거나 허위진술을 하지 아니한다. ③ 변호사는 서로 존중하여 예의를 갖춘다. ④ 변호사는 법률전문직으로서 필요한 지식을 탐구하고 윤리와 교양을 높이기 위하여 노력한다."고 규정하고 있다.

Ⅲ. 사무소개설에 관한 의무와 윤리

1. 사무소 개설

(1) 변호사의 자격등록 및 신고

변호사로서 개업을 하고자 하는 때에는 입회하고자 하는 지방변호사회를 거쳐 등록신청을 하여, 대한변호사협회에 등록하여야 한다(법 제7조 제1항, 제2항). 또한 변호사가 개업하거나 법률사무소를 이전한 경우에는 지체 없이 소속 지방변호사회와 대한변호사협회에 이를 신고하여야 한다(법 제15조).

(2) 법률사무소 등의 개설과 제한

1) 법률사무소

변호사는 법률사무소를 개설할 수 있지만 이를 소속 지방변호사회의 지역 안에 두어야 하며, 어떠한 명목으로도 둘 이상의 법률사무소를 두지 못한다. 다만, 사무공간의 부족 등 부득이한 사유가 있어 대한변호사협회가 정하는 바에 따라 인접한 장소에 별도의 사무실을 두고 변호사가 주재하는 경우에는 본래의 법률사무소와 함께 하나의 사무소로 본다(법 제21조 제1항 내지 제3항, 윤리규약 제7조). 변호사업무에 익숙하지 않은 사람에게는 이것이 이상하게 들릴지 모르고, 또 위와 같은 제한은 경제학적 관점에서 부당하다고 보일 수도 있을 것이나 이는 한 사람의 변호사가 여러 곳에 사건 수임의 근거지를 두는 것을 막기 위한 것이다. 즉, 사건 수임의 근거지를 여러 곳에 둘 경우 아무래도 사건 사무장 또는 사건 브로커를 쓸 가능성이 많기 때문에 이를 막기 위한 것이다.

2) 법무법인 등의 사무소

가. 법무법인은 분사무소를 둘 수 있다(법 제48조 제1항). 법무법인이 분사무소를 둔 경우 법무법인의 주사무소에는 통산하여 5년 이상 법원조직법 제42조 제1항 각 호의 어느 하나에 해당하는 직에 있던 사람 1명을 포함하여 구성원의 3분의 1 이상이 주재(駐在)하여야 하고, 분사무소에는 1명 이상의 구성원이 주재하여야 하고 분사무소는 시·군·구(자치구를 말한다) 관할구역마다 1개를 둘 수 있다(같은 법 시행령 제12조 제1항, 제3항). 법무법인이 사무소를 개업 또는 이전하거나 분사무소를 둔 경우에는 지체 없이 주사무소 소재지의 지방변호사회와 대한변호사협회를 거쳐 법무부장관에게 신고하여야 하고, 법무법인의 구성원과 구성원 아닌 소속 변호사는 법무법인 외에 따로 법률사무소를 둘 수 없다(법 제48조 제2항, 제3항). 법무법인(유한), 법무조합에 관해서도 위 법무법인의 사무소에 관한 규정이 준용된다(법 제58조의16, 제58조의30, 제48조). 변호사법에서 정한 바에 따라서 설립된 법무법인, 법무법인(유한), 법무조합이 아닌 변호사의 사무소는 그와 동일 또는 유사한 명칭을 사용하지 아니한다(윤리규약 제50조).

나. 법무법인이 외국에 분사무소를 설치할 수 있는지가 문제되나 위 규정의 해석상 우리나라의 지방법원 관할구역 내에서만 설치가 가능하므로 외국에 분사무소를 설치하는 것은 불가능하다. 그러나 외국에 법률사무소를 설치하는 것은 이중사무소 설치 금지 규정에 위반된다고 보기 어려우므로 허용된다고 볼 것이다.

3) 변호사시험에 합격한 변호사의 사무소

법학전문대학원 졸업 후 변호사시험에 합격한 변호사는 통산하여 6개월 이상 법률사무종사기관에서 법률사무에 종사하거나 대한변호사협회의 연수를 마치지 아니하면 단독으로 법률사무소를 개설하거나 법무법인, 법무법인(유한) 및 법무조합의 구성원이 될 수 없고(법 제21조의2 제1항), 사건을 단독 또는 공동으로 수임할 수 없으며, 법무법인 등의 담당변호사로 지정될 수도 없다(법 제31조의2 제1항). 위 각 규정에 위반할 경우 형사처벌을 받게 된다(법 제113조 제1호 내지 제3호).

가. 법률사무소의 개설요건

① 6개월간 법률사무종사기관 또는 대한변협의 연수

변호사시험에 합격한 변호사는 통산(通算)하여 6개월 이상 다음 각 호의 어느 하나에 해당하는 기관 등(이하 '법률사무종사기관'이라 한다)에서 법률사무에 종사하거나 대한변호사협회의 연수를 마치지 아니하면 단독으로 법률사무소를 개설하거나 법무법인, 법무법인(유한) 및 법무조합의 구성원이 될 수 없다(법 제21조의2 제1항).

1. 국회, 법원, 헌법재판소, 검찰청
2. 법률구조법에 따른 대한법률구조공단, 정부법무공단법에 따른 정부법무공단
3. 법무법인, 법무법인(유한), 법무조합, 법률사무소
4. 국가기관, 지방자치단체와 그 밖의 법인, 기관 또는 단체
5. 국제기구, 국제법인, 국제기관 또는 국제단체 중에서 법무부장관이 법률사무에 종사가 가능하다고 지정한 곳
6. 대한변호사협회

② 연수기간 중의 법률사무

법률사무종사기관에서의 법률사무란 변호사의 직무에 속하는 일체의 행위를 말하는데 변호사시험에 합격하여 법률사무종사기관에 취업한 자 역시 변호사법상 변호사이기 때문에 일반 변호사의 직무에 해당하는 법률사무를 할 수 있다. 다만, 연수를 마치지 아니하면 단독으로 법률사무소를 개설하거나 단독 또는 공동으로 사건을 수임할 수 없으며, 법무법인, 법무법인(유한) 및 법무조합의 구성원이 될 수 없고 담당변호사로 지정될 수 없는 제한을 받게 된다(법 제21조의2 제1항, 제31조의2 제1항). 이 경우 개인 법률사무소에서 연수 중인 변호사는 당사자의 소송복대리인으로서 법정에서 변론을 하거나 법률상담을 하고, 법률의견서 등을 작성할 수 있을 것이다.3) 그러나 법무법인, 법무법인(유한) 및 법무조합에

---

3) 그러나 대한변협은 복대리는 그 선임권이 대리인에게 귀속되기는 하지만, 대리인이 지휘·감독권을 갖는 대리인의 대리인이 아니라 본인의 대리인으로서 복대리인이 행한 법률행위의 효과는 직접적으로 본인에게 귀속되기 때문에 6개월의 법률사무종사 또는 연수기간 중에 있는 변호사시험 합격자로 하여금 복대리의 방법으로 소송대리를 하는 것은 허용될 수 없고, 변론에 참여하는 것도 허용될 수 없다고 한다. 대한변협 2012.5.24. 법제647호 변호

서 연수 중인 변호사는 소속 변호사의 신분으로 법률사무에 종사할 수 있지만, 구체적인 사건의 담당변호사로 될 자격은 없기 때문에 소송대리인의 지위에서 직무를 수행할 수는 없을 것이다.

③ 법무부장관의 법률사무종사기관의 지정

㉮ 변호사법 제21조의2 제1항 제3호(법무법인, 법무법인(유한), 법무조합, 법률사무소) 및 제4호(국가기관, 지방자치단체와 그 밖의 법인, 기관 또는 단체)는 통산하여 5년 이상 법원조직법 제42조 제1항 각 호의 어느 하나에 해당하는 직에 있었던 자 1명 이상이 재직하는 기관 중 법무부장관이 법률사무에 종사가 가능하다고 지정한 곳에 한정한다(법 제21조의2 제1항 단서).

㉯ 법률사무종사기관은 위 제1항에 따른 종사 또는 연수의 목적을 달성하기 위하여 종사하거나 연수를 받는 변호사의 숫자를 적정하게 하는 등 필요한 조치를 하여야 한다(같은 조 제4항).

㉰ 법무부장관은 위 제1항 단서에 따라 지정된 법률사무종사기관에 대하여 필요하다고 인정하면 종사 현황 등에 대한 서면조사 또는 현장조사를 실시할 수 있고, 조사 결과 원활한 법률사무 종사를 위하여 필요하다고 인정하면 개선 또는 시정을 명령할 수 있다(같은 조 제5항).

㉱ 법무부장관은 위 제5항에 따른 서면조사 또는 현장조사를 대한변호사협회에 위탁하여 실시할 수 있고, 대한변호사협회의 장은 그 조사 결과를 법무부장관에게 보고하고 같은 항에 따른 개선 또는 시정을 건의할 수 있다. 이 경우 수탁 사무의 처리에 관한 사항은 대한변호사협회의 회칙으로 정하고 법무부장관의 인가를 받아야 한다(같은 조 제6항).

㉲ 법무부장관은 위 제1항 단서에 따라 지정된 법률사무종사기관이 다음 각 호의 어느 하나에 해당하면 그 지정을 취소할 수 있다. 다만, 제1호에 해당하는 경우에는 취소하여야 한다(같은 조 제7항).

1. 거짓이나 그 밖의 부정한 방법으로 지정받은 경우
2. 제1항 단서의 지정 요건을 갖추지 못한 경우로서 3개월 이내에 보충하지 아니한 경우. 이 경우 제4조 제3호에 따른 변호사가 법률사무에 계속하여 종사한 경우 보충될 때까지의 기간은 법률사무종사기관에서 법률사무에 종사한 기간

사시험 합격자에게 허용되는 직무의 범위.

으로 본다.

3. 거짓으로 제3항의 확인서를 발급한 경우

4. 제5항의 개선 또는 시정 명령을 통산하여 3회 이상 받고 이에 따르지 아니한 경우

㉑ 법무부장관은 위 제7항에 따라 지정을 취소하려면 청문을 실시하여야 한다. 제1항부터 제11항까지의 규정 외에 법률사무종사기관의 지정 및 취소의 절차와 방법 지도 · 감독 등 필요한 사항은 대통령령으로 정한다(같은 조 제12항).

④ 대한변호사협회의 연수[4]

㉮ 변호사법 제21조의2 제1항 제6호에 따른 연수의 방법, 절차, 비용과 그 밖에 필요한 사항은 대한변호사협회의 회칙으로 정하고 법무부장관의 인가를 받아야 한다(같은 조 제9항).

㉯ 법무부장관은 대통령령으로 정하는 바에 따라 위 제1항 제6호에 따라 대한변호사협회가 실시하는 연수과정에 대한 지원을 할 수 있다(같은 조 제10항).

㉰ 위 제1항 단서에 따라 지정된 같은 항 제3호의 법률사무종사기관은 같은 항 제6호에 따른 대한변호사협회의 연수에 필요한 요구에 협조하여야 한다(같은 조 제11항).

⑤ 법무법인 등에 위탁연수

대한변호사협회는 변호사법 제21조의2 제1항 제3호에 따라 지정된 법률사무종사기관에 대하여 대한변호사협회 회칙으로 정하는 바에 따라 연수를 위탁하여 실시할 수 있다(같은 조 제2항). 대한변호사협회로부터 연수기관으로 지정된 법률사무종사기관은 연수의 목적을 달성하기 위하여 법률사무에 종사하거나 연수를 받는 변호사의 숫자를 적정하게 하는 등 필요한 조치를 하여야 한다.

---

4) 2022.2. 현재 변호사시험 합격자 연수기관을 법원 · 검찰청 · 대한변호사협회 · 법학전문대학원협의회 등 '당연연수기관'과 대통령령으로 정하는 요건을 갖춘 법률사무종사기관 중 법무부장관이 연수가 가능하다고 지정한 '지정연수기관'으로 이분화하는 변호사법 정부개정안이 국회에 계류 중이다.

⑥ 연수확인서의 제출

변호사시험에 합격한 변호사가 법률사무종사기관에서 법률사무의 종사를 마치고 단독으로 법률사무소를 최초로 개설하거나, 법무법인, 법무법인(유한) 또는 법무조합의 구성원이 되려면 법률사무종사기관에서 변호사법 제21조의2 제1항의 요건에 해당한다는 사실을 증명하는 확인서(대한변호사협회의 연수는 제외한다)를 받아 지방변호사회를 거쳐 대한변호사협회에 제출하여야 한다(같은 조 제3항).

나. 의무연수 불이행의 효과

① 사건수임의 제한

㉮ 변호사시험에 합격한 변호사는 법률사무종사기관에서 통산하여 6개월 이상 법률사무에 종사하거나 연수를 마치지 아니하면, 사건을 단독 또는 공동으로 수임[제50조 제1항, 제58조의16 또는 제58조의 30에 따라 법무법인·법무법인(유한) 또는 법무조합의 담당변호사로 지정하는 경우나 외국법자문사법 제35조의20에 따라 합작법무법인의 담당변호사로 지정하는 경우를 포함한다]할 수 없다(법 제31조의2 제1항). 여기서 사건을 공동으로 수임한다는 것은 변호사시험에 합격한 변호사 이외의 다른 변호사와 함께 사건을 수임하는 것을 말한다. 따라서 6개월 이상 법률사무에 종사하지 않거나 연수를 마치지 아니한 수인의 변호사가 공동으로 사건을 수임할 수 없음은 당연하다. 또한 변호사시험에 합격한 변호사는 6개월 이상 법률사무에 종사하지 않거나 연수를 마치지 아니하면 법무법인, 법무법인(유한) 또는 법무조합에서 담당변호사로 지정될 수도 없다.

㉯ 변호사시험에 합격한 변호사가 최초로 단독 또는 공동으로 수임하는 경우에는 법률사무종사기관에서 6개월 이상 근무하였다는 사실을 증명하는 확인서나 대한변호사협회의 연수증명서를 제출하여야 한다(같은 조 제2항).

② 형사처벌

변호사법 제21조의2 제1항에 따른 의무연수 규정을 위반하여 법률사무소를 개설하거나 법무법인, 법무법인(유한) 및 법무조합의 구성원이 된 자(법 제113조 제1호)와 제21조의2 제3항(제31조의2 제2항에 따라 준용되는 경우를 포함한다)에 따른 법률사무종사기관에서 6개월 이상 근무하였다는 사실을 증명하는 확인서를 거짓으로 작성하거나 거짓으로 작성된 확인서를 제출한 자(법 제113조 제2호), 제31조의2 제1항을 위반하여 사건을 단독 또는 공동으로 수임한 자(법 제113조 제5호)는 1년 이하의 징역 또는 1천만원 이하의 벌금에 처한다.

다. 의무연수 이행의 효과

6개월 이상 법률사무종사기관에서 법률사무에 종사하거나 대한변호사협회의 연수를 마치면, 단독으로 법률사무소를 개설하거나 법무법인, 법무법인(유한) 및 법무조합의 구성원이 될 수 있고, 사건을 단독 또는 공동으로 수임할 수 있다(법 제21조의2 제1항, 제31조의2 제1항). 법무법인 등의 구성원이 될 수 있다는 것은 구성원 변호사가 될 수 있다는 것으로써 구체적인 사건의 담당변호사도 될 수 있다는 것이다.

2. 사무직원

(1) 변호사는 법률사무소에 사무직원을 둘 수 있지만(변호사법 제22조 제1항), 다음 각 호의 어느 하나에 해당하는 자를 제1항에 따른 사무직원으로 채용할 수 없다(같은 조 제2항).

> 1. 이 법 또는 형법 제129조부터 제132조까지, 특정범죄가중처벌 등에 관한 법률 제2조 또는 제3조, 그 밖에 대통령령으로 정하는 법률에 따라 유죄 판결을 받은 자로서 다음 각 목의 어느 하나에 해당하는 자
>   가. 징역 이상의 형을 선고받고 그 집행이 끝나거나 그 집행을 받지 아니하기로 확정된 후 3년이 지나지 아니한 자
>   나. 징역형의 집행유예를 선고받고 그 유예기간이 지난 후 2년이 지나지 아니한 자
>   다. 징역형의 선고유예를 받고 그 유예기간 중에 있는 자
> 2. 공무원으로서 징계처분에 의하여 파면되거나 해임된 후 3년이 지나지 아니한 자
> 3. 피성년후견인[5]

---

5) 2020.6.9. 변호사법 개정으로 제3호에서 피한정후견인이 삭제됨으로써 피한정후견인도 사무직원으로 일할 수 있게 되었다.

(2) 사무직원의 신고, 연수(硏修), 그 밖에 필요한 사항은 대한변호사협회가 정하는데(같은 조 제3항), 변호사사무원규칙이 바로 그것이다.

(3) 지방변호사회의 장은 관할 지방검찰청 검사장에게 소속 변호사의 사무직원 채용과 관련하여 제2항에 따른 전과(前科) 사실의 유무에 대한 조회를 요청할 수 있고 이에 따른 요청을 받은 지방검찰청 검사장은 전과 사실의 유무를 조회하여 그 결과를 회신할 수 있다(같은 조 제4항, 제5항).

(4) 변호사는 사건의 유치를 주된 목적으로 하는 사무직원을 채용할 수 없고, 사무직원에게 사건 유치에 대한 대가를 지급하여서는 아니 되며, 사무직원의 채용에 있어서 다른 변호사와 부당하게 경쟁하거나 신의에 어긋나는 행위를 하여서는 아니 되고, 사무직원이 법령과 대한변호사협회 및 소속 지방변호사회의 회칙, 규칙 등을 준수하여 성실히 사무에 종사하도록 지휘·감독한다(윤리규약 제8조 제1항 내지 제4항).[6] 이들 규정은 사실상 사건의 유치에 관한 질서를 도모하기 위한 것이라 할 수 있다.

IV. 사건의 수임에 관한 의무와 윤리

1. 문제의 소재

변호사가 되면서 가장 먼저 부딪히는 문제는 사무소를 어떻게 개설하고 처리할 사건, 사무를 어디에서 어떻게 수임하여야 하는가이다. 변호사 세계에 있어서 가장 근본적인 관심 대상 중 하나는 사건의 수임문제라고 할 수 있다. 수임한 사건을 추후 어떻게 처리하여야 하는가는 나중의 문제이며 변호사는 우선적으로 사건을 수임하지 못하면 결국 사무소의 문을 닫아야 하기 때문이다. 그런데 현재 변호사 수는 급격히 증가하고 있고, 한정된 법률수요와 시장을 놓고서 변호사들 간의 사건 수임경쟁은 날로 더욱 심해지고 있다. 사건의 수임에 관

---

6) 과거 변호사윤리장전에서는 변호사는 회칙이 정하는 수 이상의 사무직원을 채용할 수 없다는 규정을 두었으나 현행 변호사윤리장전에서는 이를 삭제하였다.

한 의무나 윤리 문제에서 가장 먼저 떠오르는 의문은 이것의 주된 목적이 의뢰인의 이익을 보호하기 위한 것인가 아니면 변호사 공동체 내에서 사건수임에 관한 질서와 공정성을 유지하기 위한 것인가 하는 점인데 어느 것이 주된 목적인가에 따라서 수임 금지나 제한의 범위가 달라질 수 있을 것이다.

2. 변호사 아닌 자와의 동업 등 금지

(1) 수임 관련 금품 등 수수금지

1) 누구든지 법률사건이나 법률사무의 수임에 관하여 다음 각 호의 행위를 하여서는 아니 된다(법 제34조 제1항).

1. 사전에 금품·향응 또는 그 밖의 이익을 받거나 받기로 약속하고 당사자 또는 그 밖의 관계인을 특정한 변호사나 그 사무직원에게 소개·알선 또는 유인하는 행위
2. 당사자 또는 그 밖의 관계인을 특정한 변호사나 그 사무직원에게 소개·알선 또는 유인한 후 그 대가로 금품·향응 또는 그 밖의 이익을 받거나 요구하는 행위

2) 이는 변호사에게 사건을 소개·알선해 주고 금품을 수수하는 법조 주변의 부조리를 척결하기 위한 것으로써 이에 위반하면 형사 처벌된다(법 제109조 제2호, 제34조).

3) 위 제1호의 위반행위가 성립하기 위해서는 반드시 사전에 소개료 등에 관한 합의 내지 약정이 있어야 하지만, 위 제2호의 위반행위는 금품 등을 받을 의사로 법률사건 등을 변호사나 사무직원에게 소개하는 등의 행위를 한 후 그 대가로 금품 등을 받거나 요구하면 되는 것이고 사전에 소개료 등에 관한 합의 내지 약정이 있어야 성립하는 것은 아니다. 또한 사무직원에게 소개하는 경우에는, 그 이후 수수되는 금품 등이 그 소개의 대가로 인정되는 이상, 소개된 사무직원이 반드시 금품 등이 수수될 때까지 사무직원으로서의 지위를 유지하고 있어야 하는 것은 아니다.[7]

---

7) 대법원 2009.5.14. 선고 2008도4377 판결.

4) 위 제1항의 법문상 주어가 '누구든지'라고 되어 있기 때문에 사무직원은 물론이고 어느 변호사가 다른 변호사에게 사건을 소개하더라도 그에 대한 대가를 수수하여서는 아니 된다.

▌▊▌ 관련 판례

1. 대법원 2006.4.7. 선고 2005도9858 판결

【판시사항】
변호사법 제109조 제2호, 제34조 제1항 위반죄의 실행의 착수시기

【판결요지】
법률사무의 수임에 관하여 당사자를 특정 변호사에게 소개한 후 그 대가로 금품을 수수하면 변호사법 제109조 제2호, 제34조 제1항을 위반하는 죄가 성립하는바, 그 경우 소개의 대가로 금품을 받을 고의를 가지고 변호사에게 소개를 하면 실행행위의 착수가 있다.

2. 대법원 2009.5.14. 선고 2008도4377 판결

【판시사항】
법률사건 등에 관하여 당사자 또는 그 밖의 관계인을 특정 변호사 또는 그 사무직원에게 소개 등을 하고 그 대가로 금품을 수수하는 행위를 금지하는 구 변호사법 제34조 제1항 후단의 위반행위가 성립하기 위한 요건

【판결요지】
구 변호사법(2005. 1. 27. 법률 제7357호로 개정되기 전의 것) 제34조 제1항은 '누구든지 법률사건 또는 법률사무의 수임에 관하여 사전에 금품·향응 기타 이익을 받거나 받을 것을 약속하고 당사자 기타 관계인을 특정 변호사 또는 그 사무직원에게 소개·알선 또는 유인하거나, 법률사건 또는 법률사무의 수임에 관하여 당사자 기타 관계인을 특정

변호사 또는 그 사무직원에게 소개 · 알선 또는 유인한 후 그 대가로 금품 · 향응 기타 이익을 받거나 이를 요구하여서는 아니 된다'라고 규정하고 있는바, 위 조항 후단의 위반행위가 성립하기 위하여는 금품 등을 받을 고의를 가지고 법률사건 등을 변호사 또는 그 사무직원에게 소개하는 등의 행위를 한 후 그 대가로 금품 등을 받거나 요구하면 되는 것이고, 위 조항 전단의 위반행위와 달리 반드시 사전에 소개료 등에 관한 약정이 있어야 하는 것은 아니다. 또한, 위 조항의 위반행위가 될 수 있으려면 법률사건 등을 실제 특정 변호사의 사무직원인 자에게 소개하는 경우여야 하지만, 이후 수수되는 금품 등이 그 소개의 대가로 인정되는 이상, 소개된 사무직원이 반드시 금품 등이 수수될 때까지 사무직원으로서의 지위를 유지하고 있어야 하는 것은 아니다.

3. 헌재 2005.11.24. 2004헌바83 결정

【판시사항】

[1] 소송촉진등에관한특례법(이하 '소촉법'이라 한다) 제24조(1981. 1. 29. 법률 제 3361호로 제정된 것)에 대한 심판청구가 재판의 전제성이 없어 부적법하다고 한 사례

[2] 변호사에게 고용되어 있는 사무직원도 변호사에게 위와 같은 사건 알선행위를 하는 것을 금지하는 구 변호사법(1999. 2. 5. 법률 제5815호로 일부 개정되고 2000. 1. 28. 법률 제6207호로 전문 개정되기 전의 것) 제27조 제1항 중 "누구든지" 부분이 죄형법정주의원칙에 위반되는지 여부(소극)

[3] 위 구 변호사법 제27조 제1항 중 "누구든지" 부분이 직업수행의 자유를 침해하는지 여부(소극)

[4] 위 구 변호사법 제27조 제1항의 위반행위에 대한 벌칙규정인 같은 법 제90조 제3호 중 제27조 제1항 부분이 헌법에 위반되는지 여부(소극)

【결정요지】

[1] 청구인은 상고심판결의 선고일 이전에 이미 미결구금일수가 본형의 형기를 초과하게 되었고 상고심판결에서 상고 후의 구금일수 중 본형 형기에서 본형에 산입되는 제1심판결 및 원심판결 각 선고 전 구금일수를 뺀 나머지에 해당하는 일수를 본형에 산입함에 따라 미결구금일수 중 본형 형기를 초과하는 부분이 본형에 산입되지 않았을 뿐이며 소촉법 제24조가 적용된 바 없다. 따라서 이 사건 헌법소원에서 소촉법

제24조가 위헌으로 선언된다고 하더라도 미결구금일수산입에 관한 당해 사건 재판의 주문이 달라지지 아니하고, 소촉법 제24조의 위헌 여부에 따라 당해 사건 재판의 내용과 효력에 관한 법률적 의미가 달라지는 경우에도 해당하지 않는바 소촉법 제24조에 관한 청구는 재판의 전제성이 없어 부적법하다.

[2] 죄형법정주의원칙은 법률이 처벌하고자 하는 행위가 무엇이며 그에 대한 형벌이 어떠한 것인지를 누구나 예견할 수 있고 그에 따라 자신의 행위를 결정할 수 있도록 구성요건을 명확하게 규정할 것을 요구한다. 그러나 처벌법규의 구성요건이 명확하여야 한다고 하더라도 입법권자가 모든 구성요건을 단순한 의미의 서술적인 개념에 의하여 규정하여야 한다는 것은 아니다. 즉 건전한 상식과 통상적인 법감정을 가진 사람으로 하여금 그 적용대상자가 누구이며 구체적으로 어떠한 행위가 금지되고 있는지 충분히 알 수 있도록 규정되어 있다면 죄형법정주의의 명확성의 원칙에 위배되지 않는다고 보아야 한다.

구 변호사법 제27조 제1항은 변호사에게 사건을 알선해 주고 금품을 수수하는 법조주변의 부조리를 척결하기 위한 것으로서 변호사에게 고용되어있는 사무직원도 변호사에게 위와 같은 사건 알선행위를 하는 것이 금지됨이 법 문언상 명백하다. 이는 건전한 상식과 통상적인 법감정을 가진 사람이라면 누구라도 어렵지 않게 그 의미를 파악할 수 있는 것으로서 애매하거나 모호하다고 할 수 없으므로 위 구 변호사법 제27조 제1항은 죄형법정주의원칙에 위반되지 않는다.

[3] 구 변호사법 제27조 제1항은 변호사에게 사건을 알선해 주고 금품을 수수하는 법조주변의 부조리를 척결하여 법조계의 투명성과 도덕성을 보장하기 위한 것이므로 그 입법목적은 정당하고, 변호사 사무직원도 그 소속 변호사에게 법률사건을 알선하고 금품을 수수할 수 없도록 한 것은 이러한 입법목적의 달성에 적합하고도 필요한 수단이라고 할 것이며, 위 조항으로 말미암아 청구인은 그 소속 변호사에게 사건을 알선하고 금품을 수수할 수 없게 되어 금전적인 불이익을 받게 되는데 비해 변호사에게 사건을 알선해 주고 금품을 수수하는 법조주변의 부조리를 척결하여 법조계의 투명성과 도덕성을 보장함으로써 달성되는 공익은 청구인이 받게 되는 위와 같은 불이익보다 훨씬 크다고 할 것이어서 법익의 균형성도 갖추고 있다. 따라서 구 변호사법 제27조 제1항의 적용대상에서 변호사 사무직원을 제외하지 아니한 것이 과잉금지의 원칙에 위반하여 청구인의 직업수행의 자유를 침해하지 아니한다.

[4] 구 변호사법 제90조 제3호는 같은 법 제27조 제1항을 위반한 자를 처벌하는 벌칙규정인바, 구 변호사법 제27조 제1항 중 "누구든지" 부분이 죄형법정주의원칙에 반하지 않고 그 적용대상에서 변호사 사무직원을 제외하지 아니한 것이 청구인의 직업수행의 자유를 침해하지 아니하여 위헌이 아님은 앞에서 본 바와 같은데 그 이치는

위 조항의 위반행위를 처벌하는 구 변호사법 제90조 제3호 부분에서도 마찬가지라고 할 것이므로 구 변호사법 제90조 제3호 중 제27조 제1항 부분 역시 헌법에 위반되지 아니한다.

(2) 수임 관련 금품 등 제공금지

변호사나 그 사무직원은 법률사건이나 법률사무의 수임에 관하여 소개·알선 또는 유인의 대가로 금품·향응 또는 그 밖의 이익을 제공하거나 제공하기로 약속하여서는 아니 된다(제34조 제2항). 이에 위반하면 형사처벌된다(법 제109조 제2호, 제34조). 윤리규약에서도 "변호사는 어떠한 경우를 막론하고 사건의 소개·알선 또는 유인과 관련하여 소개비 기타 이와 유사한 금품이나 이익을 제공하지 아니 한다"고 정하고 있다(제9조 제2항).

▐▐▐ 관련 판례

대법원 2007.9.6. 선고 2005도2492 판결

【판시사항】
변호사법 제34조 제2항이 위헌인지 여부(소극) 및 위 조항이 변호사와 그의 사무직원 사이에 적용되는지 여부(적극)

【판결요지】
변호사법 제34조 제2항의 입법 취지와 개정 경위 등에 비추어 보면, 변호사법 제109조 제2호, 제34조 제2항의 죄는 변호사가 자신의 사무직원으로부터 법률사건 또는 법률사무의 수임에 관하여 알선 등의 대가로 금품 등을 제공하거나 이를 약속한 경우에도 성립한다고 할 것이고, 변호사법 제34조 제2항은 변호사가 금품을 지급하고 사건을 알선받는 법조 주변의 부조리를 척결하여 법조계의 투명성과 도덕성을 보장하기 위한 것으로서 위 규정이 헌법이 보장한 평등권, 직업선택의 자유, 행복추구권의 본질적인 내용을 침해한다고 할 수 없으므로, 이 점에 관한 상고이유의 주장은 받아들일 수 없다.

(3) 명의대여 금지

1) 변호사나 그 사무직원은 변호사법 제109조 제1호, 제111조 또는 제112조 제1호에 규정된 자로부터 법률사건이나 법률사무의 수임을 알선받거나 이러한 자에게 자기의 명의를 이용하게 하여서는 아니 된다(법 제34조 제3항). 이에 위반하면 형사처벌된다(법 제109조 제2호, 제34조).

2) 사건사무장과는 좀 다른 것으로서, 변호사업계의 주변 영역에는 변호사가 아니면서 법률사무를 취급하는 사람(법 제109조 제1호), 공무원이 취급하는 사무에 관한 로비스트(법 제111조), 아예 타인의 권리 등을 양수하여 소송 등으로 권리를 실행하는 것을 업으로 하는 사람(변호사법 제112조 제1호) 등이 있는데, 변호사는 이들로부터도 사건의 수임을 알선받을 수 없고 이들에게 자신의 명의를 이용하게 하는 것도 금지된다는 것이다. 변호사가 노후에 사건 수임능력이 없어져 위와 같은 자들에게 명의를 대여하고 그 대가를 받다가 형사처벌이나 징계를 받는 일은 과거에 종종 목격되는 형태였다.

(4) 비변호사의 변호사 고용금지

1) 변호사가 아닌 자는 변호사를 고용하여 법률사무소를 개설·운영하여서는 아니 된다(법 제34조 제4항). 이에 위반하면 형사처벌된다(법 제109조 제2호, 제34조).

2) 이는 거꾸로 말해서 변호사는 변호사 아닌 자에게 고용되어 법률사무소를 개설하거나 운영할 수 없다는 것이다. 과거 이 규정 위반행위의 가장 고전적인 형태는 사법연수원을 갓 수료하고 나와 현직 경험 또는 특별한 사건수임의 연고나 능력, 특히 개업자금을 마련할 능력이 없는 변호사를 능력 있는 사무장이나 소송신탁업자 등이 고용하는 것이었다. 법무법인이나 기성 변호사가 사법연수원을 갓 수료한 변호사를 고용하는 것이 일반화되고 나서는 이런 사례가 많이 줄어들었다고는 하지만, 로스쿨 출신 변호사의 대량 배출로 인하여 변호사들의 취업이 어려워진 현재의 경우 위와 같은 행태가 되살아날 우려는 상존한다고 할 수 있을 것이다. 판례는 변호사 아닌 자에게 고용된 변호사를 변호사법 제34

조 제4항 위반죄의 공범으로 처벌할 수는 없다고 하지만, 그 변호사는 품위유지의무 위반 등을 이유로 징계책임을 면하기 어려울 것이다.

▐▐▐ 관련 판례

대법원 2004.10.28. 선고 2004도3994 판결

【판시사항】
변호사 아닌 자에게 고용된 변호사를, 변호사 아닌 자가 변호사를 고용하여 법률사무소를 개설·운영하는 행위를 처벌하도록 규정하고 있는 변호사법 제109조 제2호, 제34조 제4항 위반죄의 공범으로 처벌할 수 있는지 여부(소극)

【판결요지】
변호사 아닌 자가 변호사를 고용하여 법률사무소를 개설·운영하는 행위에 있어서는 변호사 아닌 자는 변호사를 고용하고 변호사는 변호사 아닌 자에게 고용된다는 서로 대향적인 행위의 존재가 반드시 필요하고, 나아가 변호사 아닌 자에게 고용된 변호사가 고용의 취지에 따라 법률사무소의 개설·운영에 어느 정도 관여할 것도 당연히 예상되는 바, 이와 같이 변호사가 변호사 아닌 자에게 고용되어 법률사무소의 개설·운영에 관여하는 행위는 위 범죄가 성립하는 데 당연히 예상될 뿐만 아니라 범죄의 성립에 없어서는 아니 되는 것인데도 이를 처벌하는 규정이 없는 이상, 그 입법 취지에 비추어 볼 때 변호사 아닌 자에게 고용되어 법률사무소의 개설·운영에 관여한 변호사의 행위가 일반적인 형법 총칙상의 공모, 교사 또는 방조에 해당된다고 하더라도 변호사를 변호사 아닌 자의 공범으로서 처벌할 수는 없다.

(5) 보수분배 등 동업 금지

1) 변호사가 아닌 자는 변호사가 아니면 할 수 없는 업무를 통하여 보수나 그 밖의 이익을 분배받아서는 아니 된다(법 제34조 제5항). 이에 위반하면 형사처벌된다(법 제109조 제2호, 제34조). 윤리규약에서도 "변호사는 변호사 아닌 자와 공동의 사업으로 사건을 수임하거나 보수를 분배하지 아니하고,[8] 정당한 보수 이외의 이

---

8) 다만, 외국법자문사법에서 달리 정하는 경우에는 그러하지 아니하다(윤리규약 제34조 제1

익분배를 약정하지 아니 한다"고 정하고 있다(윤리규약 제34조 제1항, 제2항).

2) 위 변호사법 규정은 강행규정으로 보아야 하므로 이에 위반하여 변호사 아닌 자가 변호사가 아니면 할 수 없는 업무에 대하여 보수를 받기로 약정한 경우 이는 무효인 것으로 보아야 한다.[9]

3) 그러나 다른 직종과의 동업을 무조건 금지하는 것은 이제 재고되어야 할 것으로 생각된다. 왜냐하면 대부분의 법률수요자들은 이제 이른바 원스톱 서비스를 바라고 있고, 현실적으로도 변호사가 변리사, 세무사 등과 업무에서 제휴하는 일이 점차로 늘어나고 있기 때문이다. 또한 다른 한편으로는 법률시장이 개방되고 있고, 이는 필연적으로 다른 직종과의 동업 내지 제휴에 관한 종래의 전통적 견해를 수정해야 할 계기가 되고 있다.

▌▌▌ 관련 하급심 판결

춘천지방법원 2007.6.22. 선고 2006가합319 판결

【판시사항】
변호사법 제34조 제5항에 위반된 약정의 사법상 효력(=무효)

【판결요지】
"변호사가 아닌 자는 변호사가 아니면 할 수 없는 업무를 통하여 얻은 보수 기타 이익을 분배받아서는 아니 된다."라고 규정하고 있는 변호사법 제34조 제5항은 강력한 처벌규정을 동반하는 강행법규로 되어 있는 점, 위의 규정을 위반하여 변호사가 아닌 자가 변호사가 아니면 할 수 없는 업무에 대하여 보수를 받기로 약정한 경우 그 사법상 효력이 유효하다고 한다면, 강행규정인 변호사법 제109조 제1호 내지 제111조의 입법취지를 잠탈하는 결과를 초래하게 되는 점, 변호사법 제34조 위반행위는 변호사 자격을 가진 자만이 법률사무를 취급할 수 있다는 사회질서에 반하고 변호사법의 입법목적을

항 단서).

9) 춘천지방법원 2007.6.22. 선고 2006가합319 판결.

중대하게 침해하는 결과를 초래하게 되는 점 등을 고려할 때, 변호사법 제34조 제5항에 위반된 약정은 그 사법상 효력 역시 무효라고 보아야 한다.

(6) 변호사에게 사건을 소개하여 주고 변호사로부터 대가를 받는 등의 행위는 왜 금지되는가? 우선 변호사의 직무가 영업이 아니라는 논리가 등장할 수 있다. 이를테면, 변호사란 소개를 받았다고 하여 무슨 장사꾼처럼 소개료를 주어야 할 만한 천한 직업이 아니라는 것이다. 이는 과거 윤리규칙 제29조 제1항이 "변호사의 사명은 기본적 인권의 옹호와 사회정의의 실현에 있으므로 그 직무는 영업이 아니며, 대가적 거래의 대상이 되어서는 아니 된다"고 규정하고 있음을 그 근거로 삼았던 것으로 보인다. 그러나 변호사가 하는 일의 대부분은 분명 영업이다. 변호사가 기본적 인권 옹호 등을 위한 일을 한다고 하더라도 그것이 영업이 아니라고 할 이유로는 불충분한 것이다. 시장경제질서를 기반으로 하는 오늘날의 자본주의사회에서 정보는 곧 돈이다. 변호사의 능력과 자질에 대한 정보도 돈일 수밖에 없다. 따라서 적어도 경제적으로 볼 때 사건 등의 소개나 알선에 관하여 돈이나 기타의 대가가 따르는 일은 자연스러운 일이고 당연한 것이라고 볼 수도 있다. 그럼에도 불구하고 이를 금지하는 이유는 의뢰인의 이익을 보호하기 위한 것이라고 설명할 수 있다. 즉, 여러 부류의 사람들이 돈을 받고 제공하는 변호사에 관한 정보가 정확하지 않거나 그들이 돈을 받고 행하는 알선 내지 소개행위를 통해 의뢰인이 얻게 될 변호사의 서비스가 양질이 아닐 가능성이 높다는 것이다. 의뢰인에게 있어서 변호사가 취급하는 사건이나 사무는 별로 흔하지 않은 일인 경우가 대부분이기 때문에 의뢰인의 정보 획득경로는 제한되어 있다. 더욱이 사건의 의뢰인은 급박하거나 매우 어려운 처지에 놓여 있기 일쑤다. 이러한 사정하에서 특정 변호사로부터 대가, 특히 가급적 많은 액수의 대가를 받을 욕심으로 변호사를 소개하는 사람들은, 그 변호사가 어떤 서비스를 의뢰인에게 제공할 것인지에 관심을 쏟기보다는 그 변호사로부터 받을 대가에만 관심을 가지게 되는 결과 소개를 받은 의뢰인의 이익을 해치기 쉬운 반면, 의뢰인은 이에 대한 적절한 방어수단이나 대처방법을 가지지 못한다는 것이다. 여기서 주의해야 할 점은 변호사법 제34조의 위반행위는 이를 '업'으로 하는 행위가 아니더라도 금지된다는 것이다. 그러므로 오늘날 '리베이트'라는 용어로 표

현되는 여러 행태는 실상 위 규정에 위반되는 것이다. 사건 주선을 업으로 하는 브로커에게 주던 소개비의[10] 비율이 점점 증가하더니, 어느 때부터인가 이런 일을 더러 하기는 해도 꼭 업으로 하지는 않던 사람에게도[11] 단순한 인사치레를 넘어 아예 수임료 중 일정 비율의 금액을 떼어주는 사례가 생기기 시작했고, 종국에는 변호사를 자주 선임하는 기업체의 담당 직원들에게마저 적당한 '인사'를 하는 것이 관행화되고 공공연한 비밀이 되기에 이르렀다. 시장의 원리에 따르면 이를 무조건 처벌한다고 해서 능사는 아니고 어떤 합리적인 해결책을 찾아야 할 문제로 보이지만, 이에 대한 논의는 어쩌면 금기일 수도 있기 때문에 아직 그런 합리적인 해결책에 대한 논의가 본격적으로 진행된 바는 없다. 어찌 됐건 간에 위와 같은 행위는 모두 현행 변호사법 제34조 제2항에 위반된다는 것을 알고 있어야 한다.

3. 사건의 유치관계

(1) 사건사무장 채용금지

변호사나 그 사무직원은 법률사건이나 법률사무를 유상으로 유치할 목적으로 법원, 수사기관, 교정기관 및 병원에 출입하거나 다른 사람을 파견하거나 출입 또는 상주하게 하여서는 아니 된다(법 제35조, 윤리규약 제39조). 이에 위반하면 과태료에 처한다(법 제117조). 이는 변호사업계에서 말하는 이른바 '사건사무장'을 채용할 수 없다는 근거 규정이다. 실제에 있어 사건사무장에 대한 보수는 성과급으로 정하는 경우가 많고,[12] 때론 능력 있는 사무장은 스카우트의 대상이 되거나 이를 넘어 그 자신이 적극적으로 변호사에게 접근하여 채용되거나 변호사와 특별한 관계를 맺는 경우도 있다.

(2) 알선업자로부터의 사건유치 금지 등

변호사는 사건의 알선을 업으로 하는 자로부터 사건의 소개를 받거나, 이러

---

10) 이를 변호사업계에서는 속칭 '복비'라고 한다.
11) 예컨대 공무원 또는 공·사기업 직원 등과 같이 평범한 일반인을 말한다.
12) 사무장이 유치한 사건의 수임료 중 몇 %를 주는 식이다.

한 자를 이용하거나, 이러한 자에게 자신의 명의를 이용하게 하는 일체의 행위를 하여서는 아니 되고(윤리규약 제9조 제1항), 어떠한 경우를 막론하고 사건의 소개·알선 또는 유인과 관련하여 소개비, 기타 이와 유사한 금품이나 이익을 제공하지 아니한다(같은 조 제2항). 판례는 소개와 알선의 개념을 동일하게 파악하고 있는데[13] '알선업자'란 사건사무장과 겹칠 수 있는 개념이지만 보통 사건 브로커라고 불리는 사람들로서 사건을 소개하고 그에 대한 대가를 받는 것을 업으로 하는 자를 말한다.

(3) 재판·수사기관 공무원의 사건 소개금지

1) 재판기관이나 수사기관의 소속 공무원은 대통령령으로 정하는 자기가 근무하는 기관에서 취급 중인 법률사건이나 법률사무의 수임에 관하여 당사자 또는 그 밖의 관계인을 특정한 변호사나 그 사무직원에게 소개·알선 또는 유인하여서는 아니 된다. 다만, 사건 당사자나 사무 당사자가 민법 제767조에 따른 친족인 경우에는 그러하지 아니하다(법 제36조). 이를 위반한 경우에는 1천만원 이하의 과태료를 부과한다(법 제117조 제2항 제1의2호). 대통령령으로 정하는 자기가 근무하는 기관이란 해당 공무원이 실제 근무하는 다음 각 호의 기관 또는 시설을 말한다(변호사법 시행령 제8조).

1. 재판기관
   가. 헌법재판소
   나. 「법원조직법」 제3조 제1항에 따른 대법원, 고등법원, 특허법원, 지방법원, 가정법원, 행정법원과 같은 조 제2항에 따른 지방법원 및 가정법원의 지원, 가정지원, 시·군법원
   다. 「군사법원법」 제5조에 따른 고등군사법원, 보통군사법원
2. 수사기관
   가. 「고위공직자범죄수사처 설치 및 운영에 관한 법률」 제3조 제1항에 따른 고위공직자범죄수사처

---

13) '소개·알선'이라 함은 법률사건 또는 법률사무의 당사자 등과 특정한 변호사 또는 그 사무직원 사이에서 서로 상대방을 알게 하는 등의 방법으로 그 법률사건 또는 법류사무에 관한 위임계약의 체결을 주선, 중재하거나 그 편의를 도모하는 행위를 말한다. 대법원 2013.1.31. 선고 2012도2409 판결.

나. 「검찰청법」 제3조 제1항에 따른 대검찰청, 고등검찰청, 지방검찰청과 같은 조 제
   2항에 따른 지방검찰청 지청
다. 「국가경찰과 자치경찰의 조직 및 운영에 관한 법률」 제12조 및 제13조에 따른
   경찰청, 시·도경찰청 및 경찰서
라. 「정부조직법」 제43조 제2항 및 「해양경찰청과 그 소속기관 직제」에 따른 해양경
   찰청, 지방해양경찰관서
마. 「사법경찰관리의 직무를 행할 자와 그 직무범위에 관한 법률」 제3조부터 제5
   조까지, 제6조의2, 제7조, 제7조의2 및 제8조에 따른 해당 소속기관 또는 시설
바. 「군사법원법」 제36조 제2항에 따른 고등검찰부, 보통검찰부

2) 재판이나 수사 업무에 종사하는 공무원은 직무상 관련이 있는 법률사건
또는 법률사무의 수임에 관하여 당사자 또는 그 밖의 관계인을 특정한 변호사나
그 사무직원에게 소개·알선 또는 유인하여서는 아니 된다(법 제37조 제1항). 이
를 위반하면 형사처벌된다(법 제113조 제7호, 제37조). 여기서 '직무상 관련'이란
다음 각 호의 어느 하나에 해당하는 경우를 말한다(제37조 제2항).

1. 재판이나 수사 업무에 종사하는 공무원이 직무상 취급하고 있거나 취급한 경우
2. 제1호의 공무원이 취급하고 있거나 취급한 사건에 관하여 그 공무원을 지휘·감독
   하는 경우

3) 위와 같이 법원이나 검찰 등 재판기관이나 수사기관에서 근무하는 공무
원이나 판사나 검사 등 재판 또는 수사업무에 종사하는 공무원은 금품이나 향응
의 수수와 상관없이 소개·알선·유인행위를 할 수 없는 것으로 되어 있는데, 만
약 이 경우 공무원이 금품을 받았다면 별도로 뇌물죄가 성립한다. 위 규정은 사
건을 소개했지만 금품을 수수하지 않았다면 아무런 문제가 되지 않는 변호사법
제34조 제1항 제2호와는 차이가 있는 것이다.

4) 한편 변호사법 제36조, 제37조에 대응하여 윤리규약은 "변호사는 법원,
수사기관 등의 공무원으로부터 해당기관의 사건을 소개받지 아니 한다"고 규정
하고 있다(제40조).

▐▌▌ 관련 판례

1. 대법원 2002.3.15. 선고 2001도970 판결

【판시사항】

[1] 비변호사인 경찰관, 법원·검찰의 직원 등이 변호사인 피고인에게 소송사건의 대리를 알선하고 그 대가로 금품을 받은 행위가 구 변호사법 제90조 제2호 후단 소정의 알선에 해당하는지 여부(적극)

[2] 변호사인 피고인이 소개인들로부터 법률사건의 수임을 알선 받으면 그 대가를 지급하는 관행에 편승하여 비변호사인 소개인들로부터 법률사건의 수임을 알선받고 사례비를 지급한 경우, 소개인들과 사이에 법률사건의 알선에 대한 대가로서의 금품지급에 관한 명시적이거나 적어도 묵시적인 약속이 있었다고 봄이 상당하다고 한 사례

[3] 법원이 공소장변경절차를 거치지 아니하고 공소사실과 달리 사실인정을 하기 위한 요건 및 오기된 범죄일시의 정정과 공소장변경 요부(소극)

[4] 공무원이 얻은 이익이 직무와 대가관계가 있는 부당한 이익으로서 뇌물에 해당하는지 여부의 판단 기준 및 뇌물죄에 있어서 직무의 의미

【판결요지】

[1] 구 변호사법[2000. 1. 28. 법률 제6207호로 전문 개정되기 전의 것] 제90조 제2호 후단에서 말하는 알선이라 함은 법률사건의 당사자와 그 사건에 관하여 대리 등의 법률사무를 취급하는 상대방 사이에서 양자간에 법률사건이나 법률사무에 관한 위임계약 등의 체결을 중개하거나 그 편의를 도모하는 행위를 말하고, 따라서 현실적으로 위임계약 등이 성립하지 않아도 무방하며, 비변호사가 법률사건의 대리를 다른 비변호사에게 알선하는 경우는 물론 변호사에게 알선하는 경우도 이에 해당하고, 그 대가로서의 보수[이익]를 알선을 의뢰하는 자뿐만 아니라 그 상대방 또는 쌍방으로부터 받거나 받을 것을 약속한 경우도 포함하며, 이러한 보수의 지급에 관한 약속은 그 방법에 아무런 제한이 없고 반드시 명시적임을 요하는 것도 아니다.

[2] 변호사인 피고인이 소개인들로부터 법률사건의 수임을 알선받으면 그 대가를 지급하는 관행에 편승하여 사례비를 지급하고 비변호사인 소개인들로부터 법률사건의 수임을 알선받은 경우, 소개인들과 사이에 법률사건의 알선에 대한 대가로서의 금품

지급에 관한 명시적이거나 적어도 묵시적인 약속이 있었다고 봄이 상당하다고 한 사례.

[3] 피고인의 방어권 행사에 실질적인 불이익을 초래할 염려가 없는 경우에는 공소사실과 기본적 사실이 동일한 범위 내에서 법원이 공소장변경절차를 거치지 아니하고 다르게 사실을 인정하였다고 할지라도 불고불리의 원칙에 위배되지 않고, 공소사실의 범행일시가 오기임이 분명한 경우 이를 증거에 의하여 바로잡아 인정하는 것 또한 불고불리의 원칙에 위배되지 아니한다.

[4] 공무원이 얻은 어떤 이익이 직무와 대가관계가 있는 부당한 이익으로서 뇌물에 해당하는지 여부는 그 공무원의 직무내용·직무와 이익제공자와의 관계·쌍방간에 특수한 사적 친분관계가 존재하는지 여부·이익의 다과·이익을 수수한 경위와 시기 등 모든 사정을 참작하여 결정되어야 하고, 뇌물죄가 직무집행의 공정과 이에 대한 사회의 신뢰를 그 보호법익으로 하고 있음에 비추어 공무원이 그 이익을 수수하는 것으로 인하여 사회일반으로부터 직무집행의 공정성을 의심받게 되는지 여부도 뇌물죄 성부의 판단 기준이 되어야 하며, 뇌물죄에서 말하는 직무에는 공무원이 법령상 관장하는 직무 그 자체뿐만 아니라 직무와 밀접한 관계가 있는 행위 또는 관례상이나 사실상 관여하는 직무행위도 포함된다.

2. 대법원 2000.6.15. 선고 98도3697 판결

【판시사항】

[1] 공무원이 얻은 이익이 직무와 대가관계가 있는 부당한 이익으로서 뇌물에 해당하는지 여부의 판단 기준

[2] 뇌물죄에 있어서 직무의 의미

[3] 비변호사인 경찰관, 법원·검찰의 직원 등이 변호사인 피고인에게 소송사건의 대리를 알선하고 그 대가로 금품을 받은 행위가 구 변호사법 제90조 제2호 후단 소정의 알선에 해당하는지 여부(적극) 및 변호사인 피고인이 그러한 사정을 알면서 비변호사들로부터 법률사건의 수임을 알선받은 경우, 같은 법 제90조 제3호, 제27조 제2항, 제90조 제2호 위반죄의 성립 여부(적극)

【판결요지】

[1] 공무원이 얻은 어떤 이익이 직무와 대가관계가 있는 부당한 이익으로서 뇌물에 해당하는지 여부는 그 공무원의 직무내용, 직무와 이익제공자와의 관계, 쌍방간에 특수한 사적친분관계가 존재하는지 여부, 이익의 다과, 이익을 수수한 경위와 시기 등 모든 사정을 참작하여 결정되어야 하고, 뇌물죄가 직무집행의 공정과 이에 대한 사회의 신뢰를 그 보호법익으로 하고 있음에 비추어 공무원이 그 이익을 수수하는 것으로 인하여 사회일반으로부터 직무집행의 공정성을 의심받게 되는지 여부도 뇌물죄 성부의 판단 기준이 되어야 한다.

[2] 뇌물죄에서 말하는 직무에는 공무원이 법령상 관장하는 직무 그 자체뿐만 아니라 직무와 밀접한 관계가 있는 행위 또는 관례상이나 사실상 관여하는 직무행위도 포함된다.

[3] [다수의견] 구 변호사법(2000. 1. 28. 법률 제6207호로 전문 개정되기 전의 것) 제90조 제2호 후단에서 말하는 알선이라 함은 법률사건의 당사자와 그 사건에 관하여 대리 등의 법률사무를 취급하는 상대방 사이에서 양자간에 법률사건이나 법률사무에 관한 위임계약 등의 체결을 중개하거나 그 편의를 도모하는 행위를 말하고, 따라서 현실적으로 위임계약 등이 성립하지 않아도 무방하며, 그 대가로서의 보수를 알선을 의뢰하는 자뿐만 아니라 그 상대방 또는 쌍방으로부터 지급받는 경우도 포함하고, 비변호사가 법률사건의 대리를 다른 비변호사에게 알선하는 경우는 물론 변호사에게 알선하는 경우도 이에 해당하는바 이러한 법리는 변호사에게 법률사건의 수임을 알선하고 그 대가로 금품을 받는 행위에 대하여 같은 법 제90조 제3호, 제27조 제1항에서 따로 처벌하고 있다고 하여 달리 볼 것도 아니므로, 비변호사인 경찰관, 법원·검찰의 직원 등이 변호사인 피고인에게 소송사건의 대리를 알선하고 그 대가로 금품을 받은 행위는 같은 법 제90조 제2호 후단 소정의 알선에 해당하고, 따라서 변호사인 피고인이 그러한 사정을 알면서 비변호사들로부터 법률사건의 수임을 알선받은 행위는 같은 법 제90조 제3호, 제27조 제2항, 제90조 제2호 위반죄를 구성한다.

[다수의견에 대한 보충의견] 1993. 3. 10. 법률 제4544호로 개정된 구 변호사법(2000. 1. 28. 법률 제6207호로 전문 개정되기 전의 것)에 제27조 제1항이 신설되고 그 위반행위를 같은 법 제90조 제3호에서 따로 처벌하고 있다고 하더라도 이를 들어 같은 법 제90조 제2호 후단에서 말하는 알선의 의미를 종전과 달리 보아 여기에는 비변호사에 대한 법률사건의 알선만이 해당되고, 변호사에 대한 법률사건의 알선에 대하여는 같은 법 제27조 제1항만이 적용되어야 한다고 해석할 근거가 된다고 볼 수는 없고, 구 변호사법 제90조 제2호와 같은 법 제27조 제2항의 문언과 입법취지, 같은 법 제27조 제1항을

신설한 취지 등을 종합해 보면, 같은 법 제90조 제2호 후단의 알선이라 함은 법률사건의 당사자와 그 대리 등의 법률사무를 취급하는 상대방 사이에서 양자간에 법률사건이나 법률사무에 관한 위임계약 등의 체결을 중개하거나 그 편의를 도모하는 행위를 말하는 것으로서 비변호사가 법률사건의 대리를 다른 비변호사에게 알선하는 경우는 물론 변호사에게 알선하는 경우도 이에 해당한다고 해석함에 아무런 무리가 없으며, 그 의미와 내용이 불명확한 것도 아니어서 이러한 해석이 죄형법정주의의 원칙에 위배된다고 할 수도 없다. 결국 변호사 아닌 자가 금품을 수수하고 변호사에게 법률사건을 알선하는 행위에 대하여 같은 법 제90조 제2호와 같은 법 제90조 제3호, 제27조 제1항이 중첩적으로 적용되어 동일한 법률에서 하나의 행위에 대하여 2개의 처벌규정이 병존하는 셈이고, 이를 법조경합의 특별관계 또는 상상적 경합관계로 볼 것은 아니라고 생각되는바, 이는 변호사에 대한 법률사건의 알선을 포괄적으로 금지하는 제27조 제1항을 신설하면서 그 적용 범위의 일부가 기존의 제90조 제2호 후단과 중복됨에도 이를 배려하지 않은 부적절한 입법에서 비롯된 것이라고 볼 수밖에 없다.

[반대의견] 구 변호사법[2000. 1. 28. 법률 제6207호로 전문 개정되기 전의 것] 제90조 제2호 후단의 알선의 대상에 변호사를 포함시키는 데에 찬성하기 어려운바, 그 이유는, 첫째 법규정의 문언이나 조문의 배열, 형식 등에 비추어 볼 때 변호사의 고유업무인 법률사건 등의 알선을 금지하는 규정으로는 같은 법 제27조 제1항과 제90조 제2호 후단의 규정이 있는데 전자는 정규 변호사에 대하여 알선하는 행위를 금지하는 것인 반면 후자는 변호사가 아닌 자에 대하여 알선하는 행위를 금지하는 것으로 보이는데, 이와 달리 제90조 제2호 후단의 '알선'의 개념에 '변호사에 대한 알선'까지도 포함되는 것으로 해석하면 변호사에게 사건을 알선한 경우에는 제90조 제2호와 제27조 제1항의 2개의 조문에 위반되게 되어 처벌규정이 2중으로 존재하게 되는 셈이 되고, 이 경우 위 2개의 처벌조항의 관계를 어떻게 볼 것인지[상상적 경합관계인지, 특별관계인지, 그냥 중첩적 관계인지]가 문제가 되는데 어느 견해에 의하여도 그 관계가 제대로 설명이 되지 않으며, 그래서 입법상의 실수라거나 부적절한 입법으로 보는 견해까지 나오고 있지만 이것을 반드시 실수 등으로 돌릴 수 있는지도 의문이며, 둘째 입법취지가 어떠하든 변호사법 전문이 개정되고 제27조 제1항과 같은 새로운 조항이 신설된 이상 위 각 법률조항의 관계를 새롭게 해석하는 것이 적법해석의 정신에 부합하고, 형사사법에 있어 죄형법정주의 또는 엄격해석의 원칙에 비추어 보더라도 제90조 제2호의 '알선'의 상대방에는 '변호사'는 포함되지 아니한 것으로 해석함이 상당하며, 셋째 이와 같이 해석하게 되면 변호사가 변호사법위반 행위를 직·간접으로 조장하는 행위를 규제하려는 입법 취지에 반한다고 하나 그렇다고 하여 필요성의 법리만으로 무리하게 법해석을 하여 처벌할 수는 없다는 것이다.

[반대의견에 대한 보충의견] 변호사가 구 변호사법 제90조 제2호[2000. 1. 28. 법률

제6207호로 전문 개정되기 전의 것)의 '이러한 행위를 알선한 자'로부터 사건 수임을 알선받는다 함은 이 사건의 범행인 알선 전에 이미 알선행위를 한 자로부터 알선받는다는 것을 요건으로 한다는 뜻이고, '이러한 행위'는 '이러한 사건 또는 사무'라는 표현과는 달리 같은 법 제90조 제2호 전문의 행위 즉 '변호사 아닌 자가 대가를 결부시킨 법률사무 취급을 한 행위'를 의미하므로 '이러한 행위를 알선한 자로부터 알선받는다' 함은 '비변호사의 대가를 결부시킨 법률사무의 대리 등 취급행위를 알선한 자로부터 사건 수임을 알선받는다'는 의미로 된다 할 것이며, 나아가 같은 법 제27조 제2항은 '그 정을 알면서' 수임을 알선받는 경우에야 성립하도록 규정하고 있어서 수임을 알선받는 변호사가 위에서 본 같은 법 제90조 제2호 중 전문의 법률사무를 스스로 취급한 행위 또는 후문의 변호사 아닌 자에게 알선행위를 한 자라는 정을 알고 수임 알선을 받은 경우에만 그 구성요건이 충족된다할 것인바, 이 사건에서는 알선자가 위에서 본 사무취급행위 또는 그 사무취급의 알선행위를 한 자라는 점이나 피고인이 그러한 정을 알았다는 점에 관한 주장 입증이 없으므로 원심의 판단은 옳다.

(4) 사건의 유치금지

1) 예상의뢰인에 대한 관계

개정 전 윤리규칙 제9조는 "변호사는 사건의 유치를 목적으로, 예상되는 의뢰인과 접촉하거나 사무직원 또는 제3자로 하여금 선임을 권유하게 하는 행위를 하게 하여서는 아니 된다"고 규정하여 변호사의 사건 유치를 목적으로 한 예상 의뢰인에 대한 일체의 접촉이 금지되는 취지로 해석될 여지를 남겨 두고 있었다. 그러나 현행 윤리규약 제19조 제1항은 "변호사는 변호사로서의 명예와 품위에 어긋나는 방법으로 예상 의뢰인과 접촉하거나 부당하게 소송을 부추기지 아니 한다"고 규정함과 아울러 제2항은 "변호사는 사무직원이나 제3자가 사건 유치를 목적으로 제1항의 행위를 하지 않도록 주의 한다"고 규정함으로써 변호사의 사건유치를 목적으로 한 예상 의뢰인에 대한 일체의 접촉이 금지되는 것은 아니라는 취지를 천명하고 있다. 구체적으로 변호사는 변호사로서의 명예와 품위에 어긋나지 않는 방법이라면 예상 의뢰인과 접촉할 수 있을 뿐만 아니라 부당하지만 않다면 그로 하여금 소송을 제기하도록 부추기는 것도 허용된다는 것이다. 이는 사건 유치의 허용한계를 설정하여 주는 민감한 규정이라 할 수 있는데, 이 규정은 사건 유치가 금지되는 장소적 범위가 법원·수사기관·교정기관 및 병원으로 제한되어 있지 않다는 점에서 변호사법 제35조 규정과 다를 뿐만 아니라 사건을 유상으로 유치할 목적인지 아니면 무상으로 유치할 목적인지 불문한다는 점에서도 위 변호사법 규정과 다르다.

2) 자기 선임 권유행위의 금지

이와 관련하여 변호사의 예상 의뢰인에 대한 자기 선임 권유행위가 허용되는 것인지에 관하여 논의가 있다.[14] 예컨대 엠블런스 체이서 내지 엠블런스 로이어가 이러한 행위를 하는 사람인데, 광고가 원칙적으로 허용되는 것과는 달리 변호사의 이러한 행위는 원칙적으로 금지되어 있다(변호사 광고에 관한 규정 제4조 제6호).[15] 광고가 불특정 다수인을 상대로 한 행위인 데 반하여 자기선임 권유행위는 특정의 잠재적(예상) 의뢰인을 상대로 한 행위라는 점에서 다르게 취급하고 있는 것으로 보인다. 그러나 광고와 권유행위 사이의 경계선이 명확한 것은 아니다. 예컨대 특정사고를 당한 여러 사람들에게 그들이 가지는 법적 권리와 쟁송절차에 관한 안내문을 발송하는 행위가 그렇다.

3) 변호사가 사회활동을 하면서 사건을 의뢰할 만한 사람과의 인적 관계를 쌓는 일은 장래의 사건 수임을 위하여 대단히 중요한 업무 중 하나라 할 수 있다. 다만, 위 규정이 의도하는 바는 변호사가 명예와 품위에 어긋나는 방법으로 직접적으로 사건이 될 만한 일을 당한 사람에게[16] 의도적으로 접근하거나 부당하게 소송을 부추기면서 사건을 의뢰하라고 권유하는 행태를 막자는 것인데, 우리 사회에서와 같이 학연, 지연, 혈연 등 각종 연고가 없으면 사건을 맡기 어려운 현실에서, 변호사의 자기 선임 권유행위의 유혹은 떨치기 어려운 것이 사실이다. 한편, 언론매체의 보도를 보면, 억울한 일을 당해 곤경에 빠져 있는 사람을 찾아가서 무료로 사건을 수임하겠다고 나서는 변호사도 종종 있는데,[17] 개정 전의 윤리규칙을 엄격하게 해석할 경우 그런 행위도 윤리규칙 규정에 위반되는

---

14) 미국에서는 의뢰권유(solicitation, '유인'으로 번역되기도 한다)라는 주제로 문제된다.

15) 다만, 소속 지방변호사회의 허가를 받은 경우에는 허용된다(변호사 광고에 관한 규정 제4조 제6호 단서).

16) 예컨대 사고를 당해 피해를 입은 사람이 이에 해당될 것이다.

17) 이들 중에는 '인권변호사'로 불리는 변호사들도 있다.

것이었으나 현재는 그것이 변호사로서의 명예와 품위에 어긋나지 않는 이상 허용되는 것으로 보아야 할 것이다.

(5) 연고관계 등의 선전 금지

1) 변호사나 그 사무직원은 사건 또는 사무의 수임을 위하여 재판 또는 수사기관에 종사하는 공무원과의 연고 등 사적인 관계를 적시하여 영향력을 미칠 수 있는 것으로 선전하여서는 아니 되는데(법 제30조), 윤리규약 제20조 제4항에서도 같은 내용을 규정하고 있다.[18]

2) 변호사를 선임하려는 사람들 중 상당수는 그 변호사가 사건이나 사무를 담당하는 법관, 검사, 행정공무원 등과 어떠한 연고를 가지고 있는가를 묻는 경우가 많다. 민사사건의 경우도 그렇지만 특히 형사사건의 경우 미리 책자나 인터넷사이트, 친지 법조인, 법원이나 검찰청 직원, 아는 변호사 등 자신의 인맥을 총동원하여 그런 연고가 있는지를 알아보고 나서 특정 변호사를 찾아오는 경우가 많은 것이 현실이다. 어떤 인터넷사이트에서는 특정 법관 등과의 친밀도가 높은 법조인이 누구인지를 아예 수치화하여 보여준 적도 있다. 미국에서도 법관윤리에 있어 이러한 '영향력을 파는 자(influence peddler)'를 조심하여야 한다는 논의가 있는 사정을 보면, 이는 어느 사회에서나 생길 수 있는 보편적인 문제라고 볼 수도 있을 것이다.

3) 여기서 '연고'라 함은 고등학교 또는 대학교 및 법학전문대학원 동창관계, 사법연수원 동기 관계, 같은 검찰청 또는 같은 법원에서 근무한 경험, 같은 재판부에서의 근무 경험, 같은 고향 출신의 배경, 같은 학회 기타 모임에의 가입 등을 포함하여 요컨대 가까운 사이임을 말해 줄 만한 것이라면 무엇이든 다 포함하는 개념이다. 이 문제는 이른바 전관예우라는 관행이 존재한다는 인식이 보편화되어 있는 것과도 깊은 관계가 있다.[19]

---

18) 개정 전 윤리규칙 제16조 제6항에서는 공무원과의 연고를 선전하는 것은 물론이고 이를 이용하는 것도 금지하고 있었으나, 개정 윤리규약에서는 이를 삭제하였다.

19) 이른바 전관 출신 변호사들 사이에서는 '전관예우는 법원이나 검찰이 해 주는 것이 아니라 당사자가 해 주는 것'이라는 농담이 있는데 이는 연고관계를 중시하는 일반인들의 태도를

4) 개정 전의 윤리규칙과는 달리 개정된 윤리규약은 위와 같은 연고 등 사적인 관계의 선전만을 금지하고 있을 뿐, 이를 이용하는 것을 금지하고 있지 않다. 따라서 개정된 윤리규약이 시행된 이후로는 변호사의 연고 등 사적인 관계를 이용하는 행위가 윤리규약에 반한다고 보기는 어려울 것이다.

4. 수임금지 또는 수임제한

변호사법과 윤리규약은 일정한 경우 변호사가 사건을 수임하는 것을 금지하거나 제한하고 있는데, 이는 변호사의 이익충돌회피의무에 관한 것으로서 이에 대해서는 별도로 살펴보기로 한다.

V. 변호사의 이익충돌회피의무

▐▐▌ 관련 규정

※ **변호사법 제31조[수임제한]**

① 변호사는 다음 각 호의 어느 하나에 해당하는 사건에 관하여는 그 직무를 수행할 수 없다. 다만, 제2호 사건의 경우 수임하고 있는 사건의 위임인이 동의한 경우에는 그러하지 아니하다.

  1. 당사자 한쪽으로부터 상의(相議)를 받아 그 수임을 승낙한 사건의 상대방이 위임하는 사건

  2. 수임하고 있는 사건의 상대방이 위임하는 다른 사건

  3. 공무원·조정위원 또는 중재인으로서 직무상 취급하거나 취급하게 된 사건

② 제1항 제1호 및 제2호를 적용할 때 법무법인·법무법인(유한)·법무조합이 아니면서도 변호사 2명 이상이 사건의 수임·처리나 그 밖의 변호사 업무 수행 시 통일된 형태를 갖추고 수익을 분배하거나 비용을 분담하는 형태로 운영되는 법률사무소는 하나의 변호사로 본다.

③ 법관, 검사, 장기복무 군법무관, 그 밖의 공무원 직에 있다가 퇴직(재판연구원,

잘 나타내 주는 것이다.

사법연수생과 병역의무를 이행하기 위하여 군인·공익법무관 등으로 근무한 자는 제외한다)하여 변호사 개업을 한 자(이하 "공직퇴임변호사"라 한다)는 퇴직 전 1년부터 퇴직한 때까지 근무한 법원, 검찰청, 군사법원, 금융위원회, 공정거래위원회, 경찰관서 등 국가기관(대법원, 고등법원, 지방법원 및 지방법원 지원과 그에 대응하여 설치된 「검찰청법」 제3조 제1항 및 제2항의 대검찰청, 고등검찰청, 지방검찰청, 지방검찰청 지청은 각각 동일한 국가기관으로 본다)이 처리하는 사건을 퇴직한 날부터 1년 동안 수임할 수 없다. 다만, 국선변호 등 공익목적의 수임과 사건당사자가 「민법」 제767조에 따른 친족인 경우의 수임은 그러하지 아니하다.[신설 2011.5.17, 2013.5.28 개정]

④ 제3항의 수임할 수 없는 경우는 다음 각 호를 포함한다.[신설 2011.5.17]

    1. 공직퇴임변호사가 법무법인, 법무법인(유한), 법무조합(이하 이 조에서 "법무법인등"이라 한다)의 담당변호사로 지정되는 경우

    2. 공직퇴임변호사가 다른 변호사, 법무법인등으로부터 명의를 빌려 사건을 실질적으로 처리하는 등 사실상 수임하는 경우

    3. 법무법인등의 경우 사건수임계약서, 소송서류 및 변호사의견서 등에는 공직퇴임변호사가 담당변호사로 표시되지 않았으나 실질적으로는 사건의 수임이나 수행에 관여하여 수임료를 받는 경우

⑤ 제3항의 법원 또는 검찰청 등 국가기관의 범위, 공익목적 수임의 범위 등 필요한 사항은 대통령령으로 정한다.[신설 2011.5.17]

※ 변호사법 시행령

제7조의2[수임제한 대상 국가기관의 범위] ① 법 제31조 제3항에 따라 공직퇴임변호사의 수임이 제한되는 국가기관은 해당 변호사가 퇴직 전 1년부터 퇴직할 때까지 「국가공무원법」에 따른 국가공무원으로 근무한 모든 국가기관으로 한다.

② 다음 각 호의 각 국가기관은 이를 별도의 국가기관으로 보아 법 제31조 제3항을 적용한다. 다만, 법 제31조 제3항 본문에 따라 동일한 국가기관으로 보는 경우에는 그러하지 아니하다.

    1. 「법원조직법」 제3조에 따른 대법원, 고등법원, 특허법원, 지방법원, 가정법원, 행정법원, 회생법원, 지방법원 지원, 가정법원 지원, 가정지원, 시·군법원 및 「법원조직법」 제27조 제4항에 따라 관할구역의 지방법원 소재지에서 사무를 처리하는 고등법원의 부. 다만, 「법원조직법」 제3조 제2항 단서에 따라 지방법원 및 가정법원의 지원 2개를 합하여 1개의 지원으로 하는 경우에 그 지방법원 및 가정법원의 지원은 이를 동일한 국가기관으로 보아 법 제31조 제3항을 적용한다.

    2. 「검찰청법」 제3조에 따른 대검찰청, 고등검찰청, 지방검찰청, 지방검찰청 지청 및 「검찰청법」 제19조 제2항에 따라 관할구역의 지방검찰청 소재지에서

사무를 처리하는 고등검찰청의 지부
3. 「군사법원법」 제5조 각 호에 따른 고등군사법원 및 보통군사법원
4. 「군사법원법」 제36조 제2항에 따른 고등검찰부 및 보통검찰부
5. 「국가경찰과 자치경찰의 조직 및 운영에 관한 법률」 제12조 및 제13조에 따른 경찰청, 시·도경찰청 및 경찰서
6. 「정부조직법」 및 그 밖의 다른 법률에 따른 각 중앙행정기관
7. 제6호에 따른 중앙행정기관에 그 소속의 행정기관이 있는 경우에는 각각의 행정기관
③ 파견, 직무대리, 교육훈련, 휴직, 출산휴가 또는 징계 등으로 인하여 실제로 근무하지 아니한 국가기관은 법 제31조 제3항을 적용할 때 수임제한 대상 국가기관으로 보지 아니한다.
④ 겸임발령 등으로 인하여 둘 이상의 기관에 소속된 경우에 실제로 근무하지 아니한 국가기관은 법 제31조 제3항을 적용할 때 수임제한 대상 국가기관으로 보지 아니한다.
⑤ 퇴직 전 1년부터 퇴직한 때까지 일시적 직무대리, 겸임발령 등으로 인하여 소속된 국가기관에서의 근무기간이 1개월 이하인 국가기관은 법 제31조 제3항을 적용할 때 수임제한 대상 국가기관으로 보지 아니한다.[본조신설 2011.10.26]

제7조의3[공익목적 수임의 범위] 법 제31조 제3항 단서 및 같은 조 제5항에서 "공익목적 수임"이란 다음 각 호의 어느 하나에 해당하는 행위나 활동에 관련된 수임을 말한다.
1. 국선변호 또는 국선대리
2. 대한변호사협회 또는 지방변호사회가 지정하는 무상 공익활동
3. 공익법인 또는 비영리법인에 대하여 무료로 제공하는 법률서비스
4. 제1호부터 제3호에 준하는 것으로 법무부장관이 지정하는 활동

※ **윤리규약**
제22조[수임 제한]
① 변호사는 다음 각 호의 어느 하나에 해당하는 사건을 수임하지 아니한다. 다만, 제3호의 경우 수임하고 있는 사건의 의뢰인이 양해하거나, 제4호의 경우 의뢰인이 양해하거나, 제5호 및 제6호의 경우 관계되는 의뢰인들이 모두 동의하고 의뢰인의 이익이 침해되지 않는다는 합리적인 사유가 있는 경우에는 그러하지 아니한다.
1. 과거 공무원·중재인·조정위원 등으로 직무를 수행하면서 취급 또는 취급하게 된 사건이거나, 공정증서 작성사무에 관여한 사건

2. 동일한 사건에 관하여 상대방을 대리하고 있는 경우

3. 수임하고 있는 사건의 상대방이 위임하는 다른 사건

4. 상대방 또는 상대방 대리인과 친족관계에 있는 경우

5. 동일 사건에서 둘 이상의 의뢰인의 이익이 서로 충돌하는 경우

6. 현재 수임하고 있는 사건과 이해가 충돌하는 사건

② 변호사는 위임사무가 종료된 경우에도 종전 사건과 실질적으로 동일하거나 본질적으로 관련된 사건에서 대립되는 당사자로부터 사건을 수임하지 아니한다.

③ 변호사는 의뢰인과 대립되는 상대방으로부터 사건의 수임을 위해 상담하였으나 수임에 이르지 아니하였거나 기타 그에 준하는 경우로서, 상대방의 이익이 침해되지 않는다고 합리적으로 여겨지는 경우에는, 상담 등의 이유로 수임이 제한되지 아니한다.

제42조[겸직 시 수임 제한]

변호사는 공정을 해할 우려가 있을 때에는, 겸직하고 있는 당해 정부기관의 사건을 수임하지 아니한다.

제48조[수임 제한]

① 제22조 및 제42조 규정은 법무법인 등이 사건을 수임하는 경우에 준용한다. 다만, 제2항에서 달리 정하는 경우는 제외한다.

② 법무법인 등의 특정 변호사에게만 제22조 제1항 제4호 또는 제42조에 해당하는 사유가 있는 경우, 당해 변호사가 사건의 수임 및 업무수행에 관여하지 않고 그러한 사유가 법무법인 등의 사건처리에 영향을 주지 아니할 것이라고 볼 수 있는 합리적인 사유가 있는 때에는 사건의 수임이 제한되지 아니한다.

③ 법무법인 등은 제2항의 경우에 당해 사건을 처리하는 변호사와 수임이 제한되는 변호사들 사이에 당해 사건과 관련하여 비밀을 공유하는 일이 없도록 합리적인 조치를 취한다.

제49조[수임 관련 정보의 관리]

법무법인 등은 전조의 규정에 의해 수임이 제한되는 사건을 수임하지 않도록 의뢰인, 상대방 당사자, 사건명 등 사건 수임에 관한 정보를 관리하고, 필요한 합리적인 범위 내에서 사건 수임에 관한 정보를 구성원 변호사들이 공유할 수 있도록 적절한 조치를 취한다.

제54조[증인으로서의 변호사]

① 변호사는 스스로 증인이 되어야 할 사건을 수임하지 아니한다. 다만, 다음 각 호의 1에 해당하는 경우에는 그러하지 아니하다.

1. 명백한 사항들과 관련된 증언을 하는 경우

2. 사건과 관련하여 본인이 제공한 법률사무의 내용에 관한 증언을 하는 경우

3. 사건을 수임하지 아니함으로써 오히려 의뢰인에게 불리한 영향을 미치는 경우

② 변호사는 그가 속한 법무법인 등의 다른 변호사가 증언함으로써 의뢰인의 이익이 침해되거나 침해될 우려가 있을 경우에는 당해 사건에서 변호사로서의 직무를 구행하지 아니한다.

1. 이익충돌의 의미와 수임제한의 취지

(1) 의 의

변호사의 이익충돌회피의무에 있어서의 이익충돌이란 기존의 의뢰인 또는 변호사의 이익이나 기타 이해관계로 말미암아 기존의 의뢰인에 대한 보호의무의 이행이 방해받거나 방해받을 위험이 있는 상황을 초래하게 되어 기존의 의뢰인과의 신뢰관계를 저해하고 변호사의 독립성 및 품위를 손상시켜 변호사에 대한 사회일반의 신뢰를 실추시키게 되는 경우를 의미한다.[20] 변호사법과 윤리규약은 이와 같이 이익이 충돌되는 사건에 관한 변호사의 수임제한과 수임금지 규정을 둠으로써 변호사의 이익충돌회피의무에 관하여 규율하고 있는데 이익충돌에 관한 문제는 금지나 제한의 범위와 한계를 정하기가 대단히 까다롭다. 윤리규약 제49조는 "법무법인 등은 전조의 규정[수임제한 규정]에 의하여 수임이 제한되는 사건을 수임하지 않도록 의뢰인, 상대방 당사자, 사건명 등 사건 수임에 관한 정보를 관리하고, 필요한 합리적인 범위 내에서 사건 수임에 관한 정보를 구성원 변호사들이 공유할 수 있도록 적절한 조치를 취한다"라고 규정하고 있다.

(2) 취 지

변호사에게 이익충돌회피의무를 부담하게 하는 이유는 ① 의뢰인의 신뢰를 보호하고, ② 변호사의 직무집행의 공정성을 확보하며, ③ 변호사의 품위를 유지하는 데에 있다.[21] 이에 관하여 대법원도 "변호사법 제31조 제1항 제1호에서 당사자의 일방으로부터 상의를 받아 그 수임을 승낙한 사건의 상대방이 위임하

---

20) 최진안, 법조윤리, 세창출판사, 2014, 156면.
21) 小島武司 外 1人, 現代の法曹倫理, 法律文化社, 2007, 82면.

는 사건의 경우에 변호사의 직무행위를 금지하는 이유는, 변호사가 그와 같은 사건에 관하여 직무를 행하는 것은 먼저 그 변호사를 신뢰하여 상의를 하고 사건을 위임한 당사자 일방의 신뢰를 배반하게 되고, 변호사의 품위를 실추시키게 되는 것이므로 그와 같은 사건에 있어서는 변호사가 직무를 집행할 수 없도록 금지한 것이다"라고 판시하고 있다.[22]

2. 이익충돌회피를 위한 수임제한 사유

(1) 개 설

변호사의 수임 제한이나 수임 금지 규정에 위반되는 사건의 수임은 단순한 윤리규약 위반에 그치는 것이 아니라 아예 그간에 행하여졌던 소송행위를 무효로 만들거나 형사처벌이 따르는 경우도 있기 때문에 매우 주의해야 한다. 변호사법 제31조 제1항 제1호 내지 제3호에서는 수임제한사유로 세 가지를 규정하고 있고, 제31조 제3항 내지 제5항에서는 법관, 검사, 군법무관 그 밖의 공무원 직에 재직한 변호사는 퇴직 전 1년 전부터 퇴직한 때까지 자신이 근무한 법원, 검찰청, 군사법원, 금융위원회, 공정거래위원회, 경찰관서 등 국가기관이 처리하는 사건을 퇴직한 날부터 1년 동안 수임할 수 없도록 하는 이른바 공직퇴임변호사의 사건수임제한규정을 두고 있다.[23] 윤리규약 제22조 등에서도 수임제한에 관한 규정을 두고 있지만 아직 미해결 문제가 상존하고 있는데, 이는 현재 변호사윤리 중에서 가장 어려운 부분인 것으로 보인다.

(2) 당사자 일방으로부터 상의를 받아 그 수임을 승낙한 사건의 상대방이 위임하는 사건

1) 의 의

변호사는 '당사자 한쪽으로부터 상의를 받아 그 수임을 승낙한 사건의 상대

---

22) 대법원 2003.11.28. 선고 2003다41791 판결.

23) 이는 법조계에 만연하여 있는 이른바 전관예우를 방지하기 위한 것인데, 그 실효성에 대해서는 의문을 표하는 입장이 많다.

방이 위임하는 사건'에 관하여 위임인의 동의 여부와 상관없이 그 직무를 수행할 수 없다(법 제31조 제1항 제1호). 윤리규약 제22조 제1항 제2호에서도 "변호사는 동일한 사건에 관하여 상대방을 대리하고 있는 경우 해당 사건을 수임하지 아니한다"고 하여 같은 취지를 규정하고 있는데, 이는 변호사에게 먼저 사건을 위임한 당사자의 신뢰를 배반하는 것이므로 그런 일을 막기 위한 것이다. 변호사가 일단 수임한 사건의 의뢰인을 위하여 직무를 수행하던 중 바로 그 사건의 상대방의 대리인이 되는 것은 전형적인 쌍방대리에 해당하는 것이다. 민법상 쌍방대리행위는 원칙적으로 금지되고 본인의 허락이 있으면 예외적으로 허용되지만(민법 제124조), 변호사의 쌍방대리는 양 당사자의 동의가 있더라도 허용되지 아니한다는 점에서 차이가 있다.

2) 내 용

가. 여기에서의 '사건'은 동일한 사건을 말하는 것으로 해석된다. 사건의 동일성 여부는 '그 기초가 된 분쟁의 실체가 동일한지' 여부로 결정되어야 하며, 소송물이 동일한지의 여부나 민사사건과 형사사건의 경우와 같이 절차가 같은지 다른지의 여부와는 무관하다는 것이 판례의 입장이다.[24] 예컨대 어느 특허권자를 상대로 한 특허등록무효사건을 위임받은 변호사가 다시 그 특허권자로부터 위 무효사건을 위임한 자를 상대로 한 특허침해를 원인으로 하는 손해배상청구사건이나 고소사건을 위임받은 경우, 이는 위 규정 위반이 된다.

나. 이러한 수임제한 규정은 법무법인·법무법인(유한)·법무조합에도 준용된다(법 제57조, 제58조의16, 제58조의30). 예컨대 법무법인의 구성원 변호사가 형사사건에서 가해자를 변호하였는데, 같은 쟁점의 민사사건에서 그 법무법인의 다른 변호사가 그 상대방인 피해자를 대리하는 것도 이에 해당하고, 그 법무법인이 해산된 뒤에 해산 전의 법무법인에 소속하였던 변호사로서 변호 활동에 관여한 바 없는 사람이 위 민사사건을 대리하는 것도 위 규정에 위반된다.[25] 이 경우에는 설령 당사자 일방으로부터 동의나 양해가 있어도 그 상대방으로부터 사

---

24) 대법원 2003.11.28. 선고 2003다41791 판결.

25) 대법원 2003.5.30. 선고 2003다15556 판결.

건을 수임할 수 없다.

다. 그러나 교통사고의 원인을 제공한 가해자들을 상대로 한 손해배상소송에서 피해자를 대리한 변호사가 다시 가해자들 중 한 사람이 다른 가해자를 상대로 제기하는 구상금청구소송을 대리하는 것은 허용된다고 볼 것이다. 손해배상 청구사건과 구상금 청구사건은 쟁점이 다르고 그 분쟁의 실체도 다르기 때문이다.

3) 수임제한의 범위

위 제1호는 현재 수임하고 있는 사건의 상대방이 수임을 의뢰한 경우뿐만 아니라 수임사무가 종료된 이후에도 적용되는 것인지에 관하여 과거에는 견해의 대립이 있었으나, 윤리규약 제22조 제2항에서는 수임사무가 종료된 경우에도 '종전사건과 실질적으로 동일하거나 본질적으로 관련된 사건'은 종전 의뢰인의 양해를 얻더라도 수임할 수 없게 하였다.[26]

ᐃᐃᐃ 관련 판례

1. 대법원 2003.11.28. 선고 2003다41791 판결

【판시사항】
변호사법 제31조 제1호가 적용되기 위해서는 변호사가 관여한 사건이 일방 당사자와 그 상대방 사이에 있어서 동일하여야 하는지 여부(적극) 및 '사건의 동일성'에 대한 판단 기준

【판결요지】
변호사법 제31조 제1호에서 당사자의 일방으로부터 상의를 받아 그 수임을 승낙한 사건의 상대방이 위임하는 사건의 경우에 변호사의 직무행위를 금지하는 이유는, 변호사

---

26) 과거 윤리규칙 제18조 제2항에서는 변호사는 위임사무가 종료된 후에 종전 의뢰인의 양해를 받으면 종전 사건과 동일하거나 본질적으로 관련된 사건에서 대립되는 당사자로부터 사건을 수임할 수 있도록 하고 있었기 때문에 이는 위 제1호의 취지에 반하는 것이라는 비판을 받아온 바 있었다.

가 그와 같은 사건에 관하여 직무를 행하는 것은 먼저 그 변호사를 신뢰하여 상의를 하고 사건을 위임한 당사자 일방의 신뢰를 배반하게 되고, 변호사의 품위를 실추시키게 되는 것이므로 그와 같은 사건에 있어서는 변호사가 직무를 집행할 수 없도록 금지한 것이므로, 변호사법 제31조 제1호가 적용되기 위해서는 그 변호사가 관여한 사건이 일방 당사자와 그 상대방 사이에 있어서 동일하여야 하는데, 여기서 사건이 동일한지의 여부는 그 기초가 된 분쟁의 실체가 동일한지의 여부에 의하여 결정되어야 하는 것이므로 상반되는 이익의 범위에 따라서 개별적으로 판단되어야 하는 것이고, 소송물이 동일한지 여부나 민사사건과 형사사건 사이와 같이 그 절차가 같은 성질의 것인지 여부는 관계가 없다.

2. 대법원 2003.5.30. 선고 2003다15556 판결

【판시사항】

[1] 형사사건에서 피고인의 변호인으로 선임된 법무법인의 업무담당변호사가 그 법무법인이 해산된 이후 변호사 개인의 지위에서 위 형사사건의 피해자에 해당하는 상대방 당사자를 위하여 실질적으로 동일한 쟁점을 포함하고 있는 민사사건의 소송대리를 하는 것이 변호사법 제31조 제1호의 수임제한 사유에 해당하는지 여부(적극)

[2] 변호사법 제31조 제1호의 수임제한에 위반한 변호사의 소송행위의 효력과 이를 다툴 수 있는 시적 제한

【판결요지】

[1] 변호사법 제31조 제1호에서는 변호사는 당사자 일방으로부터 상의를 받아 그 수임을 승낙한 사건의 상대방이 위임하는 사건에 관하여는 그 직무를 행할 수 없다고 규정하고 있고, 위 규정의 입법 취지 등에 비추어 볼 때 동일한 변호사가 형사사건에서 피고인을 위한 변호인으로 선임되어 변호활동을 하는 등 직무를 수행하였다가 나중에 실질적으로 동일한 쟁점을 포함하고 있는 민사사건에서 위 형사사건의 피해자에 해당하는 상대방 당사자를 위한 소송대리인으로서 소송행위를 하는 등 직무를 수행하는 것 역시 마찬가지로 금지되는 것으로 볼 것이며, 이러한 규정은 같은 법 제57조의 규정에 의하여 법무법인에 관하여도 준용된다고 할 것이므로, 법무법인의 구성원

변호사가 형사사건의 변호인으로 선임된 그 법무법인의 업무담당변호사로 지정되어 그 직무를 수행한 바 있었음에도, 그 이후 제기된 같은 쟁점의 민사사건에서 이번에는 위 형사사건의 피해자측에 해당하는 상대방 당사자를 위한 소송대리인으로서 직무를 수행하는 것도 금지되는 것임은 물론이고, 위 법무법인이 해산된 이후라도 변호사 개인의 지위에서 그와 같은 민사사건을 수임하는 것 역시 마찬가지로 금지되는 것이라고 풀이할 것이며, 비록 민사사건에서 직접적으로 업무를 담당한 변호사가 먼저 진행된 형사사건에서 피고인을 위한 직접적인 변론에 관여를 한 바 없었다고 하더라도 달리 볼 것은 아니라고 할 것이니, 이러한 행위들은 모두 변호사법 제31조 제1호의 수임제한규정을 위반한 것이다.

[2] 변호사법 제31조 제1호의 규정에 위반한 변호사의 소송행위에 대하여는 상대방 당사자가 법원에 대하여 이의를 제기하는 경우 그 소송행위는 무효이고 그러한 이의를 받은 법원으로서는 그러한 변호사의 소송관여를 더 이상 허용하여서는 아니 될 것이지만, 다만 상대방 당사자가 그와 같은 사실을 알았거나 알 수 있었음에도 불구하고 사실심 변론종결시까지 아무런 이의를 제기하지 아니하였다면 그 소송행위는 소송법상 완전한 효력이 생긴다.

(3) 수임하고 있는 사건의 상대방이 위임하는 다른 사건

1) 의 의

변호사는 종전 사건과 동일성이 있는 사건은 물론이고 동일성이 없는 다른 사건도 원칙적으로 쌍방대리를 할 수 없다. 의뢰인이 변호사에게 사건을 위임한 경우, 의뢰인은 그 변호사가 자신의 이익을 위하여 최선을 다 해 줄 것을 기대하게 된다. 그런데 그 변호사가 상대방으로부터 다른 사건을 수임하여 그 상대방과 신뢰관계를 형성하게 되면 종전의 의뢰인은 변호사에 대한 배신감을 가질수 있고 또한 자신의 이익을 위하여 충실하게 법률사무를 취급하여 줄 것인지에 대한 의구심도 갖게 된다. 이에 변호사법과 윤리규약은 변호사가 수임하고 있는 사건의 상대방이 위임하는 다른 사건에 관한 수임 여부를 임의로 결정할 수 없게 하면서 이익의 주체인 의뢰인의 동의 내지 양해를 얻도록 하고 있다. 즉, 수임하고 있는 사건의 의뢰인의 동의 내지 양해가 있는 경우 수임제한이 해제되는 것으로 규정하고 있는 것이다(법 제31조 제1항 제2호, 윤리규약 제22조 제1항 제3호).

2) 내 용

가. 여기서 말하는 다른 사건이란 현재 수임하고 있는 사건과 동일성이 없는 별개의 사건을 말한다. 또한 위 규정은 현재 수임하여 진행 중인 사건에만 적용되고 이미 종료된 사건에는 적용되지 않는 것으로 해석되고 있다. 예컨대 변호사가 어느 회사를 위하여 대여금 반환청구 소송을 그 회사의 임원을 상대방으로 하여 수행하고 있는 도중에 그 회사의 임원이 그 회사 자금을 횡령한 것으로 되어 있는 사건에서 자신을 변호하여 달라고 부탁해 오는 경우, 변호사는 이를 수임할 수 있는가? 이때의 임원은 위 규정 소정의 상대방으로 해석되므로 회사가 동의하지 않는 한 이를 수임할 수는 없는 것이다. 다만, 기존에 수임한 사건이 종료되면 상대방으로부터 별개의 사건을 수임하는 것은 가능하다. 실제로 종전 소송에서의 상대방 변호사의 능력을 알아 본 당사자가 그 변호사에게 이번엔 자신의 다른 사건을 위임하는 경우가 드물게 있다. 그러나 여기서 위임하는 다른 사건이란 것이 종전의 사건과 분쟁의 실체에 있어 동일한 것이라면, 이는 위 제2호의 규율대상이 아니라 위 제1호에서 금지하고 있는 경우에 해당되는 것이므로 이는 수임이 금지된다.

나. 변호사는 수임하고 있는 사건의 의뢰인으로부터 동의를 얻음에 있어 동의여부를 결정하려는 의뢰인에게 새로운 사건을 수임하게 됨에 따라 예상되는 기존 사건의 진행 경과와 예상되는 불이익이나 위험 등에 관하여 충분히 설명을 해 주어야 할 의무를 부담한다.[27] 의뢰인의 동의는 구술로도 가능하겠지만 장래 발생할지도 모를 분쟁을 예방한다는 차원에서 서면으로 하는 것이 바람직할 것으로 보인다. 또한 상대방의 보호와 법적 안정성의 견지에서 일단 사건 수임에 동의한 의뢰인은 그 동의를 추후 철회할 수 없는 것으로 봄이 타당할 것이다.

3) 이익이 충돌되는 (동일)사건

변호사는 '동일 사건에서 둘 이상의 의뢰인의 이익이 서로 충돌하는 경우[28]

---

27) 조무제, "변호사 윤리로서의 설명의무", 인권과 정의, 대한변호사협회, 2010.9, 66면.

28) 예컨대 뇌물공여죄와 뇌물수수죄의 피고사건에서 증뢰를 자백하는 피고인과 수뢰를 부인

(윤리규약 제22조 제1항 제5호)'와 '현재 수임하고 있는 사건과 이해가 충돌하는 사건의 경우(같은 항 제6호)' 관계되는 의뢰인들이 모두 동의하고 의뢰인의 이익이 침해되지 않는다는 합리적인 이유가 있는 경우에는 해당사건을 수임할 수 있다(윤리규약 제22조 제1항 단서).

가. 과거 윤리규칙에서는 위 두 경우에 있어서 사건의 수임을 예외 없이 금지하였으나(제17조 제1항, 제18조 제4항), 윤리규약은 '관계되는 의뢰인들이 모두 동의하고, 의뢰인의 이익이 침해되지 않는다는 합리적인 이유가 있는 경우'에는 수임할 수 있도록 하였다. 그러나 의뢰인의 이익이 충돌함에도 그 이익이 침해되지 않게 하는 합리적인 이유가 존재한다는 사실을 판단함에 있어 그 기준의 모호성으로 인해 변호사의 자의적 판단이 횡행할 수 있다는 점에서 이는 문제가 있어 보인다.

나. 둘 이상의 의뢰인 상호간의 이해대립은 사건 수임 후에 비로소 발생할 수 있는데, 윤리규약은 "수임 이후에 변호사가 대리하는 둘 이상의 의뢰인 사이에 이해의 대립이 발생한 경우에는 변호사는 의뢰인들에게 이를 알리고 적절한 방법을 강구한다"고 규정하고 있다(제27조). 과거 윤리규칙은 이러한 경우 뒤에 수임한 사건을 사임하도록 하고 있었지만 현재는 '적절한 방법을 강구한다'고만 하고 있을 뿐인데, 이에 대해서는 의뢰인의 이익보호보다는 변호사의 이익을 두둔한 것이라는 비판을 면하기 어려울 것이다.

4) 친족관계에 있는 사건

가. 변호사는 '상대방 또는 상대방 대리인과 친족관계에 있는 경우'에 해당하는 사건을 수임하지 아니한다. 다만, 의뢰인이 양해한 경우에는 그러하지 아니하다(윤리규약 제22조 제1항 제4호). 과거 윤리규칙에서는 변호사는 자신과 친족관계에 있는 다른 변호사가 수임하고 있는 사건에서 의뢰인의 양해가 없이는 대립되는 당사자로부터 사건을 수임할 수 없도록 되어 있었는데(제18조 제1항), 개정

하는 피고인을 동시에 변호하거나, 절도죄를 부인하는 피고인과 그 절도범으로부터 장물을 취득하였다는 이유로 기소되어 장물취득죄를 자백하는 피고인을 동시에 변호하는 경우이다.

윤리규약에서는 '상대방 대리인'뿐만 아니라 상대방과 친족관계에 있는 경우까지 그 수임제한의 범위를 확대하고 있다.

나. 의뢰인은 자신의 변호사가 '상대방 또는 상대방의 대리인과 친족관계에 있는 경우'인지를 알 수가 없기 때문에 윤리규약은 변호사에게 그 사실을 수임계약 체결 전에 미리 알리도록 하는 의무를 부과해 놓고 있다(제20조 제3항). 따라서 변호사는 미리 친족관계 등 특수한 관계를 의뢰인에게 알려야 하고, 그럼에도 의뢰인이 이를 양해한 경우에 수임할 수 있다.

5) 현재의 의뢰인을 상대로 한 다른 사건의 수임

위 제2호 규정과 관련하여서는 변호사가 현재 수임하고 있는 사건의 의뢰인을 상대로 하는 다른 사건을 제3자로부터 수임하는 경우에 관한 논의가 있다. 문언상 위 규정은 A가 B를 상대로 한 사건에서 먼저 A를 대리하다가 다시 B로부터 C에 대한 사건을 수임하는 것을 제한하는 것으로 되어 있는데, 여기에서 사건의 시간적 순서를 바꾸어 B로부터 C를 상대로 하는 사건을 먼저 수임하여 진행 중에 A로부터 B를 상대로 한 사건을 수임하는 경우도 위 규정에 위반되는 것으로 볼 수 있는가 하는 문제이다. 달리 말하면 "前 A → B / 後 B → C"의 경우와 "前 B → C / 後 A → B"의 경우를 같이 볼 수 있는가의 여부이다. 후자의 경우에는 전자의 경우보다 신뢰의 배반이라는 면에서 비난 가능성이 더 크다고 하여 B의 동의를 얻어야만 사건을 수임할 수 있는 것으로 수임을 제한하여야 한다는 견해와 이 경우에는 문언상 수임제한 규정의 적용이 없기 때문에 B의 동의가 없더라도 수임이 가능한 것으로 보아야 하다는 견해가 대립하고 있다. 생각건대 변호사가 사건을 수임함에 있어 이를 제한하는 규정의 해석은 엄격하게 하여야 한다는 입장에서 볼 때 후자의 견해가 타당하다고 생각한다. 다만, 두 사건 사이에 본질적 관련성이 있거나 이해관계가 저촉되는 등의 특별한 사정이 있으면 수임이 제한된다고 보아야 할 것이다.

(4) 공무원·조정위원 또는 중재인으로서 직무상 취급하거나 취급하게 된 사건

1) 의 의

변호사는 공무원·조정위원 또는 중재인으로서 직무상 취급하거나 취급하게 된 사건에 대해서는 직무를 행할 수 없다(법 제31조 제1항 제3호). 이와 같은 수임금지 규정의 취지는 공무수행의 공정성을 확보하려는 데에 있다. 현실적으로 법관이나 검사, 경찰관으로 재직 중에 취급하였던 사건을 변호사가 되어 자유롭게 수임할 수 있다고 한다면 재판과 수사에 대한 국민의 불신을 초래하게 될 것이기 때문이다. 윤리규약 제22조 제1항 제1호는 그 적용범위를 넓혀 변호사가 '공정증서 작성사무에 관여한 사건'도 역시 수임할 수 없는 것으로 규정하고 있다.

2) 내 용

가. 직무상 취급하거나 취급하게 된 사건의 범위를 어떻게 설정할 것인가에 따라서 수임제한의 범위가 결정될 것인데, 이를 지나치게 확대해석하면 변호사의 수임의 자유와 의뢰인의 변호사로부터 조력을 받을 권리를 침해하게 된다는 점을 유의할 필요가 있다.

나. 대법원은 공무원 신분이 아니더라도 그가 취급한 사건이 국가의 권한에 속하는 사건이면, 위 규정의 적용이 있는 것으로 해석한다.[29] 예컨대, 변호사가 각종 행정절차에 심판관으로 참여하거나 청문절차에서 청문주재자 또는 각종 위원회의 위원 등으로 관여한 경우가 이에 해당할 것이다. 대한변호사협회는 수임하고자 하는 사건과 공직 당시의 직무가 추상적으로라도 연관되어 있으면 사건 수임이 금지된다는 취지에서 경매담당 판사가 개업 후에 그 경매물건의 하자를 이유로 채권자, 채무자, 감정인을 상대로 한 손해배상사건의 대리인이 되는 것은 수임제한 사유에 해당한다고 한 바 있고,[30] 법원의 형사 항소부 판사로 재직하다가 퇴직한 경우에 있어서 당직판사로서 영장업무를 수행한 사건이나 구

---

29) 대법원 1975.5.13. 선고 72다1183 판결.
30) 대한변협 2006.4.26. 법제1428호.

속적부심 단계에서 취급한 사건, 소속되었던 재판부로 사건배당은 되었으나 기일지정은 되지 않은 사건, 기일은 이미 지정되었으나 실제로 공판이 진행되지 않은 사건 등을 수임할 수 있는지의 여부에 대한 질의에 대하여 수임하고자 하는 사건과 공직 당시 취급한 직무가 추상적으로 연관되어 있으므로 위 질의한 모든 사안에서 사건을 수임할 수 없다고 한 바 있다.[31] 그 이후 변호사업계에서 이는 변호사의 사건 수임 범위를 지나치게 제약하는 것이라는 비판이 대두되자 대한변호사협회는 변호사법 제31조 제1항 제1호 소정의 '수임이 금지되는 사건의 범위'에 관한 해석을 제3호에도 그대로 적용하여 '분쟁의 기초가 된 실체가 동일한 지의 여부' 또는 '법률적 쟁점 부분에서 실질적으로 동일한 쟁점을 포함하고 있는지의 여부'를 그 판단의 기준으로 삼고 있다.[32]

다. 위 제3호 규정을 위반하면 형사처벌이 따른다(법 제113조 제5호). 또한 앞서 본 바와 같이 변호사법 제57조에 의하여 법무법인의 경우에도 위 제3호 규정이 준용되므로,[33] 법무법인의 구성원 중 누군가가 종전에 공무원 등의 지위에서 취급하였던 사건은 그 법무법인이 이를 수임할 수 없게 된다. 또한 이미 법무법인이 수임하고 있던 사건이라 하더라도 종전에 그 사건을 취급한 바 있던 공무원이 그 법무법인의 구성원변호사 또는 소속변호사가 되면 법무법인은 그 사건에서 사임하여야 한다.

▌▌ 관련 판례

1. 대법원 1975.5.13. 선고 72다1183 판결

> **【판시사항】**
> 구 간이절차에 의한 민사분쟁사건처리특례법 4조에 의하여 합동법률사무소가 작성한 어음의 발행에 관한 집행수락약관부 공정증서를 작성한 경우

---

31) 대한변협 2006.4.4. 법제1167호.

32) 대한변협 2008.4.8. 법제1342호.

33) 법무법인(유한), 법무조합의 경우도 마찬가지로 위 제3호가 준용된다(법 제58조의16, 제58조의30).

합동법률사무소의 구성원인 변호사는 법률상 합동하여 공증사무를 처리하는 것이고 따라서 공증에 관한 문서도 합동법률사무소 명의로 작성되는 것이므로 합동법률사무소가 공증한 사건에 관하여는 그 공정증서에 서명날인한 변호사는 물론 그에 서명날인하지 아니한 변호사라 할지라도 소속 합동법률사무소 명의로 공증된 사건에 관하여는 변호사법 제16조가 준용되는 것으로 해석하여야 할 것이며 따라서 합동법률사무소 명의로 공정증서가 작성된 경우에는 그 소속구성원인 변호사는 그 공정증서에 서명날인한 여부에 불구하고 변호사법 제16조 제2호의 규정에 의하여 그 직무를 행사할 수 없는 것이라 할 것이다.

왜냐하면 변호사법 제16조 제2호에는 공무원으로서 직무상 취급한 사건에 관하여는 그 직무를 행할 수 없다고 규정하고 있으나 이는 공무원신분을 가진 사람이 직무상 취급한 사건만을 말하는 것이 아니라 공무원신분을 갖지 않은 사람이라 할지라도 그 사람이 취급한 사건이 국권의 하나인 사법권능에 속하는 사건이면 즉 채무명의나 집행력 있는 정본의 형성에 관한 것이라면 그 취급사건에 관한 한 이에 해당되는 것으로 보아야 하기 때문이다.

2. 대법원 1971.5.24. 선고 71다556 판결

변호사가 재심대상 사건을 수임하여 소송대리행위를 한 것이 변호사법 제16조2호에 위반되어 무효한 행위임에도 불구하고 그 소송대리행위를 유효로 본 것은 잘못이라 하더라도 민사소송법 제422조 제1항 단서에 의하여 당사자가 그 사유를 알고 주장하지 아니한 때에 해당하는 경우에는 원판결의 잘못은 재심의 소를 기각하는 판결의 결과에는 영향이 없다.

변호사가 판사로서 항소심변론에 관여하였던 재심대상사건을 수임하여 소송대리를 한 것이 구 변호사법(49.11.7. 법률 제63호) 제16조 제2호에 위반되어 무효한 행위임에도 불구하고 그 소송대리행위를 유효로 본 것은 잘못이라 하더라도 민사소송법 제422조

·제1항 단서에 의하여 당사자가 그 사유를 알고 주장하지 아니한 때에 해당하는 경우에는 원판결의 잘못은 재심의 소를 기각하는 판결의 결과에는 영향이 없다.

3. 대법원 2004.3.12. 선고 2003다21995 판결

【판시사항】

중재인이 중재절차 진행중에 그 중재사건의 일방 당사자나 대리인의 의뢰로 당해 중재사건과 사실상 또는 법률상 쟁점을 같이 하는 동종사건의 중재대리인으로 활동한 행위가 구 중재법 제13조 제1항 제1호 소정의 중재판정 취소사유에 해당하는지 여부(적극)

【판결요지】

변호사는 비록 의뢰인으로부터 보수를 받는다 하더라도 의뢰인의 지휘·감독에 복종하지 아니한 채 독립하여 자유롭게 그 직무를 행하는 것이므로, 변호사가 중재인으로 선정되어 중재절차가 진행되고 있는 상황이라도 변호사로서의 직무상 불특정다수의 고객들에게 상담을 하여 주고 그들로부터 사건을 수임하는 것은 허용된다 할 것이나, 중재인으로 선정된 변호사는 중재인의 공정성과 독립성의 확보를 위하여 그 중재사건의 일방 당사자나 그 대리인과 중재절차 외에서 접촉하는 것은 가급적 제한되어야 하고, 나아가 당해 사건과 무관한 것이라 하더라도 일방 당사자나 그 대리인의 의뢰로 사건을 수임하는 것 역시 원칙적으로는 허용될 수 없으며, 더구나 그 수임사건이 당해 사건과 사실상 또는 법률상 쟁점을 같이 하는 동종의 사건인 경우에는 그 수임행위는 당해 중재인을 그 중재절차에서 배제시켜야 할 정도로 그 공정성과 독립성에 관하여 의심을 야기할 수 있는 중대한 사유에 해당하고, 만약 당해 중재인이 배제되지 아니한 채 중재판정이 내려졌다면 이는 구 중재법(1999. 12. 31. 법률 제6083호로 전문 개정되기 전의 것) 제13조 제1항 제1호 소정의 '중재인의 선정 또는 중재절차가 이 법이나 중재계약에 의하지 아니한 때'에 해당하여 취소를 면치 못한다.

(5) 겸직 중인 정부기관사건의 수임제한

윤리규약 제42조는 "변호사는 공정을 해할 우려가 있을 때에는 겸직하고 있는 당해 정부기관의 사건을 수임하지 아니한다"고 규정하고 있다. 여기서의 '정부기관'은 행정부는 물론 국회나 법원·헌법재판소 등의 각종 국가기관을 포함하는 것으로 해석되고, '변호사'는 단독 개업 중인 변호사는 물론 법무법인·법무법인(유한)·법무조합 및 대한변호사협회 회칙에서 정한 공증인가합동법률사무소 및 공동법률사무소에 소속되어 있는 변호사도 포함하는 것으로 해석된다. 변호사는 개업 중인 상태에서 정부기관의 각종 위원회의 위원 등으로 겸직하면서 그 직무를 수행할 수 있지만, 변호사가 정부기관의 사건을 수임함으로 인해 그가 겸직하여 수행하는 직무의 공정성을 해하게 될 우려가 있을 때에는 그 사건의 수임이 금지된다는 것이다.

(6) 법무법인 등[34])에 대한 수임제한 적용의 예외사유

1) 원 칙

변호사법 제31조 제1항 및 윤리규약 제22조, 제42조 소정의 수임제한 규정은 법무법인 등에 그대로 준용된다(법 제57조, 제58조의16, 제58조의30, 윤리규약 제48조 제1항). 그 결과 법무법인 등에 소속된 어느 한 변호사에게 이익충돌로 인한 수임제한 사유가 있다면 그 법무법인 등 소속의 다른 어떤 변호사도 그 사건의 수임에 제한을 받게 되는 것이 원칙이다. 그런데 이 원칙을 예외 없이 그대로 관철한 경우 법무법인 등이나 그 소속의 다른 변호사에게 가혹한 결과가 초래될 수 있는데,[35] 이를 해결하기 위하여 윤리규약은 이익충돌사유가 있는 경우에도, 수임이 제한되지 않는 예외사유를 규정하고 있다.

2) 예외사유(윤리규약 제48조 제2항)

아래의 요건을 모두 갖추어야만 수임이 제한되지 않는다.

가. 법무법인 등의 특정 변호사에게만 윤리규약 제22조 제1항 제4호(상대방

---

34) '법무법인 등'이라 함은 법무법인, 법무법인(유한), 법무조합 및 대한변호사협회회칙에서 정한 공증인가합동법률사무소 및 공동법률사무소를 말한다.

35) 예컨대 법무법인 등의 구성원 변호사 수십 명 중 한 명의 변호사에게 특정 사건을 수임하지 못할 사유가 있다고 해서 다른 모든 구성원 변호사가 그 사건을 수임할 수 없다고 하는 것은 지나친 제한으로서 가혹하거나 부당하다고 할 수 있다.

또는 상대방의 대리인이 친족관계에 있는 경우) 또는 제42조(겸직하고 있는 당해 정부기관의 사건인 경우)에 해당하는 사유가 있어야 한다.

나. 위 가항에 해당하는 변호사가 사건의 수임 및 업무수행에 관여하지 않고 그러한 사유가 법무법인 등의 사건처리에 영향을 주지 아니할 것이라고 볼 수 있는 합리적 사유가 있는 때이어야 한다.

3) 위와 같은 요건을 갖추어 사건의 수임이 제한되지 않는 경우에, 법무법인 등은 당해 사건을 처리하는 변호사와 수임이 제한되는 변호사들 사이에 당해 사건과 관련하여 비밀을 공유하는 일이 없도록 합리적인 조치를 취해야 한다(윤리규약 제48조 제3항). 이는 당해 사건을 처리하는 변호사와 사건수임이 제한되는 변호사와의 사이에 차단막을 설치하여 상호 간의 정보유통을 금지하는 조치를 취해야 한다는 의미인데, 이를 위반하였을지라도 그에 대한 제재조치를 할 수 있는 규정이 없는 이상 현실적으로 그 실효성은 없어 보인다.

4) 공동법률사무소의 수임제한

법무법인·법무법인(유한)·법무조합이 아니면서도 변호사 2명 이상이 사건의 수임·처리나 그 밖의 변호사 업무수행 시 통일된 형태를 갖추고 수익을 분배하거나 비용을 분담하는 형태로 운영되는 법률사무소는 하나의 변호사로 본다(법 제31조 제2항). 위와 같은 형태로 운영되는 공동법률사무소는 변호사법상 하나의 변호사로 취급되어 수임제한을 받게 된다는 것이다. 다만 현행 변호사법의 해석상 공동법률사무소는 변호사법 제31조 제1항 제1호 및 제2호를 적용할 때만 수임제한을 받게 되고, 같은 조 제1항 제3호의 경우에는 수임제한을 받지 않게 된다는 점을 유의하여야 한다(법 제31조 제2항).

(7) 증인이 될 사건의 수임금지

1) 변호사는 스스로 증인이 되어야 할 사건을 수임하지 아니한다(윤리규약 제54조 제1항). 이는 변호사의 역할과 증인의 역할이 다를 뿐만 아니라, 의뢰인의 변호사가 사실심에서 증언을 하는 경우 의뢰인과 변호사 사이에서 이익충돌이 일어날 가능성이 있기 때문이다. 다만,

가. 명백한 사항들과 관련된 증언을 하는 경우,

나. 사건과 관련하여 본인이 제공한 법률사무의 내용에 관한 증언을 하는 경우

다. 사건을 수임하지 아니함으로써 오히려 의뢰인에게 불리한 영향을 미치는 경우에 해당하는 경우에는 사건을 수임할 수 있다(같은 조 제1항 단서).

2) 변호사는 그가 속한 법무법인 등의 다른 변호사가 증언함으로써 의뢰인의 이익이 침해되거나 침해될 우려가 있을 경우에는 당해 사건에서 변호사로서의 직무를 수행하지 아니한다(같은 조 제2항). 여기서 '변호사'는 법무법인 등으로부터 특정 사건의 담당변호사로 지정된 자를 말하고, '당해 사건에서 변호사로서의 직무를 수행하지 아니한다'는 것은 그 사건을 수임한 법무법인 등이 그 사건을 더 이상 처리할 수 없게 되므로 결국 사임을 하여야 한다는 것으로 보이는데, 이는 결국 증인을 서야 할 변호사로 인하여 그가 속한 법무법인 등이 수임제한을 받는 경우에 해당된다.[36]

(8) 공직퇴임변호사의 수임제한

1) 수임제한의 대상이 되는 변호사(공직퇴임변호사)

법관, 검사, 군법무관, 그 밖의 공무원직에 재직한 변호사가 수임제한의 대상이 되는데(법 제31조 제3항), 이를 '공직퇴임변호사'라고 한다. 여기서 군법무관은 군법무관으로 임용된 자가 군법무관시보로 임용된 날부터 10년을 복무하고 전역한 자를 말하고(군법무관임용등에 관한 법률 제7조), 그 밖에 공무원직에 재직한 변호사는 변호사 자격이 있는 자가 금융위원회, 공정거래위원회, 경찰관서 등 국가기관에 근무한 후 퇴임한 자를 말한다.

2) 수임제한을 받는 국가기관 등

가. 공직퇴임변호사가 퇴직 전 1년부터 퇴직한 때까지 근무한 법원, 검찰청, 군사법원, 금융위원회, 경찰관서 등인데(법 제31조 제3항), 제3항의 법원 또는 검찰청 등 국가기관의 범위, 공익목적 수임의 범위 등 필요한 사항은 대통령령으

---

36) 정형근, 법조윤리강의(제11판), 도서출판 정독, 2022, 226면.

로 정한다(같은 조 제5항). 그러므로 공직퇴임변호사가 퇴직 전 1년부터 퇴직할 때까지 근무하였던 국가기관에서 처리하는 일체의 사건이 퇴직한 날부터 1년 동안 수임제한의 대상이 된다. 예컨대 공직퇴임변호사가 대법원에서 대법관으로 퇴직한 경우에는 대법원과 그에 대응하여 설치된 대검찰청의 사건을 수임할 수 없고, 서울고등법원에서 퇴직한 경우에는 서울고등법원과 그에 대응하여 설치된 서울고등검찰청의 사건을 수임할 수 없으며 서울중앙지방법원에서 퇴직한 경우에는 서울중앙지방법원과 서울중앙지방검찰청의 사건에 대한 수임제한을 받는다. 따라서 대법원에서 퇴직한 변호사는 고등법원, 지방법원 등의 사건수임이 가능하기 때문에 공직퇴임변호사에 대한 사건수임 제한의 폭은 그리 크지 않다. 수임제한 기간은 퇴직한 날부터 1년 동안이고, 1년이 경과하기 전에는 수임제한이 해제되는 1년 후에 사건처리에 착수할 것을 조건으로 하는 수임계약의 체결도 금지된다고 보아야 한다.

나. 변호사법 제31조 제4항 제1호 내지 제3호는 공직퇴임변호사가 법무법인 등의 담당변호사로 지정되는 경우나 다른 변호사, 법무법인 등으로부터 명의를 빌려 사건을 실질적으로 처리하는 등 사실상 수임하는 경우, 법무법인 등의 경우 사건수임계약서, 소송서류 및 변호사의견서 등에는 공직퇴임변호사가 담당변호사로 표시되지 않았으나 실질적으로는 사건의 수임이나 수행에 관여하여 수임료를 받는 경우에 그 사건을 수임할 수 없도록 규정하여 공직퇴임변호사가 법무법인 등 대형 로펌에 취업한 경우 등에 있어서 사건의 수임을 제한하고 있으나 그 실효성은 별로 없어 보인다. 따라서 법무법인 등에 취업한 변호사 아닌 퇴직공직자에 대하여 그 활동내역 등을 제출할 의무를 부과하고 있는 것과 마찬가지로(법 제89조의6) 공직퇴임변호사에 대하여도 법무법인 등에 취업한 경우 그 활동내역 등을 제출할 의무를 부과하는 규정을 신설하는 것이 바람직해 보인다.[37)]

3) 수임제한의 예외

공직퇴임변호사라도 국선변호 등 공익목적의 수임과 사건당사자가 민법 제767조에 따른 친족인 경우에 있어서 사건의 수임은 제한받지 않는다(법 제31조

---

37) 정형근, 앞의 책, 230면.

제3항 단서). 공익목적의 수임에는 국선변호뿐만 아니라 민사소송법 제128조 소정의 소송구조도 포함된다.

4) 변호사법 제31조 제1항 제3호와의 관계

변호사법 제31조 제1항 제3호는 '공무원·조정위원 또는 중재인으로서 직무상 취급하거나 취급하게 된 사건'에 한하여 수임제한 사유로 규정하고 있는데 여기서 양자의 관계를 어떻게 해석할 것인지가 문제된다. 공직퇴임변호사는 재직 중 직무상 취급하거나 취급하게 된 사건은 퇴임 후 그 시기에 상관없이 절대적으로 수임할 수 없는 것이므로, 공직퇴임변호사의 수임제한 사건은 위 제3호가 적용되지 않는 직무상 취급하지 않은 사건으로써 퇴직 전 1년 동안 근무한 국가기관에서 처리하는 모든 사건이라고 보아야 할 것이다.

5) 수임제한위반의 효과

공직퇴임변호사가 법 제31조 제3항에 위반하여 퇴직 전 국가기관에서 처리한 사건을 수임한 경우에는 징계사유가 될 뿐(법 제91조 제2항 제1호), 그 외에 형사처벌이나 과태료 부과 등의 불이익은 없다. 이 수임제한위반의 소송법상의 효력은 아래에서 보는 법 제31조 제1항 제1호 위반의 경우와 동일하게 해석하여야 할 것이다.

3. 이익충돌회피의무 위반행위의 효력

(1) 변호사법 제31조 제1항을 위반하여 행한 소송행위 효력과 관련하여서는 이를 절대적으로 무효라고 보는 절대무효설, 소송법상 아무런 영향을 미치지 아니한다는 유효설, 그 위반행위는 무권대리행위로서 무효이지만 추인에 의해서 유효로 될 수 있다고 보는 추인설, 위반사실을 알거나 알 수 있었음에도 불구하고 사실심 변론종결시까지 이의하지 않으면 유효하게 된다는 이의설 등이 대립하고 있다.

(2) 대법원은 수임제한 규정에 위반하여 행한 변호사의 소송행위는 무권대리 행위로써 원칙적으로 무효라고 보면서 다만, 상대방 당사자가 이를 추인을 하거나[38] 또는 상대방 당사자가 그 사실을 알았거나 알 수 있었음에도 사실심 변론 종결 전까지 아무런 이의를 제기하지 아니하면 그 소송행위는 유효로 된다고 판시하고 있다.[39] 또한 제1심의 피고 소송대리인이 항소심에서 원고의 소송복대리인으로서 변론한 경우에도 당사자의 이의가 없으면 그 소송행위는 유효하다고 판시하고 있다.[40]

ⅠⅠⅠ 관련 판례

1. 대법원 1970.6.30. 선고 70다809 판결

【판시사항】

변호사법 제16조에 위반되는 소송행위가 무권대리행위라고 하여도 추인하면 효력이 발생한다.

【판결요지】

변호사 정순백이 본건 건물의 철거소송의 별소에서 피고 강태국의 소송대리인이었다가 본건 동일 목적물인 철거소송에서 위 피고의 상대방인 원고 배병환의 소송대리인으로서 소송행위를 하였음은 변호사법 제16조 제1호에 위반되는 행위로서 무권대리행위라고 할 것이라 하여도, 원심에서 원고가 위 무권소송대리행위를 추인하였음이 기록상 뚜렷하므로 그 소송행위는 소송법상 완전한 효력이 발생된다 할 것이다.

---

38) 대법원 1970.6.30. 선고 70다809 판결.
39) 대법원 2003.5.30. 선고2003다15556 판결.
40) 대법원 1990.11.23. 선고 90다4037 판결. 상대방 당사자가 이의를 하면 수임규정에 위반한 변호사의 소송행위는 무효로 되고 이의를 받은 법원으로서는 그러한 변호사의 소송관여를 더 이상 허용하여서는 아니 된다.

2. 대법원 1990.11.23. 선고 90다4037 판결

【판시사항】
제1심의 피고 소송대리인이 항소심에서 원고의 소송복대리인이 되어 행한 소송행위의 효력

【판결요지】
제1심에서 피고를 대리하여 소송행위를 하였던 변호사가 항소심에서 원고 소송복대리인으로 출석하여 변론을 한 경우라도, 당사자가 그에 대하여 아무런 이의를 제기하지 아니하면, 그 소송행위는 소송법상 완전한 효력이 생긴다.

3. 대법원 1995.7.28. 선고 94다44903 판결

【판시사항】
원고 소송복대리인이 동일 사건에서 다시 피고 소송복대리인이 되어 행한 소송행위의 효력

【판결요지】
원고 소송복대리인으로서 변론기일에 출석하여 소송행위를 하였던 변호사가 피고 소송복대리인으로도 출석하여 변론한 경우라도, 당사자가 그에 대하여 아무런 이의를 제기하지 않았다면 그 소송행위는 소송법상 완전한 효력이 생긴다.

4. 대법원 2003.5.30. 선고 2003다15556 판결

【판시사항】
[1] 형사사건에서 피고인의 변호인으로 선임된 법무법인의 업무담당변호사가 그 법무법인이 해산된 이후 변호사 개인의 지위에서 위 형사사건의 피해자에 해당하는

상대방 당사자를 위하여 실질적으로 동일한 쟁점을 포함하고 있는 민사사건의 소송대리를 하는 것이 변호사법 제31조 제1호의 수임제한 사유에 해당하는지 여부(적극)

[2] 변호사법 제31조 제1호의 수임제한에 위반한 변호사의 소송행위의 효력과 이를 다툴 수 있는 시적 제한

【판결요지】

[1] 변호사법 제31조 제1호에서는 변호사는 당사자 일방으로부터 상의를 받아 그 수임을 승낙한 사건의 상대방이 위임하는 사건에 관하여는 그 직무를 행할 수 없다고 규정하고 있고, 위 규정의 입법 취지 등에 비추어 볼 때 동일한 변호사가 형사사건에서 피고인을 위한 변호인으로 선임되어 변호활동을 하는 등 직무를 수행하였다가 나중에 실질적으로 동일한 쟁점을 포함하고 있는 민사사건에서 위 형사사건의 피해자에 해당하는 상대방 당사자를 위한 소송대리인으로서 소송행위를 하는 등 직무를 수행하는 것 역시 마찬가지로 금지되는 것으로 볼 것이며, 이러한 규정은 같은 법 제57조의 규정에 의하여 법무법인에 관하여도 준용된다고 할 것이므로, 법무법인의 구성원 변호사가 형사사건의 변호인으로 선임된 그 법무법인의 업무담당변호사로 지정되어 그 직무를 수행한 바 있었음에도, 그 이후 제기된 같은 쟁점의 민사사건에서 이번에는 위 형사사건의 피해자측에 해당하는 상대방 당사자를 위한 소송대리인으로서 직무를 수행하는 것도 금지되는 것임은 물론이고, 위 법무법인이 해산된 이후라도 변호사 개인의 지위에서 그와 같은 민사사건을 수임하는 것 역시 마찬가지로 금지되는 것이라고 풀이할 것이며, 비록 민사사건에서 직접적으로 업무를 담당한 변호사가 먼저 진행된 형사사건에서 피고인을 위한 직접적인 변론에 관여를 한 바 없었다고 하더라도 달리 볼 것은 아니라고 할 것이니, 이러한 행위들은 모두 변호사법 제31조 제1호의 수임제한규정을 위반한 것이다.

[2] 변호사법 제31조 제1호의 규정에 위반한 변호사의 소송행위에 대하여는 상대방 당사자가 법원에 대하여 이의를 제기하는 경우 그 소송행위는 무효이고 그러한 이의를 받은 법원으로서는 그러한 변호사의 소송관여를 더 이상 허용하여서는 아니 될 것이지만, 다만 상대방 당사자가 그와 같은 사실을 알았거나 알 수 있었음에도 불구하고 사실심 변론종결시까지 아무런 이의를 제기하지 아니하였다면 그 소송행위는 소송법상 완전한 효력이 생긴다.

4. 위반행위에 대한 제재

(1) 변호사법상의 징계처분

이익충돌에도 불구하고 사건을 수임한 경우 이는 징계사유가 된다(법 제91조 제2항). 당사자가 이의를 제기하지 아니하여 소송행위의 효력을 부정할 수 없는 경우에도 마찬가지이다. 특히 앞서 본 바와 같이 변호사법 제31조 제1항 제3호 규정에 위반하면 형사처벌이 따르게 된다(같은 법 제113조 제2호).

(2) 민사상 책임

그 밖에 만약 변호사가 이익충돌회피의무를 위반하여 사건을 수임한 후 소송을 진행한 결과, 의뢰인에게 손해가 발생했다면 불법행위책임을 부담하게 되는 경우도 생길 수 있을 것이다.

Ⅵ. 의뢰인에 대한 의무와 윤리

1. 성실의무

▎▎ 관련 규정

> ※ 변호사법 제1조[변호사의 사명]
> ② 변호사는 그 사명에 따라 성실히 직무를 수행하고 사회질서 유지와 법률제도 개선에 노력하여야 한다.

> ※ 윤리강령
> 2. 변호사는 성실·공정하게 직무를 수행하며 명예와 품위를 보전한다.

(1) 성실의무의 의의

성실의무는 변호사와 의뢰인과의 관계에 있어 가장 기본적 의무로서 여기서
비밀유지의무, 진실의무, 이익충돌회피의무 등이 파생되는 등 다른 많은 의무를
포괄하는 일반 규정으로서의 성격이 강한 것이다. 변호사가 업무를 성실하게 수
행한다는 것은 성심성의껏 열심히 일을 처리하는 것만으로는 부족하고 법률전
문가로서 요구되는 전문적인 식견을 가지고 그 업무를 전문가답게 처리해야 함
을 의미하는 것이다.

(2) 성실의무의 성질

이에 대하여는 법적 규범이라는 견해와[41] 단순한 윤리규범이라는 견해가[42]

---

41) 이는 선관주의의무가 가중된 것으로서 이에 위반하면 채무불이행(위임계약위반)에 해당되

대립하고 있다. 생각건대 변호사의 법률전문직으로서의 직무의 공공성과 중대성을 감안하면 성실의무는 선관주의의무가 가중된 법적 의무라고 보는 것이 타당할 것이다.

(3) 성실의무의 내용

위임계약에 기하여 수임사무를 법률전문가로서 고도의 주의의무를 가지고 처리하는 것이 중심적 내용이 될 것이다. 구체적으로 살펴보면 다음과 같다.

1) 의뢰인에 대한 성실의무

가. 신속한 착수와 지체 없는 처리의무

변호사는 의뢰인으로부터 사건을 수임한 때에는 신속히 착수하고 지체 없이 사건을 처리하여야 한다. 변호사가 수임 후 시효를 도과시키거나 또는 법정기간 이전에 필요한 소송행위를 하지 않은 경우 그에 대한 책임을 부담하게 된다.

나. 사건처리경과의 보고와 의뢰인과 협의의무

변호사는 의뢰인에 대하여 필요에 따라 사건의 처리경과 등을 보고하고 의뢰인과 협의하면서 사건을 처리하여야 한다. 민법 제683조는 위임인의 청구가 있는 때에 보고의무를 부과하고 있지만, 변호사는 의뢰인의 청구가 없더라도 필요에 따라 보고의무를 부담하게 되는데 이를 위반할 경우 징계사유가 될 수 있다.

다. 의뢰인의 의사 존중의무

변호사는 위임의 취지에 따라 의뢰인의 의사를 존중하며 직무를 행하여야 한다. 사건의 처리에 관한 의뢰인의 의사와 변호사의 의사가 충돌할 경우 변호사는 원칙적으로 의뢰인의 의사에 따라야 할 의무를 부담하는 것으로 보아야 할 것이다(자기결정보장설).

므로 민사상 책임을 지게 된다고 한다.

42) 이에 위반하더라도 민사상 책임을 추궁받지는 않는다고 한다.

라. 법령(판례) 및 사실관계의 조사의무

변호사는 사건의 처리에 필요한 법령 및 사실관계를 조사함으로써 의뢰인의 권익을 옹호하여야 하는데, 이는 법률전문가인 변호사로서 부담하여야 할 당연한 의무라 할 수 있다.

마. 상소 여부 등에 관한 설명의무

변호사는 사건처리가 종료되면, 예컨대 위임사무 종료 단계에서 패소 판결이 선고된 때에는 의뢰인으로부터 상소에 관한 특별한 수권이 없었다 하더라도 그 판결을 검토하여 의뢰인에게 설명하고 상소하는 때의 승소가능성 등에 관하여 자세히 설명하고 조언할 의무가 있다.

▋▋▋ 관련 판례

대법원 2004.5.14. 선고 2004다7354 판결

【판시사항】
[1] 소송대리를 위임받은 변호사의 위임사무 종료단계에서의 선관주의의무의 내용
[2] 소송대리를 위임받은 변호사의 선관주의의무 위반으로 인하여 패소 부분에 대한 항소권이 소멸한 후 부대항소를 제기하였으나 상대방이 항소를 취하함으로써 부대 항소가 효력을 잃게 되어 판결이 확정된 경우, 의뢰인이 항소를 통하여 얻을 수 있었던 금원 상당이 변호사의 선관주의의무 위반과 상당인과관계가 있는 통상손해에 해당한다는 원심의 판단을 수긍한 사례

【판결요지】
[1] 일반적으로 수임인은 위임의 내용에 따라 선량한 관리자의 주의의무를 다하여야 하고, 특히 소송대리를 위임받은 변호사는 그 수임사무를 수행함에 있어 전문적인 법률지식과 경험에 기초하여 성실하게 의뢰인의 권리를 옹호할 의무가 있으며, 구체적인 위임사무의 범위는 변호사와 의뢰인 사이의 위임계약의 내용에 의하여 정하여지는 것이지만, 위임사무의 종료단계에서 패소판결이 있었던 경우에는 의뢰인으로부

터 상소에 관하여 특별한 수권이 없는 때에도 그 판결을 점검하여 의뢰인에게 불이익한 계산상의 잘못이 있다면 의뢰인에게 그 판결의 내용과 상소하는 때의 승소가능성 등에 대하여 구체적으로 설명하고 조언하여야 할 의무가 있다.

[2] 소송대리를 위임받은 변호사의 선관주의의무 위반으로 인하여 패소 부분에 대한 항소권이 소멸한 후 부대항소를 제기하였으나 상대방이 항소를 취하함으로써 부대항소가 효력을 잃게 되어 판결이 확정된 경우, 의뢰인이 항소를 통하여 얻을 수 있었던 금원 상당이 변호사의 선관주의의무 위반과 상당인과관계가 있는 통상손해에 해당한다는 원심의 판단을 수긍한 사례.

2) 제3자 또는 법원에 대한 성실의무

변호사는 그 지위의 공공성 때문에 경우에 따라서는 상대방을 포함한 제3자 및 법원에 대하여도 신의에 따라 성실하게 직무를 수행할 의무를 부담한다고 봄이 타당할 것이다. 왜냐하면 변호사는 공공성을 지닌 법률전문직으로서 사회정의를 실현함을 그 사명으로 하고 있으므로 의뢰인과 관계에서 단순히 고용된 총잡이의 역할만을 해서는 안 되는 것으로 보아야 하기 때문이다.

(4) 성실의무의 한계 - 의뢰인의 정당한 이익

앞서 본 바와 같이 변호사 지위의 공공성 때문에 변호사의 의뢰인에 대한 성실의무는 일정한 경우에 제한을 받게 된다. 즉, 변호사가 단순히 의뢰인에 의해 고용된 총잡이에 불과한 자라고 볼 수는 없는 것이므로 변호사가 옹호하여야 할 의뢰인의 이익은 정당한 이익에 국한되는 것으로 보아야 한다. 따라서 변호사는 의뢰인에게는 이익이 된다고 하더라도 위증의 교사나 허위진술을 권유하는 등의 위법한 행위를 하여서는 아니 된다. 이와 관련하여 윤리규약 제21조는 "변호사는 위임의 목적 또는 사건처리의 방법이 현저하게 부당한 경우에는 당해 사건을 수임하지 아니한다"고 규정하고 있다.

(5) 성실의무위반에 대한 제재

1) 변호사법상의 징계처분

변호사가 성실의무를 위반하면 변호사법상 징계사유가 되고(법 제90조 이하),

실제로 이를 이유로 징계를 받는 경우가 상당수에 이르는 것이 현실이다. 예컨대 변호사가 과실로 인하여 항소기간을 도과시킨 경우, 의뢰인의 동의 없이 사건을 법무사에게 재위임하는 경우, 항소이유서 또는 상고이유서 제출기간을 도과시킨 경우, 송달사실을 고지하여 주지 않아 이의신청기간을 도과시킨 경우, 변론기일에 불출석함으로써 사건을 당사자 쌍방 불출석으로 취하되게 만든 경우, 사건 착수금을 수령하고도 7개월이 지난 후에 소장을 법원에 제출한 경우, 의뢰인과 상의 없이 소취하서와 사임계를 제출한 경우, 가압류를 하기로 약정해놓고서 이를 하지 않은 경우, 의뢰인과 합의도 없이 화해를 한 경우, 변론요지서를 제출하지 아니하고서 의뢰인에게는 허위의 변론요지서를 교부한 경우 등이 여기에 해당된다.

2) 법률과오책임(민사책임)

변호사의 직무 수행상의 고의 또는 과실로 의뢰인에게 손해가 발생한 경우 변호사는 이에 대하여 손해배상책임을 부담한다. 이때 변호사의 과실을 판단하기 위한 기준으로 변호사 일반에 적용되는 기준과 특정 분야의 전문변호사에게 요구되는 기준으로 나누어 생각할 수 있는데, 전자의 경우에 변호사가 그 지역에서 평균적인 분별력을 갖춘 변호사라면 가질 정도의 주의력, 능력, 법률지식, 근면의 수준에 미달된다고 판단되면 책임을 부담하게 될 것이다. 그러나 후자의 경우에는 주의 또는 관리(기준)의 정도가 월등히 높아져 보통 변호사들이 수행하는 지식이나 기술, 기울이는 주의의 정도를 다했더라도 배상책임을 부담하게 될 수 있는데 변호사가 의뢰인에게 자신은 특정 분야 사건에 관한 전문가라고 소개한 경우가 여기에 해당될 것이다. 그 밖에 변호사는 의뢰인 이외의 제3장에 대하여도 불법행위를 이유로 하는 손해배상책임을 부담할 수 있다.

(6) 소 결

1) 변호사가 성실하여야 한다는 것은 당연한 일이다. 이런 점에서 성실의무에 관한 윤리규약 제13조와 제20조 제1항 내지 제3항은 상식적인 내용을 담고 있다고 할 것이다. 친절과 성실에 관한 말이 나온 김에 덧붙이자면, 변호사는 '남의 말(이야기)을 들어주는 직업'이라 할 수 있다. 변호사의 친절성 내지 성실

성은 사무처리의 여러 단계에서 필요하지만, 일차적으로는 의뢰인의 이야기를 참을성 있게 들어주는 것에서 빛이 난다. 특히 의뢰인의 행태에 대한 도덕적, 윤리적 평가를 내리지 않고서 법적인 구제가 가능한 것인지의 여부에 초점을 맞추어 들어주는 것에서 가장 빛이 난다. 그런 과정에서 변호사는 의뢰인에 대하여 의뢰인이 바라는 문제의 해결을 위하여 의뢰인과 눈높이를 맞추어 가고 의뢰인의 고통에 공감하는 모습을 보여야 한다는 것이다.

2) 윤리규약 제20조 중 의미 있는 규정은 우선 '가망 없는 사건'에 대한 장담의 금지에 관한 제2항이다. 의뢰인은 그가 바라는 결과를 얻을 수 있다고 장담하여 주거나 적어도 그런 인상이라도 주지 않는 이상 선뜻 사건을 위임하려고 들지 않는 것이 현실이다. 특히 형사사건의 경우, 그렇지 않으면 수임의 가능성이 거의 없다고 보아야 한다. 따라서 위 규정은 변호사 실무의 현실에서 아주 예민한 문제를 다루고 있는 것이다. 제4항은 업무를 담당하는 공무원과의 연고를 선전하여서는 안 된다는 내용을 담고 있다. 여기에서도 문제는 의뢰인들이 사법시험 또는 사법연수원 동기생, 법학전문대학원이나 대학 또는 고등학교 동창생 내지 동기생 등의 연고관계 또는 같은 재판부나 법원 또는 같은 검찰청 내에서의 근무경험이 있는지 유무를 따져서 사건을 위임하거나, 꼭 이를 이유로 위임을 한 것은 아니더라도 그런 연고를 이용하여 사건을 해결하여 줄 것을 부탁하는 경우가 현실적으로 대단히 많다는 점인데, 이는 이른바 전관예우 문제와 관련하여 사회적·경제적으로 많은 문제를 야기하고 있다.

2. 비밀유지 의무

▮▮▮ 관련 규정

> ※ 변호사법
>
> 제26조[비밀유지의무 등]
> 변호사 또는 변호사이었던 자는 그 직무상 알게 된 비밀을 누설하여서는 아니 된다. 다만, 법률에 특별한 규정이 있는 경우에는 그러하지 아니하다.

제18조[비밀유지 및 의뢰인의 권익보호]

① 변호사는 직무상 알게 된 의뢰인의 비밀을 누설하거나 부당하게 이용하지 아니한다.

② 변호사는 직무와 관련하여 의뢰인과 의사교환을 한 내용이나 의뢰인으로부터 제출받은 문서 또는 물건을 외부에 공개하지 아니한다.

③ 변호사는 직무를 수행하면서 작성한 서류, 메모, 기타 유사한 자료를 외부에 공개하지 아니한다.

④ 제1항 내지 제3항의 경우에 중대한 공익상의 이유가 있거나, 의뢰인의 동의가 있는 경우 또는 변호사 자신의 권리를 방어하기 위하여 필요한 경우에는, 최소한 의 범위에서 이를 공개 또는 이용할 수 있다.

제47조[비밀유지의무]

법무법인 등의 구성원 변호사 및 소속 변호사는 정당한 이유가 없는 한 다른 변호사가 의뢰인과 관련하여 직무상 비밀유지의무를 부담하는 사항을 알게 된 경우에는, 이를 누설하거나 이용하지 아니한다. 이는 변호사가 해당 법무법인 등으로부터 퇴직한 경우에도 같다.

제112조[업무상비밀과 압수]

변호사, 변리사, 공증인, 공인회계사, 세무사, 대서업자, 의사, 한의사, 치과의사, 약사, 약종상, 조산사, 간호사, 종교의 직에 있는 자 또는 이러한 직에 있던 자가 그 업무상 위탁을 받아 소지 또는 보관하는 물건으로 타인의 비밀에 관한 것은 압수를 거부할 수 있다. 단, 그 타인의 승낙이 있거나 중대한 공익상 필요가 있는 때에는 예외로 한다.

제149조[업무상비밀과 증언거부]

변호사, 변리사, 공증인, 공인회계사, 세무사, 대서업자, 의사, 한의사, 치과의사, 약사, 약종상, 조산사, 간호사, 종교의 직에 있는 자 또는 이러한 직에 있던 자가 그 업무상 위탁을 받은 관계로 알게 된 사실로서 타인의 비밀에 관한 것은 증언을 거부할 수 있다. 단, 본인의 승낙이 있거나 중대한 공익상 필요있는 때에는 예외로 한다.

※ 민사소송법

제315조[증언거부권]

① 증인은 다음 각 호 가운데 어느 하나에 해당하면 증언을 거부할 수 있다.

　　1. 변호사·변리사·공증인·공인회계사·세무사·의료인·약사, 그 밖에 법령에 따라 비밀을 지킬 의무가 있는 직책 또는 종교의 직책에 있거나 이러한 직책에 있었던 사람이 직무상 비밀에 속하는 사항에 대하여 신문을 받을 때

　　2. 기술 또는 직업의 비밀에 속하는 사항에 대하여 신문을 받을 때

② 증인이 비밀을 지킬 의무가 면제된 경우에는 제1항의 규정을 적용하지 아니한다.

제344조[문서의 제출의무]

① 다음 각 호의 경우에 문서를 가지고 있는 사람은 그 제출을 거부하지 못한다.

　　3. 문서가 신청자의 이익을 위하여 작성되었거나, 신청자와 문서를 가지고 있는 사람 사이의 법률관계에 관하여 작성된 것인 때. 다만, 다음 각목의 사유 가운데 어느 하나에 해당하는 경우에는 그러하지 아니하다.

　　　다. 제315조 제1항 각 호에 규정된 사항 중 어느 하나에 규정된 사항이 적혀 있고 비밀을 지킬 의무가 면제되지 아니한 문서

※ 형　법

제317조[업무상비밀누설]

① 의사, 한의사, 치과의사, 약제사, 약종상, 조산사, 변호사, 변리사, 공인회계사, 공증인, 대서업자나 그 직무상 보조자 또는 차등의 직에 있던 자가 그 직무처리중 지득한 타인의 비밀을 누설한 때에는 3년 이하의 징역이나 금고, 10년 이하의 자격정지 또는 700만원 이하의 벌금에 처한다.

② 종교의 직에 있는 자 또는 있던 자가 그 직무상 지득한 사람의 비밀을 누설한 때에도 전항의 형과 같다.

(1) 의의 및 존재이유

1) 비밀유지의무란 변호사가 그 직무상 알게 된 비밀을 누설하여서는 아니 될 의무를 말한다. 이는 그 비밀이 누설된 경우 형법 제317조 제1항에 의하여 처벌될 수 있을 정도로 중요한 것이다. 변호사의 증언거부권(형사소송법 제149조, 민사소송법 제315조)은 변호사에게 소송상 증언거부의 특권을 부여한 것으로 변

호사는 법정 증언이나 증거수집절차에서 의뢰인의 비밀에 관한 증언을 거부할 수 있고, 이러한 거부권의 행사로 불이익이나 제재를 받지 않는다는 소극적인 의미가 있다. 또한 직무상 비밀에 속한 사항이 적혀 있는 문서에 대해서는 문서제출을 거부할 수 있다(민사소송법 제344조 제1항 제3호 다목). 그러나 비밀유지의무는 강제적 증언요청을 거부할 수 있다는 소극적인 측면을 넘어, 외부로 알려질 경우에 의뢰인에게 손해가 될 수 있는 모든 정보의 유출을 막아야 하는 적극적 의무가 변호사에게 있다는 것을 의미하는 것으로서 이는 증언거부특권보다 훨씬 포괄적인 내용을 담고 있는 개념이라 할 수 있다.

2) 의뢰인이 변호사로부터 적절한 조언을 받기 위해서는 객관적으로 유리한 사실뿐만 아니라 불리한 사실까지 포함하여 충분한 정보를 변호사에게 제공해야 하고, 그러기 위해서는 변호사가 의뢰인의 비밀정보를 결코 공개하지 않는다는 신뢰가 전제되어 있어야 한다. 다시 말해서 의뢰인이 변호사를 신뢰하고 충분한 정보를 제공할 수 있도록 하기 위해서는 변호사가 직무상 알게 된 정보를 타인에게 누설하지 않는다는 것이 제도적으로 보장되어 있어야 하는데, 이 제도적 보장이 바로 비밀유지의무인 것이다.

(2) 내 용

1) 의무의 주체

'변호사' 또는 '변호사이었던 자'이다(법 제26조). 비밀유지의무는 수임관계가 종료된 후에도 존속된다. 즉, 변호사가 사건처리 중에 사임 또는 해임되거나 사건종결로 수임관계가 종료된 후에도 변호사는 비밀유지의무를 준수해야 한다. 또한 법무법인 등의 구성원 변호사 및 소속 변호사가 해당 법무법인 등으로부터 퇴직한 경우에도 비밀유지의무를 부담한다(윤리규약 제47조 후문).

2) '의뢰인'의 비밀

가. 의뢰인

여기서 의뢰인이란 생존하는 자연인, 법인, 법인 아닌 단체 등으로서 고문거래처, 계속사건의 의뢰인 등 어떤 기간 계속하여 의뢰관계에 있는 자뿐만 아니라 이름을 대지 않고 1회에 한하여 법률상담을 한 잠재적 의뢰인으로부터 얻은 비밀정보도 보호되어야 한다. 즉, 설사 변호사가 사건을 수임하지 않았더라도 법률상담으로 신뢰관계가 형성되었다면 실제 수임을 한 의뢰인의 비밀정보와 마찬가지로 보호되어야 할 것이다.

나. 보호해야 할 비밀에 의뢰인의 비밀 이외에 상대방이나 제3자의 비밀도 포함되는가에 관하여 견해가 대립되는데 대한변협은 "금지되는 비밀의 범위는 그 비밀의 주체가 반드시 당해 변호사의 당사자뿐만 아니라 상대방이나 제3자의 경우까지 포함된다"고 하고 있다.[43)]

3) '직무상 알게 된 비밀'

가. 비 밀

여기의 비밀에는 예컨대 의뢰인의 과거 범죄경력, 질병, 신분, 가족관계, 재산관계 등과 같이 적어도 의뢰인이 제3자(특히 이해관계가 상충되어 있는 자)에게 알리고 싶지 않은 사항(주관적 의미의 비밀)은 물론이고, 사회통념상 일반적으로 알리고 싶지 않다고 생각되는 사항(객관적 의미의 비밀)도 모두 포함되는 것으로 보아야 할 것이다.

나. 비밀의 출처

비밀유지의무는 변호사가 직무상 알게 된 모든 것에 미치게 되는데, 변호사가 그것을 누구로부터 어떤 방법으로 알아내게 된 것인지는 불문한다. 따라서 의뢰인이나 제3자가 알려준 것뿐만 아니라 변호사가 스스로 알아낸 사실도 포함되며, 변호사가 직무수행 중에 우연히 알게 된 사실도 포함된다. 법무법인 등의 구성원 변호사 및 소속 변호사는 정당한 이유가 없는 한 다른 변호사가 의뢰인과 관련하여 직무상 비밀유지의무를 부담하는 사항을 알게 된 경우 이를 누설하거나 이용하지 아니한다(윤리규약 제47조).

---

43) 대한변협, 변호사법 질의회신, 제493호, 2008.12.2.

다. 수임사건과의 관련성

변호사는 직무와 관련하여 의뢰인과 의사교환을 한 내용이나 의뢰인으로부터 제출받은 문서 또는 물건을 외부에 공개하지 아니하고(윤리규약 제18조 제2항), 직무를 수행하면서 작성한 서류, 메모, 기타 유사한 자료를 외부에 공개하지 아니한다(같은 조 제3항). 생각건대 변호사가 의뢰인으로부터 얻은 것이라면 수임한 사건과 관련이 없는 비밀이나 아직 분쟁문제와 무관하다고 생각되는 비밀도 의뢰인의 신뢰보호측면에서 여기의 비밀에 해당되는 것으로 보아야 함이 타당할 것으로 생각된다.

라. 공지된 사항

신문 등 대중매체를 통하여 보도된 사항이나 판결로써 공지된 사항 등 일반적으로 알려진 정보는 비밀유지의무의 대상이 아니다. 다만, 공지는 되었지만 일반적으로 확인되지 않고 의뢰인이 부정하거나 반론을 제기하는 경우가 있는데, 이러한 경우에 공표된 내용을 뒷받침하거나 추인하는 언동 등은 의뢰인의 이익에 반할 수 있으므로 의뢰인의 동의 없이 이러한 행동을 하여서는 안 된다.[44]

4) 의뢰인의 비밀정보 이용행위

변호사가 의뢰인의 비밀정보를 '누설'하는 것이 아니라 '이용'하는 행위도 금지되는가와 관련하여 일본과 미국에서 논란이 있다. 일본의 경우 직무기본규정 제23조에서 이를 무조건 금지하고 있으나[45] 미국의 경우 이를 의뢰인의 이익에 불리하게 이용하는 것만이 금지되어 있을 뿐이라고 한다. 우리나라의 경우 명문규정이 없어 미국과 같이 해석하는 것이 타당하게 여겨져 왔었는데, 개정 윤리규약 제18조 제1항은 "변호사는 직무상 알게 된 의뢰인의 비밀을 부당하게 이용하지 아니한다"고 규정하고 있다. 이는 의뢰인의 비밀정보를 의뢰인의 이익에

---

44) 이상수, 법조윤리의 이론과 실제, 서강대학교 출판부, 2009, 164면.

45) (秘密の保持) 第23条 弁護士は、正当な理由なく、依頼者について職務上知り得た秘密を他に漏らし、又は利用してはならない(제23조 변호사는 정당한 이유 없이 의뢰자에 관해서 직무상 지득한 비밀을 타에 누설하거나 또는 이용해서는 안 된다)°

반하여 이용하는 것은 금지되지만 그렇지 않은 경우에는 허용되는 것으로 해석된다.

(3) 비밀의 공개가 허용되는 경우

윤리규약 제18조 제4항은 "변호사는 중대한 공익상의 이유가 있거나, 의뢰인의 동의가 있는 경우 또는 변호사 자신의 권리를 방어하기 위하여 필요한 경우에는 최소한의 범위에서 의뢰인의 비밀을 공개 또는 이용할 수 있다"고 규정하고 있다.

1) 중대한 공익상의 이유

여기서의 공익이란 생명, 신체, 재산 등에 대한 중대한 범죄행위의 방지를 위한 정보공개를 의미한다고 보는 것이 일반적이다. 구체적인 경우에 있어서는 이를 공개함으로써 얻어지는 공익과 그로 인해 발생하는 의뢰인의 불이익과의 이익형량이 필요할 것으로 생각된다. 한편 미국의 변호사의 직업적 품행에 관한 행위규칙(Model Rules of Professional Conduct)에서는 상당히 확실한 사망이나 중대한 신체적 피해를 방지하기 위한 경우와 변호사의 법률서비스를 이용하여 의뢰인이 범죄나 사기행위를 저지르려 하고, 그 결과로 타인이 상당한 재산상 또는 금전적 피해를 입을 것이 확실한 경우에는 비밀의 공개가 허용되는 것으로 규정하고 있다[1.6(b)(1)(2)(3)].

2) 의뢰인의 동의나 승낙이 있는 경우

변호사는 의뢰인의 동의나 승락이 있는 경우 직무상 알게 된 비밀을 최소한의 범위에서 이를 공개 또는 이용할 수 있다. 다만 여기에서의 동의나 승낙이란 단순한 동의나 승낙이 아니라 변호사가 의뢰인에게 충분하게 설명을 행한 후의 그것을 의미한다. 이와 관련하여 묵시적 동의 또는 추정적 승낙이 가능한지가 문제되지만 이를 긍정하는 것이 일반적이다. 다만, 묵시적 동의 또는 추정적 승낙은 의뢰인의 이익을 위한다는 것이 전제되어야 할 것이다.

3) 변호사 자신의 권리를 방어하기 위하여 필요한 경우

의뢰인과의 수임관계에서 발생하는 변호사의 청구권을 확보하거나 의뢰인의 청구에 대하여 방어하기 위한 경우나 변호사가 자신이 연루된 사건에서 스스로를 지키기 위한 경우가 이에 해당한다. 예컨대 의뢰를 받은 사건과 관련하여 변호사 자신이 민·형사상 또는 징계절차상의 책임을 추궁당할 때 또는 변호사회에 분쟁조정절차가 계속 중일 때에 당해 변호사는 자신의 명예를 지키고 진상을 규명하기 위하여 필요한 한도 내에서 비밀공개가 허용된다. 그러나 이 경우에도 비밀의 공개가 변호사에게 최후의 수단인 경우에 한하여 허용되는 것이지 다른 방법에 의하여 자신의 불이익을 피할 수 있는 경우에는 허용되지 않는다고 보아야 할 것이다.

4) 법률에 특별한 규정이 있는 경우(법 제26조, 형사소송법 제149조 단서, 민사소송법 제315조 제2항)

법률에 특별한 규정이 있는 경우, 즉 형사재판에서 본인의 승낙이 있거나 중대한 공익상 필요 있는 때에는 변호사는 업무상 알게 된 비밀정보에 대한 증언을 거부할 수 없다. 민사재판에서 증인이 비밀을 지킬 의무가 면제된 경우에도 같다. 이 경우 변호사는 의뢰인의 비밀을 공개하여야 한다. 또한 변호사가 법정에서 변호권이나 변론권의 범위 내에서 타인의 비밀을 적시하는 것 역시 법령에 의한 정당한 행위로서 허용된다 할 것이다.

(4) 비밀유지의무 위반에 대한 제재

1) 민사책임

변호사는 위임계약상의 의무위반을 이유로 계약책임(채무불이행책임)을 부담하게 되고, 설사 위임계약이 존재하지 않아도 비밀의 누설이 불법행위에 해당할 경우 이에 기한 손해배상책임을 부담하게 된다.

2) 형사책임

변호사 또는 변호사의 직에 있던 자가 그 업무처리 중 지득한 타인의 비밀을 누설한 때에는 비밀누설죄로 처벌된다(형법 제317조).

3) 징계책임

변호사 또는 변호사였던 자가 직무상 지득한 비밀을 누설하면 변호사법 제 26조 위반으로 징계책임의 대상이 될 수 있다(법 제91조 제2항).

(5) 소 결

변호사의 비밀유지 의무는 아주 중요하다. 변호사의 비밀유지는 의뢰인을 적절하게 대리하는 데 필요한 사실을 의뢰인으로 하여금 완전하게 드러낼 수 있도록 촉진할 뿐만 아니라 의뢰인이 빨리 법적 도움을 구하도록 용기를 일으키게 하여 준다. 실무상 변호사가 다른 변호사에 대하여 의뢰인과의 비밀에 속하는 사항을 놓고 소송 기타의 절차에서 석명 또는 증인신문이나 당사자신문 등을 통하여 사실을 밝히라고 요구하는 경우가 있는데(예컨대, 보수를 얼마나 지급하였는가, 어떤 경위로 사건을 위임했는가, 어떤 증거를 어떤 경위로 수집하였는가, 사건의 형식적 당사자 외에 실제 이해관계인은 누구인가 등) 이는 변호사윤리의 무지에서 비롯된 것으로써 변호사는 이와 같은 행위를 절대로 해서는 안 되는 것이다.

3. 공동 직무수행 시의 의무

▮▮▮ 관련 규정

※ 윤리규약

제25조[다른 변호사의 참여]
① 변호사는 의뢰인이 다른 변호사에게 해당 사건을 의뢰하는 것을 방해하지 아니한다.
② 변호사는 의뢰인이 변호사를 바꾸고자 할 경우에는 업무의 인수인계가 원활하게 이루어 질 수 있도록 합리적인 범위 내에서 협조한다.

제26조[공동 직무수행]
① 변호사는 동일한 의뢰인을 위하여 공동으로 직무를 수행하는 경우에는, 의뢰인의 이익을 위해 서로 협력한다.

② 변호사는 공동으로 직무를 수행하는 다른 변호사와 의견이 맞지 아니하여 의뢰인에게 불이익을 미칠 수 있는 경우에는, 지체 없이 의뢰인에게 이를 알린다.

변호사는 공동대리 또는 공동변호를 함에 있어서는 의뢰인의 이익을 위해 서로 협력하여 질서 있는 소송행위를 하여야 하며(윤리규약 제26조 제1항) 서로 미루거나 분규가 일어나는 일이 없도록 하여야 한다. 변호사는 공동으로 직무를 수행하는 다른 변호사와 의견이 맞지 아니하여 의뢰인에게 불이익을 미칠 수 있거나 사건처리에 지장을 초래할 염려가 있을 때에는 지체 없이 의뢰인에게 알려야 한다(같은 조 제2항). 변호사는 관행 또는 신의에 반하여 공동대리인 또는 상대방 대리인을 불이익에 빠지게 하여서는 안 되고, 의뢰인이 이미 다른 변호사를 선임하고 있는 사건을 수임할 때에는 그 다른 변호사의 양해를 구해야 한다. 또한 변호사는 의뢰인이 다른 변호사에게 해당 사건을 의뢰하는 것을 방해하지 아니한다(윤리규약 제25조 제1항).

위 규정에 비추어 볼 때 변호사가 사건을 공동으로 수임하여 처리하는 경우에 있어서 가장 중요한 일은 무엇보다도 의뢰인의 이익을 수호하는 것이라고 할 수 있다.

4. 물건의 수수 등에 관한 의무

변호사는 예납금, 보증금 등의 금전 및 증거서류 등의 문서의 수수를 명백히 하고, 이로 인한 분쟁이 발생하지 아니하도록 주의한다(윤리규약 제24조). 변호사는 의뢰인으로부터 금전을 받음에 있어 의뢰인의 요구 유무를 불문하고 그 금전이 어떤 용도로 사용될 것인지를 세세하게 알려야 한다. 보수 외의 소송비용의 경우 변호사 또는 직원들이 대략 얼마 정도의 돈이 든다고 하여 의뢰인으로부터 돈을 받고 나서는 그 용처를 확실하게 알려주지 않아 불신을 사는 경우가 실무상 더러 있다. 또한 의뢰인이 어떤 증거서류를 변호사에게 맡겼다가 되찾아 가려 하는데 그것이 분실되었다든지 또는 이미 이를 반환하였는데 미처 영수증을 받아 놓지 못한 바람에 쩔쩔매는 경우도 드물지 않게 일어난다. 주의해야 할 일이다.

Ⅶ. 직무수행에 관한 의무와 윤리

1. 진실의무

▮▮▮ 관련 규정

> ※ 변호사법 제24조[품위유지의무 등]
> ② 변호사는 그 직무를 행함에 있어서 진실을 은폐하거나 허위의 진술을 하여서는
> 아니 된다.
>
> ※ 윤리규약
> 제2조[기본윤리]
> ② 변호사는 그 직무를 행함에 있어서 진실을 왜곡하거나 허위진술을 하지 아니한다.
>
> 제11조[위법행위 협조 금지 등]
> ① 변호사는 의뢰인의 범죄행위, 기타 위법행위에 협조하지 아니한다. 직무수행
> 중 의뢰인의 행위가 범죄행위, 기타 위법행위에 해당된다고 판단된 때에는 즉시
> 그에 대한 협조를 중단한다.
> ② 변호사는 범죄혐의가 희박한 사건의 고소, 고발 또는 진정 등을 종용하지 아니한다.
> ③ 변호사는 위증을 교사하거나 허위의 증거를 제출하게 하거나 이러한 의심을
> 받을 행위를 하지 아니한다.
>
> 제36조[재판절차에서의 진실의무]
> ① 변호사는 재판절차에서 의도적으로 허위 사실에 관한 주장을 하거나 허위증거를
> 제출하지 아니한다.
> ② 변호사는 증인에게 허위의 진술을 교사하거나 유도하지 아니한다.

(1) 의 의

변호사법은 제24조 제2항에서 "변호사는 그 직무를 수행할 때에 진실을 은 폐하거나 거짓 진술을 하여서는 아니 된다"고 규정하고 있는데 이를 진실의무라고 한다. 진실의무는 변호사의 의뢰인의 이익옹호의무 및 비밀유지의무와 상호 충돌하는 것처럼 보이는 경우가 있는데, 이를 어떻게 조화롭게 해결할 것인가가 문제된다. 이에 관하여는 아래에서 보는 바와 같이 대체로 진실의무의 소극적인

면을 강조하는 것이 일반적인데 진실의무는 민사소송에서는 물론이고 형사소송에서도 문제가 된다.

(2) 민사소송에서의 진실의무

1) 의 의

민사소송에서의 진실의무란 진실에 반하는 것을 알면서 주장하거나 진실한 것으로 알고 있는 상대방의 주장을 다투어서는 안 된다는 의무를 말한다.[46) 민사소송법상 명문 규정은 없으나 일반적으로 이를 인정하고 있다.

2) 성 격

당사자의 진실의무에 관해서는 그 위반행위에 대하여 민사소송법상 과태료의 제재가 부과되고 있기 때문에(민사소송법 제363조, 제370조) 이를 법적인 의무라고 보는 것이 일반적이다. 변호사의 진실의무에 관해서도 변호사가 당사자의 진실의무 위반에 가담하여 위증을 교사하거나 허위의 증거를 제출한 행위에 대하여 위증의 교사 등 범죄행위로서 벌칙이 과해진다는 점에서 이 역시 법적인 의무라고 할 수 있다.

3) 내 용

가. 여기서의 진실이란 객관적 진실이 아니라 주관적으로 믿는 진실을 의미한다. 즉, 허위의 사실임을 알면서 이를 진실인 양 적극적으로 주장을 하여서는 아니 되지만 허위의 사실임을 알지 못한 경우에는 진실과 다른 주장을 할 수 있는 것이다.

나. 진실의무는 적극적으로 진실인 사실을 진술하여야 된다는 적극적인 의미가 아니라 진실에 반하는 주장을 하거나 진실에 반하는 부인을 하여서는 아니 된다는 소극적인 의미로 이해하여야 한다. 따라서 변호사는 상대방을 위하여 상대방에게 유리한 사실을 알리거나 유리한 소송자료를 제공할 의무를 부담하는

---

46) 이태영, 민사소송법강의(제2판), 법문사, 2019, 262면.

것은 아니지만 허위의 자료를 제출하여서는 안 되고 상대방이 진실을 주장할 경우 이를 부인해서도 아니 된다.

다. 성실의무, 비밀유지의무와의 관계

변호사의 진실의무만을 강조하게 되면 진실의무와 변호사의 의뢰인에 대한 성실의무 및 비밀유지의무가 충돌하게 되는 상황이 생길 수 있다. 따라서 이에 관하여는 조화로운 해석이 필요할 것으로 생각되는데 구체적으로 다음과 같이 해석함이 타당할 것이다.

① 의뢰인이 허위의 사실을 주장하는 경우 변호사는 의뢰인을 설득하여 그러한 행위를 하지 못하도록 하여야 한다.

② 소송 진행 중 의뢰인의 주장사실이 허위인 것을 인식한 경우 변호사는 의뢰인을 상대로 허위 주장의 철회를 설득하여야 한다. 만약 의뢰인이 이를 거절할 경우 변호사는 의뢰인의 의사에 반하여 이를 철회하여서는 안 되고 사임을 진지하게 고려하여야 한다.

③ 변호사가 의뢰인에게 불리한 증거를 소지한 경우 이를 제출하지 않았다고 하여 진실의무에 반하는 것은 아니고 오히려 의뢰인의 승낙 없이 이를 제출하면 성실의무 또는 비밀유지의무에 반하게 되는 것이다.

④ 변호사가 진실의무를 부담한다고 하여 의뢰인에게 불리한 진실을 법원이나 상대방에게 공개하거나 공개하도록 조언할 의무를 부담하는 것은 아니다.

4) 위반에 대한 제재

이에 대한 일반적인 규정은 없으나 민사소송에 있어서 소송비용을 부담하게 되거나 변론 전체의 취지에 의하여 사실인정에 있어서 불리한 영향 등의 불이익을 받을 수 있다. 또한 명백하게 허위인 사실을 주장하면서 조작된 허위의 증거를 제출하며 소송을 제기한 경우 소송사기죄의 죄책을 부담할 수 있다.

▥▥ 관련 판례

1. 대법원 2003.5.16. 선고 2003도373 판결

【판시사항】

[1] 소송사기죄 적용의 엄격성

[2] 이른바 소송사기를 사기죄로 인정하기 위한 요건

【판결요지】

[1] 소송사기는 법원을 기망하여 자기에게 유리한 판결을 얻음으로써 상대방의 재물 또는 재산상 이익을 취득하는 것을 내용으로 하는 범죄로서, 이를 처벌하는 것은 필연적으로 누구든지 자기에게 유리한 주장을 하고 소송을 통하여 권리구제를 받을 수 있다는 민사재판제도의 위축을 가져올 수밖에 없으므로, 피고인이 그 범행을 인정한 경우 외에는 그 소송상의 주장이 사실과 다름이 객관적으로 명백하거나 피고인이 그 소송상의 주장이 명백히 허위인 것을 인식하였거나 증거를 조작하려고 한 흔적이 있는 등의 경우 외에는 이를 쉽사리 유죄로 인정하여서는 안 된다.

[2] 소송사기가 성립하기 위하여는 제소 당시에 그 주장과 같은 채권이 존재하지 아니하다는 것만으로는 부족하고 그 주장의 채권이 존재하지 아니한 사실을 잘 알고 있으면서도 허위의 주장과 입증으로써 법원을 기망한다는 인식을 하고 있어야만 하고, 단순히 사실을 잘못 인식하거나 법률적인 평가를 그르침으로 인하여 존재하지 않는 채권을 존재한다고 믿고 제소하는 행위는 사기죄를 구성하지 않는다.

2. 대법원 2008.2.15. 선고 2006다26243 판결

【판시사항】

[1] 민사소송절차의 변론과정에서 이루어진 주장·입증행위가 상대방의 프라이버시를 침해하거나 명예를 훼손하는 결과를 가져온 경우 그 위법성 유무(원칙적 소극)

[2] 교도소에 수감중인 기결수가 교도소장의 위법한 서신발송불허행위 등으로 통신권을 침해당하였다고 주장하며 국가를 상대로 제기한 위자료청구소송에서, 상대방이

그 답변서를 통하여 기결수의 추가적인 범죄사실이나 수용생활 중 고소·진정행위
내역 등에 관하여 제출한 주장과 입증이 정당한 변론활동의 범위를 일탈한 것이
아니어서 위법성이 없다고 한 사례

【판결요지】

[1] 민사소송절차의 변론과정에서 당사자가 상대방의 프라이버시나 명예에 관한 사항을
주장하고 이에 관한 증거자료를 제출함으로써 상대방의 프라이버시가 침해되거나
명예가 훼손되었다 하더라도, 그 주장과 입증이 당사자에게 허용되는 정당한 변론활
동의 범위를 일탈한 것이 아니라면 위법성이 없다.

[2] 교도소에 수감중인 기결수가 교도소장의 위법한 서신발송불허행위 등으로 통신권을
침해당하였다고 주장하며 국가를 상대로 제기한 위자료청구소송에서, 상대방이 그
답변서를 통하여 기결수의 추가적인 범죄사실이나 수용생활 중 고소·진정행위
내역 등에 관하여 제출한 주장과 입증이 정당한 변론활동의 범위를 일탈한 것이
아니어서 위법성이 없다고 한 사례.

3. 대법원 2007.9.6. 선고 2006도3591 판결

【판시사항】

[1] 소송사기죄가 성립하기 위한 요건

[2] 간접정범 형태에 의한 소송사기죄가 성립하는 경우

[3] 甲이 존재하지 않는 약정이자에 관한 내용을 부가하여 위조한 乙 명의 차용증을
바탕으로 乙에 대한 차용금채권을 丙에게 양도하고, 이러한 사정을 모르는 丙으로
하여금 乙을 상대로 양수금 청구소송을 제기하게 한 사안에서, 甲의 행위는 丙을
도구로 이용한 간접정범 형태의 소송사기죄를 구성한다고 한 사례

【판결요지】

[1] 소송사기는 법원을 속여 자기에게 유리한 판결을 얻음으로써 상대방의 재물 또는
재산상 이익을 취득하는 범죄로서, 이를 쉽사리 유죄로 인정하게 되면 누구든지

자기에게 유리한 주장을 하고 소송을 통하여 권리구제를 받을 수 있는 민사재판제도의 위축을 가져올 수밖에 없으므로, 피고인이 그 범행을 인정한 경우 외에는 그 소송상의 주장이 사실과 다름이 객관적으로 명백하고 피고인이 그 주장이 명백히 거짓인 것을 인식하였거나 증거를 조작하려고 하였음이 인정되는 때와 같이 범죄가 성립하는 것이 명백한 경우가 아니면 이를 유죄로 인정하여서는 아니 되고, 단순히 사실을 잘못 인식하였다거나 법률적 평가를 잘못하여 존재하지 않는 권리를 존재한다고 믿고 제소한 행위는 사기죄를 구성하지 아니하며, 소송상 주장이 다소 사실과 다르더라도 존재한다고 믿는 권리를 이유 있게 하기 위한 과장표현에 지나지 아니하는 경우 사기의 범의가 있다고 볼 수 없고, 또한 소송사기에서 말하는 증거의 조작이란 처분문서 등을 거짓으로 만들어내거나 증인의 허위 증언을 유도하는 등으로 객관적·제3자적 증거를 조작하는 행위를 말한다.

[2] 자기에게 유리한 판결을 얻기 위하여 소송상의 주장이 사실과 다름이 객관적으로 명백하거나 증거가 조작되어 있다는 정을 인식하지 못하는 제3자를 이용하여 그로 하여금 소송의 당사자가 되게 하고 법원을 기망하여 소송 상대방의 재물 또는 재산상 이익을 취득하려 하였다면 간접정범의 형태에 의한 소송사기죄가 성립하게 된다.

[3] 甲이 乙 명의 차용증을 가지고 있기는 하나 그 채권의 존재에 관하여 乙과 다툼이 있는 상황에서 당초에 없던 월 2푼의 약정이자에 관한 내용 등을 부가한 乙 명의 차용증을 새로 위조하여, 이를 바탕으로 자신의 처에 대한 채권자인 丙에게 차용원금 및 위조된 차용증에 기한 약정이자 2,500만원을 양도하고, 이러한 사정을 모르는 丙으로 하여금 乙을 상대로 양수금 청구소송을 제기하도록 한 사안에서, 적어도 위 약정이자 2,500만원 중 법정지연손해금 상당의 돈을 제외한 나머지 돈에 관한 甲의 행위는 丙을 도구로 이용한 간접정범 형태의 소송사기죄를 구성한다고 한 사례.

(3) 형사소송에서의 진실의무

1) 의 의

형사소송에서의 진실의무란 변호사가 공공성을 지닌 법률전문가로서 형사소송절차에서 실체적 진실발견에 협력할 의무를 부담하는가의 문제이다. 이에는 법원에 대하여 실체적 진실발견을 위하여 협조하거나 증거나 정보를 스스로 제출하고 공개할 적극적 진실의무(진실발견 협력의무)와 허위증거의 제공 등으로 법원의 실체적 진실발견을 방해하지 아니할 소극적 진실의무(진실왜곡 금지의무)의

2종류가 있는데, 변호사의 진실의무는 소극적 진실의무의 한도에서만 인정된다고 보는 것이 일반적이다.

2) 내 용

가. 소극적 진실의무의 핵심은 부정한 수단, 방법에 의하여 피고인에게 불리한 증거의 제출을 방해하거나 증거를 위조하거나 은닉해서는 안 되고 위증을 시키거나 허위증거를 제출해서는 아니 된다는 것이다. 따라서 검사의 주장사실이나 법원의 소송지휘의 부당성을 다투면서 다른 사실을 주장하거나, 증인의 증언사실을 다투면서 반대신문을 하는 것은 변호사로서의 정당한 직무수행에 해당하는 것으로서 소극적 진실의무에 반하는 것이 아니다.

나. 피고인의 변호인인 변호사는 민사소송에서와는 달리 당사자의 단순한 대리인이 아니라 독립적인 판단에 따라 피고인의 정당한 이익을 옹호하고 보호하는 지위를 가지는데, 이는 구체적으로 다음과 같은 내용을 함축하고 있는 것이다.

① 변호사는 진실된 사실이나 증거라 하더라도 피고인에게 불리하다면 피고인의 의사에 반하여 이를 제출하여서는 아니 된다. 따라서 피고인이 유죄라는 확신이 듦에도 불구하고 피고인이 무죄변론을 요청할 경우, 변호사는 무죄변론을 하여야 한다. 다만, 변호사로서 무죄주장이 배척될 경우 받게 될 양형상의 불이익을 설명하고 피고인에게 자백을 권유하는 것은 허용될 것이다.

② 피고인이 자백을 하고 있지만 그것이 허위 자백이라 무죄라는 확신이 든 경우 변호사는 그에 구속되지 않은 채 무죄변론을 할 수 있다.

③ 변호사는 진실에 반하는 허위의 주장과 허위의 증거를 제출하거나 이를 권고하여서는 아니 되고, 증거인멸이나 도주를 권하는 방법으로 피고인의 이익을 도모하여서도 아니 된다. 다만, 묵비권은 피의자 또는 피고인의 정당한 권리이므로 진술거부권의 행사를 권유함으로써 피고인의 이익을 도모하는 것은 허용된다.[47] 피고인의 위증을 교사·방조하면 위증교사·방조죄로 처벌받게 되므로 변호사는 위증의 목적으로 증인이 되려는 자가 있으면 이를 막아야 하고 이것이 여의치 않을 경우 사임도 고려하여야 한다.

---

47) 대법원 2007.1.31. 자 2006모656 결정.

④ 무고한 사람이 진범의 처벌을 면하게 할 목적으로 진범 대신 스스로 처벌받기를 희망하면서 변론이나 그 밖의 요구를 해 오는 경우(이른바 대신범의 경우), 그 요구는 정당한 것이 아니므로, 즉 피고인 또는 피의자의 정당한 이익에 해당하지 않으므로 변호사는 이를 거절하여야 한다. 오히려 이 경우 변호사는 대신범을 설득하여 진범이 처벌을 받도록 하여야 할 것이지만 수사기관이나 법원에 진범을 폭로하여서는 아니 된다. 왜냐하면 이는 비밀유지의무를 위반하는 것이기 때문이다. 만약 변호사가 대신범의 요구를 그대로 수용할 경우 범인은닉죄가 성립될 수 있다.

📖 관련 판례

1. 대법원 2007.1.31. 자 2006모656 결정

【판시사항】

변호사의 진실의무와 피의자 또는 피고인의 진술거부권행사 권유와의 관계

【판결요지】

변호사인 변호인에게는 변호사법이 정하는 바에 따라서 이른바 진실의무가 인정되는 것이지만, 변호인이 신체구속을 당한 사람에게 법률적 조언을 하는 것은 그 권리이자 의무이므로 변호인이 적극적으로 피고인 또는 피의자로 하여금 허위진술을 하도록 하는 것이 아니라 단순히 헌법상 권리인 진술거부권이 있음을 알려 주고 그 행사를 권고하는 것을 가리켜 변호사로서의 진실의무에 위배되는 것이라고는 할 수 없다.

2. 대법원 2007.6.28. 선고 2002도3600 판결

【판시사항】

[1] 알선행위자가 아닌 제3자가 청탁 또는 알선행위의 대가인 금품 등을 단순히 전달한 것에 불과한 경우, 특정범죄 가중처벌 등에 관한 법률에서 정한 알선수재죄 혹은 구 변호사법 제90조 제1호 위반죄가 성립할 수 있는지 여부(소극)

[2] 청탁할 공무원에게 영향력 등을 행사할 수 있는 중간인물을 통하여 청탁·알선해
   준다는 명목으로 금품 등을 수수한 경우에 특정범죄 가중처벌 등에 관한 법률에서
   정한 알선수재죄 혹은 구 변호사법 제90조 제1호 위반죄가 성립하기 위한 요건
[3] 정식으로 법률사건을 수임한 변호사의 금품 등의 수수행위가 특정범죄 가중처벌
   등에 관한 법률에서 정한 알선수재죄 및 구 변호사법 제90조 제1호 위반죄를
   구성하는 경우
[4] 변호사가 수임사건이 승소로 확정되었을 때 승소금액의 일정비율 부분을 보수로
   받기로 약정한 경우, 보수금 소득의 실현 시기(=판결확정시) 및 제1심판결의
   가집행선고에 따라 집행을 하여 그 중 일부 금액을 승소 확정에 대비하여 변호사가
   보관한 것만으로 변호사의 확정적인 사업소득이 되었다고 볼 수 있는지 여부(소극)
[5] 형법 제155조 제1항의 증거위조죄에서 '증거' 및 '위조'의 의미
[6] 타인의 형사사건과 관련하여 수사기관이나 법원에 제출하거나 현출되게 할 의도로
   법률행위 당시에는 존재하지 아니하였던 처분문서를 사후에 그 작성일을 소급하여
   작성하는 경우, 증거위조죄를 구성하는지 여부(적극) 및 내용의 진실성 여부가
   증거위조죄의 성립에 영향을 미치는지 여부(소극)

【판결요지】

[1] 공무원의 직무에 속한 사항의 알선에 관하여 금품 등을 수수함으로써 성립하는
   특정범죄 가중처벌 등에 관한 법률 제3조의 알선수재죄와 공무원이 취급하는 사건
   또는 사무에 관하여 청탁 또는 알선을 한다는 명목으로 금품·향응 기타 이익을
   받는 등의 행위를 하는 경우에 성립하는 구 변호사법[2000. 1. 28. 법률 제6207호로
   전문 개정되기 전의 것] 제90조 제1호 위반죄에서, 위 금품 등은 어디까지나 위와
   같은 청탁 혹은 알선행위의 대가라는 명목으로 수수되어야 하므로, 알선행위자가
   아닌 제3자가 그 대가인 금품 기타 이익을 중간에서 전달한 것에 불과한 경우에는
   그 제3자가 알선행위자와 공동가공의 의사를 가지고 전달행위를 하여 실행행위에
   관여한 것으로 평가할 수 있는 경우는 별론으로 하고 그 자체만으로는 특정범죄
   가중처벌 등에 관한 법률 제3조가 정하는 알선수재죄의 구성요건에 해당하지 아니하
   며, 공무원이 취급하는 사건 또는 사무에 관한 청탁 의뢰를 받고 청탁 상대방인
   공무원에게 제공할 금품을 받아 그 공무원에게 단순히 전달한 경우에는 구 변호사법
   제90조 제1호 위반죄가 성립할 수 없다.

[2] 금품수수의 명목이 단지 알선행위를 할 사람을 소개시켜 준다는 것으로 국한되는
   경우에는 특정범죄 가중처벌 등에 관한 법률 제3조 혹은 구 변호사법[2000. 1. 28.

법률 제6207호로 전문 개정되기 전의 것) 제90조 제호 위반죄가 성립하지 아니하지만, 반드시 담당 공무원을 구체적으로 특정하여 그에게 직접 청탁·알선할 것을 금품수수의 명목으로 하여야만 성립되는 것이 아니라, 청탁할 공무원을 구체적으로 특정하지 아니한 경우는 물론 영향력 등을 행사할 수 있는 중간인물을 통하여 청탁·알선해준다는 명목으로 금품 등을 수수한 경우에도 특정범죄 가중처벌 등에 관한 법률 제3조 혹은 구 변호사법 제90조 제호 위반죄가 성립할 수 있으며, 금품 수수의 명목이 된 청탁·알선의 상대방은 구체적으로 특정될 필요는 없다 하더라도 최종적으로는 공무원일 것을 요하고 또 청탁·알선의 대상이 그의 직무에 속한 사항이거나 그가 취급하는 사건 또는 사무에 해당하여야 하지만, 중간인물은 반드시 공무원일 필요는 없고 공무원이라 하더라도 청탁·알선의 대상이 반드시 그의 직무에 속하여야 하는 것은 아니다.

[3] 변호사 지위의 공공성과 직무범위의 포괄성에 비추어 볼 때, 특정범죄 가중처벌 등에 관한 법률 제3조 및 구 변호사법(2000. 1. 28. 법률 제6207호로 전문 개정되기 전의 것) 제90조 제1호의 규정은 변호사가 그 위임의 취지에 따라 수행하는 적법한 청탁이나 알선행위까지 처벌대상으로 한 규정이라고는 볼 수 없고, 정식으로 법률사건을 의뢰받은 변호사의 경우, 사건의 해결을 위한 접대나 향응, 뇌물의 제공 등 이른바 공공성을 지닌 법률전문직으로서의 정상적인 활동이라고 보기 어려운 방법을 내세워 의뢰인의 청탁 취지를 공무원에게 전하거나 의뢰인을 대신하여 스스로 공무원에게 청탁을 하는 행위 등을 한다는 명목으로 금품 등을 받거나 받을 것을 약속하는 등, 금품 등의 수수의 명목이 변호사의 지위 및 직무범위와 무관하다고 평가할 수 있는 경우에 한하여 특정범죄 가중처벌 등에 관한 법률 제3조 및 구 변호사법 제90조 제1호 위반죄가 성립한다.

[4] 변호사가 소송사무를 위임받으면서 수임사건이 승소로 확정되었을 때 승소금액의 일정비율 부분을 보수로 받기로 약정한 경우에는 소송사무의 처리가 수임사건의 승소로 확정됨으로써 완결된 때에 그 보수금 소득이 실현된 것으로 보아야 하고(구 소득세법 시행령(1998. 12. 31. 대통령령 제15969호로 개정되기 전의 것) 제48조 제8호 참조}, 제1심판결의 가집행선고에 따라 집행을 하여 그 중 약정된 비율에 따른 일부 금액은 승소 확정에 대비하여 변호사가 보관하고 나머지 금액은 의뢰인인 당사자에게 교부하였다 하더라도, 상소로 소송사건이 법원에 계속중에 있어 이에 대한 판결이 확정되지 아니한 이상 인적 용역의 제공이 완료되었다고 할 수 없고 위 보관한 금원은 일종의 가수금으로 봄이 상당하므로, 이를 현실적으로 수입된 변호사의 확정적인 사업소득으로 볼 수 없다.

[5] 타인의 형사사건 또는 징계사건에 관한 증거를 위조한 경우에 성립하는 형법 제155조

제1항의 증거위조죄에서 '증거'라 함은 타인의 형사사건 또는 징계사건에 관하여 수사기관이나 법원 또는 징계기관이 국가의 형벌권 또는 징계권의 유무를 확인하는 데 관계있다고 인정되는 일체의 자료를 의미하고, 타인에게 유리한 것이건 불리한 것이건 가리지 아니하며 또 증거가치의 유무 및 정도를 불문하는 것이고, 여기서의 '위조'란 문서에 관한 죄에 있어서의 위조 개념과는 달리 새로운 증거의 창조를 의미하는 것이므로 존재하지 아니한 증거를 이전부터 존재하고 있는 것처럼 작출하는 행위도 증거위조에 해당하며, 증거가 문서의 형식을 갖는 경우 증거위조죄에 있어서의 증거에 해당하는지 여부가 그 작성권한의 유무나 내용의 진실성에 좌우되는 것은 아니다.

[6] 타인의 형사사건과 관련하여 수사기관이나 법원에 제출하거나 현출되게 할 의도로 법률행위 당시에는 존재하지 아니하였던 처분문서, 즉 그 외형 및 내용상 법률행위가 그 문서 자체에 의하여 이루어진 것과 같은 외관을 가지는 문서를 사후에 그 작성일을 소급하여 작성하는 것은, 가사 그 작성자에게 해당 문서의 작성권한이 있고, 또 그와 같은 법률행위가 당시에 존재하였다거나 그 법률행위의 내용이 위 문서에 기재된 것과 큰 차이가 없다 하여도 증거위조죄의 구성요건을 충족시키는 것이라고 보아야 하고, 비록 그 내용이 진실하다 하여도 국가의 형사사법기능에 대한 위험이 있다는 점은 부인할 수 없다.

(4) 소 결

변호사가 의뢰인 측 증인을 미리 만나서 증언 내용에 관하여 협의하거나 증인신문사항을 만드는 것은 허용되나, 이 과정에서 변호사는 자칫하면 그가 알고 있는 사항을 확인하여 증언하게 하기보다는 어떤 내용으로 증언하는 것이 좋겠다고 말하고 싶은 유혹에 빠진다. 어떤 의뢰인의 경우에는 증인이 증언할 내용을 변호사가 미리 정해 달라고 하는 경우도 있다. 이와 같이 변호사의 진실의무는 생각보다는 까다로운 문제를 일으킨다. 생각건대, 변호사가 적극적으로 허위진술을 하거나 허위의 증거를 제출하여서는 안 되지만, 그렇다고 해서 모든 사항에 관하여 적극적인 진실 공개의 의무를 진다고 보는 것은 지나친 것이고 더욱이 이것은 불가능한 것으로 보인다. 진실을 은폐하여서는 안 된다는 것과 진실을 공개하여야 한다는 것을 비교해 보면, 전자의 경우가 밝혀야 할 진실의무의 범위가 좁은 것으로 해석할 수 있을 것이나, 어느 경우이든지 간에 진실의무의 범위를 무한대라고 볼 수는 없는 것이다. 진실의 은폐금지나 진실의 공개와 관련하여서는 은폐할 수 없는 사항 또는 공개할 사항의 범위를 제한하도록 관계 윤리규정을 개정할 필요가 있다고 생각한다.

2. 품위유지의무

▌▌▌ 관련 규정

※ **변호사법 제24조[품위유지의무 등]**
① 변호사는 그 품위를 손상하는 행위를 하여서는 아니 된다.

※ **윤리강령**
2. 변호사는 성실·공정하게 직무를 수행하며 명예와 품위를 보전한다.

윤리규약 제5조[품위유지의무]
변호사는 품위를 유지하고, 명예를 손상하는 행위를 하지 아니한다.

(1) 의　의

변호사법 제24조 제1항 및 윤리규약 제5조 소정의 변호사의 품위유지의무 규정은 윤리규약 중의 상대방 및 상대방 변호사에 대한 유혹 또는 비방금지(제10조 제1항), 수임하지 않은 사건에의 개입과 경솔한 비판금지(같은 조 제2항) 등에 대한 근거가 되는 일반규정이라고 설명된다. 여기서의 품위손상행위 내지 품위를 해하는 행위란 변호사윤리가 기본적으로 직업윤리인 점에 비추어, 변호사의 직무수행 적격에 부정적 영향을 미치거나 이에 대한 합리적 의심을 낳을 정도의 행위라고 보아야 할 것이다. 즉, 이를 시민이나 인간으로서의 도덕률에 기초를 둔 개념으로 볼 것은 아니라는 것이다. 따라서 변호사의 단순한 채무불이행, 수임계약에 따른 설명의무 위반 등 변호사가 민사상 단순한 의무위반 행위를 한 경우에는 손해배상책임을 부담할 뿐, 품위유지의무를 위반한 것으로 되지는 않는다.

(2) 품위손상행위에 해당되는 구체적인 사례

음주운전행위, 교통사고 후 도주행위, 도박행위, 조세포탈행위, 강제추행 및 성매매행위, 마약 관련 범죄행위 등 반사회질서적인 범죄행위, 구치소 수용자 접견 시 담배를 제공하거나 전화통화를 연결시켜 주는 행위, 수임료 반환약정 또는 약정 손해배상금 지급의무의 불이행, 약정 금액 이상의 보수금을 수령하는 행위, 서면에 의한 약정 없이 공탁금·보증금·보관금 등을 변호사의 보수로 전환하는 행위, 상대방 변호사 또는 상대방 당사자의 명예를 훼손하거나 이들을 근거 없이 비방하는 행위 등이 이에 해당한다.

▮▮▮ 관련 판례

1. 대법원 2008.2.28. 선고 2007두25886 판결

> **【판시사항】**
> 의뢰인의 민사사건을 담당하면서 근저당채권을 직접 양수하여 배당요구를 하는 행위는 품위손상행위에 해당한다는 사례

> **【판결요지】**
> 변호사로서 의뢰인으로부터 관련 민사사건과 형사사건을 수임한 후 경매진행 중인 의뢰인 소유 부동산의 경매절차정지 공탁보증금을 의뢰인에게 빌려준 것을 계기로 하여 그 이후 당사자간에 다툼의 소지가 많은 위 부동산의 3순위 근저당채권을 양수하고 배당요구까지 하게 됨으로써 이해관계가 상반되는 4순위 근저당권자인 소외인으로부터 배당이의소송을 제기당하여 패소하였고, 또한 의뢰인에 대한 채권을 회수하기 위하여 실제 채권액을 훨씬 초과하는 약속어음을 교부받고 이를 공증받아 채권을 압류하였는바, 위와 같은 일련의 행위는 의뢰인의 분쟁에 지나치게 개입한 것으로써 이로 인하여 의뢰인의 이익을 위한 변호사업무 활동에서 벗어나 상대방과의 관계에서 직접 분쟁의 이해당사자로 발전하였을 뿐만 아니라 상대방으로부터 배당이의 소송을 제기당하는 결과까지 초래하였고, 이는 정상적인 변호사업무 활동을 벗어난 것으로써 변호사의 품위를 손상하는 행위에 해당한다.

2. 대법원 1984.5.23. 선고 83두4 판결

【판시사항】

변호사가 외국환관리법을 위반하고 간첩사건수사 및 소송기록을 주한외국공관원에게 누설한 행위가 변호사의 품위손상행위에 해당하는지 여부(적극)

【결정요지】

변호사인 재항고인이 재일교포간첩의 국가보안법 위반사건을 수임한 후, 일본에 거주하는 위 간첩의 처가 위 사건의 보수로 3회에 걸쳐 보내온 일화 합계 1백만엔을 영수하여 그 중 70만엔을 서울시내 암달러상을 통해 교환하는 등 외국환관리법을 위반하고, 4회에 걸쳐 법원직원들에게 합계 65,000원을 증뇌하고 위 간첩에 대한 판결문, 공판조서 등의 사본을 받아 위 간첩의 구원회원에게 교부하여 조총련의 반한 선전에 이용되게 하고, 위 간첩의 형사사건 기록을 열람하면서 그 증거물 압수조서를 임의로 필사하여 일본대사관 직원에게 상세히 알려줌으로써 일본내 한국공관이 수사 활동을 한다고 일본정계 및 동 재야법조계가 비난하게 되는 등 물의를 야기한 것은 변호사로서의 품위를 손상한 것이라 할 것이다.

(3) 품위유지의무 위반에 대한 제재

변호사가 품위를 손상시키는 행위를 한 경우, 변호사법상의 징계사유가 된다(법 제91조 제2항 제3호). 변호사법 제91조 제2항 제3호는 '직무의 내외를 불문하고 변호사로서의 품위를 손상하는 행위를 한 경우'라고 규정하고 있으나, 변호사의 직무 외 행위에 대한 윤리의 문제는 도덕률과는 다소 다른 것으로서 전문직업인으로서의 사회적 역할과 국민의 권익보호라는 측면에서 일응 '변호사로서의 직무수행적격을 의심하게 할 수 있을 만한 행위'로 이해해야 할 것임은 위에서 본 바와 같다. '품위'라는 개념의 모호성 내지 추상성이 자칫 변호사에 대한 징계권의 남용으로 인해 변호사 활동의 독립성을 해치지 않도록 유의할 필요가 있다.

(4) 소 결

변호사징계의 실무에서는 일반적으로 징계혐의사실에 대한 법령의 적용에서 품위유지의무 위반을 들고 있는 것이 현실이다. 그러나 이 규정에 관한 지나친 확대해석은 피해야 한다. 품위란 때에 따라 가진 자, 기득권자, 혜택을 받은 자의 무기나 치장이 되는 수가 있어서 자칫하면 보수적인 가치관을 신봉하는 데 이용될 위험성이 있기 때문이다.

3. 회칙준수의무

(1) 변호사는 소속 지방변호사회와 대한변호사협회의 회칙을 지켜야 한다(법 제25조). 또한 변호사는 법령과 대한변호사협회 및 소속 지방변호사회의 회칙, 규칙, 규정 및 결의를 준수하고(윤리규약 제3조), 회칙, 규칙 또는 총회의 의결에 의하여 부과된 분담금, 특별회비 및 등록료 등을 납부하여야 하며(대한변호사협회 회칙 제9조 제2항) 변호사회가 지정한 업무를 성실하게 처리하고, 변호사회의 운영에 적극 협력하여야 한다(같은 조 제3항). 대한변호사협회는 변호사법에 의하여 설립된 법인으로서(같은 회칙 제1조) 지방변호사회로 구성되며(같은 회칙 제3조 제1항), 지방변호사회의 회원인 변호사는 당연히 대한변호사협회의 회원이 된다(같은 조 제2항).

(2) 대한변호사협회의 회원은 단체회원, 법인회원, 개인회원 및 외국회원으로 구분되고, 지방변호사회는 단체회원, 법무법인·법무법인(유한)·법무조합 및 공증인가합동법률사무소는 법인회원이며 개업신고를 한 변호사는 개인회원, 외국법자문사법 제10조 제1항에 따라 대한변호사협회에 등록한 외국법자문사로서 대한변호사협회에 가입을 신청하여 입회된 자는 외국회원이 된다(같은 회칙 제7조 제1항 내지 제5항). 모든 회원은 대한변호사협회의 회칙, 규칙, 규정 및 결의를 준수하여야 하고 대한변호사협회로부터 지정 또는 위촉받은 사항을 신속·정확하게 처리하여야 하며 대한변호사협회의 회칙, 규칙 또는 총회의 의결에 의하여 부과한 분담금, 특별회비 및 등록료 등을 납부하여야 한다(같은 회칙 제9조 제1항

내지 제3항).

4. 공익활동 등 지정업무 처리의무

관련 규정

> ※ 변호사법 제27조[공익활동 등 지정업무 처리의무]
> ① 변호사는 연간 일정 시간 이상 공익활동에 종사하여야 한다.
> ② 변호사는 법령에 따라 공공기관, 대한변호사협회 또는 소속 지방변호사회가 지정한 업무를 처리하여야 한다.
> ③ 공익활동의 범위와 그 시행 방법 등에 관하여 필요한 사항은 대한변호사협회가 정한다.
>
> ※ 윤리규약
> 제4조[공익 활동 등]
> ① 변호사는 공익을 위한 활동을 실천하며 그에 참여한다.
> ② 변호사는 국선변호 등 공익에 관한 직무를 위촉받았을 때에는 공정하고 성실하게 직무를 수행하며, 이해관계인 등으로부터 부당한 보수를 받지 아니한다.
>
> 대한변호사협회 회칙 제9조의2[공익활동 참가 등]
> ① 개인회원은 연간 일정 시간 이상 공익활동에 종사하여야 한다.
> ② 개인회원은 법령에 의하여 공공기관, 이 회 또는 소속 지방변호사회가 지정한 업무를 처리하여야 한다.
> ③ 공익활동의 범위와 시행방법 등은 규정으로 정한다.

(1) 공익활동의무의 의의 및 제도화의 배경

변호사의 공익활동의무란 변호사가 무료 또는 저렴한 보수로 법률서비스를 제공하여야 하는 의무를 말한다. 이는 2000.1.28. 변호사법의 개정으로 최초로 규정된 것인데 변호사는 공공성을 지닌 법률전문직으로서 그 사회적 책임 내지 사회적 역할을 다하여 국민의 신뢰를 제고하여 하여야 한다는 이유로 명문으로 규정되기에 이른 것이다.

(2) 공익활동의무의 법적 성격

변호사법 제27조 제3항은 변호사의 공익활동의 범위와 시행방법 등에 관하여 필요한 사항은 대한변호사협회가 정하도록 위임하고 있으므로 그 의무위반이 발생하더라도 이는 법적인 책임이 아닌 자율적 책임에 해당하는 것으로 볼 수 있다.

(3) 공익활동의 범위

공익활동이라 함은 다음 각 호에서 정한 것을 말한다(공익활동 등에 관한 규정 제2조).

1. 시민의 권리나 자유 또는 공익을 위하거나 경제적인 약자를 돕기 위하여 마련된 자선단체, 사회단체, 시민운동단체 및 교육기관 등 공익적 성격을 가진 단체에 대하여 무료 또는 상당히 저렴한 비용으로 법률서비스를 제공하는 활동과 위 공익적 단체의 임원 또는 상근자로서의 활동 중 이 회 또는 지방변호사회가 공익활동으로 인정하는 활동
2. 이 회 또는 지방변호사회의 임원 또는 위원회의 위원으로서의 활동
3. 이 회 또는 지방변호사회가 지정하는 법률상담변호사로서의 활동
4. 이 회 또는 지방변호사회가 지정하는 공익활동 프로그램에서의 활동
5. 국선변호인 또는 국선대리인으로서의 활동
6. 법령 등에 의해 관공서로부터 위촉받은 사항에 관한 활동(다만, 상당한 보수를 받는 경우를 제외)
7. 개인에 대한 무료 변호 등 법률서비스 제공 또는 입법연구 등 법률지원활동 가운데 공익적 성격을 가진 것으로서 이 회 또는 지방변호사회가 공익활동으로 인정하는 활동
8. 이 회 또는 지방변호사회가 설립한 공익재단에 대한 기부행위

(4) 공익활동의 내용

1) 공익활동 등의 실행과 면제

가. 개인회원은 공익활동 등에 관한 규정 제2조의 공익활동 중 적어도 하나 이상을 선택하여 연간 30시간 이상을 행하여야 한다. 다만, 특별한 사정이 있는

경우 지방변호사회는 위 30시간을 20시간까지 하향 조정할 수 있다(공익활동 등에 관한 규정 제3조 제1항).

나. 부득이한 사정으로 위 제1항의 공익활동 시간을 완수하지 못한 개인회원은 1시간당 20,000원 내지 30,000원에 해당하는 금액을 소속 지방변호사회에 납부하여야 한다(공익활동 등에 관한 규정 제3조 제2항).

다. 법조경력이 2년 미만이거나 60세 이상인 회원, 질병 등으로 정상적인 변호사업무를 수행할 수 없는 회원과 기타 공익활동을 수행할 수 없는 정당한 사유가 있는 회원은 위 제1항의 의무를 면제한다(공익활동 등에 관한 규정 제3조 제3항).

2) 공익활동의무의 대체제도

가. 법무법인·법무법인(유한)·법무조합이 구성원 및 소속변호사 전원을 위해 아래 각 호의 방법으로 행한 공익활동시간은 그 법무법인·법무법인(유한)·법무조합의 구성원인 개인회원 및 소속변호사인 개인회원 전원이 공동으로 행한 것으로 보아 이를 그 전원의 수로 균등 배분하여 각 개인회원의 공익활동시간으로 인정할 수 있다(공익활동 등에 관한 규정 제4조 제1항).

1. 법무법인·법무법인(유한)·법무조합이 그 구성원인 개인회원 및 소속변호사인 개인회원 전원을 위해 행한 공익활동
2. 법무법인·법무법인(유한)·법무조합이 그 구성원인 개인회원 및 소속변호사 전원을 대신하여 공익활동을 행할 변호사를 지정하여 그 변호사가 행한 공익활동

나. 제1항 제2호의 경우 법무법인·법무법인(유한)·법무조합의 공익활동 수행 변호사에 대하여는 그가 행한 공익활동시간 중 그에게 배분이 인정된 시간에 한하여 그 수행변호사 자신의 공익활동시간으로 본다(공익활동 등에 관한 규정 제4조 제2항).

다. 제1항 및 제2항의 규정은 공증인가합동법률사무소와 기타 조합형 합동법률사무소의 경우에 준용한다(공익활동 등에 관한 규정 제4조 제3항).[48]

---

48) 공증인가합동법률사무소는 2005.1.27. 개정된 변호사법에서 삭제되었다.

라. 제1항 및 제2항의 규정에 의한 공익활동시간의 배분 인정은 그 법무법인·법무법인(유한)·법무조합, 공증인가합동법률사무소 또는 조합형 합동법률사무소의 대표자가 소속 지방변호사회의 허가를 받아야 한다(공익활동 등에 관한 규정 제4조 제4항).

마. 법무법인·법무법인(유한)·법무조합, 공증인가합동법률사무소 또는 조합형 합동법률사무소는 법조경력이 2년 미만이거나 60세 이상인 개인회원을 공익활동 수행 변호사로 지정할 수 있다(공익활동 등에 관한 규정 제4조 제5항).

3) 공익활동심사위원회의 설치

지방변호사회는 소속 개인회원의 공익활동 등에 관하여 필요한 사항을 심사·결정하기 위한 기구로 공익활동심사위원회를 둔다(공익활동 등에 관한 규정 제5조).

4) 공익활동기금의 운용

지방변호사회는 공익활동의 원활한 수행을 위하여 특별기금을 설치 운용한다. 제3조 제2항의 규정에 의하여 납부된 돈은 이 특별기금에 입금시킨다(공익활동 등에 관한 규정 제6조 제1항, 제2항).

5) 공익활동의 협력의무

개인회원을 고용하고 있는 법인회원 또는 개인회원은 고용된 회원이 공익활동 등에 참여할 수 있도록 협력하여야 한다(공익활동 등에 관한 규정 제7조).

6) 공익활동 등의 보고

개인회원은 매년 1월 말까지 그 전년도 공익활동 등의 결과를 소속 지방변호사회에 보고하여야 하고, 지방변호사회는 매년 2월 말까지 소속회원의 그 전년도 공익활동 등의 결과를 이 회에 보고하여야 한다(공익활동 등에 관한 규정 제8조 제1항, 제2항).

(5) 공익활동의무 위반에 대한 제재

지방변호사회 회장은 이 규정에 정한 공익활동을 정당한 이유 없이 수행하지 아니하거나 제3조 제2항의 규정에 의한 돈을 납부하지 아니한 개인회원에 대하여 협회장에게 징계개시신청을 할 수 있다(공익활동 등에 관한 규정 제9조).

5. 장부의 작성 · 보관의무

(1) 변호사는 수임에 관한 장부를 작성하고 보관하여야 한다(법 제28조 제1항). 이를 위반하면 과태료를 부과한다(법 제117조 제2항 제2호). 장부에는 수임받은 순서에 따라 수임일, 수임액, 위임인 등의 인적 사항, 수임한 법률사건이나 법률사무의 내용, 그 밖에 대통령령으로 정하는 사항을 기재하여야 한다(법 제28조 제2항). 장부의 보관방법, 보존 기간, 그 밖에 필요한 사항은 대통령령으로 정한다(같은 조 제3항).

(2) 장부의 작성과 보관 방법 등에 관하여는 변호사법 시행령 제7조에서 상세히 규정하고 있다. 변호사는 법률사건 또는 법률사무에 관한 수임계약을 체결한 때부터 1개월 이내에 수임에 관한 장부를 작성하고, 그 작성일부터 3년간 법률사무소에 보관하여야 하며(제1항), 장부에 적어야 할 사항은 수임일, 수임액, 위임인·당사자·상대방의 성명과 주소, 수임한 법률사건 또는 법률사무의 내용, 수임사건의 관할기관·사건번호 및 사건명, 처리 결과 등이다(제2항). 장부의 작성 방법, 작성 범위, 그 밖에 필요한 사항은 대한변호사협회가 정하는데(제3항), 이에 따라 제정된 것이 '변호사수임장부에 관한 규정'이다.

6. 수임사건의 건수 및 수임액의 보고의무

변호사는 매년 1월 말까지 전년도에 처리한 수임사건의 건수와 수임액을 소속 지방변호사회에 보고하여야 한다(법 제28조의2). 이를 위반하면 과태료가 부과된다(법 제117조 제2항 제1호의2).

변호사가 변호인선임서나 위임장을 법원이나 수사기관 등 공공기관에 제출할 때에는 사전에 소속 지방변호사회를 경유하도록 하고 있지만(법 제29조), 이에는 의뢰인의 인적 사항 등 간단한 수임내역만이 기재되어 있어 과세자료의 제출 및 관리에 관한 법률 제4조 제6호에 따라 지방변호사회가 과세자료를 관할 세무서에 제출함에 있어 과세자료가 투명하지 못하다는 문제점이 제기되어 왔다. 변호사법 제28조의 규정은 변호사가 수임에 관한 장부를 작성할 때 수임한 사건의 내용 및 수임액 등 주요 기재사항을 법률로 정함과 아울러(법 제28조 제2항) 수임사건의 건수와 수임액을 지방변호사회에 보고하도록 함으로써 과세자료의 투명성을 확보하기 위하여 2008. 3. 28. 신설된 것이다.

관련 판례

헌재 2009.10.29. 2007헌마667 결정

【판시사항】

[1] 변호사에게 전년도에 처리한 수임사건의 건수 및 수임액을 소속 지방변호사회에 보고하도록 규정하고 있는 구 변호사법(2007. 3. 29. 법률 제8321호로 개정되고, 2008. 3. 28. 법률 제8991호로 개정되기 전의 것) 제28조의2(이하 '이 사건 법률조항'이라 한다)가 청구인들의 영업의 자유를 침해하는지 여부(소극)

[2] 이 사건 법률조항이 청구인들의 평등권을 침해하는지 여부(소극)

[3] 이 사건 법률조항이 청구인들의 사생활의 비밀을 침해하는지 여부(소극)

【결정요지】

[1] 이 사건 법률조항은 지방변호사회로 하여금 소속 변호사들의 사건 수임에 관하여 감독이 가능하도록 함으로써 변호사 스스로가 구성원으로 된 자체 조직을 통하여 납세와 관련된 변호사의 자기 통제를 할 수 있도록 하여 변호사에 의한 탈세의 우려를 줄이고 이를 통해 조세행정 전반에 대한 국민적 신뢰를 공고히 하는데 주요한 입법취지가 있는바 이는 정당성이 인정되고, 소속지방변호사회에 수임사건의 건수 및 수임액을 보고하도록 함으로써 변호사들의 사건 수임 관련 정보를 한층 더 투명하게 하는 것은 위와 같은 목적을 달성할 수 있는 적절한 수단이 될 수 있다.

이 사건 법률조항은 수임관련 자료를 1년에 한번 제출할 것을 요구할 뿐인바 이는 영업의 자유가 예정하는 핵심적인 결정권을 간섭하지 않는 점, 지방변호사회는 변호사의 지도와 감독에 관한 사무 등을 하기 위하여 설립되고, 변호사는 소속 지방변호사회의 감독을 받는바 변호사법에서는 지방변호사회 자체적으로 소속 변호사들에 대한 구체적·추상적 통제를 수행할 수 있는 다양한 제도들이 규정되어 있는 점, 이 사건 법률조항의 업무처리와 관련하여 알게 된 비밀을 누설하여서는 아니 된다는 비밀준수의무도 함께 부과되고 있는 점, 공인회계사 등 여타 전문직의 경우에도 이미 오래 전부터 소속협회의 내부규정을 통하여 자체적으로 이를 해 오고 있었던 점, 이 사건 법률조항이 도입되기 이전에도 지방변호사회에 수임 사건의 건수는 보고되고 있었던 점 등을 종합하여 볼 때, 청구인들의 영업의 자유를 필요 이상으로 제한하고 있다고 보기 어려우며, 공익과 사익 간의 균형성을 도외시한 것이라고 보기 어려우므로, 법익의 균형성의 원칙에 반하지 아니한다.

[2] 우리 사회는 변호사들에게 법률가로서의 능력뿐만 아니라 공공성을 지닌 법률전문가로서 가져야 할 사회적 책임성과 직업적 윤리성 또한 강하게 요청하고 있는 점, 이 사건 법률조항 위반으로 부과되는 벌칙은 형사벌이 아닌 과태료에 그친다는 점 및 법무사의 경우에도 그러한 의무의 위반 시 징계처분의 대상이 되고 징계의 종류에는 과태료도 포함되어 있다는 점 등을 감안한다면, 이 사건 법률조항이 평등권을 침해하였다고 하기 어렵다.

[3] 일반적으로 경제적 내지 직업적 활동은 복합적인 사회적 관계를 전제로 하여 다수 주체 간의 상호작용을 통하여 이루어지는 것이고, 특히 변호사의 업무는 다른 어느 직업적 활동보다도 강한 공공성을 내포한다는 점 등을 감안하여 볼 때, 변호사의 업무와 관련된 수임사건의 건수 및 수임액이 변호사의 내밀한 개인적 영역에 속하는 것이라고 보기 어렵고, 따라서 이 사건 법률조항이 청구인들의 사생활의 비밀과 자유를 침해하는 것이라 할 수 없다.

7. 변호사선임서 등의 지방변호사회 경유 및 제출의무

(1) 변호사는 법률사건이나 법률사무에 관한 변호인선임서 또는 위임장 등을 공공기관에 제출할 때에는 사전에 소속 지방변호사회를 경유하여야 한다. 다만, 사전에 경유할 수 없는 급박한 사정이 있는 경우에는 변호인선임서나 위임장 등을 제출한 후 지체 없이 공공기관에 소속 지방변호사회의 경유확인서를 제출하

여야 한다(법 제29조, 윤리규약 제23조 제2항, 대한변협회칙 제9조 제6항). 또한 변호사는 법원이나 수사기관에 변호인선임서나 위임장 등을 제출하지 아니하고는 민·형사재판에 계속 중인 사건과 수사 중인 사건(내사 중인 사건을 포함한다)에 대하여 변호하거나 대리할 수 없다(법 제29조의2). 변호사법 제29조를 위반하면 과태료가 부과되고(법 제117조 제2항 제1호의2), 조세를 포탈하거나 수임제한 등 관계법령에 따른 제한을 회피하기 위하여 변호사법 제28조의2를 위반하면 형사처벌의 대상이 된다(법 제113조 제4호, 1년 이하의 징역 또는 1천만원 이하의 벌금). 윤리규약에도 "변호사는 사건을 수임하였을 때는 소송위임장이나 변호인선임신고서 등을 해당 기관에 제출한다. 이를 제출하지 아니하고는 전화, 문서, 방문 기타 어떠한 방법으로도 변론활동을 하여서는 아니한다"고 규정하고 있는데(윤리규약 제23조 제1항) 이는 이른바 '전화변론 등'을 금지하는 것이다.

(2) 윤리규약에는 위 규정이 의뢰인에 대한 윤리의 장(제3장 제2절)에 들어가 있으나, 이는 성격상 의뢰인의 이익을 보호하기 위한 윤리라기보다는 변호사의 직무수행에 관한 윤리라고 할 수 있다. 실상 드물기는 하지만 일부 의뢰인은 자기가 사건을 의뢰하였다는 것이 드러나지 않도록 변호사에게 위임장이나 선임계를 제출하지 말아줄 것을 부탁하는 예도 있다고 한다. 소속 지방변호사회의 경유는 변호사의 사건 수임 현황을 파악할 수 있게 함과 아울러 변호사의 수입에 대한 세원 포착의 방법이 된다. 또한 윤리규약에서 금지하고 있는 이른바 전화변론 등도 결국은 변호사의 세금포탈의 방법이 된다는 점에서 비난받는 것이다.

8. 계쟁권리의 양수 금지의무

▐▐▐ 관련 규정

※ 변호사법 제32조[계쟁권리의 양수 금지]
변호사는 계쟁권리(係爭權利)를 양수하여서는 아니 된다.

※ 윤리규약 제34조[보수 분배 금지 등]

②변호사는 소송의 목적을 양수하거나, 정당한 보수 이외의 이익분배를 약정하지 아니한다.

(1) 여기서 계쟁권리란 민사소송법상의 소송물 또는 소송물인 권리관계를 의미하는 것으로써 그 권리관계의 목적물인 계쟁물과는 구별하여야 한다.[49] 계쟁권리의 양수금지는 변호사가 사건을 의뢰받거나 수임하는 것이 아니라 아예 의뢰인으로부터 이를 사 버리는 행위가 금지된다는 것을 의미한다. 예컨대 사고를 당하여 장애자가 되었으나 소송을 할 만한 처지나 능력이 없는 사람에게 변호사가 일정한 대가를 주고 그의 손해배상채권을 양수받아 가해자나 보험회사나 근로복지공단 등을 상대로 소송을 하는 것이 이에 해당한다. 이렇게 사건을 양수하는 것은 법률적으로 무지한 사람의 이익을 법률전문가인 변호사가 빼앗아 갈 위험을 야기하기 때문에 이를 금지하는 것이다. 이 규정을 위반하여 계쟁 권리를 양수한 자는 형사처벌의 대상이 된다(법 제112조 제5호, 3년 이하의 징역 또는 2천만원 이하의 벌금). 그러나 이 금지규정에 위반할 경우 변호사로서 징계책임을 부담하는 것은 별론으로 하고, 그 양수행위의 사법적(私法的) 효력에는 영향이 없다는 것이 대법원의 입장이다.[50]

(2) 계쟁권리의 양수에는 이르지 않으나 변호사가 법률문제가 다소 복잡하게 얽혀 있는 사건 또는 어떤 사업에 개입하여 일정한 금액 또는 비율의 투자를 하고 그 사건이 해결되거나 그 사업이 성공할 경우, 기왕의 투자에 대한 일정 비율의 보수를 받기로 약정하는 경우(공동의 사업으로 사건을 수임하는 경우)가 있다. 예컨대 변호사가 변호사 아닌 다른 사람과 함께 경매 진행 중인 토지를 경락받아 그 지상에 건물을 신축하여 이를 분양하는 사업을 하는 경우이다. 그 자체로는 무해한 것처럼 보이지만 윤리규약 제34조 제2항은 '정당한 보수 이외의 이익분배를 약정하지 아니한다'고 규정함으로써 이를 금지하고 있다. 위 규정은 이

---

49) 예컨대 건물인도청구소송에 있어서 인도청구권 내지 인도청구를 할 수 있는 법적 지위가 소송물을 구성하는 것이지 그 목적물인 건물은 계쟁물일 뿐 소송물이 아닌 것이다.

50) 아래 대법원 1985.4.9. 선고 83다카1775 판결 참조.

를테면 변호사가 어떤 사건이나 사무를 남의 일로 보아 여기에 법률적으로 조력하여 보수를 받는 것은 좋으나, 변호사 자신의 일이나 공동의 사업으로 삼아 아예 사업이익을 분배받는 행위는 금지된다는 의미이다. 왜냐하면 변호사의 그러한 사업에의 관여가 특별히 변호사법이나 윤리규약에 어긋나 보이지 않는 경우에도, 변호사가 이를 수행하는 과정에서 무리하거나 동업자 등과 다투게 되면 자칫 윤리문제를 일으킬 소지가 있기 때문이다.

▍▋▍ 관련 판례

대법원 1985.4.9. 선고 83다카1775 판결

【판시사항】

구 변호사법(1973.12.20 법률 제2654호) 제17조[51] 규정의 성질과 동조 소정의 "계쟁권리"의 의미

【판결요지】

구 변호사법(1973.12.20법률 제2654호) 제17조의 변호사의 계쟁권리양수를 금한 규정은 변호사의 그와 같은 행위를 단속하기 위하여 금지규정을 둔 것에 불과하여 그 양수행위의 사법적 효력에는 아무 소장이 없으며 여기서 "계쟁권리"라 함은 바로 계쟁중에 있는 그 권리이며 계쟁목적물이었던 부동산 자체를 계쟁권리라 할 수 없다.

9. 독직행위 금지의무 등

(1) 변호사는 수임하고 있는 사건에 관하여 상대방으로부터 이익을 받거나 이를 요구 또는 약속하여서는 아니 된다(법 제33조, 윤리규약 제43조). 변호사가 의뢰인의 상대방으로부터 이익을 받거나 이를 요구 또는 약속하는 것은 의뢰인의 이익에 반하거나 신뢰를 깨뜨리는 행위로써 업무상 배임행위에 해당할 수 있다.

---

51) 당시 변호사법 제17조 ① 변호사는 계쟁권리를 양수할 수 없다.

이를 위반할 경우 형사처벌의 대상이 된다(법 제109조 제2호). 또한 변호사는 사건의 상대방 또는 상대방이었던 자에게 사건과 관련하여 이익을 제공하거나 약속하지 아니한다(윤리규약 제44조).

(2) 변호사는 수임하고 있는 사건의 상대방 당사자에게 변호사 또는 법정대리인이 있는 경우에는, 그 변호사 또는 법정대리인의 동의나 기타 다른 합리적인 이유가 없는 한 상대방 당사자와 직접 접촉하거나 교섭하지 아니한다(윤리규약 제45조). 여기에서의 접촉은 직접 접촉이나 간접 접촉을 모두 포함한다. 변호사와 상대방 당사자가 직접 대면하는 방식의 접촉뿐 아니라 전화·우편·팩스·메일 방식의 접촉도 금지된다. 또한 상대방 당사자가 조직인 경우 조직의 대표자와의 접촉도 금지된다. 이 의무는 상대방 당사자 본인과의 직접 접촉과정에서 의뢰인의 이익에 배치되는 행위를 하거나 그렇지 않더라도 금품이나 향응을 받는 일이 생길 가능성이 있으므로 이를 차단하기 위한 것으로 보인다. 그러나 한편으로는 상대방 당사자에게 이미 변호사가 선임되어 있는 상황에서 그 변호사를 통하지 않고 상대방 당사자를 직접 접촉할 경우, 상대방 당사자가 법률지식을 가지고 있지 못한 상황을 이용하여 부당하게 유리한 결과를 얻을 가능성을 봉쇄하기 위한 것으로 볼 수도 있다. 즉, 이는 상대방 당사자 쪽 의뢰인의 이익을 위한 것이다. 그러나 소송수행 기타의 실무에서 화해나 조정 등을 시도하고자 할 경우 위 규정을 준수하다 보면 답답한 경우가 많은 것이 현실이다. 사건 당사자 본인들끼리의 접촉은 물론 허용된다.

10. 위법행위 협조 금지의무 등

(1) 변호사는 의뢰인의 범죄행위 기타 위법행위에 협조하여서는 아니 된다. 직무수행 중 의뢰인의 행위가 범죄행위 기타 위법행위에 해당된다고 판단될 때에는 즉시 그 협조를 중단한다(윤리규약 제11조 제1항).

(2) 변호사가 의뢰인의 범죄행위에 조력하지 않아야 한다는 것은 당연하다. 문제는 범죄행위에 이르지 않을 정도의 행위에 조력하는 경우이다. 예컨대 의뢰인의 행위가 법적인 절차와 형식을 통한 것이기는 하지만, 실질은 다른 사람을

괴롭히거나 악의적으로 해를 가하기 위해 소를 제기하거나 진정하는 경우 등인데 변호사가 이와 같은 목적으로만 사건을 수임하는 것은 금지된다고 보아야 할 것이다.52)

(3) 변호사는 범죄혐의가 희박한 사건의 고소 또는 고발 또는 진정 등을 종용하지 아니한다(윤리규약 제11조 제2항). 여기에서의 종용은 권유보다는 강도가 강한 말이다. 범죄혐의가 희박함에도 불구하고 고소를 권유하는 이유는 민사소송 등에서 사용할 증거를 수집하기 위해서인 경우가 많다. 미국과는 달리 민사소송 절차상 증거개시절차(discovery)53)가 인정되지 않고 있는 우리 소송법제에서는 고소를 통한 수사기관의 조사가 가장 유력한 증거수집방책이 되고 있는 것이 현실이다. 소송을 수행하다 보면 심지어 담당 판사로부터도 '왜 고소도 하지 않고서 그런 주장을 하는가'라는 말을 듣는 경우도 있는데, 실제로 우리 사회에 있어서 고소, 고발의 빈도는 놀라울 정도로 높다고 한다. 변호사는 그 의뢰인이 감정에 치우쳐 별 실익이 없어 보이거나 형사적으로 범죄가 되기 어려운 사건에서 고소를 하겠다고 나설 때 이를 적절하게 제지할 필요가 있을 것으로 생각된다.

(4) 변호사는 가끔 형사사건에서 누구를 구속되게 하여 달라거나 혹은 누구로 하여금 실형을 받게 해 달라는 취지의 의뢰를 받는 경우가 있는데 이는 변호사로서 난감한 일이지만 현재 이에 관한 사건의 수임을 금지하는 규정은 존재하지 않는다. 과거 한때는 이러한 고소대리인의 역할이 변호사에게 있어 그다지 내키지 않는 일로 인식되어 있던 적도 있었지만 현재는 이러한 일이 상당히 보편화되어 있는 것으로 보인다.

---

52) 과거 윤리규칙 제17조 제1항에서 "변호사는 목적이나 수단에 있어 부당한 사건, 단순히 보복이나 상대방을 괴롭히는 방법으로 하는 사건은 수임이 금지된다"는 취지의 규정을 두고 있다가 윤리규약에서 이를 삭제하였다고 하더라도 동일하게 보는 것이 타당할 것이다.

53) 이는 미국연방 민사소송규칙이 규정하고 있는 것으로서, 당사자가 법원을 통하여 소장과 답변서를 교환하는 절차를 마친 후 심리절차 이전에, 당사자 일방이 스스로 자신이 보유한 증거를 공개, 제출함과 아울러 상대방 당사자나 제3자에게 증거의 제출을 요구하는 방법으로 당사자 사이에 증거를 획득하고 쟁점을 정리하기 위하여 진행되는 절차를 말한다. 한편, 우리 형사소송법에서는 증거개시절차에 대해 규정하고 있다.

11. 상대방 비방 금지

(1) 변호사는 상대방 또는 상대방 변호사를 유혹하거나 비방하지 아니하고(윤리규약 제10조 제1항), 수임하지 않은 사건에 개입하지 아니하고, 그에 대한 경솔한 비판을 삼간다(같은 조 제2항).

(2) 꼭 비방에 이르지는 않더라도 근래에는 변호사들 사이에서 직업적 예양을 저버리고 마구 행동하는 예가 늘고 있다고 한다. 이것은 의뢰인을 의식해서 고의적으로 그렇게 하는 경우도 있고, 변호사 자신의 이익을 추구하는 과정에서 나오는 경우도 있으며, 본래 변호사의 인격 형성 자체에 문제가 있어서 그런 경우도 있다. 예컨대 모욕적이라고까지는 할 수 없어도 '원고의 주장은 일고의 가치도 없습니다', '이런 잠꼬대 같은 주장을 배척해 주시기 바랍니다', '이와 같은 증거신청은 오로지 시간을 끌어 원고를 압박함으로써 합의금을 갈취하려는 의도로 하는 것일 뿐입니다', '피고 측 대리인의 이와 같은 철면피 같은 행태에 분노하지 않을 수 없으니 이에 대해 철퇴를 가해야 마땅할 것입니다' 따위의 감정적이고 저급한 용어를 사용하는 것은 바람직하지 않다. 의뢰인은 대체로 강한 어조의 준비서면을 좋아하고, 또 상대방을 비하하거나 공격적인 언사가 담긴 준비서면을 쓰는 변호사가 능력 있는 변호사라고 생각하는 경향이 있고, 증인신문을 할 때에도 상대방 측 증인에 대하여 불쾌한 감정을 일으킬 만큼의 공격적이고도 모욕적인 반대신문이 의뢰인에게는 오히려 매력적으로 보인다. 이러한 모든 사정이 변호사에게는 일종의 경쟁력 획득을 위한 고육책으로 보이게 되어 자꾸 언행이 험악해져 가는 것이 오늘날의 법조현실이라 한다. 생각건대 법조인의 업무가 기본적으로 공격적인 성격을 가진다고 하더라도 그 업무의 수행방식마저 공격적이어야 하는 것은 아니라는 사실을 인식할 필요가 있다. 공격적인 행태는 어느 순간 자기의 업무수행에 불이익이 되어 되돌아오고 결국은 그런 행태를 되풀이하는 자신의 인격을 망가뜨리게 될 것이기 때문이다.

12. 변호사연수에 참여할 의무

(1) 변호사연수의 개념

변호사는 변호사의 전문성과 윤리의식을 높이기 위하여 대한변호사협회가 실시하는 연수교육(이하 '연수교육'이라 한다)을 대통령령으로 정하는 시간 이상 받아야 하는데(법 제85조 제1항), 이와 같이 변호사가 공공성 있는 법률전문직으로서 전문성과 윤리의식을 제고하기 위한 일련의 교육을 변호사연수라 한다[변호사연수규칙(이하 '규칙'이라 한다) 제2조 제1호].

(2) 변호사연수의 종류

변호사연수는 일반연수와 특별연수로[54] 한다. 일반연수는 변호사 전원을 대상으로, 특별연수는 희망하는 변호사를 대상으로 실시한다(규칙 제3조 제1항, 제2항). 일반연수는 매년 1회 이상 정기적으로 실시하고 변호사는 특별한 사유가 없는 한 일반연수에 참가하여야 한다(규칙 제4조 제1항, 제2항). 따라서 변호사가 의무적으로 참가하여야 하는 연수교육은 변호사 전원을 대상으로 하는 일반연수를 말한다.

(3) 의무연수의 원칙과 대상

1) 의무연수란 변호사법 제85조에 의하여 부과된 연수교육 의무의 이행으로 인정되는 변호사연수를 말한다(규칙 제2조 제4호). 의무연수는 의무전문연수와[55] 의무윤리연수로[56] 하여 현장연수를[57] 원칙으로 한다. 다만, 연수 장소, 방법,

---

54) 규칙 제3조 제3항에 의하여 인정되는 특별연수의 종류는 다음과 같다.
   1. 자체연수: 대한변호사협회(이하 '협회'라 한다)가 실시하는 변호사연수
   2. 위임연수: 협회의 위임에 따라 지방변호사회(이하 '지방회'라 한다)가 실시하는 변호사 연수
   3. 위탁연수: 협회의 위탁을 받아 지방회 이외의 기관 또는 단체가 실시하는 변호사연수
   4. 인정연수: 협회의 인정을 받아 변호사연수로 포함되는 교육연수, 학술대회, 세미나 기타 강좌 등
55) 변호사로서의 업무수행에 필요한 법학이론, 실무지식 기타 이와 관련된 인문·사회·자연과학 지식의 습득·향상을 위하여 이루어지는 변호사 연수를 말한다(규칙 제2조 제3호).
56) 변호사로서의 직업윤리의식 함양을 위하여 이루어지는 변호사연수를 말한다(규칙 제2조

효과 기타 회원들의 부담을 고려하여 일정한 범위를 정하여 개별연수를[58] 의무연수로 할 수 있다(규칙 제5조 제1항).

2) 의무연수는 변호사법 제15조에 따라 대한변호사협회에 개업신고를 한 65세 미만의 등록 회원을 대상으로 한다. 다만, 대한변호사협회는 의무전문연수에 한하여 그 대상을 60세 미만으로 하향 조정할 수 있다(규칙 제6조 제1항).

(4) 연수교육의 주체와 내용

연수교육의 주체는 대한변호사협회이다. 그러나 대한변호사협회는 연수교육을 지방변호사회에 위임하거나 기관 또는 단체를 지정하여 위탁할 수 있다(법 제85조 제2항). 연수교육에는 법조윤리과목이 포함되어야 한다(같은 조 제4항). 연수교육의 방법·절차, 연수교육을 위탁받을 수 있는 기관·단체의 지정 절차 및 지정 기준 등에 관하여 필요한 사항은 대한변호사협회가 정한다(같은 조 제5항). 대한변호사협회는 자체연수를 실시하기 위하여 변호사연수원을 두고, 연수원은 변호사와 변호사사무직원의 연수교육을 담당한다(규칙 제18조 제1항, 제2항).

(5) 연수주기 및 의무연수 이수시간

1) 변호사의 연수교육 시간은 1년에 '법조윤리과목 1시간 이상을 포함하여 8시간 이상'으로 하되 연수교육 이수시간의 계산방법 및 연수교육 이수의 주기 등에 관한 사항은 대한변호사협회가 정한다(변호사법 시행령 제17조의2).

2) 연수주기는 매 홀수연도의 1월 1일부터 그 다음해의 12월 31일까지 2년으로 한다(규칙 제7조 제1항). 의무연수 이수기간은 1년에 8시간 이상이다(변호사법 시행령 제17조의2). 대한변호사협회는 의무연수의 실효성을 확보하고, 회원의 연수기회를 늘리기 위해 연수원운영위원회의 심의를 거쳐 의무전문연수와 의무

제2호).

57) 연수교육 대상자의 직접 출석을 전제로 일정한 장소에서 이루어지는 변호사연수를 말한다(규칙 제2조 제5호).

58) 일정한 장소의 출석을 전제로 하지 않고 비디오테이프, DVD 등 저장매체나 온라인을 통해 이루어지는 변호사연수를 말한다(규칙 제2조 제6호).

윤리연수의 전부 또는 일부의 연수주기를 조정할 수 있다. 의무연수 이수시간은 의무전문연수의 경우 1년 7시간을 기준으로, 의무윤리연수의 경우 1년 1시간을 기준으로 각 연수주기에 맞추어 비례적으로 계산한다(규칙 제7조 제3항).

(6) 인정연수

대한변호사협회는 변호사가 법학 관련 학술대회 등에 참여한 경우에는 대한변호사협회가 정하는 바에 따라 연수교육을 받은 것으로 인정할 수 있다(변호사법 제85조 제3항). 이를 인정연수라고 하는데 대한변호사협회의 인정을 받아 변호사연수로 포함되는 교육연수, 학술대회, 세미나 기타 강좌 등을 말한다(규칙 제3조 제3항 제4호).

(7) 의무연수의 면제·유예

변호사가 질병 등으로 정상적인 변호사 업무를 수행할 수 없는 경우, 휴업 등으로 연수교육을 받을 수 없는 정당한 사유가 있는 경우, 고령으로 연수교육을 받기에 적당하지 아니한 경우로서 대한변호사협회가 정하는 경우에는 의무연수의 전부 또는 일부를 면제 또는 유예할 수 있다(변호사법 제85조 제1항 단서). 그리고 질병, 출산, 장기 해외체류, 군 복무 기타 연수교육을 받지 못할 정당한 사유가 있는 회원의 신청이 있는 경우 연수원운영위원회의 심의를 거쳐 협회장이 그 의무의 전부 또는 일부를 면제 또는 유예할 수 있다(규칙 제6조 제2항). 이 경우 그 내용을 지체 없이 회원 및 지방회에 통보하여야 하고 그 내용이 면제 또는 유예의 신청을 기각하는 경우에는 그 취지 및 이유를 명시하여야 한다(규칙 제6조 제3항).

(8) 연수교육을 받지 아니한 변호사에 대한 제재

대한변호사협회가 실시하는 연수교육을 받지 아니한 변호사에게는 500만원 이하의 과태료가 부과된다(법 제117조 제3항 제1호).

13. 겸직 제한

▮▯▮ 관련 규정

> ※ 변호사법 제38조[겸직 제한]
> ① 변호사는 보수를 받는 공무원을 겸할 수 없다. 다만, 국회의원이나 지방의회
>   의원 또는 상시 근무가 필요 없는 공무원이 되거나 공공기관에서 위촉한 업무를
>   수행하는 경우에는 그러하지 아니하다.
> ② 변호사는 소속 지방변호사회의 허가 없이 다음 각 호의 행위를 할 수 없다.
>   다만, 법무법인·법무법인(유한) 또는 법무조합의 구성원이 되거나 소속 변호사
>   가 되는 경우에는 그러하지 아니하다.
>   1. 상업이나 그밖에 영리를 목적으로 하는 업무를 경영하거나 이를 경영하는
>   자의 사용인이 되는 것
>   2. 영리를 목적으로 하는 법인의 업무집행사원·이사 또는 사용인이 되는 것
> ③ 변호사가 휴업한 경우에는 제1항과 제2항을 적용하지 아니한다.
>
> ※ 윤리규약 제6조[겸직 제한]
> ① 변호사는 보수를 받는 공무원을 겸하지 아니한다. 다만, 법령이 허용하는 경우와
>   공공기관에서 위촉한 업무를 행하는 경우에는 그러하지 아니하다.
> ② 변호사는 소속 지방변호사회의 허가 없이 상업 기타 영리를 목적으로 하는
>   업무를 경영하거나, 이를 경영하는 자의 사용인이 되거나, 또는 영리법인의
>   업무집행사원·이사 또는 사용인이 될 수 없다.
> ③ 제1항 및 제2항의 규정은 변호사가 휴업한 때에는 이를 적용하지 아니한다.

(1) 공무원 겸직 금지

변호사는 휴업을 하지 않는 한 보수를 받는 공무원을 겸할 수 없다. 다만 국회의원이나 지방의회 의원 또는 상시 근무가 필요 없는 공무원이 되거나 공공기관에서 위촉한 업무를 수행하는 경우에는 겸직을 할 수 있다(법 제38조 제1항, 제3항). 그러나 국회의원은 위 변호사법 규정에도 불구하고 국회법에 의하면 변호사를 겸직할 수 없다. 현행 국회법(법률 제17487호, 2020.8.18. 개정)에 의하면 국회의원은 국무총리 또는 국무위원의 직 외에는 원칙적으로 다른 직을 겸할 수 없

다(국회법 제29조 제1항 본문). 또한 국회의원은 직무 외에 영리를 목적으로 하는 업무에 종사할 수 없다(같은 법 제29조의2 제1항). 다만 예외적으로 공익목적의 명예직, 다른 법률에서 의원이 임명·위촉되도록 정한 직, 정당법에 따른 정당의 직만 겸직할 수 있다(같은 법 제29조 제1항 단서). 따라서 국회법상 국회의원은 공익목적의 명예직이 아닌 이상 변호사를 겸직할 수 없다. 국회의원 보좌관의 경우, 그 업무의 특성상 상시 근무를 필요로 하지 않는 공무원이라고 할 수 없으므로 변호사가 겸직할 수 없는 것으로 보아야 한다. '상시 근무가 필요 없는 공무원'이란 시간제 계약직 공무원이 그 전형적인 예이고, 합의제 행정기관(정부조직법 제5조)인 각종 위원회의 비상임위원도 여기에 해당된다.

(2) 영리 목적 업무 등의 겸직 제한

1) 의 의

변호사는 법무법인·법무법인(유한) 또는 법무조합의 구성원이 되거나 소속 변호사가 되는 경우를 제외하고 소속 지방변호사회의 허가 없이는 상업이나 그 밖에 영리를 목적으로 하는 업무를 경영하거나, 이를 경영하는 자의 사용인(피용자)이 되거나, 영리를 목적으로 하는 법인의 업무집행사원·이사 또는 사용인이 될 수 없다. 다만, 변호사가 휴업한 경우에는 허가가 없더라도 영리 목적 업무 등을 겸직할 수 있다(변호사법 제38조 제2항, 제3항). 법무법인 등을 겸직 제한의 대상에서 제외한 것은 법무법인 등이 행하는 업무는 영리를 목적으로 하는 업무에 해당되지 않는 것으로 보기 때문이다. 서울행정법원은 아래에서 보는 바와 같이 지방변호사회의 겸직허가행위의 법적 성격에 관하여 "지방변호사회는 행정주체의 하나인 공공조합에 해당하므로 지방변호사회의 겸직허가행위는 행정소송법상 처분에 해당하고, 따라서 겸직불허가 처분에 대하여는 항고소송으로 그 위법 여부를 다툴 수 있다"고 하였다.[59]

---

59) 서울행정법원 2003.4.16. 선고 2002구합32964 판결.

▌▌ 관련 판례

1. 서울행정법원 2003.4.16. 선고 2002구합32964 판결[겸직불허처분취소] [확정]

【판시사항】

[1] 지방변호사회가 소속 변호사에 대하여 행하는 겸직허가행위의 법적 성격(=공공조합이 행하는 행정처분)

[2] 지방변호사회가 소속 변호사에 대하여 하는 겸직허가행위가 변호사회의 자치권에 해당하여 사법적 심사를 할 수 없는 것에 해당하는지 여부(소극)

[3] 지방변호사회가 소속 변호사에 대하여 하는 겸직허가행위가 재량권을 일탈·남용한 것인지 여부에 관한 판단 기준

[4] 지방변호사회가 소속 변호사가 겸직하려고 하는 이혼클리닉 업무에 대하여 한 겸직불허처분이 재량권을 일탈·남용한 것이라고 한 사례

【판결요지】

[1] 변호사회는 공법상의 사단법인이고, 변호사회의 사무 중 변호사의 지도, 감독 등의 사무에 관하여는, 국가가 이를 공행정(公行政)의 일부로 인정하고, 그 사무에 대한 감독과 통제를 실시하면서, 지방변호사회에게 이와 관련하여 소속 변호사에 대한 공권(감독권이나 지방변호사회를 경유한 대한변호사협회 등록 등)을 부여하고 있는 점에 비추어 볼 때 지방변호사회는 행정주체의 하나인 공공조합에 해당한다고 봄이 상당하고, 지방변호사회가 소속 변호사에 대하여 행하는 겸직허가행위는 지방변호사회가 소속 변호사 사이에 맺는 공법관계에서 우러나는 것이고, 직업선택의 자유나 영업의 자유를 제한하는 것을 의미하는 변호사의 영리 목적 업무 경영 제한을 해제하여 주는 강학상 '허가'에 해당하는 것이므로, 지방변호사회의 겸직허가행위는 항고소송으로 그 위법 여부를 다툴 수 있는 행정소송법상의 처분에 해당한다.

[2] 변호사회의 자치권이란 변호사단체에 대하여 독립성과 자율성을 부여함으로써 변호사의 공공성을 유지하고 발전시키기 위하여 마련된 제도적 장치이고, 구체적으로는 변호사회가 자율적으로 변호사 등록을 심사하고, 소속 변호사를 징계하는 것 등을 내용으로 하고, 위와 같은 변호사 등록, 징계에 대하여 법무부장관에 대한 이의신청과 같은 불복절차(등록에 관하여는 변호사법 제8조 제3항, 징계에 관하여는 같은 법 제100조 등)를 두고 있음에 비추어 볼 때, 변호사회의 자치권이 다른 국가권력인

사법권의 심사를 받지 아니한다는 것까지 의미한다고 볼 수는 없고, 변호사에 대한 원칙적인 영리 목적 업무의 겸직 제한은 변호사의 공공성을 유지하기 위한 것으로서, 변호사에 대한 중대한 권익 제한 사항인 업무정지명령과 같은 사항은 국가행정기관이 직접 권한을 행사하는 반면, 상대적으로 권익 제한 정도가 경미한 겸직 허가와 같은 사항은 지방변호사회에 그 권한이 위임되어 있는 것이라고 봄이 상당하므로, 그러한 사항에 대하여 변호사회의 자치권에 관한 사항이라고 하면서 사법적 심사의 대상이 될 수 없다고 볼 수는 없다.

[3] 변호사의 공공성, 변호사 등록, 징계에 대한 변호사회의 권한 행사를 규정하고 있고, 지방변호사회의 겸직허가 없이는 영리를 목적으로 하는 업무를 겸직할 수 없다는 점 등을 규정하고 있는 변호사법의 여러 규정의 취지를 종합하여 보면, 변호사가 겸직하고자 하는 영리 목적 업무에 대하여 겸직을 허가하지 아니할 요건에 해당하는지 여부를 판단함에는 우선은 그에 관하여 지방변호사회가 한 판단을 존중하여야 할 것이나, 직업 선택의 자유를 제한하는 이러한 겸직 제한은 그 자유권의 본질적인 내용을 침해하여서는 아니 되고 변호사의 공공성을 유지하기 위하여 필요한 최소한의 범위에 그쳐야 하며, 그 겸직하고자 하는 업무의 내용, 성격에 비추어 본 업무의 사회적 의미와 가치, 그 업무 수행으로 인하여 비변호사가 법률사무를 수행할 가능성 등 변호사의 공공성 등에 대한 폐해 발생 가능성, 그 폐해가 생겼을 경우 그 폐해가 사회에 미치는 해악의 정도와 그 폐해의 효과적 시정 가능성 등 겸직허가를 둘러싼 여러 사정을 종합적으로 판단하여 볼 때, 그 겸직 제한이 필요한 최소한의 범위에 그치는 것이 아니라고 보여지는 경우에는 그 겸직허가는 지방변호사회에게 부여된 요건 판단의 재량권을 넘거나 그 재량권을 남용한 것이 되어 위법하다고 보아야 한다.

[4] 지방변호사회가 소속 변호사가 겸직하려고 하는 이혼클리닉 업무에 대하여 한 겸직 불허처분이 재량권을 일탈·남용한 것이라고 한 사례.

2) 내 용

가. 법무법인 등의 경우에는 변호사법 제38조 제2항이 적용되지 않으므로 법무법인 등은 개인변호사와는 달리 상업 기타 영리를 목적으로 하는 업무 등을 경영할 수 없다. 이에 따라 법무법인 등의 구성원 변호사 또는 소속 변호사는 소속 지방변호사협회로부터 개인적으로 겸직허가를 받더라도 영리법인 등의 실질적인 경영참여를 목적으로, 즉 영리를 목적으로 하는 업무를 경영하거나 이를

수행할 목적으로 다른 회사의 대표이사 또는 이사직을 수행할 수 없는 것으로 보아야 한다. 다만, 법무법인 등이 다른 회사에의 경영참여를 목적으로 하는 것이 아닌 다른 회사의 주식을 소유하거나 출자하는 것은 허용된다.

나. 여기서 '영리를 목적으로 하는 법인'이란 상법상의 회사보다 넓은 개념으로서 한국자산관리공사, 예금보험공사 등 특수법인도 상법상의 회사는 아니지만 여기에 해당된다. 따라서 변호사가 이러한 특수법인의 업무집행사원 등의 지위를 겸직하기 위해서는 겸직허가를 받아야 한다.

3) 별도의 자격에 기한 전문직

변호사는 변호사의 자격에 기하여 공인중개사 사무소를 개설할 수 없으나,[60] 별도의 공인중개사 자격에 기하여 공인중개사의 업무를 수행하고자 하는 경우, 이는 영리업무이므로 겸직허가를 받아야 할 것으로 생각된다.

4) 변호사의 자격에 기하여 겸할 수 있는 전문직

변호사가 그 자격에 기하여 세무사(단, 2018.1.1. 이전에 변호사자격을 취득한 변호사에 한함)나 변리사, 법무사의 직무를 행하는 경우와 그 세무사나 변리사 등에 의하여 구성되는 세무법인 등의 구성원 또는 소속 변리사 등이 되는 경우에 겸직허가를 요하는지가 문제된다.

생각건대 우선 전자의 경우, 즉 변호사가 그 자격에 기하여 등록을 하고서 세무 등의 직무를 비변호사(세무사 또는 변리사)와 무관하게 독자적으로 수행하는 경우에는 겸직허가 없이도 이를 수행할 수 있는 것으로 보아야 할 것이다. 왜냐하면 이 경우에는 변호사가 유사전문직의 구성원 등이 될 경우에 예상되는 문제, 즉 변호사의 공공성이나 독립성에 악영향을 끼칠 우려가 없을 뿐만 아니라 변호사 자격에 기하여 당연히 행할 수 있는 직무에 대하여 별도로 겸직허가를 받도록 하는 것은 '변호사는 일반 법률사무를 행하는 것을 직무로 한다'는 변호사법 제3조 규정과도 모순되기 때문이다.[61] 반면 후자의 경우, 즉 변호사가 세

---

60) 대법원 2006.5.11. 선고 2003두14888 판결. '제2장 Ⅱ. 변호사의 직무' 부분 참조.
61) 최진안, 앞의 책, 304면.

무사나 변리사 등에 의하여 구성되는 세무법인 등의 구성원 또는 소속 변리사 등이 되어 직무를 수행하는 경우에는 변호사의 공공성 및 독립성에 악영향을 끼칠 우려가 있기 때문에 이에 대한 겸직허가를 받도록 하는 것이 타당한 것으로 보인다. 다만, 세무법인 등의 구성원 또는 소속 변리사 등으로 활동하는 것의 실질이 동업에 해당되는 경우에는 허가대상이 아니라 변호사법 제34조 제5항 및 윤리규약 제34조 제1항에 의하여 바로 금지된다고 보아야 할 것이다. 한편 변호사의 직역확대를 주된 정책적 목표로 삼고 있는 오늘날에 있어서 변호사의 겸직제한에 관한 규정을 너무 엄격하게 해석하고 적용하는 문제가 있어 보이기 때문에 지방변호사회의 겸직허가는 가급적 폭넓게 인정되어야 할 것으로 생각된다.

14. 중립자로서의 의무

변호사는 자신의 의뢰인이 아닌 당사자들 사이의 분쟁 등의 해결에 관여하는 경우에 중립자로서의 역할을 수행한다. 중립자로서 변호사가 행하는 사무에는 중재자, 조정자로서 행하는 사무 등을 포함한다(윤리규약 제53조 제1항). 제3의 중립자로 활동하는 변호사는 당사자 일방을 대리하는 것이 아님에도 중재나 협상 등에 익숙하지 않고 변호사의 도움을 받지 않고 있는 당사자는 그 변호사가 자신의 이익을 옹호하여 줄 대리인으로으로 착각할 수 있다. 따라서 중립자로서 역할을 수행하는 변호사는 당사자들에게 자신이 그들을 대리하는 것이 아님을 적절히 설명하여야 한다(같은 조 제2항).

15. 개인정보의 보호의무

변호사는 업무를 수행함에 있어서 개인정보의 보호에 유의하여야 한다(윤리규약 제12조). 이는 개인정보보호법이 시행되게 됨에 따라 변호사가 개인정보의 보호에 특히 유의하면서 업무를 수행할 필요가 있음을 주의적으로 규정한 것이다. 개인정보보호의 중요성은 정보통신기술의 발전에 따라 점점 증대하고 있는 것이 현실이다.

Ⅷ. 법원에 대한 의무와 윤리

1. 사법권의 존중

윤리규약 제35조는 "변호사는 사법권을 존중하며, 공정한 재판과 적법 절차의 실현을 위하여 노력한다"고 규정하고 있는데, 법원에 대한 존중은 변호사로서의 기본적인 의무사항이라 할 수 있다.

예컨대 당사자가 법원을 멸시하고 비방 또는 조롱하거나 법관의 품성이나 염결성을 의심하는 말을 할 때 변호사는 근거 없이 이에 동조하여서는 안 된다. 변호사는 간혹 수임한 사건에서의 패소 등 의뢰인에게 불리한 결과가 나왔을 때 담당 법관에 대한 불만을 토로하는 경우가 있는데, 그렇다 하더라도 변호사는 근거 없이 공개석상이나 신문이나 텔레비전 등의 통신매체 등을 통하여 법원이나 재판에 대한 신뢰를 무너뜨리는 언행을 하여서는 안 된다.

2. 소송촉진

변호사는 소송의 신속한 진행에 관하여 협력할 의무가 있다. 기본권 중의 하나인 국민의 신속한 재판을 받을 권리는 법조 3륜의 한 축으로서 사법과정에 참여하는 변호사의 협력을 통하여 실현될 수 있을 것이기 때문이다. 이와 같은 취지에서 윤리규약 제37조는 "변호사는 소송과 관련된 기일, 기한 등을 준수하고, 부당한 소송지연을 목적으로 하는 행위를 하지 아니한다"고 하여 변호사의 소송촉진에 대한 협력을 요구하고 있다.

3. 법정에서의 질서유지

(1) 법정에서의 질서유지는 재판절차의 원활·신속한 진행과 변론의 충실을 기하기 위하여 반드시 필요한 것이다. 따라서 변호사는 법정에서 법관의 소송지휘를 성실하고 공손하게 따라야 한다.

(2) 과거 윤리규칙 제28조 제1항은 "변호사는 법정의 질서유지 및 소송 진행에 관하여 법원과 협력하고 이에 위반되는 소송 관계인 또는 방청인의 언동을 지지하거나 교사하여서는 아니 된다", 제2항은 "변호사는 법정에서 사건 진행의 순서를 다투어서는 아니 되며 특별한 사정이 있을 때에는 재판장과 다른 변호사의 양해를 얻어야 한다"고 각 규정하고 있었고,[62] 제3항은 "변호사는 법정에서 상대방을 비난하거나, 변론이나 준비서면 등에 상대방을 모욕하는 언사를 사용하여서는 아니 된다", 제4항은 "변호사는 법정 또는 그 주위에서 자기측 사람이 상대방이나 상대방 대리인에게 모욕적 언사를 쓰거나 폭언, 폭행하는 것을 방임하여서는 아니 된다"고 각 규정하고 있었으나 위와 같은 의무가 너무나 당연한 것으로써 이를 굳이 명시적으로 규정할 필요가 없다는 이유로 개정 윤리규약은 이를 모두 삭제하였다.

(3) 이른바 소정외 변론에 관하여

소정외 변론(Ex-Parte Communication)에 관하여 변호사윤리장전에는 아무런 규정이 없지만 이는 법조현실에서 여러 가지로 말썽을 일으키는 문제이다. 법원은 현재 '법관의 면담 등에 관한 지침'을[63] 마련하여 특별한 사정이[64] 없는 이상 법관이 법정 이외의 장소에서 변호사 또는 검사와 면담하거나 접촉하는 것을 엄격하게 금지하고 있는데, 이에 의하여 변호사가 법관의 집무실을 방문해서 소정외 변론을 하는 길은 사실상 봉쇄되었다고 할 수 있다. 문제는 당사자가 이를 바라는 경우가 있고, 사건의 성격상 정식의 재판절차에서는 말하기 어렵거나 공개된 장소에서 밝히기 어려운 것으로서 법관이나 기타의 공무원이 청취하여 주었으면 좋겠다 싶은 사정이 있을 수 있다는 것이다. 소정외 변론의 문제는 이것

---

62) 실무상 변호사들 사이에 있어서 사건 진행의 순서는 보통 법정에 도착한 순서대로 하지만 법원마다 다른 방법으로 정하기도 하였다.

63) 행정예규 제681호(2006.10.19.개정).

64) 법관이 화해, 조정, 신문 등 재판절차의 진행을 위한 장소로 집무실을 지정한 경우, 재판절차와 관련된 문제로 법관이 변호사나 검사에게 집무실에서의 면담을 요청한 경우, 법원장이 사법행정상 필요로 하는 경우, 검사나 변호사가 법원장의 허가를 얻어 부임인사 또는 개업인사 등을 위하여 방문하는 경우, 학술회의나 관혼상제, 동창회 등 의례적인 모임인 경우가 특별한 사정에 해당된다.

이 소송 기타의 절차상으로는 일종의 반칙이며 '귓속말'의 성격을 띤다는 데에 있다. 또한 법관 기타의 공무원이 예단이나 비공식적인 주장에 노출되고 상대방으로서는 이에 대하여 반박할 기회를 가질 수 없다는 문제점도 있다.

IX. 변호사의 보수에 관한 의무와 윤리

▮▮▮ 관련 규정

※ 윤리규약

제31조[원칙]

① 변호사는 직무의 공공성과 전문성에 비추어 부당하게 과다한 보수를 약정하지 아니한다.

② 변호사의 보수는 사건의 난이도와 소요되는 노력의 정도와 시간, 변호사의 경험과 능력, 의뢰인이 얻게 되는 이익의 정도 등 제반 사정을 고려하여 합리적으로 결정한다.

제32조[서면계약]

변호사는 사건을 수임할 경우에는 수임할 사건의 범위, 보수, 보수 지급방법, 보수에 포함되지 않는 비용 등을 명확히 정하여 약정하고, 가급적 서면으로 수임계약을 체결한다. 다만, 단순한 법률자문이나 서류의 준비, 기타 합리적인 이유가 있는 경우에는 그러하지 아니하다.

제33조[추가 보수 등]

① 변호사는 정당한 사유 없이 추가보수를 요구하지 아니한다.

② 변호사는 명백한 서면 약정 없이 공탁금, 보증금, 기타 보관금 등을 보수로 전환하지 아니한다. 다만, 의뢰인에게 반환할 공탁금 등을 미수령 채권과 상계할 수 있다.

③ 변호사는 담당 공무원에 대한 접대 등의 명목으로 보수를 정해서는 아니 되며, 그와 연관된 명목의 금품을 요구하지 아니한다.

제34조[보수 분배 금지 등]

① 변호사는 변호사 아닌 자와 공동의 사업으로 사건을 수임하거나 보수를 분배하지 아니한다. 다만, 외국법자문사법에서 달리 정하는 경우에는 그러하지 아니하다.

② 변호사는 소송의 목적을 양수하거나, 정당한 보수 이외의 이익분배를 약정하지 아니한다.

1. 변호사 보수의 의의 및 특징

변호사 보수는 변호사가 제공하는 법률서비스에 대한 대가로서 의뢰인으로 부터 받는 재화를 말한다. 오늘날에 있어서 변호사의 보수는 원칙적으로 시인되어 있고, 의뢰인은 보수 없이 사건을 위임한다는 반대의 약정이 없는 이상 변호사에게 보수를 지급하여야 할 의무가 있다고 보는 것이 판례의 입장이다. 즉, 변호사와 의뢰인 사이에 보수의 지급 여부 및 액수에 대하여 명시적인 약정이 없더라도 묵시의 약정이 있었던 것으로 본다는 것이다.[65] 변호사의 보수는 원칙적으로 변호사와 의뢰인 사이의 합의에 따라 결정되지만, 일반의 상품이나 서비스와는 달리 시장에 있어서 수요와 공급의 원리에 의하여 결정되지 않는다는 데에 그 특징이 있다. 이는 법률서비스의 공급자가 변호사로 제한되어 있어서 수요와 공급의 원리가 제대로 작동하지 못하는 구조로 되어 있고, 변호사 보수에 대한 정보가 일반인에게 제대로 알려져 있지 않아 수요자 측의 가격 교섭력에 한계가 있기 때문이라고 할 수 있다.[66]

---

65) 대법원 1995.12.5. 선고 94다50229 판결; 1993.11.12. 선고 93다36882 판결 등.
66) 최진안, 앞의 책, 396면.

2. 변호사 보수에 관한 규제 연혁

1999년의 개정 변호사법은[67] 변호사의 보수기준에 관한 사항을 대한변호사협회의 회칙으로 규정하도록 한 종전 규정을 삭제하였다. 이를 삭제한 것은 변호사보수기준이 일종의 가격협정으로서 경쟁을 제한하는 것이기 때문에 '독점규제 및 공정거래에 관한 법률'에 위반된다는 이유였다.[68] 그 결과 대한변호사협회가 규칙으로 제정하였던 '변호사보수기준에 관한 규칙'은 폐지되었고 현행 「독점규제 및 공정거래에 관한 법률」 제26조, 제19조는 대한변호사협회가 변호사의 보수기준을 회칙 등에 규정하는 것을 금지하고 있다.[69]

---

67) 1999.2.5. 법률 제5815호로 개정된 것.

68) 오종근, "변호사의 보수에 관한 연구", 법과 사회 제27호, 법과 사회이론학회, 2004, 114면.

69) 제26조[사업자단체의 금지행위] ① 사업자단체는 다음 각 호의 1에 해당하는 행위를 하여서는 아니된다.
  1. 제19조(부당한 共同行爲의 금지)제1항 각 호의 행위에 의하여 부당하게 경쟁을 제한하는 행위
  2. 일정한 거래분야에 있어서 현재 또는 장래의 사업자수를 제한하는 행위
  3. 구성사업자(事業者團體의 構成員인 事業者를 말한다. 이하 같다)의 사업내용 또는 활동을 부당하게 제한하는 행위
  4. 사업자에게 제23조(不公正去來行爲의 금지)제1항 각 호의 1의 규정에 의한 불공정거래행위 또는 제29조(再販賣價格維持行爲의 제한)의 규정에 의한 재판매가격유지행위를 하게 하거나 이를 방조하는 행위
  5. 삭제 <1999. 2. 5.>
  ② 제19조(부당한 공동행위의 금지)제2항 및 제3항은 제1항 제1호의 경우에 이를 준용한다. 이 경우에 "사업자"는 "사업자단체"로 본다.

제19조[부당한 공동행위의 금지] ① 사업자는 계약·협정·결의 기타 어떠한 방법으로도 다른 사업자와 공동으로 부당하게 경쟁을 제한하는 다음 각 호의 어느 하나에 해당하는 행위를 할 것을 합의(이하 "부당한 공동행위"라 한다)하거나 다른 사업자로 하여금 이를 행하도록 하여서는 아니된다.
  1. 가격을 결정·유지 또는 변경하는 행위
  2. 상품 또는 용역의 거래조건이나, 그 대금 또는 대가의 지급조건을 정하는 행위
  3. 상품의 생산·출고·수송 또는 거래의 제한이나 용역의 거래를 제한하는 행위
  4. 거래지역 또는 거래상대방을 제한하는 행위
  5. 생산 또는 용역의 거래를 위한 설비의 신설 또는 증설이나 장비의 도입을 방해하거나 제한하는 행위
  6. 상품 또는 용역의 생산·거래 시에 그 상품 또는 용역의 종류·규격을 제한하는 행위
  7. 영업의 주요부문을 공동으로 수행·관리하거나 수행·관리하기 위한 회사등을 설립하는 행위

3. 변호사 보수의 약정과 보수청구권

(1) 위임계약과 보수청구권

민법상 위임계약에서는 수임인은 특별한 약정이 없으면 위임인에 대하여 보수를 청구하지 못하는 것이 원칙이지만(민법 제686조 제1항), 변호사는 의뢰인과 명시적으로 보수지급에 관한 특약을 하지 않았더라도 보수지급에 관한 묵시적인 합의를 한 것으로 보아 변호사에게 보수청구권이 있는 것으로 해석됨은 앞서 본 바와 같다. 이는 의뢰인이 변호사에게 소송을 위임한 경우뿐만 아니라 법률상담이나 계약서의 작성 등 법률사무의 처리를 위임한 경우에도 마찬가지로 해석된다. 여기서 위임계약은 변호사와 의뢰인 사이의 분쟁을 회피하기 위하여 명시적으로, 특히 서면으로 체결하는 것이 바람직하지만, 묵시적으로도 성립될 수 있음은 물론이다.

---

8. 입찰 또는 경매에 있어 낙찰자, 경락자(競落者), 투찰(投札)가격, 낙찰가격 또는 경락가격, 그 밖에 대통령령으로 정하는 사항을 결정하는 행위

9. 제1호부터 제8호까지 외의 행위로서 다른 사업자(그 행위를 한 사업자를 포함한다)의 사업활동 또는 사업내용을 방해하거나 제한함으로써 일정한 거래분야에서 경쟁을 실질적으로 제한하는 행위

② 제1항의 규정은 부당한 공동행위가 다음 각 호의 1에 해당하는 목적을 위하여 행하여지는 경우로서 대통령령이 정하는 요건에 해당하고 공정거래위원회의 인가를 받은 경우에는 이를 적용하지 아니한다.

1. 산업합리화
2. 연구·기술개발
3. 불황의 극복
4. 산업구조의 조정
5. 거래조건의 합리화
6. 중소기업의 경쟁력향상

③ 제2항의 규정에 의한 인가의 기준·방법·절차 및 인가사항변경등에 관하여 필요한 사항은 대통령령으로 정한다.

④ 제1항에 규정된 부당한 공동행위를 할 것을 약정하는 계약등은 사업자간에 있어서는 이를 무효로 한다.

⑤ 2 이상의 사업자가 제1항 각 호의 어느 하나에 해당하는 행위를 하는 경우로 서 해당 거래분야 또는 상품·용역의 특성, 해당 행위의 경제적 이유 및 파급효과, 사업자 간 접촉의 횟수·양태 등 제반사정에 비추어 그 행위를 그 사업자들이 공동으로 한 것으로 볼 수 있는 상당한 개연성이 있는 때에는 그 사업자들 사이에 공동으로 제1항 각 호의 어느 하나에 해당하는 행위를 할 것을 합의한 것으로 추정한다.

⑥ 부당한 공동행위에 관한 심사의 기준은 공정거래위원회가 정하여 고시할 수 있다.

(2) 보수약정의 형식

보수에 관한 명시적인 약정이 없는 경우에는 보수지급 약정의 성립 여부, 보수액, 지급시기 등을 둘러싼 분쟁이 발생할 가능성이 있기 때문에 윤리규약 제32조는 "변호사는 사건을 수임할 경우에는 수임할 사건의 범위, 보수, 보수 지급방법, 보수에 포함되지 않는 비용 등을 명확히 정하여 약정하고, 가급적 서면으로 수임계약을 체결한다"고 규정하고 있다.[70]

(3) 보수청구의 시기

민법상 위임계약에서는 수임인은 위임사무를 완료한 이후에 보수를 청구할 수 있는 것이 원칙이지만(민법 제686조 제2항), 그렇다고 해서 변호사의 보수가 반드시 후급이어야만 하는 것은 아니고 변호사와 의뢰인 간의 약정으로 그 지급시기를 달리 정할 수 있다. 따라서 민사사건에 관하여 의뢰인과 보수를 조건부로 미리 받기로 약정하는 경우 그 약정은 유효하다. 변호사 선임계약은 위임계약이지만 반드시 일정한 결과를 발생시켜야 하는 것은 아니고, 선량한 관리자의 주의의무로 수임사무를 처리하면 보수를 청구할 수 있다.[71] 그러나 수임계약의 내용이 사무의 처리가 아니라 예컨대 계약서 등의 서면을 작성하여 줄 것을 내용으로 하는 것과 같이 어떤 일의 완성을 목적으로 하는 경우, 이는 위임계약이 아니라 도급계약에 해당되고 이 경우 보수는 일의 완성 후에 지급하는 것이 원칙이 될 것이다(민법 제665조 제1항). 다만, 도급계약의 경우에도 상호 약정하에 그 지급시기를 달리 정할 수 있다(민법 제665조 제2항).

---

70) 미국의 변호사직무에 관한 모범규칙 1.5(b)에서는 "변호사는 대리의 개시 전이나 개시 후에 일정한 기간 내에 대리의 범위, 보수의 산정기초나 비율, 의뢰인이 부담하게 되는 비용에 대하여 가능한 서면으로 작성하여 의뢰인에게 전달하여야 한다"라고 규정하고 있고, 독일의 변호사보수법 제3조a (1)항에서도 변호사의 보수에 관한 합의는 서면으로 하도록 규정하고 있다.

71) 그러나 성공보수를 약정한 경우에는 약정한 일정한 결과(승소판결 등)가 발생하여야 보수를 청구할 수 있음은 물론이다.

4. 변호사 보수의 종류

(1) 분류방식

1) 변호사의 보수는 보수산정방식이나 변호사가 제공하는 법적 서비스의 내용에 따라 분류할 수 있는데 보수산정방식에 따라 시간기준보수·가액기준보수·정액보수로, 변호사가 제공하는 법적 서비스의 내용에 따라 사건보수·사무보수·실비변상으로 나눌 수 있다.

2) 대한변호사협회 회칙 제44조와 윤리규약 제3장 제3절에서는 변호사의 보수에 관하여 규정하고 있는데, 대한변호사협회 회칙은 "변호사·법무법인·법무법인(유한)·법무조합은 그 직무에 관하여 사무보수, 사건보수 및 실비변상을 받을 수 있다(제1항). 사무보수는 상담료, 감정료, 문서작성료 및 고문료로, 사건보수는 그 사건의 종류에 따라 착수금과 성공보수로, 실비변상은 수임사무 및 사건의 처리비용과 여비 등으로 나눌 수 있다(제2항)"고 규정하고 있다.

(2) 보수산정방식에 따른 분류

1) 시간기준보수

시간기준보수는 변호사 또는 그 사무직원이 당해 사건을 처리하기 위하여 소비한 시간에 시간당 보수를 곱하여 산정하는 보수를 말한다. 미국에서 널리 이용되고 있는 방법으로서 우리나라에서도 대형 법무법인에서 이 방식을 채택하고 있는데 사무보수를 산정하는 데 적합한 방식이라 할 수 있다. 이는 보수가 실제로 투입된 노력에 비례한다는 장점이 있는 반면 변호사가 사건을 의도적으로 지연시킬 우려가 있다는 단점이 있다.

2) 가액기준보수

가액기준보수는 수임한 사건이나 사무의 경제적 가치에 대한 일정 비율을 곱하여 산정하는 보수를 말한다. 비율산정의 기초로 되는 경제적 가치로는 소송물의 경제적 이익가액이나 승소금액 또는 의뢰인이 현실적으로 취득하는 금액 등이 있다. 이는 기준이 되는 경제적 가치가 거액인 때에는 보수가 과다해질 수 있고, 소액인 때에는 변호사가 투입한 노력에 비하여 보수가 과소하게 될 우려가 있다. 따라서 가액기준보수는 사건이나 사무의 경제적 가치가 증대될수록 그 비율을 낮추는 방법이, 즉 역누진의 방법이 일반적으로 활용된다.

3) 정액보수

정액보수는 특정한 금액(예컨대 수임료 300만원)으로 책정하는 보수를 말한다. 이는 주로 형사사건의 경우에 활용되는 방식으로써 시간기준이나 가액기준으로 보수약정을 하기가 어려운 경우에 활용된다. 이는 명확하다는 장점이 있는 반면, 사건이 예상보다 복잡하게 되어 약정한 보수가 노력에 비하여 과소하게 되는 경우가 생길 수가 있고, 반대로 사건이 예상보다 간단하게 종료되어 보수가 노력에 비하여 과다하게 되는 경우가 생길 수 있다.

(3) 제공되는 법적 서비스의 내용에 따른 분류

1) 사건보수

사건보수는 위임사무의 처리에 있어서 성공과 실패가 있는 법률사무의 처리에 대한 보수를 말하는데, 이는 보수지급방식에 따라 착수금과 성공보수로 분류된다. 착수금은 위임된 사건처리의 결과와 관계없이, 즉 성공 여부와 관계없이 지급되는 보수로서 일반적으로 사건수임 시에 지급되는 것이 보통이고, 성공보수는 사건을 성공적으로 처리하는 것을 조건으로 지급되는 보수로서 사건이 종료된 이후에 지급되는 것이 보통이다. 사건보수는 심급대리의 원칙[72]에 따라 사건 및 심급마다 1건으로 정하는 것이 원칙인데, 가액기준보수로 보수약정을 하는 것이 일반적이지만 기준이 되는 가액을 정할 수 없는 형사사건에서는 정액보수가 일반적이다.

2) 사무보수

사무보수는 위임사무의 처리에 있어서 성공과 실패가 의미를 갖지 않는 법

---

72) 위임받은 소송대리권의 범위는 특별한 사정이 없는 한 당해 심급에 한정된다(대법원 2004.
5.14. 선고 2004다7354 판결).

률사무의 처리에 대한 보수를 말한다. 상담료, 감정료, 문서작성료, 고문료 등이 여기에 해당한다.

3) 실비변상

실비변상은 위임된 사건 또는 사무를 처리함에 있어서 소요되는 비용 및 여비를 말한다. 이는 엄격하게는 보수가 아니기 때문에 변호사 보수와는 별도로 지급되어야 한다. 인지대, 송달료, 복사비, 우편료 등은 비용에 해당되고 교통비, 숙박료 등은 여비에 해당된다.

5. 변호사 보수의 기준

(1) 기본원칙

변호사법은 보수에 관하여 특별한 규정을 두지 않고 있으나 윤리규약 제31조 제1항은 "변호사는 직무의 공공성과 전문성에 비추어 부당하게 과다한 보수를 약정하지 아니한다"고 규정하고 있다. 또한 대한변호사협회 회칙 제44조 제3항도 "보수는 사회통념에 비추어 현저하게 부당한 것이어서는 아니 된다"고 규정하여 보수의 기본원칙으로서 부당한 과다 보수 약정의 금지를 명시하고 있다.

(2) 적정한 보수와 그 기준

1) 변호사의 보수는 그 액수가 실질적으로 적정해야 한다. 윤리규약 제31조 제2항은 "변호사의 보수는 사건의 난이도와 소요되는 노력의 정도와 시간, 변호사의 경험과 능력, 의뢰인이 얻게 되는 이익의 정도 등 제반 사정을 고려하여 합리적으로 결정한다"고 규정하고 있다.

2) 현실적으로 변호사의 보수는 여러 가지 요인에 의하여 결정된다.
① 당해 사건 자체에 의한 요인으로는 소송물의 가액, 의뢰인이 소송의 결과 받을 수 있는 경제적 이익, 사건의 난이도·중대성·긴급성, 동종사건에 대한 종래의 보수액 등을 들 수 있다.
② 변호사의 입장에서 고려될 수 있는 요인으로는 사건처리에 필요한 시간

과 노력, 변호사의 경험과 능력, 사명감, 법무법인인지 개인 법률사무소인지 여부, 사건 수임능력과 사무소의 경영상황 등을 들 수 있다.

③ 의뢰인의 입장에서는 보수를 지불할 수 있는 경제적 능력의 정도, 사건해결을 통하여 얻게 될 경제적·사회적 이익의 정도, 변호사와 의뢰인 간의 친밀도 및 인간관계, 의뢰인의 당해 사건의 처리 결과에 대한 예상, 과거의 사건해결의 만족도 등이 이에 해당된다.

3) 판례상 적정한 보수 기준

판례는[73] 아래에서 보는 바와 같이 "약정된 보수액이 부당하게 과다하여 신의성실의 원칙이나 형평의 원칙에 반한다고 볼 만한 특별한 사정이 있는 경우에는, … 상당하다고 인정되는 범위 내의 보수액만을 청구할 수 있다"고 하면서 이때 적정한 보수를 산정하는 기준으로는 "의뢰인과의 평소부터의 관계·사건수임의 경위·사건처리의 경과와 난이도·노력의 정도·소송물 가액·의뢰인이 승소로 인하여 얻게 된 구체적 이익과 소속 변호사회의 보수규정 등 기타 변론에 나타난 제반 사정"을 들고 있는데 이는 윤리규약에서 제시하는 기준과 크게 다르지 않은 것으로 보인다.

▌▐▌ 관련 판례

1. 대법원 1992.3.31. 선고 91다29804 판결

【판시사항】

[1] 변호사가 소송위임사무처리에 대한 약정보수액 중 상당하다고 인정되는 범위 내의 보수액만을 청구할 수 있는 경우

[2] 변호사보수기준에 관한 규칙에 의한 성공보수액, 사건의 위임 경위 등 제반 사정에 비추어 변호사의 약정성공보수금 총액이 부당히 과다하여 이를 감액하고 그 금액을 초과하는 보수금의 약정은 신의성실의 원칙에 반하여 무효라고 한 사례

---

73) 대법원 1992.3.31. 선고 91다29804 판결.

【판결요지】

[1] 변호사의 소송위임사무처리에 대한 보수의 액에 관하여 의뢰인과 사이에 약정이 있는 경우에 위임사무를 완료한 변호사는 특별한 사정이 없는 한 약정된 보수액을 전부 청구할 수 있는 것이 원칙이기는 하지만, 의뢰인과의 평소부터의 관계·사건 수임의 경위·착수금의 액·사건 처리의 경과와 난이도·노력의 정도·소송물가액·의뢰인이 승소로 인하여 얻게 된 구체적 이익과 소속 변호사회의 보수규정 등 기타 변론에 나타난 제반 사정에 비추어, 약정된 보수액이 부당하게 과다하여 신의성실의 원칙이나 형평의 원칙에 반한다고 볼 만한 특별한 사정이 있는 경우에는, 예외적으로 위와 같은 제반 사정을 고려하여 상당하다고 인정되는 범위 내의 보수액만을 청구할 수 있다고 보아야 할 것이다.

[2] 소송이 특별히 복잡·중대하여 장기간 소요되었다거나 변호사가 유난히 많은 정성을 들였다고 볼 만한 사정이 없는 반면, 변호사보수기준에 관한 규칙에 의한 성공보수액은 금 6,790,000원이고, 변호사보수의소송비용산입에관한규칙에 의하여 소송비용에 산입되는 변호사의 보수는 금 3,460,000원에 불과할 뿐 아니라, 의뢰인은 변호사가 친구의 아버지여서 사건을 위임하게 된 것으로서, 일부 피고에 대하여는 의제자백으로 승소하였으나 그는 소재불명이고 가압류하여 놓은 재산도 없어서 집행가능성이 희박한데다가 부동산을 가압류하여 놓았던 피고들에 대하여는 모두 패소한 점 등 제반 사정을 참작하여 보면 금 30,000,000원의 약정성공보수금은 부당히 과다하고 그 보수액은 금 11,000,000원이 상당하다고 할 것이므로, 그 금액을 초과하는 보수금의 약정은 신의성실의 원칙에 반하여 무효라고 한 사례.

2. 대법원 1993.2.9. 선고 92다30382 판결

【판시사항】

[1] 소송위임사무에 대하여 변호사가 청구할 수 있는 보수액

[2] 승소사례금으로 금 50,000,000원을 지급한 사건에서 당사자간의 화해에 따른 취하로 가처분이의사건은 항소심 계속중에, 본안소송사건은 제1심 계속중에 각 종료된 사정 등을 이유로 금 20,000,000원이 상당하다고 한 사례

【판결요지】

[1] 변호사의 소송위임사무처리에 대한 보수의 액에 관하여 의뢰인과 사이에 약정이 있는 경우에 위임사무를 완료한 변호사는 특별한 사정이 없는 한 약정된 보수액을 전부 청구할 수 있는 것이 원칙이기는 하지만 의뢰인과의 평소부터의 관계, 사건수임의 경위, 착수금의 액, 사건처리의 경과와 난이도, 노력의 정도, 소송물가액, 의뢰인이 승소로 인하여 얻게 된 구체적 이익과 소속변호사회의 보수규정, 변호사보수의소송비용산입에관한규칙 등 제반 사정에 비추어 약정된 보수액이 부당하게 과다하여 신의성실의 원칙이나 형평의 원칙에 반한다고 볼 만한 특별한 사정이 있는 경우에는 예외적으로 상당하다고 인정되는 범위 내의 보수액만을 청구할 수 있다.

[2] 승소사례금으로 금 50,000,000원을 지급한 사건에서 당사자간의 화해에 따른 취하로 가처분이의 사건은 항소심 계속중에, 본안 소송사건은 제1심 계속중에 각 종료된 사정 등을 이유로 금 20,000,000원이 상당하다고 한 사례.

(3) 부적정한 보수 등에 관한 규제

1) 일반적 규제 기준

앞서 본 바와 같이 대한변호사협회 회칙 제44조 제3항은 "보수는 사회통념에 비추어 현저하게 부당한 것이어서는 아니 된다"고 규정하고 있고, 윤리규약 제31조에서도 변호사의 보수는 사안의 난이 등 제반 사정을 고려하여 적정하게 결정되어야 함을 규정하고 있다. 따라서 '사회통념'과 '제반사정'은 변호사 보수의 적정성을 평가하는 일반적 기준이 되는 것으로서 변호사는 의뢰인과 약정에 의하여 보수를 정하게 되지만, 그 액수는 사회통념 또는 제반사정에 비추어 적정하여야 한다는 것이다.

2) 윤리규약의 구체적인 규율

변호사 보수와 관련하여 가장 많은 분쟁이 발생하는 것은 과다한 보수에 관한 것이지만 윤리규약에서는 그 외에 변호사 보수와 관련된 여러 가지 규제를 하고 있다.

가. 추가보수 금지

변호사는 정당한 사유 없이 추가보수를 요구하지 아니한다(윤리규약 제33조 제1항). 다만, 변호사는 보수약정 시에 예측할 수 없었던 새로운 사정변경이 발생하고, 그러한 사정변경을 사전에 미리 알았다면 당초 그 금액으로 보수약정을 하지 않았을 것으로 인정될 수 있는 정당한 이유가 있을 경우에는 추가보수를 요구할 수 있다. 이를 사정변경에 의한 추가보수청구권이라 한다.

나. 성공보수 선수령 금지 규정 등의 삭제

① 과거 윤리규칙 제33조는 "변호사는 성공보수를 조건부로 미리 받아서는 아니 된다"고 규정하여 성공조건부 보수의 선수령을 금지하였으나 현행 변호사 윤리장전(2014.2.25. 시행)에서는 계약자유의 원칙에 맡기기로 하고 이를 삭제함으로써 이러한 제한은 없어졌다.

② 과거 윤리규칙 제36조의 "변호사는 조세포탈 기타 어떠한 명목으로도 의뢰인 또는 관계인과 수수한 보수의 액을 숨기기로 밀약하거나 영수증 등 증거를 조작하여서는 아니 된다"고 하는 증거조작 금지 규정은 변호사가 당연히 지켜야 할 사항이라는 이유로 현행 변호사윤리장전에서 삭제되었다.

③ 또한 과거 윤리규칙 제37조의 "변호사는 사건의 유치를 위하여 상담료, 고문료, 감정료 기타 보수 등에 관하여 다른 변호사와 부당하게 경쟁하여서는 아니 된다"라는 보수의 부당경쟁 규제 규정도 마치 변호사들의 경쟁 자체를 제한하는 취지로 오해될 수 있다는 이유로 현행 변호사윤리장전에서 삭제되었다.

다. 보수전환금지

변호사는 명백한 서면 약정 없이 공탁금, 보증금, 기타 보관금 등을 보수로 전환하지 아니한다. 다만, 의뢰인에게 반환할 공탁금 등을 미수령 채권과 상계할 수 있다(윤리규약 제33조 제2항). 이는 의뢰인의 소유인 자산에 대한 부당한 전용이나 횡령을 방지하기 위한 것이다.

라. 교제용 보수 약정 및 수령 금지

변호사는 담당 공무원에 대한 접대 등의 명목으로 보수를 정해서는 아니 되며, 그와 연관된 명목의 금품을 요구하지 아니한다(윤리규약 제33조 제3항). 변호사는 이유 여하를 막론하고 접대비 등의 명목으로 의뢰인으로부터 금품을 받아서는 안 된다. 만약 접대비가 담당 공무원 등에게 전달되거나 향응을 위해서 사용되었다면 형법상 뇌물죄의 책임까지 지게 될 것이다. 실무상 이와 관련하여 징계를 받는 사례도 적지 않다.

마. 비변호사와의 보수분배 금지

변호사는 변호사 아닌 자와 공동의 사업으로 사건을 수임하거나 보수를 분배하지 아니한다. 다만 외국법자문사법에서 달리 정하는 경우에는 그러하지 아니하다(윤리규약 제34조 제1항). 이는 변호사의 직무수행과 관련하여 그 독립성을 보장하기 위한 것이다. 외국법자문사법 제34조의2 제1항에 의하면 대한변호사협회에 '공동사건 처리 등을 위한 등록'을 한 외국법자문법률사무소는 법률사무소, 법무법인 등과 국내법사무와 외국법사무가 혼재된 법률사건을 사안별 개별계약에 따라 공동으로 처리하고, 그로부터 얻은 수익을 분배할 수 있다.

6. 착수금 및 성공보수와 관련된 문제

(1) 착수금은 위임된 사건처리의 결과와 관계없이, 다시 말해서 사건의 성공 여부와 관계없이 지급되는 보수로서 위임사무의 처리비용과 보수금 일부의 선급금 명목으로 지급받는 성질의 금원인데, 이는 일반적으로 사건수임 시에 지급되는 것이 보통이다. 반면 성공보수는 사건을 성공적으로 처리하는 것을 조건으로 지급되는 보수로써, 수임사건의 결과에 따라 확정금액을 받거나 수임사건의 경제적 이익가액에 대한 일정 비율을 받기로 약정하는 것이 보통이다. 따라서 성공보수는 사건의 성공적 처리라는 조건이 성취된 이후에 지급되는 것이 그 성질상 당연한 것이다. 실무상 착수금 및 성공보수와 관련해서는 아래에서 보는 바와 같이 몇 가지가 문제된다.

(2) 착수금의 반환문제

1) 착수금은 위임된 사건 또는 사무의 성공 여부와 관계없이 지급되는 것이기 때문에 위임사건이 의뢰인이 예상했던 것보다 단기간에 아주 간단하게 종료되었다 하더라도 의뢰인에 대한 착수금 반환의무는 생기지 않는다. 다만, 사건 위임계약이 변호사의 귀책사유로 해지되어 종료된 경우에 변호사는 원칙적으로 수령한 착수금을 반환하여야 하지만, 위임계약의 해제 시까지 위임계약에 따라 일부 위임사무를 처리한 경우에는 수령한 착수금 중에서 그 사무처리의 비율과 내용에 따른 일부 금원을 공제한 나머지 착수금을 반환하면 족하다고 보는 것이 일반적인 견해이고 대법원도 같은 입장이다.[74]

2) 그러나 변호사의 귀책사유로 위임계약이 해지되어 종료된 경우 변호사가 항상 착수금 중 일부분을 보수로 인정받아 취득하고 나머지 금액만을 의뢰인에게 반환할 의무를 부담하는 것으로 볼 수는 없을 것이다. 왜냐하면 수임사건을 수행하는 변호사는 성실하게 의뢰인의 권익을 옹호할 의무가 있을 뿐만 아니라 의뢰인과의 신뢰관계를 근본적으로 깨뜨리는 행위 등을 하여서는 아니 되는 의무를 부담하게 되는데, 변호사가 착수금을 수령한 후 위와 같은 의무에 위반하는 행위를 하는 경우에도 수임사무의 처리 부분에 상당하는 보수를 인정해 주는 것은 변호사의 의무위반 행위를 용납하거나 부추기는 결과를 초래할 수 있기 때문이다. 따라서 착수금 중 일부를 반환해야 하는 문제는 위임계약의 해지사유를 엄격히 따져보고 판단할 필요가 있고, 경우에 따라서는 오히려 변호사가 의뢰인에게 손해배상책임을 지게 되는 경우도 생길 수 있다고 보아야 할 것이다.

3) 변호사가 의뢰인과 보수약정을 하면서 착수금은 어떠한 경우에도 반환하지 않는다는 약정을 한 경우 그 약정은 유효한 것인지가 문제된다. 생각건대 이와 같은 약정의 유효성을 인정하게 되면 의뢰인은 변호사를 해임하고 싶어도 이미 지급한 착수금을 반환받지 못하게 되는 문제 때문에 사실상 해임권의 행사가 불가능해진다. 다시 말해 착수금 반환 금지 약정을 유효한 것으로 보게 되면 언

---

74) 대법원 2008.12.11. 선고 2006다32460 판결.

제든지 변호사를 해임할 수 있는 의뢰인의 권리 내지 의사가 부당하게 구속되는 결과를 초래하게 될 것이므로 이는 무효라고 보아야 할 것이다.[75]

(3) 성공보수약정의 태양

1) 성공보수약정은 다양한 형태로 체결될 수 있는데 그들 간의 공통점은 변호사의 보수가 수임사건의 결과에 좌우된다는 점이다. 이는 크게 3가지 유형으로 나눌 수 있다. 첫째, 수임사건의 결과에 따라 확정금액을 받기로 하는 유형이다. all or nothing 형식으로 약정할 수도 있고, 부분적인 성공의 경우 부분적인 확정금액을 받기로 약정하는 단계별 성공보수약정도 있을 수 있다. 둘째, '일정 부분에 대한 약속' 유형으로서 수임사건의 대상물(소송물)의 경제적 가치에 대한 일정 비율을 보수로 받기로 하는 유형이다. 셋째, 변호사가 일정한 보수를 받지만, 성공할 경우 추가적으로 성공보수를 받기로 하는 유형이다. 실무상 성공보수는 사건수임 약정 시에 착수금과 함께 당해 사건의 성공비율 내지 성공가액에 따른 성공보수액을 약정하는 형식으로 행하여지는 것이 보통이지만, 손해배상청구 사건의 경우에는 변호사가 모든 소송비용을 부담하여 사건을 수행한 후, 승소하여 얻어낸 배상액으로부터 그 동안에 소요된 소송비용을 공제한 다음 그 나머지 금액에 대한 일정 비율의 금액을 보수로 받기로 하는 형식의 약정이 행해지기도 한다.[76] 실제로 성공보수 약정의 형식은 다양하여 그 보수의 법적 성격을 규명함에 있어 착수금의 액수와 소송물 가액, 수임사건의 성공 정도 등을 종합적으로 고려하여 순수한 의미의 성공보수인지 아니면 그 지급시기를 수임사건 종료 후로 약정한 것인지를 살펴볼 필요가 있다.

---

75) 과거에 착수금의 반환을 금하는 내용의 약정을 부동문자로 인쇄된 약정서의 방식에 따라 행하여 온 관례가 있었는데 이에 대해서는 구속력이 없다고 보는 것이 일반적이었다.

76) 이러한 전면 성공보수제(contingent fee)에 대하여는 ① 자력 없는 자에 대한 권리신장의 길을 열어주는 사회정책적인 효용이 있고 ② 보수결정 방식은 자유직업으로서의 변호사의 자유로운 활동의 기초를 이루며 ③ 일반사회 풍습에도 반하지 않는다는 긍정론과, ① 변호사의 공공적 사명에 비추어 볼 때 승소를 조건으로 보수를 정하고 그 취득액으로부터 일정 비율 상당액을 지급받는 것은 변호사의 전문가로서의 지위와 모순되고 ② 의뢰인에게 부당한 희생을 강요하는 면이 있으며 ③ 변호사가 승소하기 위하여 남소를 권장함과 동시에 부정한 수단으로 소송을 투기화할 우려가 있다는 부정론이 있다.

(4) 성공보수 약정의 유효성

1) 우리나라에서는 사적 자치의 원칙에 따라 변호사와 의뢰인 사이의 성공보수 약정은 일반적으로 유효한 것으로 인정되어 왔다. 다만, 성공보수 약정이 선량한 풍속이나 사회질서에 반하거나 의뢰인의 궁박, 경솔 또는 무경험으로 인하여 현저하게 불공정한 경우에는 무효이거나 상당하다고 인정되는 금액의 범위 내에서만 효력이 있는 것으로 보아야 한다. 대법원 역시 같은 입장이다.[77]

2) 한편 이와는 달리 성공보수 약정은 금지되거나 그 효력을 부정하여야 한다는 입장도 있는데, 변호사의 사명이 인권옹호와 정의구현에 있는 이상 변호사가 법원과 당사자로부터 독립하여 그 사명을 완수할 수 있도록 하고, 비윤리적이거나 불법적인 수단을 동원하려는 유혹에 빠지지 않도록 하기 위해서는 성공보수 약정을 금지시켜야 한다는 것이다.[78]

3) 생각건대 변호사의 성공보수는 변호사가 자신이 수임한 사건에 대하여 노력한 결과로서 발생하는 성공의 대가라고 할 수 있다. 하지만 변호사는 수임사건에 관하여 선량한 관리자의 주의의무로서 최선의 노력을 다하여 처리할 직무상 의무가 있다는 점에서 보면, 직무 수행 후의 좋은 결과에 대하여 별도의 보수지급을 약정하는 것이 이중의 보수지급이라고도 보여질 수 있기 때문에 일반적으로 성공보수 약정에 대하여는 부정적인 시각이 많은 것이 사실이다. 그러나 성공보수 자체를 의뢰인이 당해 수임사건과 관련하여 지급하게 될 전체 보수액 중의 일부라고 이해한다면, 성공보수는 그 지급 시기와 조건을 성공이라는 결과의 발생에 의존케 하는 부가적인 보수약정이라고 볼 수도 있을 것이다.

4) 대법원은 2015년 7월 23일 전원합의체 판결에서 형사사건에 관한 성공보수 약정이 선량한 풍속 기타 사회질서에 위배되는 것으로 평가할 수 있다고 함과 아울러 다만 판결선고일까지 이루어진 성공보수 약정은 무효라고 단정하기 어렵다고 하면서 위 판결선고일 이후에 형사사건에 관하여 체결되는 성공보수

---

77) 대법원 1992.3.31. 선고 91다29804 판결.
78) 권오승, "변호사보수에 관한 검토", 법과 사회 제11호, 법과 사회이론학회, 1990, 148면.

약정은 민법 제103조에 의하여 무효로 보아야 한다고 하였다.[79] 위 판결을 두고 찬반양론이 대립하고 있으나 어찌 되었든 간에 위 대법원 판결의 취지에 따르면 현재 형사사건에 관한 성공보수약정은 무효임에 유의하여야 한다.

(5) 성공보수청구권의 성립요건

1) 성공보수청구권은 변호사와 의뢰인 사이의 위임계약의 존재를 전제로 하는 것이다. 따라서 위임계약의 체결 없이 성공보수 청구권은 성립될 수 없다.

2) 성공보수 약정을 하였어야 한다

성공보수 약정은 위임계약의 체결 시에 하는 것이 보통이지만 위임사건의 처리 중에 하여도 무방하며, 사후에 보수를 둘러싼 분쟁의 발생을 예방하기 위하여 가급적 서면으로 체결하여야 한다(윤리규약 제32조). 대법원은 성공보수 약정을 명시적으로 하지 않은 경우에도 무보수로 한다는 특약이 없는 한 성공보수를 청구할 수 있다고 한다.[80] 그러나 명시적인 약정이 없는 경우에는 수임사건의 승소에 해당되는 결과가 발생하였다고 하여 모든 경우에 성공보수를 청구할 수 있는 것은 아니고, 성공보수를 인정할 만한 사정을 특별히 참작하여 이를 제한적으로 인정하여야 할 것이다.[81]

3) 위임사건이 성공되었어야 한다

어떠한 경우가 성공에 해당되는지의 여부는 당사자 사이의 약정에 의하여 판단할 것이다. 예컨대 민사소송에서 청구취지의 전부 또는 일부가 인용되었다면 성공한 것으로 볼 수 있을 것이다. 위임계약서 상의 '승소간주조항'에[82] 의하여 성공보수청구권이 발생할 수도 있을 것이지만, 신의성실의 원칙에 반하거나 불공정한 약관에 해당되어 그 효력이 부정될 수도 있다.[83] 판례는 '화해권고결

---

79) 대법원 2015.7.23. 선고 2015다 200111 전원합의체 판결.

80) 대법원 1975.5.25. 선고 75다1637 판결.

81) 정형근, 앞의 책, 252면.

82) 예컨대, 의뢰인이 임의로 청구의 포기·인낙, 소취하, 항소취하, 상대방의 청구의 포기·인낙, 소취하, 행정처분의 직권취소 등의 경우는 승소로 본다는 내용의 약정조항을 말한다.

정'[84] 또는 '쌍불취하 간주'가[85] 되어 소송이 종료된 때 이를 성공으로 인정한 바 있다.

4) 성공보수가 과다하지 않아야 한다

성공보수의 과다 여부는 소송의 난이도, 노력과 비용의 정도, 재판의 진행기간 등을 참작하여 결정된다. 약정한 성공보수가 부당하게 과다한 경우에는 상당하다고 인정되는 범위 내의 보수청구만이 인정된다.[86]

5) 성공보수의 청구 시기는 원칙적으로 당사자 사이의 약정에 의할 것이지만, 약정이 없을 경우에는 위임사무가 종료된 이후가 되는 것이 원칙이다(민법 제686조 제2항). 대법원은 성공보수 약정이 제1심에 대한 것으로 인정되는 이상 심급대리의 원칙에 따라 수임한 소송사무가 종료하는 시기인 '제1심 판결을 송달받은 때'로부터 그 소멸시효 기간이 진행된다고 한다.[87] 앞서 본 바와 같이 과거 윤리규칙에서는 변호사가 성공보수를 미리 받지 못하도록 금지하고 있었기 때문에 실무상 이를 선수령하여 징계를 받는 사례가 적지 않았으나 현재는 그럴 일이 없어졌다.

7. 보수의 미지급

변호사가 보수를 지급받지 못한 경우 의뢰인을 상대로 소를 제기할 수 있다. 소송 이외의 방법으로는 소속 지방변호사회에 분쟁조정을 신청하는 방법이 있는데, 윤리규약 제30조는 "변호사는 의뢰인과 직무와 관련한 분쟁이 발생한 경우에는, 소속 지방변호사회의 조정에 의하여 분쟁을 해결하도록 노력한다"고 규정하고 있다.

---

83) 대법원 2007.9.21. 선고 2005다43067 판결; 서울고등법원 2005.6.30. 선고 2004나69934 판결.
84) 서울중앙지방법원 2006.11.14. 선고 2006가단192339 판결.
85) 대법원 1970.12.22. 선고 70다2312 판결.
86) 대법원 1993.2.9. 선고 92다30382 판결.
87) 대법원 1995.12.26. 선고 95다24609 판결.

관련 판례

1. 대법원 2009.7.9. 선고 2009다21249 판결

【판시사항】
소송위임사무에 대하여 변호사가 청구할 수 있는 보수액

【판결요지】
변호사의 소송위임사무처리에 대한 보수에 관하여 의뢰인과의 사이에 약정이 있는 경우에 위임사무를 완료한 변호사는 특별한 사정이 없는 한 약정된 보수액을 전부 청구할 수 있는 것이 원칙이기는 하지만, 의뢰인과의 평소부터의 관계, 사건 수임의 경위, 착수금의 액수, 사건처리의 경과와 난이도, 노력의 정도, 소송물의 가액, 의뢰인이 승소로 인하여 얻게 된 구체적 이익과 소속변호사회의 보수규정, 기타 변론에 나타난 제반 사정을 고려하여 약정된 보수액이 부당하게 과다하여 신의성실의 원칙이나 형평의 원칙에 반한다고 볼 만한 특별한 사정이 있는 경우에는 예외적으로 상당하다고 인정되는 범위 내의 보수액만을 청구할 수 있다고 보아야 한다.

2. 대법원 2009.9.10. 선고 2009다40677 판결

【판시사항】
[1] 변호사의 소송위임사무에 대한 약정보수액을 감액하기 위한 요건 및 그 근거의 제시 정도
[2] 변호사의 성공보수액이 부당하게 과다하여 신의성실의 원칙이나 형평의 원칙에 반한다고 보아 이를 감액하기에는 그 근거가 심히 박약하다고 평가하여 원심판결을 파기한 사례

【판결요지】
[1] 변호사의 소송위임 사무처리에 대한 보수에 관하여 의뢰인과의 사이에 약정이 있는 경우에 위임사무를 완료한 변호사는 특별한 사정이 없는 한 약정된 보수액을 전부

청구할 수 있는 것이 원칙이고, 그 보수액이 부당하게 과다하여 신의성실의 원칙이나 형평의 원칙에 반한다고 볼 만한 특별한 사정이 있는 경우에는 상당하다고 인정되는 범위 내의 보수액만을 청구할 수 있으나, 이는 어디까지나 계약자유의 원칙을 배제하는 예외적인 경우이므로 그와 같이 예외적으로 취급하기 위해서는 그에 관한 합리적인 근거를 명확히 밝혀야 할 것이다.

[2] 그런데 원심이 이 사건 보수 약정이 부당하게 과다하다는 근거로 설시하고 있는 사정을 보면, 우선 위임사건이 종국적으로 승소에 이르게 된 과정에 있어서의 원고의 기여도나 활동의 정도, 소송수행의 난이도 등에 관한 원심의 설시 자체에 앞뒤 모순되는 내용이 적지 아니하여 과연 이로써 이 사건 보수약정의 효력을 배제할 근거로 삼을 수 있을지 의문일 뿐 아니라, 이를 최대한 원고에게 불리한 사정의 설시로 본다 하더라도, 소외 1이 제1심, 제2심 모두 패소하여 소송 목적물인 토지소유권을 상실할 위기에서 원고가 소송대리를 맡아 상고심의 파기환송판결을 받고 계속 소송을 수행하여 결국 승소의 확정판결을 받음으로써 소유권을 보전할 수 있게 된 이 사건의 전체적인 과정에서, 원심 판시에 나타나는 원고의 활동내용, 사건의 법리적 쟁점, 전체적인 소요기간과 거친 심급, 소송물가액, 승소로 인한 소외 1의 이익, 착수금 및 성공보수의 액수, 성공가능성 등 모든 사정을 놓고 볼 때, 원심이 설시하는 위 사정만으로 이 사건 약정금이 부당하게 과다하여 신의성실의 원칙이나 형평의 원칙에 반한다고 보기에는 심히 근거가 박약하다고 평가된다.

그렇다면 위와 같은 사정만으로 이 사건 약정에 따른 성공보수가 부당하게 과다하여 형평의 원칙에 반한다고 하여 그 성공보수로 약정된 이 사건 토지 가운데 7/10 지분의 이전등기만을 청구할 수 있다고 판단한 원심판결에는 필경 보수약정에 관한 법리를 오해하여 판결에 영향을 미친 위법이 있다 할 것이다.

3. 대법원 2012.6.14. 선고 2010다52584 판결 [양수금]

【판시사항】

[1] 소송위임계약과 관련하여 위임사무 처리 도중 수임인의 귀책사유로 계약이 종료된 경우, 위임인에게 수임인이 계약종료 당시까지 이행한 사무처리 부분에 관하여 상당한 보수 금액과 사무처리 비용을 지급할 의무가 있는지 여부(적극) 및 상당한 보수 금액을 정할 때 당시까지의 소송 수행 결과 충분히 예상 가능한 성공보수액도 참작할 수 있는지 여부(적극)

[2] 처분문서에 나타난 당사자 의사의 해석 방법

【이 유】

1. 상고이유 제1점에 대하여

소송위임계약과 관련하여 위임사무 처리 도중에 수임인의 귀책사유로 신뢰관계가 훼손되어 더 이상 소송위임사무를 처리하지 못하게 됨에 따라 계약이 종료되었다 하더라도, 위임인은, 수임인이 계약종료 당시까지 이행한 사무처리 부분에 관해서 수임인이 처리한 사무의 정도와 난이도, 사무처리를 위하여 수임인이 기울인 노력의 정도, 처리된 사무에 대하여 가지는 위임인의 이익 등 여러 사정을 참작하여 상당하다고 인정되는 보수 금액 및 상당하다고 인정되는 사무처리 비용을 지급할 의무가 있다[대법원 2008.12.11. 선고 2006다32460 판결 등 참조].

그리고 당사자들 사이에 이른바 성공보수의 약정을 하면서 전 심급을 통하여 최종적으로 승소한 금액의 일정 비율을 성공보수금으로 지급하기로 한 경우에, 특별한 사정이 없는 한 성공보수는 소송위임계약에서 정한 소송위임 사무처리 대가로서의 보수의 성격을 가진다고 할 것이고, 또한 각 심급별 소송비용에 산입될 성공보수는 최종 소송 결과에 따라 확정된 성공보수금을 승소한 심급들 사이에서 각 심급별 승소금액에 따라 안분하는 방법으로 산정함이 타당함에 비추어 보면[대법원 2012.1.27. 자 2011마 1941 결정 참조], 위와 같이 상당한 보수 금액을 정할 때에는 그 당시까지의 소송 수행의 결과 충분히 예상 가능한 성공보수액도 참작할 수 있다고 봄이 상당하다.

원심판결 이유에 의하면, 원심은, 피고가 법무법인 OO에 이 사건 관련 각 행정소송을 위임하면서 그 보수로 착수금 6,000만원과 '최종 승소 환급되는 경우에만 환급가액에 대해 2.5%의 금액'의 수임료를 지급하기로 약정하였는데, 항소심소송 진행 중 조정을 통한 분쟁의 종국적인 해결을 바라는 피고와 달리 위 법무법인이 이에 부정적인 의견을 피력하고 나아가 그에 관한 내용을 신문 인터뷰를 통하여 대외적으로 보도되게 함에 따라, 위 법무법인의 귀책사유로 그들 사이의 신뢰관계가 훼손되어 이 사건 위임계약을 계속 유지할 것을 기대하기 어렵게 되고 피고의 해지에 의하여 이 사건 위임계약이 종료되었다고 보는 한편 위 약정 보수 가운데 이 사건 위임계약의 해지 당시까지 이 사건 관련 각 행정소송에 관하여 위 법무법인이 수행한 사무처리에 상당한 보수를 지급할 의무가 있고, 따라서 위 법무법인으로부터 위 보수금 채권을 양수한 원고에게 이를 지급할 의무가 있다고 판단하였다.

위 법리와 기록에 비추어 살펴보면, 원심의 이러한 판단에 상고이유 주장과 같이 위임계약의 종료에 따른 보수지급의무에 관한 법리를 오해하는 등의 위법이 없다.

···

2. 상고이유 제3, 4, 5점에 대하여

가. 당사자 사이에 계약의 해석을 둘러싸고 이견이 있어 처분문서에 나타난 당사자의

의사해석이 문제되는 경우에는 그 문언의 내용, 그러한 약정이 이루어진 동기와 경위, 그 약정에 의하여 달성하려는 목적, 당사자의 진정한 의사 등을 종합적으로 고찰하여 논리와 경험칙에 따라 합리적으로 해석하여야 한다(대법원 2005.5.27. 선고 2004다60065 판결, 대법원 2007.9.20. 선고 2006다15816 판결 등 참조).

나. 원심판결 이유에 의하면, 원심은 이 사건 관련 각 행정소송에서 '최종 승소 환급되는 경우에만 환급가액에 대해 2.5%의 금액'의 수임료를 지급하기로 한 보수 약정의 의미에 관하여, 피고가 이 사건 관련 각 행정소송에서 대법원판결 등으로 최종 승소함으로써 법인세 등의 부과처분이 취소되고 피고가 세금 환급이라는 실질적인 성과를 얻게 되었을 경우를 의미하는 것으로 보이고, 위 각 행정소송이 종료된 후 과세관청의 재처분 등을 통하여 실제로 납부할 세금 및 환급금액이 확정적으로 결정된 후에 그에 따른 최종 환급금액의 2.5%를 지급한다는 의미로 해석할 수 없다고 판단한 후, 이러한 해석을 토대로 이 사건 관련 각 행정소송 중 1심에서 피고가 전부 또는 일부 승소한 판결에 따른 환급예정총액에서 항소심에서 피고 패소로 확정된 가액을 공제한 163,926,793,017원(이하 '이 사건 승소액'이라 한다)을 이 사건 관련 각 행정소송의 승소판결에 따라 피고가 얻을 수 있었던 이익으로 인정하고, 이 사건 변론에 나타난 제반 사정을 참작하여 이 사건 승소액을 기초로 약정 성공보수 금률 2.5%를 곱한 금액 중 약 60%에 해당하는 24억원을 법무법인 소명이 이 사건 위임계약이 해지될 때까지 처리한 사무의 비율에 따른 보수로서 피고가 지급함이 상당한 보수액으로 산정하였다.

다. 그러나 위 보수 약정의 의미를 원심판결과 같이 해석하면 이 사건 관련 각 행정소송의 판결 확정 전에 과세관청의 감액 경정처분 등의 재처분이 이루어지는 경우에는 최종 승소금액이 달라져 이에 따라 보수도 달라지는 결과가 되는데, 이는 위 법무법인 의 소송 사무처리 성과와 직접 관련이 없는 사정에 의하여 보수액이 결정되게 되어 불합리하고 형평에 어긋나며, 이러한 사정과 아울러 원심이 인정한 사실관계에서 알 수 있는 위 각 행정소송에 이르게 된 경위, 위 각 행정소송의 진행 경과 및 위 각 행정소송을 통하여 얻으려고 하는 피고의 실질적인 목적 등을 함께 종합하여 보면, 위 약정은 원심판단과 달리 위 행정소송에서 판단된 실체적인 조세 법률관계를 기초로 과세관청의 재처분 등을 통하여 피고가 납부하여야 할 세금액이 구체적으로 산정되어 확정되고 그에 따라 피고가 최종적으로 환급받게 되는 금액의 2.5%를 보수로 지급하기로 하는 취지라고 해석함이 상당하므로, 위 보수 약정의 해석에 관한 원심의 판단은 수긍하기 어렵다.

그리고 원심이 적법하게 확정한 사실을 기록에 비추어 살펴보면, ① 이 사건 관련 각 행정소송의 판결 중 8건이 피고 전부 또는 일부 승소의 판결이었는데, 그 이유는 피고의 사업 중에서 수익사업에서 발생한 소득금액에 대하여만 법인세를 납부할 의무가 있는데 수익사업에서 발생한 소득금액이 구분하여 경리되어 있지 않고, 법원에 현출된 모든 증거에 의하더라도 피고에게 부과될 정당한 법인세액이나 부가가치세액을 산출할 수 없어 과세처분을 전부 취소한다는 취지여서, 위 행정소송 후 과세관청의 추계과세방법 등에 의한 재처분이 예상되므로 실제로 환급될 수 있는 가액은 승소가액보다 훨씬 줄어들 가능성이 있었던 사실, ② 피고는 위 승소판결의 취지에 비추어 분쟁이 계속될 우려가 있다며 조정을 통한 사건의 해결을 원함에 따라 서울고 등법원에서 제시한 조정권고안을 과세관청과 함께 수락한 결과 피고가 실제로 환급받은 금액은 55,587,257,097원인데, 이는 위와 같이 원심이 보수산정의 기초로 삼은 이 사건 관련 각 행정소송의 승소판결에 따라 피고가 얻을 수 있었던 이익인 이 사건 승소액의 3분의 1 정도에 불과한 사실, ③ 이 사건 관련 각 행정소송은 16건에 이르지만 과세연도를 달리한 법인세와 부가가치세에 대하여 따로 제기된 것일 뿐 그 주요 주장은 상당부분 중복되는 사실을 알 수 있고, 또한 법무법인 소명의 귀책사유로 피고와의 신뢰관계가 훼손되어 이 사건 위임계약이 해지됨에 따라 위 법무법인이 이 이 사건 관련 각 행정소송을 마무리 짓지 못한 사실은 위에서 본 바와 같다. 이러한 사실관계에 비추어 보면, 비록 원심이 이 사건 승소액에 약정 성공보수금률을 곱한 금액을 바로 피고가 지급함이 상당한 보수액으로 보지 아니하고 그 중에서 약 60%로 제한한 금액을 보수액으로 인정한 사정을 참작한다고 하더라도, 위에서 본 바와 같이 원심이 위 보수 약정의 해석을 그르친 위법은 이 사건 위임계약이 해지될 때까지 처리한 사무의 비율에 따른 보수액 산정 결과에 영향을 미쳤다고 봄이 상당하다. 이 점을 지적하는 취지의 상고이유 주장은 이유 있다.

4. 대법원 1995.12.5. 선고 94다50229 판결

【판시사항】

변호사에게 사건을 위임함에 있어 보수에 관한 명시적인 약정이 없는 경우, 보수청구권의 인정 가부 및 그 보수액 산정시 고려할 사항

【판결요지】

변호사에게 계쟁 사건의 처리를 위임함에 있어서 그 보수 지급 및 수액에 관하여 명시적인 약정을 아니하였다 하여도, 무보수로 한다는 등 특별한 사정이 없는 한 응분의 보수를 지급할 묵시의 약정이 있는 것으로 봄이 상당하고, 이 경우 그 보수액은 사건

수임의 경위, 사건의 경과와 난이 정도, 소송물 가액, 승소로 인하여 당사자가 얻는 구체적 이익과 소속 변호사회 보수규정 및 의뢰인과 변호사 간의 관계, 기타 변론에 나타난 제반 사정을 참작하여 결정함이 상당하다.

5. 대법원 1993.11.12. 선고 93다36882 판결

【판시사항】

변호사에게 사건을 위임하면서 보수에 관한 명시적 약정이 없는 경우의 의사해석

【판결요지】

변호사는 당사자 기타 관계인의 위임 또는 공무소의 위촉 등에 의하여 소송에 관한 행위 및 행정처분의 청구에 관한 대리행위와 일반 법률사무를 행함을 그 직무로 하고 사회통념에 비추어 현저히 부당한 보수를 받을 수 없을 뿐이므로, 변호사에게 계쟁사건의 처리를 위임함에 있어서 그 보수지급 및 수액에 관하여 명시적인 약정을 아니 하였다 하여도, 무보수로 한다는 등 특별한 사정이 없는 한 응분의 보수를 지급할 묵시의 약정이 있는 것으로 봄이 상당하다.

6. 대법원 1982.9.14. 선고 82다카284 판결

【판시사항】

[1] 민사소송대리업무를 위임받은 변호사가 소제기 이외의 방법으로 재판외 화해를 성립시켜 소제기가 불필요하게 된 경우 변호사의 보수청구권 유무
[2] 변호사가 소송사건을 수임하면서 지급받는 착수금의 성질

【판결요지】

[1] 민사사건의 소송 대리업무를 위임받은 변호사가 그 소송 제기전에 상대방에 채무 이행을 최고하고 형사고소를 제기하는 등의 사무를 처리함으로써 사건위임인과

상대방 사이에 재판 외 화해가 성립되어 결과적으로 소송제기를 할 필요가 없게 된 경우에, 사건본인과 변호사 사이에 소제기에 의하지 아니한 사무처리에 관하여 명시적인 보수의 약정을 한바 없다고 하여도 특단의 사정이 없는 한 사건위임인은 변호사에게 위 사무처리에 들인 노력에 상당한 보수를 지급할 의무가 있다.

[2] 변호사가 소송사건 위임을 받으면서 지급받는 착수금 또는 착수 수수료는 일반적으로 위임사무의 처리비용 외에 보수금 일부(이 경우의 보수금은 위임사무인 소송사건의 성공여부와 관계없이 지급되는 것이 보통이다)의 선급금조로 지급받는 성질의 금원이라 볼 것이다.

7. 서울중앙지방법원 2005.9.16. 선고 2005가합28940 판결

【판시사항】

[1] 소송대리를 위임받은 변호사가 의뢰인의 직원이던 자들을 대리하여 의뢰인을 상대로 소를 제기한 행위는 의뢰인과의 근본적인 신뢰관계를 깨뜨리는 행위라고 보아 의뢰인의 해지 의사표시로 소송위임계약이 적법하게 해지되었다고 한 사례

[2] 변호사가 소송사건을 수임하면서 지급받는 착수금의 성질 및 소송위임계약이 해지된 경우, 착수금의 반환 범위

[3] 위임계약에 있어서 수임인의 채무불이행으로 손해가 발생한 경우, 위자료를 인정하기 위한 요건

【판결요지】

[1] 소송대리를 위임받은 변호사는 그 수임사무를 수행함에 있어 전문적인 법률지식과 경험에 기초하여 성실하게 의뢰인의 권리를 옹호할 의무가 있는 외에 의뢰인과의 신뢰관계를 근본적으로 깨뜨리는 행위 등을 하지 않아야 할 의무도 있음을 이유로, 변호사가 비록 동일한 사건은 아니더라도 의뢰인의 직원이던 자들을 대리하여 의뢰인을 상대로 소를 제기한 행위는 의뢰인과의 근본적인 신뢰관계를 깨뜨리는 행위라고 보아 의뢰인의 해지 의사표시로 소송위임계약이 적법하게 해지되었다고 한 사례.

[2] 변호사가 의뢰인으로부터 받는 착수금은 일반적으로 위임사무의 처리비용과 보수금 일부의 선급금조의 성격을 갖는다고 할 것이므로 소송위임계약이 해지된 경우 수임인인 변호사는 사무처리의 정도 등에 비추어 일부 착수금을 반환할 의무가 있다.

[3] 일반적으로 위임계약에 있어서 수임인의 채무불이행으로 인하여 위임의 목적을 달성할 수 없게 되어 손해가 발생한 경우, 그로 인하여 위임인이 받은 정신적인 고통은 그 재산적 손해에 대한 배상이 이루어짐으로써 회복된다고 보아야 하고, 위임인이 재산적 손해에 대한 배상만으로는 회복될 수 없는 정신적 고통을 입었다는 특별한 사정이 있고, 수임인이 그와 같은 사정을 알았거나 알 수 있었을 경우에 한하여 정신적 고통에 대한 위자료를 인정할 수 있는 것이다.

8. 서울고등법원 2005.6.30. 선고 2004나69934 판결

【판시사항】

변호사가 동의하지 않는 한 어떤 경우에도 사건 위임인이 소를 취하하거나 청구의 포기 등을 할 경우 그 경위나 목적, 위임인이 얻은 경제적 이익의 가치 등에 관계없이 전부 승소한 것으로 간주해 산정한 성공보수를 변호사에게 지급케 하는 조항은 위임인에게 부당하게 불리한 조항으로 약관의 규제에 관한 법률 제6조에 의하여 무효이다.

【판결요지】

이 사건 승소간주조항은 위임계약의 일방 당사자인 변호사가 다수의 상대방과 계약을 체결하기 위하여 일정한 형식에 의하여 미리 마련한 계약의 내용으로서 약관에 해당하는 바, 그 기본적 취지는 승소의 가능성이 있는 소송을 위임인이 부당하게 취하하여 수임인의 조건부권리를 침해하는 경우를 방지하기 위한 것이므로 승소의 가능성이 전혀 없음이 명백하여 위임인이 소송비용을 절약하고 부당한 소송행위의 책임을 면하기 위하여 부득이 소송을 취하하는 경우 등에는 그 적용을 제한할 수 있어야 하고, 변호사의 소송위임사무처리에 대한 보수에 관하여 의뢰인과의 사이에 약정이 있는 경우에 위임사무를 완료한 변호사는 특별한 사정이 없는 한 약정된 보수액을 전부 청구할 수 있는 것이 원칙이지만, 의뢰인과의 평소부터의 관계, 사건 수임의 경위, 착수금의 액수, 사건처리의 경과와 난이도, 노력의 정도, 소송물의 가액, 의뢰인이 승소로 인하여 얻게 된 구체적 이익과 소속 변호사회의 보수규정, 기타 변론에 나타난 제반 사정을 고려하여 약정된 보수액이 부당하게 과다하여 신의성실의 원칙이나 형평의 원칙에 반한다고 볼 만한 특별한 사정이 있는 경우에는 예외적으로 상당하다고 인정되는 범위 내의 보수액만을 청구할 수 있다고 보아야 할 것인데, 이 사건 승소간주조항은 수임인이 동의하지 않는 한 어떠한 경우에도 위임인이 소를 취하하거나 청구의 포기 또는 화해

등을 할 경우 그 경위나 목적, 궁극적으로 위임인이 얻은 경제적 이익의 가치 등에 관계없이 전부 승소한 것으로 간주하여 산정한 성공보수를 수임인에게 지급하도록 하고 있어서 최종적인 소송물에 대한 처분권한을 가진 위임인에 대하여 부당하게 불리한 조항으로서 신의성실의 원칙에 반하여 공정을 잃은 약관조항이라고 할 것이므로, 약관의 규제에 관한 법률 제6조에 의하여 무효라 할 것이다.

9. 서울중앙지방법원 2006.11.14. 선고 2006가단192339 판결

【판시사항】

당사자가 토지 인도 및 임료 상당 부당이득 반환청구소송에 관한 행위를 변호사에게 위임하면서 일부 승소시에도 성공보수를 지급하기로 약정하였고, 그 소송에서 당사자가 상대방에게 계쟁 토지를 일정 금액에 양도하기로 하는 내용의 화해권고결정이 확정된 경우, 성공보수를 지급하여야 하는지 여부(적극)

【판결요지】

당사자가 토지 인도 및 임료 상당 부당이득 반환청구소송에 관한 행위를 변호사에게 위임하면서 일부 승소시에도 성공보수를 지급하기로 약정하였고, 그 소송에서 당사자가 상대방에게 계쟁 토지를 일정 금액에 양도하기로 하는 내용의 화해권고결정이 확정된 경우, 비록 당사자가 의뢰한 청구취지가 전부 받아들여진 것은 아니라고 할지라도 토지의 사용대가 및 양도대가로 금원을 지급받고 토지를 양도한 것이어서 당사자의 청구취지의 일부가 받아들여졌다고 보아야 하므로 당사자는 변호사에게 수임약정에 정한 일부 승소시의 성공보수를 지급하여야 한다.

10. 대법원 1970.12.22. 선고 70다2312 판결

【판시사항】

피고의 소송대리를 수임하면서 성공보수금을 약정한 경우에 그 사건이 일단 쌍불로 취하 간주되었다면 결국 제소자의 소권행사를 저지한 결과를 가져온 것이므로 그 후에 다시 제소된 여부에 구애 없이 피고 소송대리인이 승소한 경우에 준한다고 해석할 것이다.

【판결요지】

민사소송법 제241조에 의하면 당사자 쌍방이 변론기일에 두번 불출석하거나 출석하더라도 변론을 하지 않으면 소취하가 있는 것으로 간주한다고 규정되어 있다 하여도, 소를 제기한 자가 변론기일에 출석하지 않은 때에는 응소자는 이 기일에 출석하거나 출석하더라도 변론할 필요가 없는 것이므로, 위의 쌍불 취하간주제도는 결국 제소자가 두번 변론기일을 해태하면 그에게는 소송을 유지할 의사가 없는 것으로 보고 소송지연을 방지하기 위해서 간편하게 강제적으로 그 소취하의 효력을 인정한 것이라 할 것이고, 따라서 변론기일에 쌍불이 두번 있으면 응소자의 소송행위에 관계없이 그 사유만으로써 자동적으로 취하의 효력이 생긴다 하더라도 이는 법률이 마련한 사건종결의 한 방식으로서 실질적으로는 쌍불을 이유로 소각하의 판결을 한 것과 같은 것이 될 것이므로, 응소자나 그 대리인이 이 방식에 따라 제소자의 소권행사를 저지하는 결과를 가져왔다면 이는 그 이후의 재소여하에 구애없이 그 승소에 준해서 보아 무방할 것이고, 또 쌍불취하 간주시기가 변론을 거듭하고 증거조사를 거쳐 사건이 거의 유리하게 끝날 전망이 보이는 그러한 무렵이 아니고 본안변론에 들어가기 전인 처음 몇 번째의 기일이었다 하더라도 응소자나 그 대리인은 그 응소의 준비에 그 나름대로 응분의 노력을 하고 있었다 할 것이므로, 사건이 쌍불취하로 종결되었다 하여 일률적으로 그들의 노력을 부정할 수는 없을 것이다.

그렇다면 원심이 원피고간의 본건 보수계약이나 원고가 수임한 사건의 변론상황 등을 심리하지 않고, 원고가 수임한 사건이 쌍불로 취하 간주된 후에 다시 그 당사자가 제소하여 위임자가 패소된 이상, 피고에게는 원고의 노력으로 얻은 아무 이익이 없다하여 곧 원고의 청구를 배척한 것은 필경 심리미진으로 인한 이유불비의 위법이 있다 할 것이므로 논지는 이유있음에 귀착한다.

11. 대법원 1995.12.26. 선고 95다24609 판결

【판시사항】

변호사의 성공보수청구권의 소멸시효 기산점

【판결요지】

성공보수 약정이 제1심에 대한 것으로 인정되는 이상 보수금의 지급시기에 관하여 당사자 사이에 특약이 없는 한, 심급대리의 원칙에 따라 수임한 소송사무가 종료하는 시기인 제1심 판결을 송달받은 때로부터 그 소멸시효 기간이 진행된다.

12. 대법원 2007.6.28. 선고 2002도3600 판결

【판시사항】

변호사가 수임사건이 승소로 확정되었을 때 승소금액의 일정비율 부분을 보수로 받기로 약정한 경우, 보수금 소득의 실현 시기(＝판결확정시) 및 제1심판결의 가집행선고에 따라 집행을 하여 그 중 일부 금액을 승소 확정에 대비하여 변호사가 보관한 것만으로 변호사의 확정적인 사업소득이 되었다고 볼 수 있는지 여부(소극)

【판결요지】

변호사가 소송사무를 위임받으면서 수임사건이 승소로 확정되었을 때 승소금액의 일정비율 부분을 보수로 받기로 약정한 경우에는 소송사무의 처리가 수임사건의 승소로 확정됨으로써 완결된 때에 그 보수금 소득이 실현된 것으로 보아야 하고{구 소득세법시행령(1998. 12. 31. 대통령령 제15969호로 개정되기 전의 것) 제48조 제8호 참조}, 제1심판결의 가집행선고에 따라 집행을 하여 그 중 약정된 비율에 따른 일부 금액은 승소 확정에 대비하여 변호사가 보관하고 나머지 금액은 의뢰인인 당사자에게 교부하였다 하더라도, 상소로 소송사건이 법원에 계속중에 있어 이에 대한 판결이 확정되지 아니한 이상 인적 용역의 제공이 완료되었다고 할 수 없고 위 보관한 금원은 일종의 가수금으로 봄이 상당하므로, 이를 현실적으로 수입된 변호사의 확정적인 사업소득으로 볼 수 없다.

13. 대법원 2002.7.9. 선고 2001두809 판결

【판시사항】

변호사가 승소금액의 일정비율 부분을 보수로 받기로 약정한 경우, 보수금 소득의 실현 시기(＝수임사건의 승소판결 확정시)

【판결요지】

변호사가 소송사무를 위임받으면서 수임사건이 승소로 확정되었을 때 승소금액의 일정 비율 부분을 보수로 받기로 약정한 경우에는 소송사무의 처리가 수임사건의 승소로 확정됨으로써 완결된 때에 그 보수금 소득이 실현된 것으로 보아야 한다.

변호사가 다수의 당사자(어촌계 회원)들로부터 한국수자원공사를 상대로 하는 관행어업 권침해로 인한 손해배상청구 소송사건을 위임받으면서 그 소송사건을 "제1심판결 확정시까지" 수임하여 대리하되 인지대, 감정비 등 제반 소송비용은 변호사가 부담하고, 변호사 보수에 관하여는 판결 승소금액의 10%를 착수금으로, 20%를 성공사례금으로 지급받기로 약정한 후, 위 소송사건의 전 심급(대법원 환송전 및 환송후 모두 포함)을 통하여 소송대리를 수행하면서 소송사무를 처리해 오고 있는 경우, 위 수임약정은 위 소송사건에 대한 판결이 확정됨으로써 사건이 종국적으로 완결된 때에 변호사의 인적 용역의 제공이 완료되어 그 변호사 보수금 소득이 실현되는 내용이라고 해석함이 상당하고, 아직 위 소송사건이 법원에 계속중에 있어 이에 대한 판결이 확정되지 아니한 이상, 변호사의 인적 용역의 제공이 완료되었다고 할 수 없고, 또한 위 소송사건의 제1심판결의 가집행선고에 따라 한국수자원공사가 지급한 금원은 구 민사소송법(2002. 1. 26. 법률 제6626호로 전문 개정되기 전의 것) 제201조 제2항 소정의 '가집행선고로 인한 지급물'에 해당하여 그 금원의 지급은 확정적인 것이 아니고 상소심에서 그 가집행선고 또는 본안판결이 취소되는 것을 해제조건으로 하는 잠정적인 것에 지나지 아니하여, 변호사가 위 가지급금 중 일부를 한국수자원공사로부터 수령하여 보관한 것은 일종의 가수금으로 봄이 상당하므로, 이를 현실적으로 수입된 변호사의 확정적인 사업소득으로 볼 수 없다고 한 사례.

14. 대법원 2015.7.23. 선고 2015다200111 전원합의체 판결

【판시사항】

형사사건에 관한 성공보수약정이 선량한 풍속 기타 사회질서에 위배되는 것으로 평가할 수 있는지 여부(적극) 및 어느 법률행위가 선량한 풍속 기타 사회질서에 위반되어 무효인지 판단하는 기준 시점(=법률행위가 이루어진 때)과 판단 기준

종래 이루어진 보수약정이 성공보수 명목으로 되어 있는 경우, 민법 제103조에 의하여 무효라고 단정할 수 있는지 여부(소극) 및 이 판결 선고 후 체결된 성공보수약정의 효력(무효)

【판결요지】

형사사건에 관하여 체결된 성공보수약정이 가져오는 여러 가지 사회적 폐단과 부작용 등을 고려하면, 구속영장청구 기각, 보석 석방, 집행유예나 무죄 판결 등과 같이 의뢰인에게 유리한 결과를 얻어내기 위한 변호사의 변론활동이나 직무수행 그 자체는 정당하다 하더라도, 형사사건에서의 성공보수약정은 수사·재판의 결과를 금전적인 대가와 결부시킴으로써, 기본적 인권의 옹호와 사회정의의 실현을 사명으로 하는 변호사 직무의 공공성을 저해하고, 의뢰인과 일반 국민의 사법제도에 대한 신뢰를 현저히 떨어뜨릴 위험이 있으므로, 선량한 풍속 기타 사회질서에 위배되는 것으로 평가할 수 있다.

다만 선량한 풍속 기타 사회질서는 부단히 변천하는 가치관념으로서 어느 법률행위가 이에 위반되어 민법 제103조에 의하여 무효인지는 법률행위가 이루어진 때를 기준으로 판단하여야 하고, 또한 그 법률행위가 유효로 인정될 경우의 부작용, 거래자유의 보장 및 규제의 필요성, 사회적 비난의 정도, 당사자 사이의 이익균형 등 제반 사정을 종합적으로 고려하여 사회통념에 따라 합리적으로 판단하여야 한다.

그런데 그동안 대법원은 수임한 사건의 종류나 특성에 관한 구별 없이 성공보수약정이 원칙적으로 유효하다는 입장을 취해 왔고, 대한변호사협회도 1983년에 제정한 '변호사 보수기준에 관한 규칙'에서 형사사건의 수임료를 착수금과 성공보수금으로 나누어 규정하였으며, 위 규칙이 폐지된 후에 권고양식으로 만들어 제공한 형사사건의 수임약정서에도 성과보수에 관한 규정을 마련하여 놓고 있었다. 이에 따라 변호사나 의뢰인은 형사사건에서의 성공보수약정이 안고 있는 문제점 내지 그 문제점이 약정의 효력에 미칠 수 있는 영향을 제대로 인식하지 못한 것이 현실이고, 그 결과 당사자 사이에 당연히 지급되어야 할 정상적인 보수까지도 성공보수의 방식으로 약정하는 경우가 많았던 것으로 보인다.

이러한 사정들을 종합하여 보면, 종래 이루어진 보수약정의 경우에는 보수약정이 성공보수라는 명목으로 되어 있다는 이유만으로 민법 제103조에 의하여 무효라고 단정하기는 어렵다. 그러나 대법원이 이 판결을 통하여 형사사건에 관한 성공보수약정이 선량한 풍속 기타 사회질서에 위배되는 것으로 평가할 수 있음을 명확히 밝혔음에도 불구하고 향후에도 성공보수약정이 체결된다면 이는 민법 제103조에 의하여 무효로 보아야 한다.

15. 대법원 2016.7.7. 선고 2014다1447 판결

【판시사항】

항소심 사건의 소송대리인인 변호사 등은 항소심판결이 송달되어 위임사무가 종료되어야 보수를 청구할 수 있는지 여부(원칙적 적극) 및 이때 항소심판결이 상고심에서 파기환송되는 경우, 변호사 등은 환송 후 항소심 사건의 소송사무까지 처리하여야만 위임사무의 종료에 따른 보수를 청구할 수 있는지 여부(원칙적 적극)

【판결요지】

수임인은 위임사무를 완료하여야 보수를 청구할 수 있는 것이 원칙이다(민법 제686조 제2항 참조). 항소심 사건의 소송대리인인 변호사 또는 법무법인, 법무법인(유한), 법무조합(이하 '변호사 등'이라 한다)의 위임사무는 특별한 약정이 없는 한 항소심판결이 송달된 때에 종료되므로, 변호사 등은 항소심판결이 송달되어 위임사무가 종료되면 원칙적으로 그에 따른 보수를 청구할 수 있다.

그러나 항소심판결이 상고심에서 파기되고 사건이 환송되는 경우에는 사건을 환송받은 항소심법원이 환송 전의 절차를 속행하여야 하고 환송 전 항소심에서의 소송대리인인 변호사 등의 소송대리권이 부활하므로, 환송 후 사건을 위임사무의 범위에서 제외하기로 약정하였다는 등의 특별한 사정이 없는 한 변호사 등은 환송 후 항소심 사건의 소송사무까지 처리하여야만 비로소 위임사무의 종료에 따른 보수를 청구할 수 있다.

제 5 장

변호사의 광고

I. 서 론

1. 광고의 의의와 필요성

(1) 광고는 본질적으로 불특정다수인에 대한 정보제공행위이다. 변호사업무에 관해서도 변호사의 광고는 일정한 범위 내에서 법률서비스 수요자에게 공급자인 변호사에 관한 정보를 제공하는 긍정적인 기능을 한다. 즉, 변호사의 광고는 일반시민이 변호사에게 접근할 때 변호사를 선택할 수 있는 매우 중요한 기능을 수행하는 것이다. 따라서 허위광고나 과대광고가 아닌 이상, 변호사의 광고는 막을 이유가 없다. 그러나 변호사의 광고는 과거에는 원칙적으로 금지되고 좁은 범위 내에서만 허용되어 왔다고 할 수 있다. 왜냐하면 변호사 사회에서 광고는 영리적인 경쟁의 수단이 되어 인권의 옹호와 사회정의의 실현이라는 공공적 사명을 가진 변호사에게 적합하지 않고 변호사의 품위를 손상시키는 것이라고 생각되어 왔기 때문이다.

(2) 이와 같이 인권옹호와 사회정의 실현이라는 변호사의 사명을 강조하는 경우에는 변호사의 광고를 원칙적으로 금지하거나 엄격하게 제한하는 방향으로 기울어지게 되지만, 법률서비스의 제공자라는 사업적 측면을 부각시키는 경우에는 정보제공 차원의 광고를 가능한 폭넓게 인정하는 방향으로 나가게 될 것이다. 따라서 변호사제도의 기본적 취지와 사명에 비추어 볼 때 변호사에 대하여 원칙적으로 광고를 허용할 것인가가 문제되고, 광고를 허용한다고 하더라도 어떠한 방식으로, 어느 정도의 범위에서 허용할 것인지가 문제로 부각된다.[1]

2. 변호사 광고에 관한 입법적 연혁

미국의 경우에는 1977년 Bates사건에 관한 연방대법원의 판결이[2] 선고된

---

[1] 강희원, "변호사의 직업윤리와 그 의무의 충돌", 법과 사회 제29호, 법과 사회이론학회, 2005, 48면.

[2] Bates V. State Bar of Arizona, 433 U.S. 350(1977). 이 판결은 '변호사가 어떤 정형적인 업무를 행함에 있어서 그에 대한 요금을 정하고 이를 광고하는 것이 합헌적인 것인가'라는

이후부터 표현의 자유의 한 내용으로서 변호사 광고의 자유를 인정하기 시작한 바 있으나, 우리나라의 경우는 2000년에 변호사법을 개정하면서 처음으로 변호사의 광고에 관한 규정을 변호사법 제23조 제1항에 신설하면서 광고를 허용하였다. 그 이후 대한변호사협회는 「변호사업무 광고규정」의 제정과 개정을 통해 변호사 광고의 범위를 점차 확대해 온 바 있는데, 2007년에는 변호사 광고 규제의 완화를 포함하는 변호사법의 개정이 이루어진 바 있다. 이 개정에서는 광고에 대한 규제가 국민의 기본권을 제한하는 사항이라고 보아 금지되는 광고의 범위를 법률에 직접 규정하고(법 제23조 제2항), 허위광고 등에 대한 벌칙을 신설하였다(법 제113조 제3호). 그 결과 법률로 금지되지 않는 광고는 모두 허용되는 것으로 광고의 허용범위가 확대되게 되었는데, 이른바 광고에 대한 포지티브(positive) 규제에서 네거티브(negative) 규제로 바뀌게 된 것이다.

한편, 대한변호사협회는 2021.5.3. 기존의 「변호사업무 광고규정」을 「변호사 광고에 관한 규정」으로 명칭을 바꾸어 전부개정하였다. 그동안 정상적인 홍보활동이나 소개까지 과도하게 제한하였던 규정을 정비하면서도 무료 또는 부당한 염가 등 공정한 수임질서를 저해하는 광고를 금지하고, 새로운 형태의 변호사 알선 광고 사업에 대한 참여를 규율한 것이 두드러진다. 개정의견이 대두되었던 「변호사업무광고규정」 제4조(광고 내용에 관한 제한), 제5조(광고방법 등에 관한 제한), 제7조(주로 취급하는 업무광고)를 포함한 광고규정 전반을 개정하였다.3)

쟁점에 대하여 5 대 4라는 근소한 차이로, 이와 같은 광고를 금지한 아리조나주 변호사 징계규칙은 언론의 자유를 보장하는 연방수정헌법 제1조에 위반된다고 한 것이다.

3) 그 주요 내용과 개정 취지는 ① 특정 광고방법 등 제한의 폐지(불특정한 다수에 대한 이메일과 팩스의 발송을 허용), ② '전문' 표시 사용의 허용(대한변협 전문분야 등록 변호사 표기 광고 제외), ③ 불공정 수임행위의 차단 및 공정한 수임질서 정착 도모(새로운 형태의 법률사무 또는 변호사 소개·알선 등 광고행위에 대한 변호사 참여 규율, 수임료 덤핑 행위 등 불공정 수임행위로 인한 피해 예방)라고 할 수 있다.

Ⅱ. 변호사 광고에 관한 규범의 내용

1. 개 요

변호사법은 제23조 제1항에서 "변호사·법무법인·법무법인(유한) 또는 법무조합("변호사 등")은 자기 또는 그 구성원의 학력, 경력, 주요취급업무, 업무실적 기타 그 업무의 홍보에 필요한 사항을 신문·잡지·방송·컴퓨터통신 등의 매체를 이용하여 광고할 수 있다"고 규정한다. 같은 조 제2항에서는 광고를 하여서는 안 되는 사항을 7가지 유형으로 분류하여 규정하고 있으며, 같은 조 제3항에서는 "변호사등의 광고에 관한 심사를 위하여 대한변호사협회와 각 지방변호사협회에 광고심사위원회를 둔다", 제4항에서는 "광고심사위원회의 운영과 그 밖에 광고에 관하여 필요한 사항은 대한변호사협회가 정한다"고 규정하고 있다.

이에 따라 대한변호사협회는 회칙 제44조 제5항에서 "모든 회원 및 외국법자문사는 광고·선전을 하거나 사무소 표지를 설치할 때에는 이 회 또는 소속 지방변호사회가 규칙이나 규정으로 정하는 바에 따라야 한다"고 규정하면서 「변호사 광고에 관한 규정」[4]에서 광고의 주체, 방법 또는 내용 등에 관한 세부적인 기준을 정하고 있다.

나아가 2021.5.31. 「변호사윤리장전」도 「변호사 광고에 관한 규정」과 비슷한 취지로 개정되었는데 제31조 제3항 "변호사는 건전한 수임질서를 교란하는 과당 염가 경쟁을 지양함으로써 법률사무의 신뢰와 법률시장의 건강을 유지한다"와 같은 조 제4항 "변호사 또는 법률사무 소개를 내용으로 하는 애플리케이션 등 전자적 매체 기반의 영업에 참여하거나 회원으로 가입하는 등 협조하지 않는다"는 내용이 신설되었다.

2. 광고의 정의

변호사등[5] 광고라 함은 변호사등에 관한 소개·홍보, 변호사등이 수행하는

---

[4] 2021.5.3. 종전의 「변호사업무광고규정」이 「변호사 광고에 관한 규정」으로 전부개정되어 2021.8.4.부터 시행되고 있다.

일체의 직무에 관한 소개·홍보, 그 밖의 소비자와 변호사등을 연결하는 일체의 수단과 방법을 말한다(변호사 광고에 관한 규정 제2조 제1항). 그리고 변호사등이 다음 각 호의 행위와 관련하여 금전·기타 경제적 이익을 제공할 경우, 이는 그 명칭과 형식을 불문하고 광고로 보며 「변호사 광고에 관한 규정」의 적용을 받는다(같은 조 제2항).

1. 기사 작성
2. 인터뷰 게재
3. 인터넷 멀티미디어 방송 출연
4. 방송 출연
5. 상훈

3. 광고의 주체

광고의 주체는 변호사등이다. 변호사등은 자신의 이름으로 광고를 하여야 한다(변호사 광고에 관한 규정 제3조 제1항). 변호사등은 자기가 아닌 변호사·비(非)변호사, 개인·단체, 사업자 등("타인"이라 한다)의 영업이나 홍보 등을 위하여 광고에 타인의 성명, 사업자명, 기타 상호 등을 표시하여서는 아니 된다(같은 조 제2항). 이에 따라 광고의 주체가 아닌 변호사등이 아닌 자가 변호사를 위해서 광고를 하는 것은 허용되지 않고, 변호사등이 변호사 아닌 자의 명의로 광고하는 것도 허용되지 않는다.

그리고 변호사등 광고에는 광고 주체인 변호사 또는 광고책임변호사의 성명을 반드시 표시하여야 한다. 다만, 사무소 소재지에 위치하면서 사무소 명칭, 연락처만을 표시하는 경우는 제외한다(같은 조 제3항).

한편, 광고의 주체로서 변호사는 국내에서 변호사 자격을 가진 사람에 한정되므로, 외국에서 변호사 자격을 얻은 자는 한국에서 광고를 할 수 없는 것으로 해석된다.

---

5) 변호사·법률사무소·법무법인·법무법인(유한)·법무조합·합동법률사무소·공동법률사무소를 "변호사등"이라 한다(변호사 광고에 관한 규정 제1조).

4. 광고의 시기

변호사는 대한변호사협회에서 자격등록신청이 수리되기 전이나 소속 지방변호사회에서 입회신청이 허가되기 전에 미리 변호사업무에 관한 광고행위를 하여서는 아니 된다(변호사 광고에 관한 규정 제6조, 사전광고의 금지). 변호사가 개업하려면 지방변호사회를 거쳐 대한변호사협회에 자격등록을 신청하여 등록되어야 하고(법 제7조 제1항, 제2항), 변호사법 제7조에 따른 등록을 한 변호사는 가입하려는 지방변호사회의 회원이 되므로(법 제68조 제1항), 변호사는 자격등록신청이 수리된 후에야 광고를 할 수 있다. 변호사가 개업한 경우에는 지체 없이 소속 지방변호사회와 대한변호사협회에 신고를 하여야 하지만(법 제15조), 변호사의 개업신고는 개업변호사와 변호사회 사이의 내부관계를 규율하기 위한 것일 뿐이므로 변호사는 자격등록신청이 수리된 후라면 개업신고를 하기 전이라도 광고를 할 수 있다고 할 것이다.

5. 광고의 내용

(1) 광고의 내용에 관한 기본원칙

변호사·법무법인·법무법인(유한) 또는 법무조합은 자기 또는 그 구성원의 학력, 경력, 주요 취급 업무, 업무 실적, 그 밖에 그 업무의 홍보에 필요한 사항을 신문·잡지·방송·컴퓨터통신 등의 매체를 이용하여 광고할 수 있다(법 제23조 제1항). 다만, 「변호사법」과 「변호사 광고에 관한 규정」은 일정한 경우 광고를 금지하거나 광고의 내용을 제한하고 있다.

(2) 광고내용의 제한

광고가 금지되거나 제한되는 내용은 다음과 같다.

1) 「변호사법」의 광고 금지사항

변호사등은 다음 각 호의 어느 하나에 해당하는 광고를 하여서는 아니 된다(법 제23조 제2항).

1. 변호사의 업무에 관하여 거짓된 내용을 표시하는 광고
2. 국제변호사를 표방하거나 그 밖에 법적 근거가 없는 자격이나 명칭을 표방하는 내용의 광고
3. 객관적 사실을 과장하거나 사실의 일부를 누락하는 등 소비자를 오도(誤導)하거나 소비자에게 오해를 불러일으킬 우려가 있는 내용의 광고
4. 소비자에게 업무수행 결과에 대하여 부당한 기대를 가지도록 하는 내용의 광고
5. 다른 변호사 등을 비방하거나 자신의 입장에서 비교하는 내용의 광고
6. 부정한 방법을 제시하는 등 변호사의 품위를 훼손할 우려가 있는 광고
7. 그 밖에 광고의 방법 또는 내용이 변호사의 공공성이나 공정한 수임(受任) 질서를 해치거나 소비자에게 피해를 줄 우려가 있는 것으로서 대한변호사협회가 정하는 광고

위 광고금지 사항 중 제1호와 제2호를 위반하여 광고한 자는 1년 이상의 징역 또는 1천만원 이하의 벌금에 처한다(법 제113조 제3호).

2) 「변호사 광고에 관한 규정」의 광고 제한사항

가. 변호사법에서 정하는 광고 금지사항을 광고규정에서는 '광고내용에 대한 제한'이라고 하여 더욱 상세하게 규정하고 있는데, 변호사등은 직접 또는 타인을 통하여 다음과 같은 광고를 할 수 없다(변호사 광고에 관한 규정 제4조).

1. 변호사등의 업무 및 경력에 관한 객관적 사실에 부합하지 아니하거나 허위의 내용을 표시한 광고
2. 객관적 사실을 과장하거나 사실의 일부를 누락하는 등으로 고객을 호도하거나 고객으로 하여금 객관적 사실에 관하여 오해를 불러일으킬 우려가 있는 내용의 광고
3. 승소율, 석방율 기타 고객으로 하여금 업무수행결과에 대하여 부당한 기대를 가지도록 하는 내용의 광고
4. 다른 변호사를 비방하거나 다른 변호사나 그 업무의 내용을 자신의 입장에서 비교하는 내용의 광고
5. 변호사의 품위 또는 신용을 훼손할 우려가 있는 내용의 광고
6. 특정 사건과 관련하여 당사자나 이해관계인(당사자나 이해관계인으로 예상되는 자 포함)에 대하여 그 요청이나 동의 없이 방문, 전화, 팩스, 우편, 전자우편, 문자 메시지 송부, 기타 이에 준하는 방식으로 접촉하여 당해 사건의 의뢰를 권유하는 내용의 광고. 다만, 소속 지방변호사회(이하 "지방회")의 허가를 받은 경우에는 그러하지 아니하다.
7. 국제변호사 기타 법적 근거가 없는 자격이나 명칭을 표방하는 내용의 광고
8. 과거에 취급하였거나 관여한 사건이나 현재 수임중인 사건 또는 의뢰인(고문 포함)

을 표시하는 내용의 광고. 다만, 의뢰인이 동의하거나, 당해 사건이 널리 일반에 알려져 있거나 의뢰인이 특정되지 않는 경우 등 의뢰인의 이익을 해칠 우려가 없는 경우에는 그러하지 아니하다.

9. 법률사건이나 법률사무의 수임을 위하여 재판이나 수사 등 업무(변호사법 제109조 제1호 각 목에 정한 사건 관련 업무)에 종사하는 공무원과의 연고 등 사적인 관계를 드러내며 영향력을 미칠 수 있는 것으로 선전하거나 암시하는 내용의 광고

10. 변호사법 제31조 제3항에서 정한 수임제한의 해제 광고

11. 변호사 보수액에 관하여 견적, 입찰, 비교 등을 표방하는 등 공정한 수임질서를 저해할 수 있는 내용의 광고

12. 사건 또는 법률사무의 수임료에 관하여 공정한 수임질서를 저해할 우려가 있는 무료 또는 부당한 염가를 표방하는 광고

13. 수사기관과 행정기관의 처분·법원 판결 등의 결과 예측을 표방하는 광고

14. 기타 법령, 변호사윤리장전, 대한변호사협회(이하 "협회")및 지방회의 회칙이나 규정(이하 "회규")에 위반되거나, 협회의 유권해석에 반하는 내용의 광고

나. 위 각 호 중에 제11호 내지 제13호는 2021.5.3. 「변호사 광고에 관한 규정」 전부개정 시에 새로 추가된 내용인데 이는 이른바 수임료 덤핑 행위 등 불공정 수임행위를 예방하기 위한 것으로 보인다.

한편 위 제14호는 과거 '기타 법령 및 대한변호사협회의 회칙이나 규정에 위반되는 내용의 광고'라고 규정되어 있던 것에(구 변호사업무광고규정 제4조 제2항 제11호) '변호사윤리장전, 지방회의 회칙 및 대한변호사협회의 유권해석'이 추가된 것이다.

3) 전문분야 광고의 제한 완화

가. 변호사는 주로 취급하는 업무("주요취급업무", "주로 취급하는 분야", "주요취급분야", "전문", "전담"등의 용어도 사용 가능하다)를 광고할 수 있다(변호사 광고에 관한 규정 제7조 제1항 본문). 단, 대한변호사협회의 명칭을 병기하는 "전문" 표시의 경우, 협회 '변호사전문분야 등록에 관한 규정'에 따라 전문분야 등록을 한 변호사만이 사용할 수 있다(같은 항 단서).[6]

---

6) 이는 그동안 개정 필요성이 지속적으로 제기되었던 '전문' 등 표기에 대해 새로운 기준을 마련한 것으로 보이는데, 변호사의 업무 분야와 관련하여 '전문' 또는 '전담'의 용어를 자유롭게 사용할 수 있도록 허용하되, 전문분야등록제도의 취지를 고려하여 대한변협의 전문분야 등록 변호사임을 표기하는 광고에 대해서는 기존과 동일한 제한을 둔 것이다.

이에 따라 변호사들이 주로 취급하는 업무에 대해서는 '전문' 또는 '전담' 등의 용어를 써서 광고할 수 있게 되었다. 종래에는 변호사가 아닌 법률 인접직역에서 '전문' 등의 용어를 자유롭게 활용하며 광고를 하고 있음에도 변호사는 대한변호사협회에 전문분야를 등록하지 않으면 아예 '전문'이라는 용어 자체를 표시·사용하면서 광고할 수 없는 것으로 제한을 가하고 있었기 때문에 변호사업계에서는 이를 두고 형평에 반한다는 비판을 제기해 왔었는데 대한변호사협회는 이를 반영하여 위와 같이 개정한 것으로 보인다. 한편 변호사 광고에 관한 규정 제7조 제2항은 "변호사는 자신이나 자신의 업무에 대하여 '최고', '유일' 기타 이와 유사한 용어를 사용하여 광고할 수 없다"고 정하여 변호사의 과대광고를 제한하고 있다.

나. 변호사가 대한변호사협회 명칭을 병기하여 '전문'표시를 하고자 하는 경우, 대한변호사협회「변호사 전문분야 등록에 관한 규정」에 따라 전문분야 등록을 하여야 하는데, 변호사가 전문분야로 등록할 수 있는 업무는 위 전문분야 등록에 관한 규정 제2조 제1항 <별표 1>에 규정한 61개 분야이고,[7] 변호사는 자신의 전문분야를 최대 2개까지 등록할 수 있다(변호사 전문분야 등록에 관한 규정 제2조). 변호사가 해당 분야에 전문성이 있는지 여부를 심사하기 위하여 대한변호사협회에 전문분야등록심사위원회를 설치하고 있다(같은 규정 제3조 이하).

4) 무료 또는 부당한 염가의 법률상담 방식에 의한 광고금지[8]

변호사등은 무료 또는 부당한 염가의 법률상담 방식에 의한 광고를 하여서

---

7) 1. 민사법 2. 부동산 3. 건설 4. 재개발·재건축 5. 의료 6. 손해배상 7. 교통사고 8. 임대차관련법 9. 국가계약 10. 민사집행 11. 채권추심 12. 등기·경매 13. 상사법 14. 회사법 15. 인수합병 16. 도산 17. 증권 18. 금융 19. 보험 20. 해상 21. 무역 22. 조선 23. 중재 24. IT 25. 형사법 26. 군형법 27. 가사법 28. 상속 29. 이혼 30. 소년법 31. 행정법 32. 공정거래 33. 방송통신 34. 헌법재판 35. 환경 36. 에너지 37. 수용 및 보상 38. 식품·의약 39. 노동법 40. 산재 41. 조세법 42. 법인세 43. 관세 44. 상속증여세 45. 국제조세 46. 지적재산권법 47. 특허 48. 상표 49. 저작권 50. 영업비밀 51. 엔터테인먼트 52. 국제관계법 53. 국제거래 54. 국제중재 55. 이주 및 비자 56. 해외투자 57. 스포츠 58. 종교 59. 성년후견 60. 스타트업 61. 학교폭력

8) 한편, 법률상담 방식이 아니라 공정한 수임질서를 저해할 우려가 있는 무료 또는 염가의 수임료에 관한 광고 자체가 금지되는 것은 위 변호사 광고에 관한 규정 제4조 제12호에서 본 바와 같다.

는 아니 된다. 다만, 공익을 위한 경우 등 공정한 수임질서를 저해할 우려가 없는 경우에는 그러하지 아니 하다(변호사의 광고에 관한 규정 제8조 제1항).

나아가 변호사등은 다음에 해당하는 법률상담과 관련한 광고를 하거나 그러한 사업구조를 갖는 타인에게 하도록 허용해서는 아니 된다(같은 조 제2항).

1. 변호사등이 아닌 자가 법률상담 대가의 전부 또는 일부를 직접 또는 간접적으로 취득하는 경우
2. 변호사등 또는 소비자가 법률상담 연결 또는 알선과 관련하여 금전·기타 경제적 이익(알선료, 중개료, 수수료, 회비, 가입비, 광고비 등 명칭과 정기·비정기 형식을 불문한다)을 타인에게 지급하는 경우
3. 타인의 영업 또는 홍보의 일환으로 운영되는 법률상담에 참여하는 경우
4. 기타 법령 및 협회의 회규, 유권해석에 위반되는 행위를 목적 또는 수단으로 하여 행하는 경우

6. 광고의 형식

앞서 본 것처럼 변호사등은 자신의 이름으로 광고를 하여야 하고(변호사의 광고에 관한 규정 제3조 제1항), 자기가 아닌 변호사·비(非)변호사, 개인·단체, 사업자 등의 영업이나 홍보 등을 위하여 광고에 그들의 성명, 사업자명, 기타 상호 등을 표시하여서는 아니 되며(같은 조 제2항), 변호사등 광고에는 광고 주체인 변호사 또는 광고책임변호사의 성명을 반드시 표시하여야 한다. 다만, 사무소 소재지에 위치하면서 사무소 명칭, 연락처만을 표시하는 경우는 제외한다(같은 조 제3항). 변호사만이 광고의 주체가 될 수 있기 때문이다.

7. 광고의 방법 등에 관한 제한

(1) 금지되는 광고의 방법

변호사등은 스스로 또는 타인을 이용하여 다음 각 호의 방법으로 광고할 수 없다(변호사 광고에 관한 규정 제5조 제1항).

1. 불특정한 다수에게 전화를 걸거나 전자적 매체를 통한 메시지를 발송하는 행위[9]
2. 광고 전단, 명함 기타 광고물을 공공장소에서 불특정한 다수인에게 나누어주거나 살포하는 행위
3. 운송수단(자동차, 전동차, 기차, 선박, 비행기 등)의 외부에 광고물을 비치, 부착, 게시하는 행위
4. 현수막, 에드벌룬, 확성기, 샌드위치맨, 어깨띠를 사용하여 광고하는 행위
5. 기타 큰 소음, 소란, 교통체증 등을 유발하는 등 변호사의 품위를 해칠만한 방법

(2) 비변호사에게의 광고 의뢰, 참여 또는 협조 금지

1) 변호사등은 다음 각 호의 행위를 하는 자(개인·법인·기타단체를 불문한다)에게 광고·홍보·소개를 의뢰하거나 참여 또는 협조하여서는 아니 된다(광고규정 제5조 제2항).

1. 변호사 또는 소비자로부터 금전·기타 경제적 대가(알선료, 중개료, 수수료, 회비, 가입비, 광고비 등 명칭과 정기·비정기 형식을 불문한다)를 받고 법률상담 또는 사건등을 소개·알선·유인하기 위하여 변호사등과 소비자를 연결하거나 변호사등을 광고·홍보·소개하는 행위
2. 광고 주체인 변호사등 이외의 자가 자신의 성명, 기업명, 상호 등을 표시하거나 기타 자신을 드러내는 방법으로, 법률상담 또는 사건등을 소개·알선·유인하기 위하여 변호사등과 소비자를 연결하거나 변호사등을 광고·홍보·소개하는 행위
3. 변호사등이 아님에도 수사기관과 행정기관의 처분·법원 판결 등의 결과 예측을 표방하는 서비스를 취급·제공하는 행위
4. 변호사등이 아님에도 변호사등의 수임료 내지 보수의 산정에 직접 관여하거나, 이에 대한 견적·비교·입찰 서비스 등을 취급·제공하는 행위

---

9) 개정 전 규정 제5조 제1항의 경우, 상대방의 동의나 요청이 있는 경우를 제외하고, 변호사가 현재 및 과거의 의뢰인(법인 기타 단체의 경우, 담당 임·직원 포함), 친구, 친족 및 이에 준하는 사람 이외의 사람에게 광고 목적의 방문이나 전화조차 할 수 없도록 하여, 지나친 제약이라는 지적을 받아 왔다. 같은 조 제2항 또한, 불특정한 다수에 대한 전화나 메시지 이외에도 이메일, 팩스와 같이 일상생활에서 뗄 수 없는 대중화된 연락방법마저 제한하고 있어 비합리적이라는 의견이 많았고, 이를 반영하여 이메일과 팩스를 통한 광고를 허용하였다. 즉, 개정안에서는 과도한 규제에 해당한다는 공감대가 형성된 기존 제1항을 전면삭제하였고, 기존 제2항의 많은 제한사항 가운데 불특정한 다수에 대한 이메일과 팩스의 발송을 허용하는 것으로 개정한 것이다. 이에 따라 변호사가 다수를 상대로 한 이메일, 팩스 등을 발송하거나 기타 개인 홈페이지, 유투브, 블로그를 비롯한 개인의 소셜미디어 계정 등을 개설하여 광고하는 것이 가능하게 되었다.

5. 변호사등이 아님에도 변호사등의 직무와 관련한 서비스의 취급·제공 등을 표시하거나, 기타 소비자로 하여금 변호사등으로 오인하게 만들 수 있는 일체의 행위

6. 기타 법령, 변호사윤리장전, 협회 및 지방회의 회규에 위반되는 광고행위

2) 변호사법 제34조는 '당사자 또는 그 밖의 관계인을 특정한 변호사나 그 사무직원에게 소개·알선 또는 유인한 후 그 대가로 금품·향응 또는 그 밖의 이익을 받거나 요구하는 행위', '변호사나 그 사무직원이 법률사건이나 법률사무의 수임에 관하여 소개·알선 또는 유인의 대가로 금품·향응 또는 그 밖의 이익을 제공하거나 제공하기로 약속 등을 하는 행위' 등을 모두 금지하고 있다. 그런데 위 규정에 포섭되지 않는 신종 위법, 탈법 광고행위가 증가하고, 인터넷을 기반으로 하면서 법률사무 또는 변호사 소개· 알선·홍보 등을 내용으로 하는 각종 새로운 사업형태의 사업자들이 생겨났다.10)

이에 광고 주체인 변호사 외의 자가 사건을 소개, 알선, 유인할 목적으로 변호사를 광고, 홍보, 소개하는 광고행위나 영업에 변호사가 참여하는 것을 규율하는 한편 변호사 외의 자에 의한 수사 및 행정기관의 업무 결과 예측을 표방하는 광고행위에 참여할 수 없도록 제한한 것이다. 나아가 변호사는 변호사 아닌 제3자가 수임료 등의 비교 견적, 입찰 행위를 취급하거나 제공하는 광고에 참여할 수 없도록 하고 건전한 수임질서를 해할 우려가 있는 무료 또는 부당한 염가를 표방한 덤핑 광고를 예방하고자 한 것이다.

(3) 그 밖에 변호사등은 광고이면서도 광고가 아닌 것처럼 가장하는 방법으로 광고를 하여서는 아니 되고(광고규정 제5조 제3항), 변호사등은 소비자에게 금전·기타 경제적 이익을 공여하거나 공여할 것을 약속하는 방법으로 광고하여서는 아니 된다(같은 조 제4항).

---

10) 이를 두고 새로운 형태의 사무장 로펌이 나타났다고 하는 입장도 있다.

Ⅲ. 소 결

현재 변호사 광고에 대한 규제 정도는 종전보다 완화된 측면도 있고 강화된 측면도 있다. 그동안 변호사 광고를 금지하거나 제한해 온 깊은 속내는 변호사 업계에서 광고경쟁이 격화될 것을 두려워 하는 데 있었다고 생각된다. 즉, 일단 누군가가 비용이 많이 들면서도 효과가 좋을 법한 광고를 하기 시작하면 경쟁적으로 광고를 따라 하게 되어 결국은 변호사업계 전체의 광고비 지출이 팽창하고 이는 다시 수임료에 전가되거나 변호사의 수입을 줄이는 결과를 낳을 것이라는 우려이다. 과거로부터 지금까지 광고의 허용범위는 점차 확대되어 왔고 앞으로도 더욱 확대될 것은 틀림없다. 현재의 정보 제공 시스템은 결코 법률서비스의 소비자를 만족시킬 만한 수준에 있다고 보기 어렵기 때문이다. 문제는 과대광고나 허위광고 또는 오도적인 내용의 광고를 어떻게 효과적으로 규율할 것인가에 있다. 변호사의 품위를 내세워 광고를 제한하려는 것은 새로이 시장에 진입하고자 하는 자에게 가혹할 수 있으므로 제한의 범위는 되도록 줄여야 할 것으로 생각된다.

한편 개정 「변호사 광고에 관한 규정」을 둘러싸고 논란이 뜨거운 것이 작금의 현실이다. 특히 변호사 소개 온라인 법률 플랫폼 업체가 영향력을 키워 장차 법률서비스 시장을 장악하게 되면 관련 홍보비 및 수수료가 상승하게 되어 모든 변호사들에게 부담이 될 것이라면서 온라인 법률 플랫폼 업체를 통한 광고 등을 강력하게 규제하여야 한다는 입장과 인터넷 포털 광고와 마찬가지로 온라인 법률 플랫폼도 변호사 광고의 대안이 될 수 있다면서 이에 대한 지나친 규제는 변호사의 영업 및 광고의 자유와 헌법이 보장하는 국민의 알 권리에 대한 중대한 침해가 되어 국민의 법률서비스 접근성을 침해하게 된다는 입장이 첨예하게 대립되어 있는 상황이다.[11]

---

11) 대한변호사협회를 비롯한 변호사단체와 온라인 플랫폼 업체의 입장이 극명하게 대립되어 있는 가운데 개정 변호사 광고에 관한 규정에 대하여 헌법소원이 제기되어 2022.2. 현재 계속 중인 상태이다.

제 6 장

기업변호사의 윤리와 외국법자문사 제도

I. 총 설

(1) 종래 변호사의 활동은 민사·형사소송 등 개인의 송무사건의 대리를 주된 대상으로 하여 송무분야를 중심으로 행하여져 왔는데, 이와 같이 송무활동을 중심으로 활동하는 변호사를 송무 변호사라고 한다. 그러나 최근에는 경제규모가 확대되고 기업이 성장하면서 국제거래가 빈번하게 이루어짐에 따라 기업의 법률수요가 폭발적으로 증가하게 되었는데, 이에 따라 기업에 고용되거나 기업으로부터 사건을 위임받아 기업 활동에 관련된 법률서비스를 전문적으로 제공하는 변호사가 변호사 활동영역의 중심으로 부상되고 있다. 기업변호사란 이와 같이 기업에 직접 고용되거나 고문계약 또는 사건수임계약을 통하여 기업과 관련된 법률사무를 지속적, 전문적으로 수행하는 변호사를 말하는데, 이러한 기업변호사의 부상은 변호사와 의뢰인의 관계가 '사후적인 소송대리에서 사전적인 법률자문으로', '우연적 일회적인 관계에서 일상적 계속적 관계로', '일면적 관계에서 전면적 관계'로 변화하고 있는 것을 반영하는 것이라 할 수 있다.[1]

(2) 이러한 기업변호사에 있어서는 변호사와 의뢰인(기업)의 관계가 독특한 성격을 지니고 있어 개인을 대리할 때와는 또 다른 윤리적 딜레마가 발생하게 된다. 개정 윤리규약은 이를 해결해 보자는 취지로 제51조, 제52조를 신설하여 정부, 공공기관 등의 법률사무에 종사하는 자를 포괄하는 사내변호사의 독립적 업무수행과 충실의무를 규정하고 있지만 이것만으로 윤리적 딜레마를 해결하기에는 많이 미흡해 보인다. 또한 위 각 규정은 개업 등록을 하지 않거나 휴업 중인 사내변호사에게 적용되지 않는다는 점에 유의해야 한다.

(3) 변호사는 통상 4가지 방법으로 기업과 관련되는데, ① 기업의 경영자로서, ② 사내변호사로서, ③ 고문변호사로서, ④ 사건수임 변호사로서 관련을 맺게 된다. ①의 경우는 변호사의 직무와 관련된 것이 아니라 변호사의 겸직 제한 여부가 문제될 뿐이고 ④의 경우는 의뢰인이 개인인 경우와 동일하다고 할 수 있기 때문에[2] 이하에서는 ②와 ③의 경우에 관해서만 살펴보기로 한다.

---

1) 김건식, "기업변호사의 역할과 윤리", 법률가의 윤리와 책임, 서울대학교 법과대학편, 박영사, 2007, 276-277면.

Ⅱ. 사내변호사

1. 개념 및 특징

일반적으로 기업이나 국가 또는 지방자치단체 기타 단체에 고용되어 그 단체와 관련된 법률서비스를 제공하는 변호사를 '조직 내 변호사'라고 하는데, 그 중에서 특히 기업에 고용된 변호사를 '사내변호사'라 한다. 윤리규약 제51조는 "정부, 공공기관, 비영리단체, 기업, 기타 각종의 조직 또는 단체 등(단, 법무법인 등은 제외한다)에서 임원 또는 직원으로서 법률사무 등에 종사하는 변호사를 사내변호사라 한다"라고 규정하고 있지만, 이는 조직 내 변호사와 같은 것으로써 넓은 의미의 사내변호사의 개념을 규정한 것으로 보인다. 다시 말해 좁은 의미의 사내변호사란 기업 내부에 상근하면서 일상적으로 그 기업의 법률문제에 관련된 법률서비스를 제공하는 변호사를 말한다. 이와 같이 사내변호사는 기업 내부에 상근하고 있다는 점, 그 사용자가 변호사가 아니라 기업이라는 점, 기업과의 고용계약에 의하여 비변호사의 지휘·명령을 받는다는 점에서 일반 송무 변호사와는 다른 특징을 가진다고 할 수 있다.

2. 지 위

(1) 사내변호사의 기업에 대한 지위는 기업으로부터 수임한 소송사건을 기업의 소송대리인으로서 수행하는 지위(법 제2조 소정의 지위)와 그 밖의 법률사무에 관한 기업 내부의 업무를 처리하는 지위(기업의 피용자로서의 지위)로 나누어 살펴볼 수 있다.

1) 우선 전자의 지위에서 사내변호사는 사건 수임 변호사로서 송무 변호사와 같은 권리·의무를 갖고서 독립하여 그 업무를 수행한다고 하여야 할 것인

---

2) 다만, 이 경우 변호사가 누구의 의견을 듣고 누구의 지시를 받을 것인지가 문제되나, 변호사가 대리하는 것은 기업 그 자체이지 주주나 임원, 종업원 등 그 구성원은 의뢰인이 아니다. 이는 고문변호사의 경우도 마찬가지이다.

데, 윤리규약 제51조는 "그 직무를 수행함에 있어 독립성의 유지가 변호사로서 준수해야 하는 기본 윤리임을 명심하고, 자신의 직업적 양심과 전문적 판단에 따라 업무를 성실히 수행한다"고 하여 사내변호사의 독립적 지위에 관하여 규정하고 있다.

2) 후자의 지위에서 사내변호사는 기업의 피용자로서 고용계약에서 정한 제반규정 및 복무규정에 따라 그 업무를 수행하여야 할 것인데, 윤리규약 제52조는 "변호사윤리의 범위 안에서 그가 속한 회사의 이익을 위하여 성실히 업무를 수행한다"라고 하여 사내변호사의 충실의무를 규정하고 있다.

(2) 위 양 지위는 서로 양립하는 것이지만 이들이 충돌하는 경우에 사내변호사는 어떻게 행동해야 하는가가 문제된다. 예컨대 기업으로부터 위임받은 소송사건에 관하여 사내변호사의 상사가 자신의 의견을 제시하거나 개진하는 것을 넘어서 사건에 관하여 부당하게 지시·감독권을 행사하는 경우인데, 변호사법 제2조 규정에 비추어 볼 때, 이러한 경우 사내변호사는 상사의 부당한 지시에 복종할 의무가 없다고 보아야 할 것이다.[3]

3. 직무범위

사내변호사는 사용자의 정당한 지휘명령에 따르지 않으면 안 되기 때문에 직무를 수행함에 있어 그 범위 내에서 일정한 제약을 받는 것이 필연적이라 할 것인데, 현행 법규상 사내변호사의 직무범위에 관한 명문 규정은 존재하지 않는다. 따라서 이는 변호사법상 관련 규정의 해석을 통하여 해결하여야 할 것이다. 우선, 소속 지방변호사협회로부터 겸직허가를 받은 사내변호사가 자신을 고용한 기업 및 그 기업의 구성원으로부터 사건을 수임하여 소송대리 업무를 수행할 수

---

[3] 예를 들어, X회사의 사내변호사로 근무하고 있는 변호사 甲은 회사의 대주주이자 대표이사인 A의 지시에 따라 법률의견서를 작성하게 되었다. 법률의견의 쟁점은 X회사가 A와 주식매매거래를 함에 있어 「상법」 제398조에 따라 그 내용과 절차가 공정한지에 관한 것인데, 의견서 작성과정에서 A가 甲에게 회사에도 유익한 거래이니 해당 주식매매거래의 내용과 절차가 공정하다는 취지로 사실과 다르게 의견서를 작성할 것을 지시하는 경우를 생각해 볼 수 있다.

있다는 점에 대해서는 이론이 없고, 사내변호사가 기업의 업무로서 일반인에게 법률서비스를 제공하는 것, 예컨대 사내변호사가 기업의 홍보를 위하여 그 고객이나 일반 소비자들에게 무료로 법률상담을 하는 것 역시 허용된다고 할 것이다.[4] 그러나 법무법인의 구성원이나 구성원 아닌 소속변호사는 법무법인이 아닌 제3자에게 고용되는 사내변호사의 형태로 변호사업무를 수행할 수 없다고 보아야 한다. 왜냐하면 변호사법 제52조 제1항은 법무법인의 구성원 및 구성원 아닌 소속 변호사는 자기나 제3자의 계산으로 변호사의 업무를 수행할 수 없다고 규정하고 있기 때문이다. 또한 사내변호사가 자신을 고용한 기업의 동의 없이, 자신의 개인 법률사무소를 개설하거나 기업의 외부인으로부터 사건을 수임하여 그 업무를 수행하는 것 역시 기업에 대한 성실의무 내지 충실의무에 위반될 소지가 매우 크므로 금지된다고 보아야 할 것이다.

4. 기업의 위법행위와 관련된 의무

(1) 위법행위 감시의무

사내변호사는 기업의 위법행위를 감시할 의무가 있다고 보는 것이 일반적인데, 이는 사내변호사에게 경찰이나 감독관청을 대신하여 공익적 견지에서 위법행위를 감시하라는 취지는 물론 아니다. 송무 변호사가 의뢰인에 대하여 성실의무를 부담하는 것과 마찬가지로 사내변호사 역시 공공성을 지닌 법률전문직으로서 기업에 대한 성실의무를 부담하게 되는데, 만약 사내변호사가 기업의 위법행위를 알고도 이를 방임한 결과 기업에 심각한 손해를 초래하게 한다면 이는 결국 기업에 대한 성실의무를 다하지 않은 것과 마찬가지의 결과가 되기 때문이다. 따라서 이는 기업 자체의 이익을 위한 것이라고 할 수 있다.

(2) 위법행위 시정의무

사내변호사가 자신이 담당하는 직무와 관련하여 기업의 법령위반행위가 행

---

4) 박휴상, 법조윤리, 도서출판 fides, 2010, 344면에서는 이와는 반대로 허용되지 않는다는 취지로 기술하고 있으나, 이를 금지하는 명문 규정이 없는 이상, 이는 허용되는 것으로 봄이 타당할 것이다.

해지거나 행해지려고 하는 것을 알게 된 경우 이를 시정하기 위한 적절한 조치를 취할 의무가 있는가가 문제된다. 미국이나 일본과는 달리[5] 우리나라에는 이에 관한 명문 규정이 없으나,[6] 이러한 경우 사내변호사는 그 위법행위로 인해 기업에 상당한 손해의 발생이 예상된다면 성실의무의 연장 선상에서 당연히 일정한 조치를 취할 의무를 부담한다고 보아야 할 것이다. 그렇다면 사내변호사는 구체적으로 어떠한 조치를 취하여야 하는가?[7]

1) 상부로의 순차적 보고

가장 먼저 생각해 볼 수 있는 것은 위법행위를 한 사람에게 직접 위법행위의 중지나 시정을 요구하는 것이다. 그럼에도 중지나 시정조치가 행하여지지 않는다면 그러한 위법행위를 중지나 시정시킬 수 있는 권한이 있는 상급자에게 보고

---

5) 이와 관련하여 미국 표준규칙 1.13(b)는 "만약 변호사가 회사와 관련된 사람이 윤리적인 의무나 법 규범을 위반하여 회사에 중대한 손해를 입힌 사실을 알았을 경우, 변호사는 회사의 이익을 위해서 필요한 합리적인 범위 내에서 조치를 취해야 한다. 변호사가 상관에게 이를 고지하는 것이 특별히 불필요하다고 판단되지 않는 이상 상관에게 위 사실을 알려야 하고, 필요한 경우 회사를 대표할 수 있는 최고의 권한을 가지고 있는 자(대체로 이사회)에게도 알려야 한다"는 취지의 규정을 두고 있다. 일본의 변호사직무규정 제51조는 "조직 내 변호사는 그 담당하는 사건에 관하여 그 조직에 속한 자가 업무상 법령에 위반하는 행위를 하거나 행하려고 하는 것을 알게 된 때는 그 자가 소속한 부서의 장 또는 그 조직의 장, 중역회 또는 이사회 기타 상급기관에 대한 설명 또는 권고, 기타 그 조직 내에서의 적절한 조치를 취해야 한다"고 규정하고 있다.
6) 당초 윤리규약 개정안 제53조는 "사내변호사가 업무처리 과정에서 위법행위를 발견할 경우 조직의 장이나 집행부, 다른 관계부서에 말하거나 기타 적절한 조치를 취해야 한다"고 규정하였으나, 사내변호사들의 반발에 의해 최종 개정 윤리규약에서는 삭제되었다.
7) 이와 관련하여 미국의 사베인즈-옥슬리법(the Sarbanes-Oxley Act of 2002)이 있는데, 이는 엔론 파산 이후 미국 내 대기업의 회계비리를 방지하기 위해서 마련된 법으로서 제307조에서 증권변호사(공개회사의 증권업무를 담당하는 변호사)의 직무책임에 대하여 규율하고 있다. 이에 의하면 만약 증권변호사가 기업 내에서 중대한 위법행위의 증거를 알게 되면, 법무실장이나 최고 경영자에게 보고해야 하고, 만약 적절한 조치가 있다고 합리적으로 믿어지지 않으면 이사회나 그에 상응하는 최고위 책임자에게 이를 때까지 상부로 보고해야 하며, 그럼에도 불구하고 적절한 조치가 취해지지 않으면, 다시 한번 법무실장과 최고 경영자에게 설명해야 하고, 그래도 조치가 취해지지 않으면 연방증권거래위원회에 공개해도 된다는 것이다. 요컨대 의무적으로 상부에 보고해야 하며, 외부(증권거래위원회, SEC)로의 공개도 허용된다는 것이다(한인섭 외 6인, 법조윤리, 박영사, 2014, 271면). 이 법의 제정은 회계 부정 스캔들에 대한 미국 연방 정부 차원의 가장 강력한 대응조치로 평가된다.

하는 것이 필요하다.[8] 즉, 위법행위가 시정되지 않으면 사내변호사는 그 사실을 기업의 최고 책임자에게까지 전달되도록 하여야 할 것이다. 이는 최고 책임자로 하여금 위법행위를 시정하도록 하게 하는 의미도 있지만, 그 책임소재를 명백히 하는 의미도 있는 것이다.

2) 외부적 공개의 허용 여부

가. 사내변호사가 기업의 최고 책임자에게까지 중대한 위법행위의 존재를 보고했음에도 불구하고 아무런 시정 조치가 취해지지 않으면 어떻게 해야 하는가? 일본의 직무규정에 의하면 더 이상 사내변호사가 조치할 방법은 없고, 변호사로서는 침묵하거나 사임하는 방법밖에는 없다. 반면 미국의 표준규칙에 의하면 최고 책임자에 대한 보고에도 불구하고 위법행위가 시정되지 않고 그 위반으로 인해 기업에 상당한 손해가 있을 것으로 믿는다면, 그 위법사실을 외부에 공개하는 것을 허용하고 있다. 다만, 변호사는 기업의 상당한 손해를 막는 데 필요한 최소한에 대해서만 공개해야 하는 것으로 되어 있다(표준준칙 1.13(c)). 관련 규정이 없는 우리나라의 경우, 사내변호사가 미국의 경우와 같이 기업의 위법행위를 공개하는 것이 허용된다고 볼 수 있을 것인가?

나. 이와 관련하여 우리나라에서는 허용된다는 입장(허용설)과 허용되지 않는다는 입장(불허설)이 대립되고 있다. 전자(허용설)는 이를 허용하지 않을 경우 사내변호사는 기업에 대한 심각한 손해를 초래하는 위법행위를 알고도 이를 시정할 수단을 상실하게 됨과 아울러 기업의 경영자는 그 구성원의 희생하에 변호사를 교체해 가면서 위법행위를 계속할 수 있게 될 것이라는 점을 근거로 하고 있는 반면,[9] 후자(불허설)는 우리나라 변호사법(제26조) 및 윤리규약(제18조)상 변호사에게는 의뢰인에 대한 고도의 비밀유지의무가 부과되어 있어 비밀의 공개가 허용되는 예외는 법률에 정함이 있는 경우와 생명이나 신체의 중대한 피해방지 등 정당한 이유가 인정되는 경우뿐이고, 기업의 위법행위의 시정은 원칙적으로 그 조직 내의 작용에 의해 실현되어야 함을 그 근거로 하고 있다.[10]

---

8) 앞서 본 미국의 표준규칙(1.13(b))이나 일본의 직무기본규정은 이 점을 명백히 하고 있다.
9) 한인섭 외 6인, 앞의 책, 270면.

다. 생각건대 윤리규약 제18조 제1항에서 "변호사는 직무상 알게 된 의뢰인의 비밀을 누설하거나 부당하게 이용하지 아니한다"라고 규정하고 있으므로 원칙적으로 사내변호사가 기업의 비밀에 속하는 위법사실을 외부에 공개하는 것은 허용되지 아니한다고 할 수 있다. 그러나 위법사실을 공개한 이유 내지 목적이 그 공개로 인하여 침해되는 기업의 이익보다 더 큰 공익을 보호하기 위한 것이었거나 또는 위법사실을 공개함으로써 보호되는 공익이 그로 인해 침해되는 기업의 이익보다 더 큰 경우에는 예외적으로 위법사실의 공개가 허용된다고 보는 것이 타당할 것이다. 다만 공개가 허용된다고 하여 언론이나 대중을 향한 무제한적이고 선정적인 공개까지도 허용된다는 의미는 아니고, 위법행위의 시정권한이 있는 감독관청 등에 대해서 그 시정에 필요한 최소한만을 공개할 수 있다고 보아야 할 것이다(윤리규약 제18조 제4항).

3) 사직의 문제

만약 사내변호사가 그 기업 내지 조직 내에서 할 수 있는 조치를 모두 취해 보았으나 위법행위가 시정되지 않고 또한 이를 공개하는 것 역시 여의치 않을 경우, 변호사는 최후의 수단으로 사직하는 방법을 생각할 수 있을 것이다. 그러나 이를 의무로써 요구할 수는 없을 것이다.

Ⅲ. 고문변호사

1. 개념 및 특징

고문변호사 또는 사외 변호사란 기업 외부에 근무하면서 기업으로부터 법률상담 및 법률사무에 관하여 계속적으로 의뢰를 받고 이에 대하여 계속적으로 그 기업의 법률문제와 관련된 법률서비스를 제공하여야 하는 계약관계에 있는 변호사를 말한다.[11] 고문변호사는 통상 정기적으로 금전적 보수(고문료)를 받고 당

---

10) 박휴상, 앞의 책, 347면.

해 기업으로부터 위임된 법률사무를 우선적으로 처리하게 되는데, 위임되는 법률사무나 제공되는 법률서비스의 구체적 태양은 대단히 다양하다고 할 수 있다. 고문변호사는 사내변호사처럼 기업과 사용·종속관계에서 법률서비스를 제공하는 것이 아니라 기업으로부터 독립하여 기업과 위임계약 관계에서 그 서비스를 제공한다는 점에서 사내변호사와 차이가 있고, 고문계약을 체결한 기업으로부터 정기적으로 고문료를 지급받는다는 점에서 일반 송무 변호사와 차이가 있는데, 이러한 점으로 인하여 고문변호사와 관련해서는 변호사윤리에 있어서 몇 가지가 문제된다.

2. 위법행위를 주된 영업으로 하는 기업과 고문변호사

윤리규약 제11조 제1항은 "변호사는 의뢰인의 범죄행위, 기타 위법행위에 협조하지 아니한다. 직무수행 중 의뢰인의 행위가 범죄행위, 기타 위법행위에 해당된다고 판단된 때에는 즉시 그에 대한 협조를 중단한다"고 규정하고 있다. 따라서 변호사는 어떤 기업이 사기적 상거래 행위나 기타 위법행위를 주된 영업으로 한다는 사실을 알고 있음에도 불구하고 그 기업과 고문계약을 체결하는 것은 피해야 할 것이고, 만약 고문계약 체결 후 그와 같은 사실을 알게 된 경우에는 그 시정을 위해 노력해야 할 것이지만, 이것이 여의치 않을 경우에는 고문행위를 중단하거나 고문계약을 해지하여야 할 것이다. 만약 그렇게 행동하지 않는다면 이러한 경우 변호사는 외관상 기업의 위법행위에 협조를 하는 것이라는 의혹을 받게 될 뿐만 아니라 고문변호사로서의 직무 특성상 결국에는 기업의 위법행위에 협조하거나 기업의 위법행위를 방조하지 아니할 수 없게 되는 결과를 초래하게 될 것이기 때문이다.

---

11) 변호사가 기업이 아닌 특정 개인을 위해 계속적으로 법률서비스를 제공하는 경우도 있지만, 이러한 경우는 아주 희소하다 할 것이므로 아래에서 고문변호사라는 용어는 기업의 고문변호사만을 의미하는 것으로 사용한다.

3. 고문변호사의 기업구성원으로부터의 수임행위

(1) 기업과 그 기업을 구성하는 임원이나 주주 등 개개의 구성원은 법률상 각 별개의 인격체로 취급되므로 고문변호사의 경우, 그 의뢰인은 기업 자체일 뿐 그 임원 등 개개의 구성원이 아니다. 따라서 기업의 고문변호사가 그 기업의 임원 등 구성원을 대리하거나 이들로부터 사건을 수임할 때에는 기업과 그 구성원 사이에 이익충돌이 있는지를 검토할 필요가 있다.

(2) 예컨대 기업의 기관이라 할 수 있는 임원의 직무에 관한 사항은 곧 그 기업의 직무에 관한 사항이라고 해석되므로 고문변호사가 기업의 임원을 상대로 한 소송을 그 기업으로부터 수임한다 하더라도 이는 변호사법에 저촉되지 않는다고 보아야 할 것이다. 그러나 당해 사건의 수임행위가 회사의 주주 전체 내지 적어도 과반수 이상의 의사에 반하는 경우이거나 본질상 회사의 이익에 반하는 행위를 저지른 임원에 대한 책임추궁 또는 그와 같은 이익침해 결과의 발생을 예방하기 위한 조치의 성격을 갖는 사건에서 임원 측으로부터 사건을 수임하는 경우라면 이는 회사와의 고문계약 본래의 취지에 반하므로 허용되지 않는다고 할 것이다.[12] 설사 그렇지 않다 하더라도 이 경우 고문변호사가 임원 측으로부터 사건을 수임하면 이는 변호사법 제31조 제1항 제1호[13]에 위반하는 것으로 생각된다.

4. 주주대표소송과 고문변호사

(1) 주주대표소송이란 회사가 이사에 대한 책임추궁을 게을리한 경우 소수주주가[14] 회사를 위하여 이사의 책임추궁을 위하여 제기하는 소송을 말한다(상법

---

12) 대한변협 2006.9.21. 법제2232호.

13) 제31조[수임제한] ① 변호사는 다음 각 호의 어느 하나에 해당하는 사건에 관하여는 그 직무를 수행할 수 없다. … 1. 당사자 한쪽으로부터 상의를 받아 그 수임을 승낙한 사건의 상대방이 위임하는 사건

14) 구체적으로 회사가 발행한 주식총수의 100분의 1 이상에 해당하는 주식을 가진 주주를 말한다.

제403조 제1항).[15] 대표소송은 소수주주가 실질적으로 회사의 대표기관적 지위에서 회사를 위하여 제기하는 소송으로서 그 판결의 효력은 본래의 이익귀속 주체인 회사에 당연히 미치게 된다(민사소송법 제218조 제3항).[16]

(2) 이러한 대표소송에서 고문변호사가 책임추궁의 대상이 된 이사의 소송대리인이 될 수 있는가가 문제되는데, 일본의 학설은 원칙적 금지의 입장이고 미국의 표준규칙은 원칙적 허용의 입장이다. 생각건대 고문변호사도 회사에 대하여 성실의무를 부담함과 아울러 회사의 이익을 옹호할 의무가 있다는 점에서 회사의 이익과 충돌되는 이사를 두둔하는 것은 옳지 않은 것으로 보인다. 따라서 고문변호사로서는 회사와 회사의 이사 사이에서는 원칙적으로 이익충돌이 있는 것으로 보아 이사를 위한 법률상담을 하거나 그로부터 사건을 수임을 하지 않는 것이 합당할 것이다.

5. 고문변호사의 기업임원 겸직과 사건수임

(1) 변호사법 제38조 제2항은 "변호사는 소속 지방변호사회의 허가 없이 상업 기타 영리를 목적으로 하는 업무를 경영하거나 이를 경영하는 자의 사용인이 되거나, 영리를 목적으로 하는 법인의 업무집행사원·이사 또는 사용인이 될 수 없다"고 규정하고 있다. 따라서 변호사는 원칙적으로 기업의 이사나 기타 사용인이 될 수 없어 겸직이 불가능하지만, 소속 지방변호사회의 허가를 받거나 휴업한 경우에는 예외적으로 이러한 직책을 맡을 수 있다.

(2) 고문변호사의 사외이사취임

1) 상장회사의 경우에 있어서 종래에는 해당 상장회사와 법률자문계약을 체결하고 있는 변호사는 모두 그 회사의 사외이사가 될 수 없었다. 따라서 고문계약을 체결한 의뢰인 기업이 상장법인이라면 고문변호사가 사외이사로 취임하는

---

15) 상법 제403조[주주의 대표소송] ① 발행주식의 총수의 100분의 1 이상에 해당하는 주식을 가진 주주는 회사에 대하여 이사의 책임을 추궁할 소의 제기를 청구할 수 있다.
16) 민사소송법 제218조[기판력의 주관적 범위] ③ 다른 사람을 위하여 원고나 피고가 된 사람에 대한 확정판결은 그 다른 사람에 대하여도 효력이 미친다.

것 자체가 불가능하였었다. 그러나 2012.4.15. 시행된 상법 시행령의 개정(대통령령 제23729호)으로 "해당 상장회사와 주된 법률자문계약을 체결하고 있는 법무법인, 법무법인(유한), 법무조합, 변호사 2명 이상이 사건의 수임 처리나 그 밖의 변호사 업무수행 시 통일된 형태를 갖추고 수익을 분배하거나 비용을 분담하는 형태로 운영되는 법률사무소, 합작법무법인, 외국법자문법률사무소 등에 소속된 변호사, 외국법자문사"만이 그 회사의 사외이사가 될 수 없게 되었다(상법 제542조의8 제2항 제7호, 상법 시행령 제34조 제5항 제2호 사목). 이러한 경우 고문변호사는 사외이사로서 그 직무를 충실하게 수행하기 곤란하거나 상장회사의 경영에 영향을 미칠 수 있을 것이라는 이유 때문인데 따라서 이러한 경우에 해당하지 않는 변호사라면 사외이사의 겸직이 가능하게 된 것이다.

2) 한편 비상장회사의 경우에 있어서는 상법 등에 고문변호사의 사외이사 취임을 직접적으로 제한하는 규정이 없기 때문에 그 취임이 가능한 것으로 해석된다. 다만, 사외이사가 등기부상 공시되는 등기이사라면 해당 회사와 법률고문계약의 체결은 이사와 회사 간의 자기거래에 해당하므로 그에 관해 이사회의 승인을 얻어야 하고(상법 제398조),[17] 이미 고문계약이 체결된 상태에서 회사의 이사로 취임하는 경우에도 해당 고문계약의 유지(즉, 향후 법률자문 용역의 유상제공)에 관하여 이사회의 승인을 받는 것이 필요할 것이다. 그리고 이러한 이사회의 승인은 원칙적으로 1회적인 거래를 전제로 하여야 하므로 민·형사 소송사건의 경우 개별 사건마다 승인을 얻어야 하고, 예외적으로 수임료 산정방식을 미리 확정하여 향후 일정한 유형의 소송사건을 그 확정된 조건에 따라 수임하기로 일

---

17) 상법 제398조[이사 등과 회사 간의 거래] 다음 각 호의 하나에 해당하는 자가 자기 또는 제3자의 계산으로 회사와 거래를 하기 위하여는 미리 이사회에서 해당 거래에 관한 중요사실을 밝히고 이사회의 승인을 받아야 한다. 이 경우 이사회의 승인은 이사 3분의 2 이상의 수로써 하여야 하고, 그 거래의 내용과 절차는 공정하여야 한다.
 1. 이사 또는 상법 제542조의8 제6호에 따른 주주
 2. 제1호의 자의 배우자 및 직계존비속
 3. 제1호의 배우자의 직계존비속
 4. 제1호부터 제3호까지의 자가 단독 또는 공동으로 의결권 있는 발행주식 총수의 100분의 50 이상을 가진 회사 및 그 자회사
 5. 제1호부터 제3호까지의 자가 제4호의 회사와 합하여 의결권 있는 발행주식 총수의 100분의 50 이상을 가진 회사

괄 계약하는 경우 또는 일정한 자문료 산정방식(예컨대 시간당 요율에 의한 산정방식 등)에 따라 법률자문용역을 제공하기로 하는 고문계약을 체결하는 경우 등에 있어서는 포괄적 승인이 가능하다고 본다.[18]

(3) 고문변호사의 감사취임 및 소송사건 수임 가부

1) 변호사법에서는 변호사의 감사취임을 금지하거나 제한하지 않고 있기 때문에 변호사는 기업의 감사로 취임하여 이를 겸직할 수 있다고 보는 것이 일반적이고, 고문변호사 역시 같은 이유로 고문계약을 체결한 기업의 감사로 취임할 수 있다고 보는 것이 지배적인 견해이다.

2) 기업의 감사로 취임한 변호사가 그 기업을 위해서 소송사건을 수임하여 소송대리인으로서 업무를 수행할 수 있는 것으로 보아야 하는지의 여부에 관하여는 이것이 허용된다는 입장과 불허된다는 입장이 대립되어 있는데, 일본의 판례는 전자의 입장에 있다.[19] 생각건대 변호사가 기업의 감사로 재직하면서 그 기업의 소송대리인이 되는 것이 감사의 직무의 독립성 등에 비추어 볼 때 바람직하다고 볼 수는 없지만, 기업의 내부사정까지 잘 알아서 사건을 성실하게 해결할 수 있는 지위에 있는 감사를 경영진의 판단에 따라 변호사로 선임하는 것을 금지할 이유가 없고 또한 적법절차를 거쳐 감사에게 특정의 소송사건을 위임하고자 하는 기업의 의사결정을 존중해 줄 필요가 있다 할 것이므로 이는 원칙적으로 허용되는 것으로 보아야 할 것이다.[20] 다만, 구체적인 사건에 있어서 이사들로 구성된 기업 경영진의 업무를 견제하여야 하는 감사의 직무와 경영진의 입장을 충실히 반영해야 하는 소송대리인의 업무 사이에 이해관계의 충돌이 있는 경우에는 사건수임을 거절하는 것이 변호사윤리에 비추어 볼 때 바람직할 것으로 보인다.

---

18) 대한변협 질의회신 2006.5.12. 법제1528호.
19) 最高裁判所 昭和 61.2.18. 民集 40권 1號, 주주가 회사를 상대로 제기한 특정의 소송에 관하여 변호사인 감사가 회사로부터 위임을 받아 소송대리인이 되는 것은 쌍방대리에 해당한다고 할 수 없다고 하면서 회사의 감사인 변호사가 당해 회사의 소송대리인이 되는 것을 허용하고 있다.
20) 대한변협 질의회신 2005.8.2. 법제1999호.

3) 한편 이와는 반대로 기업의 감사로 있는 변호사가 그 기업을 상대로 한 사건을 수임할 수 있는가도 문제될 수 있다. 생각건대 변호사법이나 윤리규약상 이러한 경우에 있어서 사건 수임을 금지하는 규정이 없으므로 수임이 가능하다고 볼 수도 있겠지만, 변호사가 이러한 경우 사건을 수임하게 되면 기업의 감사로서의 직무와 상대방 소송대리인으로서의 직무가 서로 충돌할 우려가 있고 기업의 비밀을 누설할 개연성이 크다는 점, 또한 기업의 감사는 이사와 마찬가지로 기업과 위임관계에서 그 업무를 수행한다는 점 등에 비추어 볼 때 원칙적으로 수임이 금지된다고 보는 것이 타당할 것이다. 그러나 변호사가 감사직에서 퇴임한 후에는 그 기업의 비밀 누설 등의 염려가 없는 이상 당해 기업을 상대로 한 사건을 수임할 수 있다 할 것이다.

Ⅳ. 외국법자문사 제도

1. 외국법자문사 제도의 의의

(1) 2009.3.25. 제정되어 현재 시행 중에 있는 외국법자문사법은[21] '대한민국과 미합중국 간의 자유무역협정', '대한민국과 유럽자유무역연합 간의 자유무역협정' 등의 국제통상협정 중 법률서비스 분야의 대외 개방에 관한 합의에 따라 외국법자문사(外國法諮問士) 제도를 도입하였다. 외자법은 자유무역협정 등의 당사국의 공인된 법률전문가가 우리나라에서 별도로 전문직 자격시험에 합격하지 않더라도 일정한 조건하에 외국법사무에 종사하는 것을 제도적으로 허용하는 외국법자문사 제도를 창설하고, 외국로펌이 일정한 요건하에 외국법자문법률사무소를 개설하여 외국법사무에 관한 영업을 할 수 있도록 허용하고 있다.

(2) 외국법자문사라 함은 외국변호사의 자격을 취득한 후 법무부장관으로부터 자격승인을 받고 대한변호사협회에 등록한 사람을 말하는데(외자법 제2조 제3호), 외국법자문사가 외국법사무를 수행하기 위하여 외자법에 따라 개설하는 사

---

21) 이하 '외자법'이라고 한다.

무소를 외국법자문법률사무소라고 한다(같은 조 제4호). 외국법자문사 제도는 국내 소비자들에게 국제화, 선진화된 고급 법률서비스를 제공할 수 있는 제도적 기초를 마련함으로써 법률시장 개방에 따른 혼란을 방지하고 소비자 보호를 철저히 하기 위한 목적으로 신설된 것이다.

2. 외국법자문사의 자격승인 및 등록 등

(1) 자격승인의 신청

1) 외국법자문사가 되려는 외국변호사는 법무부장관에게 외국법자문사의 자격승인을 신청하여야 한다(외자법 제3조 제1항). 외국변호사의 자격을 갖춘 국내 변호사가 위 자격승인을 신청하는 경우에는 변호사업을 휴업하거나 폐업하여야 한다(같은 조 제2항). 그러나 이와 같이 국내 변호사가 외국법자문사의 자격승인을 얻기 위해서 기존의 변호사업을 휴업하거나 폐업하여야 하도록 규정한 것은 국내 변호사의 직업의 자유를 지나치게 제약하는 것으로서 위헌의 소지가 있는 것으로 생각된다.

2) 외국법자문사의 자격승인을 받기 위하여는 외국변호사의 자격을 취득한 후 원자격국에서 3년 이상 법률 사무를 수행한 경력이 있어야 한다(외자법 제4조 제1항). 여기서 '원자격국'이라 함은 외국변호사가 그 자격을 취득한 후 법률사무 수행에 필요한 절차를 마친 국가로서 대한민국에서 그 국가의 법령 등에 관한 자문업무 등을 수행할 수 있도록 법무부장관이 지정한 국가를 말한다(외자법 제2조 제5호). 신청인이 원자격국 외의 외국에서 원자격국의 법령에 관한 법률 사무를 수행한 기간은 위 3년의 기간에 산입할 수 있고(외자법 제4조 제2항), 신청인이 대한민국에서 고용계약에 따라 사용자에 대하여 원자격국의 법령에 관한 조사·연구·보고 등의 사무를 근로자인 자기의 주된 업무로 수행한 경우에는 그 업무수행 기간을 2년 이내의 범위에서 위 3년의 기간에 산입할 수 있다(외자법 제4조 제3항).

(2) 자격승인의 요건

1) 법무부장관은 신청인이 다음 각 호의 요건을 모두 갖춘 경우에 외국법자문사의 자격승인을 할 수 있다(외자법 제6조 제1항).

1. 원자격국이 자유무역협정등의 당사국일 것
2. 원자격국 내에서 외국변호사의 자격이 유효할 것
3. 제4조에 따른 직무 경력이 있을 것
4. 제5조에 따른 결격사유가 없을 것
5. 대한민국 내에 서류 등을 송달받을 장소를 가지고 있을 것
6. 제3조 제2항의 경우 변호사업을 휴업하거나 폐업하였을 것

2) 법무부장관은 위 제1항의 자격승인을 하면서 신청인이 외국법 사무를 수행할 수 있는 원자격국을 지정하여야 한다. 이 경우 둘 이상의 국가에서 제1항의 요건을 모두 갖춘 경우 그 전부를 원자격국으로 지정할 수 있다(같은 조 제2항). 법무부장관은 자격승인 여부를 결정할 때에 대한변호사협회의 장의 의견을 들을 수 있고(같은 조 제3항), 신청인이 위 제1항의 요건을 갖추지 못하여 자격승인을 거절하는 경우 지체 없이 그 취지와 사유를 신청인에게 알려야 한다(같은 조 제4항).

(3) 등 록

1) 외국법자문사로서 업무 수행을 개시하려는 사람은 자격승인을 받은 후 서면으로 대한변호사협회에 등록신청을 하여 외국법자문사로 등록하여야 하고, 이 경우 신청인은 법무부장관에 의하여 지정된 원자격국을 대한변호사협회에 신고하여야 한다(외자법 제10조 제1항, 제2항).

2) 대한변호사협회는 등록신청에 대하여 제12조 제1항에 따른 등록거부 사유가 없으면 지체 없이 이를 외국법자문사 명부에 등록하고 신청인에게 등록증명서를 발급하여야 한다(같은 법 제11조 제1항). 이 경우 등록의 유효기간은 외국자문사 명부에 등록된 날부터 5년이고, 그 유효기간이 끝나는 날의 6개월 전부터 1개월 전까지 갱신신청을 할 수 있다(같은 조 제2항, 제3항).

(4) 업무범위

외국법자문사는 다음 각 호의 사무를 처리할 수 있다(외자법 제24조).

1. 원자격국의 법령에 관한 자문
2. 원자격국이 당사국인 조약 및 일반적으로 승인된 국제관습법에 관한 자문
3. 국제중재사건의 대리. 다만, 대한민국 법령에 관한 사무는 제외한다.22)

(5) 업무수행의 방식

1) 외국법자문사는 다음 각 호의 어느 하나에 해당하는 지위에서 업무를 수행할 수 있다(외자법 제25조 제1항).

1. 외국법자문법률사무소의 구성원
2. 외국법자문법률사무소의 구성원이 아닌 소속 외국법자문사
3. 법률사무소, 법무법인, 법무법인(유한) 또는 법무조합 소속 외국법자문사
4. 합작법무법인의 선임외국법자문사(제35조의11제1항의 요건을 갖춘 외국법자문사를 말한다. 이하 같다)
5. 합작법무법인의 선임외국법자문사 아닌 소속외국법자문사

2) 외국법자문사는 동시에 2개 이상의 외국법자문법률사무소, 법률사무소, 법무법인, 법무법인(유한) 또는 법무조합에 소속 또는 고용되거나 그 직책을 겸임할 수 없다(같은 조 제2항).

---

22) 2016.3.2. 외자법 제24조의2가 신설되어 외국법자문사가 아닌 외국변호사도 제24조 제3호의 사무를 수행할 수 있게 되었다.
제24조의2[외국법자문사 아닌 외국변호사의 국제중재사건 대리] ① 외국법자문사 아닌 외국변호사(제5조 각 호의 어느 하나에 해당하는 자는 제외한다. 이하 이 조에서 같다)는 제24조 제3호의 사무를 수행할 수 있다. ② 제1항의 외국변호사는 제24조 제3호의 사무 처리와 관련하여 1년에 90일 이상 대한민국에 체류할 수 없다. 다만, 본인의 부상이나 질병, 친족의 부상이나 질병으로 인한 간호·문병, 그 밖의 부득이한 사정으로 대한민국에 체류한 기간은 체류 기간을 산정할 때 산입하지 아니한다.

3. 외국법자문법률사무소의 설립절차 등

(1) 설립신청

원자격국에서 법률사무의 수행을 주된 목적으로 설립된 사무소나 법인(이하 "본점사무소"라 한다)에 소속된 제16조 제1항 제3호에[23] 해당하는 외국법자문사는 법무부장관의 설립인가를 받아 외국법자문법률사무소를 설립할 수 있다(외자법 제15조 제1항). 위 외국법자문사는 2개 이상의 외국법자문법률사무소를 설립할 수 없다(같은 조 제3항).

(2) 설립인가

1) 법무부장관은 다음 각 호의 요건을 모두 갖춘 경우 외국법자문법률사무소의 설립을 인가할 수 있다(외자법 제16조 제1항).

1. 본점사무소가 자유무역협정등의 당사국에서 그 나라의 법률에 따라 적법하게 설립되어 5년 이상 정상적으로 운영되었을 것
2. 본점사무소가 대한민국 내에서 외국법사무를 수행하기 위한 대표사무소로 그 외국법자문법률사무소를 설립하기로 의결 또는 결정하였을 것
3. 외국법자문법률사무소의 대표자가 될 외국법자문사가 외국변호사의 자격을 취득한 후 원자격국에서 3년 이상의 기간을 포함하여 총 5년 이상 법률사무를 수행한 경력이 있을 것
4. 본점사무소가 외국법자문법률사무소의 업무와 관련한 민사·상사상 책임에 대하여 그 이행을 보증할 것

2) 여러 나라에 걸쳐 사무소, 현지 사무소, 현지 법인, 지사, 분사무소 등 법률사무의 수행을 주된 목적으로 하는 사무소를 두고 있는 경우에는 최고 의사결정이 이루어지는 사무소를 본점사무소로 보게 되고, 외국법자문법률사무소의 대표자가 결원된 때에는 3개월 이내에 이를 보충하여야 한다(같은 조 제2항, 제3항).

---

23) 외국법자문법률사무소의 대표자가 될 외국법자문사가 외국변호사의 자격을 취득한 후 원자격국에서 3년 이상의 기간을 포함하여 총 5년 이상 법률사무를 수행한 경력이 있을 것.

(3) 고시 및 효력 발생

법무부장관은 외국법자문법률사무소의 설립인가를 한 경우 지체 없이 이를 제15조 제2항의 신청인과 대한변호사협회에 각각 서면으로 통지하고, 관보에 고시하여야 하고, 위 설립인가는 위 고시가 있는 날부터 그 효력이 있다(외자법 제17조 제1항, 제2항).

(4) 외국법자문법률사무소의 등록

1) 설립인가를 받은 외국법자문법률사무소의 대표자는 그 고시가 있었던 날부터 3개월 이내에 대한변호사협회에 외국법자문법률사무소의 등록을 신청하여야 하고(외자법 제18조 제1항), 제1항에 따라 등록하여야 할 사항은 다음 각 호와 같다(같은 조 제2항).

1. 목적, 명칭 및 사무소의 소재지
2. 구성원의 성명 및 주소와 외국법자문법률사무소를 대표할 구성원의 주소
3. 외국법자문법률사무소의 대표에 관한 사항
4. 설립인가 연월일
5. 본점사무소의 명칭 및 소재지

2) 대한변호사협회는 제1항의 신청이 있는 경우 특별한 사정이 없으면 지체 없이 외국법자문법률사무소 명부에 등록하고 신청인에게 외국법자문법률사무소 등록증명서를 발급하여야 하고(같은 조 제3항), 외국법자문법률사무소의 대표자는 등록된 사항이 변경된 경우 그 변경된 날부터 1개월 이내에 그 내용을 대한변호사협회에 서면으로 신고하여야 한다(같은 조 제4항).

3) 대한변호사협회는 다음 각 호의 서면을 비치하여 일반인이 열람할 수 있도록 하여야 한다(같은 조 제5항).

1. 제2항 각 호의 사항이 적힌 서면
2. 제16조에 따른 설립인가 및 그 취소에 관한 서면
3. 제21조에 따른 보험 또는 공제기금에 가입하였음을 증명하는 서면
4. 제34조의3에 따른 등록 및 제34조의4에 따른 취소에 관한 서면

(5) 설립인가의 취소

1) 법무부장관은 외국법자문법률사무소가 다음 각 호의 어느 하나에 해당하는 경우 그 설립인가를 취소할 수 있다(외자법 제19조 제1항).

1. 설립인가신청서 또는 그 증빙서류의 중요 부분이 누락되었거나 그 내용이 거짓으로 보이는 상당한 사정이 있는 경우
2. 제16조 제1항 각 호의 요건을 구비하지 못한 경우
3. 제16조 제3항을 위반하여 3개월 이내에 대표자를 보충하지 아니한 경우
4. 외국법자문법률사무소의 구성원 또는 구성원이 아닌 소속 외국법자문사가 외국법자문법률사무소의 업무수행과 관련하여 제24조를 위반한 경우
5. 법무부장관이 제32조 제1항에 따라 실시하는 감독에 정당한 사유 없이 따르지 아니하여 공익을 침해하였거나 침해할 우려가 있다고 인정되는 경우
6. 외국법자문법률사무소가 제33조 또는 제34조를 위반한 경우
7. 제34조의2제1항을 위반하여 등록 없이 법률사무소, 법무법인, 법무법인(유한) 또는 법무조합과 국내법사무와 외국법사무가 혼재된 법률사건을 공동으로 처리하고 그로부터 얻게 되는 수익을 분배하는 경우
8. 설립인가를 받은 외국법자문법률사무소의 대표자가 제18조 제1항을 위반하여 3개월 이내에 대한변호사협회에 등록을 신청하지 아니한 경우

2) 법무부장관은 외국법자문법률사무소의 설립인가를 취소하려면 청문을 하여야 하고(같은 조 제4항), 제1항 제1호부터 제7호까지 또는 제2항[24]의 규정에 따라 외국법자문법률사무소의 설립인가가 취소된 경우에는 대한변호사협회의 등록이 취소된 것으로 본다(같은 조 제3항). 설립인가의 취소에 관하여는 제17조를 준용한다(같은 조 제5항).

(6) 사무직원 및 장부의 작성

1) 외국법자문법률사무소는 사무소에 사무직원을 둘 수 있고(외자법 제20조 제1항), 그 사무직원에 관하여는 변호사법의 사무직원에 관한 규정(변호사법 제22조 제2항·제4항·제5항)을 준용한다. 이 경우 '변호사'는 '외국법자문법률사무소의

---

24) 제24조 ② 법무부장관은 본점사무소가 제35조의2에 따라 합작법무법인을 설립한 경우에는 해당 본점사무소가 제15조에 따라 설립한 외국법자문법률사무소의 설립인가를 취소하여야 한다.

대표자'로, '지방변호사회의 장'은 '대한변호사협회의 장'으로 본다(같은 조 제2항).

2) 외국법자문법률사무소는 수임에 관한 장부를 작성하고, 이를 보관하여야 한다. 이 경우 수임장부의 기재 등에 관하여는 변호사법의 장부의 작성·보관에 관한 규정(변호사법 제28조 제2항 및 제3항)을 준용한다(외자법 제22조).

(7) 수임사건과 관련된 손해배상책임

1) 외국법자문법률사무소의 구성원은 외국법사무의 수행 및 외국법자문법률 사무소의 운영 등과 관련된 손해배상책임을 보장하기 위하여 보험 또는 공제기 금에 가입하여야 한다(외자법 제21조 제1항). 여기서 '외국법사무'라 함은 원자격 국의 법령에 관한 자문 등 제24조에 따라 외국법자문사가 수행하는 것이 허용 되어 있는 업무를 말한다(같은 법 제2조 제6호).

2) 외국법자문법률사무소의 대표자는 위 손해배상책임에 관한 사항을 수임 계약서와 광고물에 밝혀야 한다(외자법 제21조 제2항).

(8) 외국법자문법률사무소의 운영 등

1) 외국법자문법률사무소는 국내에 분사무소를 둘 수 없다(외자법 제23조 제1 항). 외국법자문법률사무소의 업무집행 방법 및 그 구성원 등의 업무제한에 관 하여는 변호사법 제50조 제1항, 제3항부터 제6항까지, 제7항 본문 및 제52조를 준용한다. 이 경우 준용되는 변호사법 해당 조항 중 '법무법인'은 '외국법자문법 률사무소'로, '변호사'는 '외국법자문사'로 본다(같은 조 제2항).

2) 외국법자문법률사무소(구성원이 2명 이상인 경우에 한한다)에 관하여 외자법 에 정한 것 외에는 민법 중 조합에 관한 규정을 준용한다(같은 조 제3항).

4. 외국법자문사 등의 권리와 의무

(1) 업무개시 및 휴업 등 신고

외국법자문사가 업무를 개시한 경우, 일시 휴업한 경우 또는 근무지를 변경한 경우에는 지체 없이 대한변호사협회에 신고하여야 하고(외자법 제26조 제1항), 대한변호사협회는 위 신고를 받은 때에는 지체 없이 법무부장관에게 보고하여야 한다(같은 조 제2항).

(2) 자격의 표시 등

1) 외국법자문사는 직무를 수행하면서 본인을 표시할 때는 대한민국에서 통용되는 원자격국의 명칭(원자격국이 도·주·성·자치구 등 한 국가 내의 일부 지역인 경우 그 국가의 명칭을 위 원자격국의 명칭으로 사용할 수 있다. 이하 이 조에서 같다)에 이어 "법자문사"를 덧붙인 직명을 사용하여야 한다. 이 경우 직명과 함께 괄호 안에 원자격국언어로 된 원자격국의 명칭을 포함한 해당 외국변호사의 명칭을 부기할 수 있고, 이어 국어로 된 대한민국에서 통용되는 원자격국의 명칭에 "변호사"를 덧붙인 명칭을 병기할 수 있다(외자법 제27조 제1항).

2) 외국법자문법률사무소는 본점사무소의 명칭 다음에 '외국법자문법률사무소'를 덧붙인 명칭을 사용하여야 한다. 이 경우 외국법자문법률사무소가 위치한 지역명을 병기할 수 있다(같은 조 제2항).

3) 외국법자문사나 외국법자문법률사무소는 직무를 수행하면서 위와 같이 규정된 방식 외의 명칭이나 표시를 사용할 수 없고(같은 조 제3항), 외국법자문법률사무소는 일반인이 쉽게 알아볼 수 있도록 사무소 안팎의 적절한 장소에 구성원, 소속 외국법자문사 및 그 원자격국을 모두 표시하여야 한다(같은 조 제4항).

4) 외국법자문사 또는 합작법무법인은 의뢰인과 외국법사무 등에 관한 계약을 체결하기 전에 의뢰인에게 그 원자격국(합작법무법인의 경우에는 담당외국법자문사의 원자격국을 말한다)과 업무 범위를 명시하여야 하고(같은 조 제6항), 외국법자문사가 아닌 사람은 외국법자문사 또는 외국법자문사로 오인을 일으킬 수 있는 어떠한 명칭이나 표시도 사용할 수 없다(같은 조 제7항).

(3) 윤리기준 등

외국법자문사는 그 품위를 손상하는 행위를 하여서는 아니 되고(외자법 제28

조 제1항), 그 직무를 수행하면서 진실을 은폐하거나 거짓의 진술을 하여서는 아니 되며(같은 조 제2항), 대한변호사협회가 정하는 윤리장전(외국법자문사윤리장전)을 준수하여야 한다(같은 조 제3항).

(4) 체류 의무

외국법자문사는 최초의 업무개시일부터 1년에 180일 이상 대한민국에 체류하여야 한다(외자법 제29조 제1항). 외국법자문사가 본인의 부상이나 질병, 친족의 부상이나 질병으로 인한 간호·문병, 그 밖의 부득이한 사정으로 외국에 체류한 경우 그 기간은 대한민국에 체류한 것으로 본다(같은 조 제2항).

(5) 비밀유지 의무

외국법자문사 또는 외국법자문사이었던 사람은 그 직무와 관련하여 알게 된 비밀을 누설하여서는 아니 된다. 다만, 법률에 특별한 규정이 있는 경우에는 그러하지 아니하다(외자법 제30조).

(6) 광　고

외국법자문사, 외국법자문법률사무소 및 합작법무법인은 자기 또는 그 구성원(합작법무법인의 경우에는 합작참여자, 선임변호사 및 선임외국법자문사를 말한다)의 원자격국, 학력, 경력, 전문분야, 업무 실적, 그 밖에 그 업무의 홍보에 필요한 사항을 방송·신문·잡지·컴퓨터통신 등의 매체를 이용하여 광고할 수 있고(외자법 제31조 제1항), 이에 관한 사항을 심사하기 위하여 대한변호사협회에 외국법자문사광고심사위원회를 둔다(같은 조 제2항). 외국법자문사의 광고에 관하여는 변호사법 제23조 제2항 및 제4항을 준용한다. 이 경우 '변호사' 또는 '변호사 등'은 '외국법자문사', '외국법자문법률사무소' 또는 '합작법무법인'으로 본다.

(7) 법무부장관 등의 감독

외국법자문사와 외국법자문법률사무소 및 합작법무법인은 그 활동에 관하여 법무부장관과 대한변호사협회의 감독을 받는다(외자법 제32조 제1항). 대한변호사협회는 외국법자문사나 외국법자문법률사무소 또는 합작법무법인이 이 법에서 규정하는 의무를 위반하였음을 알게 된 경우 이를 법무부장관에게 보고하여야 한다(같은 조 제2항).

(8) 자료 제출의 의무

외국법자문사나 외국법자문법률사무소 또는 합작법무법인은 법무부장관 또는 대한변호사협회가 감독을 수행하기 위하여 이유를 명시하여 그 업무·재산의 현황, 수임·회계 내역의 명세, 그 밖에 감독에 필요한 자료의 제출을 요구할 경우 이에 따라야 한다(외자법 제33조).

(9) 전문직의 고용, 동업, 보수분배, 법인설립 등의 금지

1) 변호사 등 전문직의 고용금지

외국법자문사나 외국법자문법률사무소는 변호사·법무사·변리사·공인회계사·세무사 및 관세사를 고용할 수 없다(외자법 제34조 제1항).

2) 전문직과의 동업·보수분배 등 금지

외국법자문사나 외국법자문법률사무소는 변호사·법무사·변리사·공인회계사·세무사 및 관세사와 동업, 업무제휴, 포괄적 협력관계의 설정, 사건의 공동수임, 그 밖의 어떠한 방식으로든 사건을 공동으로 처리하고 그로 인한 보수나 수익을 분배할 수 없다(같은 조 제2항).

3) 전문직과의 법인 공동설립·운영 등 금지

외국법자문사나 외국법자문법률사무소는 변호사·법무법인·법무법인(유한)·법무조합·법무사·법무사합동법인·변리사·특허법인·특허법인(유한)·공인회계사·회계법인·세무사·세무법인·관세사 및 관세사법인과 조합계약, 법인설립, 지분참여, 경영권 위임을 할 수 없으며, 그 밖의 어떠한 방식으로든 법률사무소·법무법인·법무법인(유한)·법무조합·법무사사무소·법무사합동법인·변리사사무소·특허법인·특허법인(유한)·공인회계사사무소·회계법인·세무사사무소·세무법인·관세사사무소 및 관세사법인을 공동으로 설립·운영하거나 동업할 수 없다(같은 조 제3항).

(10) 외국법자문법률사무소의 공동 사건 처리 등

1) 자유무역협정등에 따라 법무부장관이 고시하는 자유무역협정등의 당사국에 본점사무소가 설립·운영되고 있는 외국법자문법률사무소는 사전에 대한변호사협회에 공동사건처리 등을 위한 등록(외자법 제34조의3)을 한 경우 제34조 제2항에도 불구하고 법률사무소, 법무법인, 법무법인(유한) 또는 법무조합과 국내법사무와 외국법사무가 혼재된 법률사건을 사안별 개별 계약에 따라 공동으로 처리하고 그로부터 얻게 되는 수익을 분배할 수 있다(외자법 제34조의2 제1항).

2) 공동사건처리 등을 위한 등록을 마친 외국법자문법률사무소의 대표자는 매년 1월 31일까지 전년도에 그 외국법자문법률사무소가 공동사건처리에 따른 계약과 관련한 사항(상대방인 법률사무소, 법무법인, 법무법인(유한) 또는 법무조합의 명칭 및 그 사무소의 소재지, 계약체결일 등)을 대한변호사협회에 신고하여야 한다(같은 법 제34조의5 제1항).

3) 외국법자문법률사무소의 구성원 또는 구성원이 아닌 소속 외국법자문사는 제1항에 따른 업무를 처리하는 경우 법률사무소, 법무법인, 법무법인(유한) 또는 법무조합 소속 변호사가 처리하는 법률사무에 대하여 제24조 각 호에 규정된 업무 범위를 넘어 부당하게 관여하여서는 아니 된다(같은 법 제34조의2 제2항).

4) 공동사건처리 등을 위한 등록

가. 공동사건처리 등을 위한 등록은 공동 사건 처리 등의 업무를 수행하려는 외국법자문법률사무소의 대표자가 서면으로 신청하여야 한다(외자법 제34조의3 제1항).

나. 대한변호사협회는 제1항에 따른 신청이 있는 경우 특별한 사정이 없으면 지체 없이 외국법자문법률사무소 명부에 등록한 후 신청인에게 등록증명서를 발급하고 그 취지를 신청인 및 법무부장관에게 서면으로 통지하여야 한다(같은 조 제2항).

다. 제1항 및 제2항에서 규정한 사항 외에 외국법자문법률사무소의 공동사건

처리 등을 위한 등록 절차에 관하여 필요한 사항은 대한변호사협회가 정한다(같은 조 제3항).

5) 공동사건처리 등을 위한 등록의 취소

가. 법무부장관은 공동사건처리 등을 위한 등록을 마친 외국법자문법률사무소의 본점사무소가 법무부장관이 고시하는 자유무역협정 등의 당사국에서 설립·운영되고 있지 아니한 경우에는 대한변호사협회에 그 등록의 취소를 명할 수 있다(외자법 제34조의4 제1항).

나. 대한변호사협회는 제1항에 따른 등록취소명령이 있거나 등록취소명령 사유가 있는 경우에는 공동사건처리 등을 위한 등록을 취소하여야 하고(같은 조 제2항), 이 경우 그 취지와 이유를 해당 외국법자문법률사무소에 지체 없이 서면으로 통지하고, 법무부장관에게 보고하여야 한다(같은 조 제3항).

다. 제2항에 따른 등록취소에 대한 이의신청에 관하여는 제12조 제2항 및 제3항을 준용한다(같은 조 제4항).

(11) 변호사법의 준용

외국법자문사의 직무 등에 관하여는 변호사법 제28조의2(수임사건의 건수 및 수임액의 보고), 제30조(연고관계 등의 선전금지), 제31조(수임제한), 제32조(계쟁권리의 양수금지), 제33조(독직행위의 금지), 제34조(변호사 아닌 자와의 동업금지), 제38조(겸직 제한)가 준용된다. 이 경우 준용되는 변호사법 해당 조항 중 '변호사'는 '외국법자문사'로, '법률사무소'는 '외국법자문법률사무소'로 본다(외자법 제35조).

5. 합작법무법인의 설립과 운영

(1) 합작법무법인의 설립

1) 법무법인, 법무법인(유한) 또는 법무조합은 법무부장관이 고시하는 자유무역협정등 당사국에서 그 법적 형태를 불문하고 법률사무의 수행을 주된 목적으로 설립된 자와 합작하여 법무법인을 설립할 수 있다(외자법 제35조의2 제1항).

국내 합작의 주체(국내 합작참여자)는 법무법인, 법무법인(유한) 또는 법무조합이다. 합작의 상대방은 법인 형태의 로펌만을 상정하지 않고 파트너십, 조합형태 등도 가능하다. 그래서 '그 법적 형태를 불문하고 법률사무의 수행을 주된 목적으로 설립된 자'라 하고 있다.

2) 외국 합작참여자가 여러 나라에 걸쳐 사무소, 현지 사무소, 현지 법인, 지사, 분사무소 등 법률사무의 수행을 주된 목적으로 하는 사무소를 두고 있는 경우에는 최고 의사결정이 이루어지는 사무소 소재지 국가를 기준으로 제1항의 자유무역협정등 당사국을 정한다(외자법 제35조의2 제2항).

(2) 설립신청 등

합작법무법인을 설립하려면 합작참여자가 정관을 작성하여 주사무소 소재지의 지방 변호사회와 대한변호사협회를 거쳐 법무부장관의 인가를 받아야 한다. 정관을 변경할 때에도 또한 같다(외자법 제35조의3 제1항). 합작법무법인의 설립인가 또는 정관변경의 인가를 받으려면 합작참여자가 대통령령으로 정하는 증명서류를 첨부하여 서면으로 신청하여야 한다(외자법 제35조의2 제2항). 제1항에 따른 인가의 유효기간은 법무부장관의 설립인가일부터 5년으로 한다(외자법 제35의2 제3항). 설립인가의 갱신 신청은 제3항의 유효기간이 끝나는 날의 10개월 전부터 5개월 전까지 할 수 있다(외자법 제35조의2 제4항).

(3) 명칭 및 표시

합작법무법인은 전체 합작참여자의 명칭(통용되는 약칭을 포함한다)을 병기하고, 그 명칭 중에 합작법무법인이라는 문자를 사용하여야 한다(외자법 제35조의6 제1항). 합작법무법인은 일반인이 쉽게 알아볼 수 있도록 사무소 안팎의 적절한 장소에 전체 합작참여자, 선임변호사, 소속변호사, 선임외국법자문사 및 소속외국법자문사(외국법자문사의 경우에는 외자법 제6조 제2항에 따라 법무부장관이 지정한 원자격국을 포함한다)를 모두 표시하여야 한다(외자법 제27조 제5항). 합작법무법인이 아닌 자는 합작법무법인 또는 이와 유사한 명칭을 사용하지 못한다(같은 조 제2항). 이를 위반하여 유사 명칭을 사용한 사람은 형사처벌된다(외자법 제48조 제8항).

(4) 합작법무법인의 구성

합작법무법인은 1개 이상의 국내 합작참여자와 1개 이상의 외국 합작참여자로 구성한다(외자법 제35조의7 제1항). 합작참여자는 2개 이상의 합작법무법인을 설립할 수 없다(같은 조 제2항). 합작법무법인이 제1항에 따른 합작참여자 요건을 충족하지 못하게 된 경우에는 3개월 이내에 보충하여야 한다(같은 조 제3항).

(5) 합작참여자

1) 합작법무법인을 설립하는 국내 합작참여자는 다음 각 호의 요건을 충족하여야 한다(외자법 제35의8 제1항).

1. 변호사법 따라 적법하게 설립되어 3년 이상 정상적으로 운영되었을 것
2. 통산하여 5년 이상 「법원조직법」 제42조 제1항 각 호의 어느 하나에 해당하는 직에 있었던 5명 이상의 변호사를 보유하고 이들 중 최소 3명은 해당 국내 합작참여자의 구성원일 것
3. 주사무소의 최고 의사결정 기구가 합작법무법인을 설립하기로 의결 또는 결정하였을 것
4. 다음 각 목의 요건을 충족하여 운영되었을 것
    가. 최근 5년간 「변호사법」에 따른 징계 또는 형사처벌을 받은 사실이 없을 것. 다만, 징계 또는 벌금 300만원 이하의 형사처벌을 받은 경우로서 징계 또는 형사처벌의 원인이 된 행위의 내용 및 동기 등을 고려하여 대통령령으로 정하는 경미한 사유에 해당하는 경 우는 제외한다
    나. 최근 5년간 그 대표가 국내 합작 참여자의 업무집행과 관련하여 변호사법」에 따른 징계 또는 금고 이상의 형을 선고받은 사실이 없을 것. 다만, 징계를 받은 경우로서 징계 의 원인이 된 행위의 내용 및 동기 등을 고려하여 대통령령으로 정하는 경미한 사유에 해당하는 경우는 제외한다
5. 국내 합작참여자의 인적 구성, 업무사례업무능력 동에 비추어 합작법무법인 사무 취급에 적합한 전문성을 갖추고 있을 것

2) 합작법무법인을 설립하는 외국 합작참여자는 다음 각 호의 요건을 충족하여야 한다(외자법 제35조의8 제2항).

1. 자유무역협정등 당사국에서 그 나라의 법률에 따라 적법하게 설립되어 3년 이상 정상적으로 운영되었을 것

2. 외국변호사 자격을 취득한 후 5년 이상 법률사무를 수행한 경력이 있는 5명 이상의 외국변호사를 보유하고, 이들 중 최소 3명은 해당 외국 합작참여자의 구성원일 것

3. 제35조의2 제2항의 최고 의사결정이 이루어지는 사무소의 최고 의사결정 기구가 합작법무법인을 설립하기로 의결 또는 결정하였을 것

4. 다음 각 목의 요건을 충족하여 운영되었을 것

　　가. 최근 5년간 국가를 불문하고 「변호사법」(이 법 또는 「변호사법」에 상당하는 외국의 법률을 포함한다)에 따른 징계 또는 형사처벌에 상당하는 처분을 받은 사실이 없을 것. 다만, 징계 또는 형사처벌의 원인이 된 행위의 내용 및 동기 등을 고려하여 대통령령으로 정하는 경미한 사유에 해당하는 경우는 제외한다.

　　나. 최근 5년간 그 대표가 외국 합작참여자의 업무집행과 관련하여 국가를 불문하고 변호사법(이 법 또는 「변호사법」에 상당하는 외국의 법률을 포함한다)에 따른 징계 또는 금고 이상의 형에 상당하는 처분을 받은 사실이 없을 것. 다만, 징계 또는 형사처벌의 원인이 된 행위의 내용 및 동기 등을 고려하여 대통령령으로 정하는 경미한 사유에 해당하는 경우는 제외한다

5. 외국 합작참여자의 인적 구성, 업무사례, 업무능력 등에 비추어 합작법무법인 사무 취급에 적합한 전문성을 갖추고 있을 것

(6) 선임변호사, 소속변호사 등

1) 선임변호사 및 선임외국법자문사

「변호사법」 제34조 제4항에도 불구하고 합작법무법인에 다음 각 호의 요건을 모두 충족하는 각 2명 이상의 선임변호사 및 선임외국법자문사를 둔다(외자법 제35조의11 제1항).

1. 합작참여자의 구성원일 것
2. 봉산하여 5년 이상 법원조직법 제42조 제1항 각 호의 어느 하나에 해당하는 직에 있었거나, 외국변호사 자격을 취득한 후 원자격국에서 2년 이상의 기간을 포함하여 총 5년 이상 법률사무를 수행한 경력이 있을 것
3. 외국법자문사의 경우 원자격국이 제35조의2 제1항에 따라 법무부장관이 고시하는 자유무역협정등 당사국일 것

2) 합작법무법인 내 선임외국법자문사 수는 선임변호사 수를 넘을 수 없다 (외자법 제35조의11 제2항).

3) 소속변호사 및 소속외국법자문사

「변호사법」제34조 제4항에도 불구하고 합작법무법인은 선임변호사 아닌 소속변호사 및 선임 외국법자문사 아닌 소속외국법자문사를 둘 수 있다(외자법 제35조의12 제1항), 제1항의 외국법자문사의 경우 원자격국이 제35조의2 제1항에 따라 법무부장관이 고시하는 자유무역협정등 당사국이어야 한다(같은 조 제2항). 합작법무법인 내 소속외국법자문사 수는 소속변호사 수를 넘을 수 없다(같은 조 제3항). 합작법무법인이 제3항에 따른 요건을 충족하지 못하게 된 경우에는 3개월 이내에 이를 보완하여야 한다(같은 조 제4항)

(7) 대표, 사무직원, 사무소

1) 합작법무법인의 대표는 합작참여자 회의(합작참여자를 대표하는 자들로 구성된 회의를 말한다. 이하 같다)에서 ① 선임변호사 또는 선임외국법자문사일 것, ② 외국법자문사의 경우에는 원자격국이 제35조의2 제2항에 따른 외국 합작참여자의 소재지국일 것을 모두 충족하는 사람 중에서 선임한다(외자법 제35조의13 제1항).

2) 합작법무법인은 사무소에 사무직원을 둘 수 있다(외자법 제35조의14 제1항). 합작법무법인의 사무직원에 관하여는 「변호사법」제22조 제2항부터 제5항까지의 규정을 준용한다. 이 경우 "변호사"는 "합작법무법인"으로, "지방변호사회의 장"은 "대한변호사협회의 장"으로 본다(같은 조 제2항).

3) 합작법무법인은 분사무소를 둘 수 있다(외자법 제35조의15 제1항). 합작법무법인이 사무소를 개업 또는 이전하거나 분사무소를 둔 경우에는 지체 없이 주사무소 소재지의 지방변호사회와 대한변호사협회를 거쳐 법무부장관에게 신고하여야 한다(같은 조 제2항). 합작법무법인 내 변호사 및 외국법자문사는 그 법적 형태를 불문하고 합작법무법인 외에 따로 법률사무의 수행을 주된 목적으로 하는 사무소를 둘 수 없다(같은 조 제3항).

(8) 지분·의결권 행사, 수익분배

1) 지 분

외국 합작참여자는 100분의 49를 초과하여 합작법무법인의 지분을 보유할 수 없다(외자법 제35조의16 제1항).[25] 합작법무법인 내에 복수의 외국 합작참여자가 있을 경우 제1항을 적용할 때 각 외국 합작참여자의 지분을 합산한 것을 기준으로 한다(같은 조 제2항). 합작참여자는 다른 모든 합작참여자의 동의를 얻지 아니하면 그 지분의 전부 또는 일부를 양도하지 못한다(같은 조 제3항).

2) 의결권 행사

합작참여자는 합작참여자 회의에서 지분 비율에 따라 의결권을 행사한다(법 35조의17 제1항). 합작참여자의 회의는 총의결권의 과반수로 의결한다(같은 조 제2항).

3) 수익 분배

「변호사법」 제34조 제5항에도 불구하고 전체 합작참여자는 정관에 달리 정한 바가 없으면 지분 비율에 따라 수익을 수취한다(외자법 제35조의18).

(9) 합작법무법인의 업무 범위

합작법무법인은 이 법 및 다른 법률에 저촉되지 아니하는 범위에서 다음 각 호의 사항을 제외한 사무를 수행할 수 있다(외자법 제35조의19).

1. 국가 지방자치단체와 그 밖의 공공기관에서의 사법절차 또는 법적 절차를 위한 대리 및 그러한 절차를 위한 법률 문서의 작성
2. 「공증인법」 제2조 각 호에 따른 증서 작성의 촉탁 대리
3. 노동 분야 자문
4. 대한민국에 있는 부동산에 관한 권리, 지식재산권, 광업권, 그 밖에 행정기관에 등기 또는 등록함을 성립요건이나 대항요건으로 하는 권리의 특실변경(經失變更)을 주된 목적으로 하 는 사무의 대리 및 이를 목적으로 한 문서의 작성

---

25) 과반수 이상의 지분을 외국로펌이 보유할 경우 합작법무법인에 참여한 국내 로펌은 사실상 명의만을 제공하는 데 그치고 외국 로펌의 자회사 또는 국내지사로 전락될 위험이 있기 때문이다. 정형근, 앞의 책, 321면.

5. 대한민국 국민이 당사자이거나, 관련된 재산이 대한민국에 소재하고 있는 경우의 친족·상속 관계 사무의 대리 및 이를 목적으로 한 문서의 작성

(10) 업무 집행 방법

합작법무법인은 법인 명의로 업무를 수행하며 그 업무를 담당할 변호사(이하 "담당변호사"라 한다) 또는 그 업무를 담당할 외국법자문사(이하 "담당외국법자문사"라 한다)를 지정하여야 한다. 소속변호사 또는 소속외국법자문사에 대해서는 선임변호사 또는 선임외국법자문사와 공동으로 지정하여야 한다(외자법 제35조의20 제1항). 제1항에 따른 지정을 할 때 외국법자문사는 제24조 각 호에 규정된 업무 외의 업무에 대해서는 담당외국법자문사로 지정될 수 없다(같은 조 제2항). 합작법무법인이 「변호사법」 제49조 제2항에 따른 업무를 할 때에는 그 직무를 수행할 수 있는 변호사 중에서 업무를 담당할 자를 지정하여야 한다(같은 조 제3항). 합작법무법인이 제1항에 따라 담당변호사 또는 담당외국법자문사를 지정하지 아니한 경우에는 선임변호사 및 선임외국법자문사 모두를 담당변호사 및 담당외국법자문사로 지정한 것으로 본다. 다만, 제24조 각 호에 규정된 업무 외의 업무에 대해서는 선임 변호사 모두를 담당변호사로 지정한 것으로 본다(같은 조 제4항). 합작법무법인은 담당변호사 또는 담당외국법자문사가 업무를 담당하지 못하게 된 경우에는 지체 없이 제1항에 따라 다시 담당변호사 또는 담당외국법자문사를 지정하여야 한다(같은 조 제5항), 합작법무법인이 제5항에 따라 다시 담당변호사 또는 담당외국법자문사를 지정하지 아니한 경우에는 제4항을 준용한다(같은 조 제6항), 합작법무법인은 제1항부터 제6항까지의 규정에 따라 담당변호사 또는 담당외국법자문사를 지정한 경우에는 지체 없이 이를 수임사건의 위임인에게 서면으로 통지하여야 한다. 담당변호사 또는 담당외국법자문사를 변경한 경우에도 또한 같다(같은 조 제7항). 담당변호사 및 담당외국법자문사는 지정된 업무를 수행할 때에 각자가 그 합작법무법인을 대표한다(같은 조 제8항). 합작법무법인이 그 업무에 관하여 작성하는 문서에는 법인명의를 표시하고 담당변호사 및 담당외국법자문사가 기명날인하거나 서명하여야 한다(같은 조 제9항).

(11) 기 타

1) 부당 관여 금지

합작법무법인 내 외국법자문사는 제24조 각 호에 규정된 업무 외의 법률사무를 취급할 때 합작법무법인 내 변호사에게 업무상 명령을 내리거나 부당한 관여를 하여서는 아니 된다(외자법 제35조의21)

2) 변호사, 외국법자문사의 업무 제한

합작법무법인의 변호사 및 외국법자문사는 자기나 제3자의 계산으로 변호사, 외국법자문사 업무를 수행할 수 없다. 다만, 선임변호사 또는 선임외국법자문사가 제35조의11 제3항에 따라 합작참여자 구성원 직을 겸하는 경우에 해당 합작참여자의 계산으로 업무를 수행하는 경우는 제외한다(법 제35조의22 제1항), 합작법무법인의 변호사 또는 외국법자문사였던 자는 합작법무법인의 소속 기간 중 그 법인이 상의(相議)를 받아 수임을 승낙한 사건에 관하여는 변호사나 외국법자문사의 업무를 수행할 수 없다(같은 조 제2항).

3) 국내 합작참여자의 별도 직무 수행

국내 합작참여자는 합작법무법인과 별도로 「변호사법」 제3조의 직무를 수행할 수 있다(외자법 제35조의23). 외국 합작참여자는 국내의 변호사법 제3조의 직무를 수행할 수 없는 한계가 있다.

4) 수임제한, 고용, 동업, 겸임 등의 금지

합작법무법인은 일반 변호사와 같이 변호사법 제31조 제1항 각 호에 해당되는 사건의 수임이 제한되고(외자법 제35조의25) 외국법자문사에게 적용되는 고용, 동업, 겸임 등의 금지규정이 합작법무법인에게도 그대로 적용된다(외자법 제35조의26).

5) 손해배상책임

합작법무법인을 대표하는 자(담당변호사 및 담당외국법자문사를 포함한다)가 그 업무집행으로 인하여 타인에게 손해를 가한 때에는 합작법무법인은 그 대표와 연대하여 배상할 책임이 있다(외자법 제35조의28 제1항).

합작법무법인에 관하여 이 법에서 정한 것 외에는 「상법」 중 합명회사에 관한 규정을 준용하므로(외자법 제35조의33 제2항 본문).[26] 법무법인의 구성원 변호사에 해당하는 선임변호사 또는 선임외국법자문사도 합작법무법인의 채무에 대하여 책임을 진다.[27]

합작법무법인은 합작법무법인의 업무처리 및 운영 등과 관련된 손해배상책임을 보장하기 위하여 대통령령으로 정하는 바에 따라 보험 또는 공제기금에 가입하여야 한다(외자법 제35조의28 제2항). 합작법무법인은 그에 따른 손해배상책임에 관한 사항을 대통령령으로 정하는 바에 따라 수임 계약서와 광고물에 밝혀야 한다(같은 조 제3항).

6. 징 계

(1) 징계의 종류

외국법자문사에 대한 징계의 종류로는 자격승인취소, 등록취소, 3년 이하의 정직, 3천만원 이하의 과태료, 견책 등 5가지가 있다(외자법 제36조).

(2) 징계 사유

1) 자격승인취소에 해당하는 징계 사유는 다음 각 호와 같다(같은 법 제37조 제1항).

1. 제13조 제2항 제2호 또는 제36조 제2호에 따른 등록취소 처분을 받은 사람으로서 외국법자문사의 직무를 수행하는 것이 현저히 부적당하다고 인정되는 경우
2. 제36조 제3호에 따른 정직 처분을 2회 이상 받은 후 다시 제2항에서 정하는 징계

---

26) 다만, 「상법」 제173조, 제230조, 제232조부터 제240조까지 및 제242조부터 제244조까지의 규정은 합작법무법인에 적용되지 않는다(외자법 제35조의33 제2항 단서).

27) 이에 대하여 개방화의 시대를 규율하기 위하여 도입된 합작법무법인이 그 책임관계를 가장 고전적인 합명회사의 규정을 준용하는 것은 시대착오적이라 볼 수 있다. 설령 법무법인 형식을 취하였을지라도 그 책임관계는 법무법인(유한)과 같이 합작법무법인과 담당변호사의 책임으로 규율하는 것으로 입법론적인 검토가 필요하다는 주장이 있다. 정형근, 앞의 책, 324면.

사유가 있는 사람으로서 외국법자문사의 직무를 수행하는 것이 현저히 부적당하다고 인정되는 경우

2) 등록취소부터 견책까지에 해당하는 징계 사유는 다음 각 호의 어느 하나와 같다(같은 조 제2항).

1. 이 법을 위반한 경우
2. 대한변호사협회가 정하는 윤리장전을 위반한 경우
3. 직무의 내외를 막론하고 외국법자문사로서의 품위를 손상하는 행위를 한 경우

(3) 징계기관

1) 외국법자문사의 징계는 외국법자문사징계위원회가 행하게 되는데, 법무부와 대한변호사협회에 각각 외국법자문사징계위원회를 둔다(외자법 제38조).

2) 대한변호사협회 외국법자문사징계위원회(이하 '변협징계위원회'라고 한다)는 다음 각 호의 위원으로 구성한다. 이 경우 법무부장관은 외국법자문사인 위원을 추천하기 곤란한 사정이 있으면 이를 갈음하여 외국변호사의 자격을 가진 자를 추천할 수 있다(같은 법 제39조 제1항).

1. 법원행정처장이 추천하는 판사 2명
2. 법무부장관이 추천하는 검사 2명 및 외국법자문사 2명
3. 대한변호사협회의 장이 추천하는 변호사 2명 및 변호사가 아닌 법과대학 교수 1명

3) 변협징계위원회에 위원장 1명과 간사 1명을 두되, 위원장과 간사는 위원 중에서 호선하고, 제1항의 위원을 추천할 때에는 위원과 같은 수의 예비위원을 함께 추천하여야 하며, 변호사의 자격을 취득한 날부터 10년이 지나지 아니한 사람은 판사·검사·변호사인 위원 또는 예비위원이 될 수 없고, 위원과 예비위원의 임기는 각각 2년으로 한다(같은 조 제2항 내지 제5항). 변협징계위원회의 결정은 위원 과반수의 찬성으로 의결한다(같은 조 제6항). 변협징계위원회는 등록취소부터 견책까지의 징계사유에 해당하는 징계 사건을 심의한다(같은 법 제41조 제1항, 제37조 제2항).

4) 법무부 외국법자문사징계위원회(이하 '법무부징계위원회'라 한다)는 위원장 1

명과 부위원장 1명, 위원장 및 부위원장이 아닌 위원 7명으로 구성하며, 예비위원 7명을 둔다(같은 법 제40조 제1항).

가. 법무부징계위원회의 위원장은 법무부장관이 되고, 부위원장은 법무부차관이 되며, 위원과 예비위원은 다음 각 호의 사람을 법무부장관이 임명 또는 위촉한다. 이 경우 법무부장관은 외국법자문사인 위원을 위촉하기 곤란한 사정이 있으면 외국변호사의 자격을 가진 사람을 위촉할 수 있다(같은 조 제2항).

1. 법원행정처장이 추천하는 판사 중에서 각 2명
2. 검사 중에서 각 2명
3. 외국법자문사 중에서 각 1명
4. 대한변호사협회의 장이 추천하는 변호사 중에서 각 1명
5. 변호사가 아닌 사람으로서 법과대학 교수 또는 경험과 덕망이 있는 사람 각 1명

나. 변협징계위원회의 위원 및 예비위원은 법무부징계위원회의 위원 및 예비위원을 겸할 수 없고, 위원과 예비위원의 임기는 각각 2년으로 하며, 위원장은 법무부징계위원회의 업무를 총괄하고 법무부징계위원회를 대표하며 회의를 소집하고 그 의장이 된다(같은 조 제3항 내지 제5항). 위원장이 부득이한 사유로 그 직무를 수행할 수 없을 때에는 부위원장이 그 직무를 대행하고, 부위원장도 그 직무를 대행할 수 없을 때에는 위원장이 미리 지명하는 위원이 그 직무를 대행한다(같은 조 제6항). 법무부징계위원회의 결정은 위원 과반수의 찬성으로 의결한다(같은 조 제7항). 법무부징계위원회의 위원 중 공무원이 아닌 사람은 「형법」 제127조 및 제129조부터 제132조까지의 규정을 적용할 때에는 공무원으로 본다(같은 조 제8항). 법무부징계위원회는 제37조 제1항에 따른 자격승인 취소의 징계 사유에 해당하는 징계사건과 변협징계위원회의 징계 결정에 대한 이의신청 사건을 심의한다(같은 법 제41조 제2항).

(4) 징계절차

1) 징계개시의 청구

가. 대한변호사협회의 장은 외국법자문사가 제37조 제1항에 따른 자격승인 취소의 징계 사유에 해당한다고 판단되면 법무부징계위원회에 징계개시를 청구

하여야 하고, 제37조 제2항에 따른 등록취소 이하의 징계 사유에 해당한다고 판단되면 변협징계위원회에 징계개시를 청구하여야 한다. 다만, 징계 사유가 발생한 날부터 3년이 지난 때에는 이를 청구하지 못한다(외자법 제42조 제1항).

나. 의뢰인이나 의뢰인의 법정대리인·배우자·직계친족·형제자매는 외국법자문사에게 제37조에 따른 징계 사유가 있다고 판단되면 그 사유를 첨부하여 대한변호사협회의 장에게 그 외국법자문사에 대한 징계개시의 청구를 신청할 수 있고, 지방검찰청검사장은 범죄수사 등 검찰 업무의 수행 중 외국법자문사에게 징계 사유가 있는 것을 발견한 때에는 대한변호사협회의 장에게 그 외국법자문사에 대한 징계개시의 청구를 신청하여야 한다(같은 조 제2항, 제3항). 대한변호사협회의 장은 제2항 및 제3항의 신청에 대하여 징계개시의 청구를 하지 아니하는 경우에는 그 이유를 신청인에게 서면으로 알려야 한다(같은 조 제4항). 징계개시 신청인의 이의신청에 관하여는 변호사법 제97조의5를 준용한다(같은 조 제5항).

2) 징계의 결정 기간 등

가. 변협징계위원회는 징계개시의 청구를 받거나 징계개시청구의 이의신청(외자법 제42조 제5항, 변호사법 제97조의5 제2항)에 따라 징계절차를 개시한 날부터 6개월 이내에 징계에 관한 결정을 하여야 한다. 다만, 부득이한 사유가 있을 때에는 그 의결로 6개월의 범위에서 그 기간을 연장할 수 있다(외자법 제43조 제1항).

나. 법무부징계위원회가 제37조 제1항에 따른 징계 사유에 관한 징계개시의 청구를 받거나 변협징계위원회의 결정에 대한 이의신청을 받은 때에도 제1항과 같다(같은 조 제2항).

3) 징계의 집행

외자법 제36조 제1호에 따른 자격승인취소는 법무부장관이 집행하고, 제36조 제2호부터 제5호까지의 규정에 따른 등록취소, 3년 이하의 정직, 3천만원 이하의 과태료, 견책 등의 징계는 대한변호사협회의 장이 집행한다(외자법 제44조 제1항). 외자법 제36조 제4호에 따른 과태료 결정은 민사집행법에 따른 집행력 있는 집행권원과 같은 효력이 있고, 검사의 지휘로 집행한다(같은 조 제2항).

(5) 업무정지명령

법무부장관은 외국법자문사에 대하여 공소가 제기되거나 대한변호사협회의 장의 징계개시 청구에 의하여 징계절차가 개시되어 그 재판이나 징계 결정의 결과 자격승인취소 또는 등록취소에 이르게 될 가능성이 매우 크고, 그대로 두면 장차 의뢰인이나 공공의 이익을 해칠 구체적인 위험성이 있는 경우에는 법무부징계위원회에 그 외국법자문사의 업무정지에 관한 결정을 청구할 수 있고, 법무부징계위원회의 결정에 따라 해당 외국법자문사에 대하여 업무정지를 명할 수 있다. 다만, 약식명령이 청구된 경우와 과실범으로 공소제기된 경우에는 그러하지 아니하다(외자법 제45조 제1항, 제2항).

7. 벌   칙

(1) 외자법은 제36조 이하에서 외국법자문사에 대한 징계의 종류와 사유 및 징계절차를 규정하고 있음과 아울러 제46조 이하에서는 형사처벌의 대상이 되는 행위들과 그에 대한 벌칙을 규정하고 있다. 변호사의 변호사법 위반행위로 인하여 변호사에게 징계처분과 형사처벌이 병행하여 부과되기도 하는 것처럼 외국법자문사의 경우도 외자법 위반행위로 인하여 징계처분과 형사처벌이 병행하여 부과될 수도 있다. 그러나 징계처분과 형사처벌은 그 성질과 목적을 달리하는 것이므로 이는 일사부재리 원칙에 반하는 것이 아니다.

(2) 구체적으로 외자법은 외국법자문사의 독직행위(외자법 제46조 제2호, 제35조, 변호사법 제33조), 변호사가 아닌 자와의 동업금지 등 위반행위(외자법 제46조 제2호, 제35조, 변호사법 제34조), 외국법자문사가 금품 등을 받고 국내 법률사무를 취급하거나 그 취급을 알선하는 행위(외자법 제46조 제3호), 업무수행방식의 위반행위(같은 법 제47조 제1호, 제25조 제1항), 비밀유지의무 위반행위(같은 법 제47조 제2호, 제30조), 고용·동업·겸임 등의 금지의무 위반행위(같은 법 제47조 제3호, 제4호, 제34조 제1항 내지 제3항), 외국의 법원 또는 행정기관을 위하여 행하는 문서의 송달과 증거조사의 행위, 대한민국에 있는 부동산에 관한 권리, 지식재산권,

광업권, 그 밖에 행정관청에 등기 또는 등록함을 성립요건이나 대항요건으로 하는 권리의 득실변경(得失變更)을 주된 목적으로 하는 사무를 대리하거나 이를 목적으로 하는 문서의 작성행위(같은 법 제47조 제5호) 등에 대하여 광범위한 벌칙 규정을 두고 있다.

제 7 장

변호사 및 법무법인 등의 손해배상책임

Ⅰ. 총 설

의뢰인은 변호사로부터 양질의 법률서비스를 제공받을 권리가 있다. 따라서 변호사가 어떤 형태의 법률사무소에서 그 직무를 수행하든 법률전문가로서 요구되는 주의의무를 충실히 이행하지 않은 경우에는 대내적 관계에서 직업윤리 위반으로 징계책임을 지게 된다. 또한 더 나아가 변호사의 직무수행상의 고의나 과실로 인하여 의뢰인 또는 그와 일정한 관계에 있는 제3자에게 손해가 발생한 경우 변호사는 위임계약위반에 따른 손해배상책임 또는 민사상 불법행위에 따른 손해배상책임을 부담하게 되는데, 이를 변호사과오책임 또는 법률과오책임이라고 한다. 현재 변호사가 법률사무를 취급하기 위하여 개설하는 법률사무소의 형태로는 ① 변호사 개인 법률사무소 ② 법무법인 ③ 법무법인(유한) ④ 법무조합이 있는데,1) 변호사법은 법률과오책임을 규율하기 위하여 법무법인에 대하여는 합명회사의 책임을 준용하고 있고, 법무법인(유한)과 법무조합은 구성원의 책임(변호사법 제58조의10, 제58조의24)이라는 명칭으로 법무법인(유한)과 법무조합의 운영과 관련하여 부담하게 되는 일반적인 책임과 수임사건과 관련하여 부담하게 되는 손해배상책임으로 나누어 규정하고 있다.

Ⅱ. 변호사의 손해배상책임

변호사 단독으로 개업하여 개인 법률사무소를 운영하는 변호사 또는 법인이나 법무조합이 아닌 합동법률사무소의 형태로 사무소를 운영하는 변호사는 의뢰인에 대하여 수임사건의 처리와 관련하여 과오가 있어 의뢰인 또는 그와 일정한 관련이 있는 제3자에게 손해를 가한 경우, 변호사 각자가 손해배상책임을 지게 된다. 이 경우 의뢰인은 변호사의 위임계약상의 채무불이행에 근거하든 또는 변호사의 불법행위에 근거하든 선택적으로 손해배상책임(법률과오책임)을 물을

---

1) 2인 이상의 변호사들이 모여 함께 법률사무소를 운영하는 합동법률사무소의 경우, 그 구성원들 간의 계약 내용에 따라 그 구성 및 운영형태가 다양할 수 있을 것이지만 그 법률과오책임에 관하여는 기본적으로 단독으로 개업 중인 개인 변호사에 준하여 취급될 것이다.

수 있지만, 제3자는 변호사의 불법행위에 근거하여서만 그 책임을 물을 수 있을 것이다.

▌▌▌ 관련 판례

대법원 2018.11.9. 선고 2018다240462 판결 [손해배상(기)]

【판시사항】
변호사가 소송위임계약상 채무를 불이행한 경우, 손해배상청구권의 소멸시효 기산점 (=대상소송이 의뢰인에게 불리하게 확정되거나 이에 준하는 상태가 된 때)

【이 유】
… 소멸시효는 권리를 행사할 수 있는 때로부터 진행한다(민법 제166조 제1항). 채무불이행으로 인한 손해배상청구권의 소멸시효는 채무불이행 시부터 진행하는 것이 원칙이다 (대법원 2005.1.14. 선고 2002다57119 판결 참조). 다만 채무불이행으로 인한 손해배상청구권은 현실적으로 손해가 발생한 때에 성립하는 것이므로 손해가 현실적으로 발생하였다고 볼 수 있어야 그때부터 소멸시효가 진행한다. 이때 현실적으로 손해가 발생하였는지 여부는 사회통념에 비추어 객관적이고 합리적으로 판단하여야 한다(대법원 2017. 6.19. 선고 2017다215070 판결 참조).
변호사가 소송위임계약상 채무를 불이행한 경우, 위임의 대상이 된 소송이 의뢰인에게 불리한 내용으로 확정될 때까지는 손해의 발생 여부가 불확실하고 손해의 구체적인 내용이나 범위 등을 확정하기도 어렵다. 따라서 특별한 사정이 없는 한 대상소송이 의뢰인에게 불리하게 확정되거나 이에 준하는 상태가 된 때에 비로소 의뢰인에게 현실적으로 손해가 발생한다고 볼 수 있고, 손해배상청구권의 소멸시효도 그때부터 진행한다고 봄이 타당하다.

Ⅲ. 법무법인의 책임

1. 법무법인의 설립절차와 조직

(1) 법무법인은 3인 이상의 변호사로 구성된 법률사무소이다. 변호사는 그 직무를 조직적·전문적으로 수행하기 위하여 법무법인을 설립할 수 있는데(법 제40조), 변호사가 이를 위하여 법무법인을 설립하고자 할 때에는 구성원이 될 변호사가 정관을 작성하여 주사무소 소재지의 지방변호사회와 대한변호사협회를 거쳐 법무부장관의 인가를 받아야 한다(법 제41조). 법무법인은 설립인가를 받으면 2주일 이내에 목적, 명칭, 주사무소 및 분사무소의 소재지, 구성원의 성명·주민등록번호 및 법무법인을 대표할 구성원의 주소, 출자의 종류·가액 및 이행 부분, 법무법인의 대표에 관한 사항, 둘 이상의 구성원이 공동으로 법무법인을 대표할 것을 정한 경우에는 그 규정, 존립 시기나 해산 사유를 정한 경우에는 그 시기 또는 사유, 설립인가 연월일 등의 사항에 관하여 등기를 하여야 하는데, 법무법인은 그 주사무소의 소재지에서 설립등기를 함으로써 성립한다(법 제43조). 변호사 아닌 자는 법무법인을 설립할 수 없고, 변호사 자격이 있어도 등록을 하지 않으면 법무법인을 설립할 수 없다.

(2) 법무법인을 설립하여 운영의 주체가 되는 변호사를 구성원 변호사라고 하는데, 구성원 변호사는 설립 당시에 최종적으로 확정되는 것은 아니고 추후 이미 설립된 법인에 구성원 변호사로 참여하는 것도 가능하다. 법무법인은 3인 이상의 변호사로 구성되며, 그 중 1명 이상이 통산하여 5년 이상 법원조직법 제42조 제1항 각 호의 어느 하나에 해당하는 직에 있었던 자이어야 한다(법 제45조 제1항).[2] 2011.5.17. 개정·시행된 법은 법무법인의 구성원 요건을 5명에서 3명

---

2) 법원조직법 제42조[임용자격] ① 대법원장과 대법관은 20년 이상 다음 각 호의 직에 있던 45세 이상의 사람 중에서 임용한다.
  1. 판사·검사·변호사
  2. 변호사 자격이 있는 사람으로서 국가기관, 지방자치단체, 「공공기관의 운영에 관한 법률」 제4조에 따른 공공기관, 그 밖의 법인에서 법률에 관한 사무에 종사한 사람
  3. 변호사의 자격이 있는 사람으로서 공인된 대학의 법률학 조교수 이상으로 재직한 사람

으로, 그 중 1명 이상이 통산하여 10년 이상의 법조경력을 가질 것을 요구하던 것을 5년 이상으로 완화하였다.

(3) 법무법인의 재산은 구성원 변호사의 출자로 구성된다. 각 구성원은 금전 또는 노무를 출자할 수 있고, 정관에는 출자의 가액, 평가기준 및 지분을 기재하여야 한다. 다만, 출자의 목적인 노무는 변호사로서의 계속적인 정신적·육체적 노무를 말한다(법무법인 및 법무법인(유한)의 설립 등에 관한 규칙 제2조 제2항에 따른 법무법인정관준칙 제6조). 법무법인에는 구성원 변호사가 아닌 소속 변호사를 둘 수 있다(법 제47조). 법무법인의 구성원 및 구성원 아닌 소속 변호사는 자기나 제3자의 계산으로 변호사의 업무를 수행할 수 없다(법 제52조 제1항). 소속 변호사는 법률전문직으로서 독립하여 그 직무를 수행하기는 하지만, 법무법인의 설립은 구성원 변호사에 의하여 행하여지고 운영에 관한 의사결정권도 구성원 변호사에게 전속하며, 소속 변호사는 법무법인의 이름으로만 변호사업무를 수행할 수 있고, 구체적인 업무수행의 내용도 구성원 변호사가 결정하며, 그 업무수행 과정에서도 구성원 변호사의 지휘·감독을 받는 것이 통례인 점 등을 고려하면 법무법인 소속 변호사는 법무법인에 대하여 임금을 목적으로 종속관계에서 근로를 제공하는 근로자의 지위에 있다고 볼 것이다.

2. 법무법인과 구성원 변호사의 책임

(1) 개 설

변호사법은 법무법인의 제3자에 대한 책임에 관한 명시적인 규정을 두지 아니한 채, 법무법인에 관하여는 변호사법에서 정한 것 외에는 상법상 합명회사에 관한 규정을 준용하도록 하고 있다(법 제58조 제1항). 변호사법은 법무법인의 기본적 성격을 상법상 합명회사로 상정하고 있는데, 따라서 법무법인의 구성원 변호사는 합명회사의 사원과 같이 취급되어 법무법인의 채무에 대하여 '직접·연대·무한책임'을 지게 된다.3) 법무법인의 제3자에 대한 책임은 법무법인 자체를

---

3) 합명회사(合名會社, [영] partnership, [독] öffene Gesellschaft).
합명회사란 회사채권자에 대하여 직접·연대·무한의 책임을 지는 2인 이상의 무한책임사

운영하는 과정에서 발생하는 책임과 수임사건과 관련하여 발생하는 손해배상책임으로 나누어 살펴볼 수 있다. 법무법인의 구성원인 대표 변호사가 '법무법인의 운영과 관련하여' 제3자에게 손해를 가한 경우에,[4] 대표변호사는 합명회사의 대표사원과 같이 법무법인과 연대하여 손해를 배상을 책임을 지게 된다. 한편 법무법인의 대표변호사 또는 구성원 변호사가 담당변호사가 되어 '수임사건과 관련하여' 제3자에게 손해를 가한 경우에는 구성원 변호사는 법무법인과 연대하여 손해배상책임을 지게 된다. 수임사건과 관련된 손해배상책임은 결국 변호사 과오책임을 의미하는 것으로서 이는 법무법인뿐만 아니라 법무법인(유한)과 법무조합의 수임사건과 관련된 손해배상책임에도 공통되는 것이다.

(2) 대표 변호사와 법무법인의 손해배상책임

1) 변호사법상 법무법인에 대표 변호사를 두어야 한다는 명문 규정은 없지만, '법무법인을 대표할 구성원의 주소'는 법무법인 정관에 기재하도록 되어 있고(법 제42조 제2호), 법무법인의 설립등기 시 등기하여야 할 사항에 해당하므로 법무법인에 있어서 대표 변호사는 필수적인 기관이라 할 수 있다. 대표 변호사는 법무법인을 대표하는 변호사이므로 당해 법무법인이 소송의 당사자가 되는 경우[5] 대표변호사가 직접 나서서 소송을 수행할 수 있을 뿐만 아니라 법무법인 소속 변호사를 담당변호사로 지정하여 그로 하여금 소송업무를 수행하게 할 수도 있다.

2) 법무법인의 대표변호사가 업무집행으로 인하여 타인에게 손해를 가한 때에는 법무법인은 그 대표 변호사와 연대하여 손해를 배상할 책임을 진다(법 제58

원으로만 구성된 회사를 말한다. 원칙적으로 각 사원은 회사의 업무를 집행할 수 있는 권리와 의무를 갖음과 아울러 회사를 대표한다(상법 제200조, 제207조). 각 사원에게는 출자의무가 있으므로 자기 재산, 노무, 신용 등을 출자하여 이를 자본적으로 운영함과 아울러 회사채권자에 대하여는 각 사원이 직접·연대·무한책임을 지게 됨을 특징으로 한다. 합명회사에서는 각 사원의 인적 신용이 중요시되고 대내적으로도 각 사원 간에 밀접한 신뢰관계를 필요로 한다.

4) 여기서 법무법인의 운영과 관련하여 제3자에게 손해를 가한 경우란 수임사건과 관련하여 제3자에게 손해를 가한 경우를 제외한 모든 경우를 의미한다.

5) 예컨대 법무법인이 임차하여 사용하고 있는 사무실의 임대차관계에 관한 분쟁이 발생한 경우 등.

조 제1항, 상법 제210조[6]). 여기서 '업무집행'이란 대표 변호사가 법무법인 자체의 운영과 관련하여 그 직무를 수행하는 경우와 수임사건과 관련하여 변호사로서 그 직무를 수행하는 경우를 포함하는 것이다. 다만 대법원은 변호사법 제58조 제1항과 상법 제210조에 기하여 법무법인의 대표변호사나 담당변호사가 법무법인과 연대하여 제3자에게 손해배상책임을 부담하는 것은 대표변호사 등이 업무집행 중 불법행위를 한 경우에 한정되는 것이지 소송위임계약상의 채무불이행으로 인하여 손해배상책임을 부담하는 경우는 제외된다는 입장이다.[7]

3) 합명회사는 정관 또는 총사원의 동의로 수인의 업무집행사원이 공동으로 회사를 대표할 것을 정하거나 업무집행사원 중 특히 회사를 대표할 자를 정할 수도 있지만, 그렇지 않은 경우에는 각자가 대표사원이 되어 단독으로 회사를 대표하게 되어 있다(상법 제207조, 제208조). 법무법인의 경우에도 다수의 대표 변호사를 둘 수 있지만 특별한 사정이 없는 이상 각자가 법무법인을 대표하는 것은 합명회사의 대표사원과 같다. 다만 변호사법 제50조는 법무법인의 업무집행 방법에 관하여 법무법인은 법인 명의로 업무를 수행하며 그 업무를 담당할 변호사를 지정하도록 규정하고 있다. 따라서 법무법인의 대표 변호사 역시 업무를 담당할 경우에는 법무법인의 명의로 수행하여야 하고(법 제50조 제1항), 수인의 담당변호사가 지정되어 있더라도 지정된 업무를 수행할 때에는 각자가 그 법무법인을 대표하게 된다(법 제50조 제6항).

(3) 구성원 변호사와 법무법인의 손해배상책임

1) 법무법인이 수임사건을 처리할 때에는 법인 명의로 업무를 수행하며, 그 업무를 담당할 변호사를 지정하여야 한다(법 제50조 제1항). 법무법인의 변호사 중에서 수임사건을 처리할 변호사로 지정된 자를 담당변호사라고 하는데, 담당변호사는 법무법인의 대표 변호사와 구성원 변호사는 물론이고 그 소속 변호사도 될 수가 있다. 다만, 구성원 아닌 소속 변호사에 대하여는 구성원 변호사와

---

6) 상법 제210조[손해배상책임] 회사를 대표하는 사원이 그 업무집행으로 인하여 타인에게 손해를 가한 때에는 회사는 그 사원과 연대하여 배상할 책임이 있다.

7) 대법원 2013.2.14. 선고 2012다77969 판결.

공동으로 담당변호사로 지정하여야 한다(법 제50조 제1항 단서). 소속 변호사는 법무법인에 고용된 근로자의 지위를 가지고 있기 때문에 법무법인에 사건을 의뢰한 의뢰인의 의사와 이익보호를 위하여 구성원 변호사의 지휘·감독을 받으면서 그와 함께 업무를 수행하도록 규정하고 있는 것이다.

2) 법무법인의 구성원 변호사는 수임사건과 관련하여 담당변호사로 지정됨으로써 그 업무를 수행하게 되는데, 그 과정에서의 고의 또는 과실로 의뢰인에게 손해를 입힌 경우 법무법인과 연대하여 그 손해를 배상할 책임이 있다. 이 경우 법무법인의 구성원 변호사들은 합명회사에서의 사원과 마찬가지로 법무법인의 채권자에 대하여, 즉 법무법인의 채무에 대하여 직접·연대·무한책임을 부담한다. 여기서 '직접책임'이란 채권자가 법무법인을 거치지 아니하고 구성원 변호사들에게 직접 변제를 청구할 수 있다는 것이고, '연대책임'이란 구성원 변호사와 법무법인 간의 연대가 아니라 구성원 변호사들 상호 간의 연대를 의미하는 것이며 '무한책임'이란 구성원 변호사들이 그 책임액에 있어서 일정한 한도가 없이 법무법인의 채무 전액에 관하여 책임을 지는 것을 의미한다. 다만, 구성원 변호사의 책임은 민법상 보증인의 책임과 같이 부종성과 보충성이 있으므로(상법 제212조, 제214조 제2항, 법 제58조 제1항) 법무법인의 채무가 소멸되면 구성원 변호사들의 책임도 소멸되고, 법무법인의 재산으로 그 채무를 완제할 수 없거나 법무법인의 재산에 대한 강제집행이 주효하지 않은 때에만 연대하여 변제할 책임을 지게 된다(상법 제212조 제1항). 즉, 법무법인은 1차적으로 법무법인의 재산으로 책임을 지게 되고 이를 가지고 그 채무를 완제할 수 없는 때에 비로소 구성원 변호사들이 연대하여 이를 변제할 책임을 지게 되는 것이다. 한편 법무법인에 고용된 구성원 아닌 소속 변호사는 구성원 변호사와 공동으로만 법무법인의 업무를 담당할 수 있다 하더라도 지정된 업무를 수행할 때에는 각자가 그 법무법인을 대표하게 되므로(법 제50조 제6항) 소속 변호사가 업무를 수행하는 과정에서의 고의 또는 과실로 인한 불법행위로 의뢰인에게 손해를 입힌 경우 법무법인과 연대하여 손해배상책임을 부담하게 될 것이다.

(4) 조직변경 시의 구성원 변호사의 책임

법무법인(유한) 또는 법무조합의 설립요건을 갖춘 법무법인은 구성원 전원의 동의가 있으면 법부부장관의 인가를 받아 법무법인(유한) 또는 법무조합으로 조직변경을 할 수 있다(법 제55조의2 제1항). 제1항에 따라 설립된 법무법인(유한) 또는 법무조합의 구성원 중 종전의 법무법인의 구성원이었던 자는 같은 조 제2항에 따른 등기를 하기 전에 발생한 법무법인의 채무에 대하여 법무법인(유한)의 경우에는 등기 후 2년이 될 때까지, 법무조합의 경우에는 등기 후 5년이 될 때까지 법무법인의 구성원으로서 책임을 진다(법 제55조의2 제4항).

(5) 법무법인과 구성원 변호사의 구상권

법무법인의 대표 변호사가 업무상 고의 또는 과실로 타인에게 손해를 입힌 경우 법무법인과 대표 변호사는 연대하여 배상할 책임이 있다. 이 경우 법무법인이 그 손해를 배상하여 대표 변호사가 면책된 때에는 법무법인은 그 대표 변호사에게 구상권을 행사할 수 있다(민법 제425조 제1항).[8] 마찬가지로 법무법인의 구성원 변호사가 업무상 고의 또는 과실로 인하여 의뢰인에게 손해를 입힌 경우 법무법인과 구성원 변호사는 연대하여 배상할 책임이 있는데, 이 경우 법무법인 또는 다른 구성원 변호사가 그 손해를 배상하여 손해를 야기한 구성원 변호사가 면책된 때에는, 법무법인 또는 다른 구성원 변호사는 그 손해를 야기한 구성원 변호사에게 구상권을 행사할 수 있다. 구성원 변호사와 공동으로 담당변호사가 된 소속 변호사가 업무수행 중에 야기한 손해를 법무법인 또는 다른 구성원 변호사가 배상하여 면책된 때에는 법무법인 또는 다른 구성원 변호사는 그 소속 변호사에게 구상권을 행사할 수 있다.

---

8) 민법 제425조[출재채무자의 구상권] ① 어느 연대채무자가 변제 기타 자기의 출재로 공동 면책이 된 때에는 다른 연대채무자의 부담부분에 대하여 구상권을 행사할 수 있다.

Ⅳ. 법무법인(유한)의 책임

1. 법무법인(유한)의 설립절차와 책임

(1) 법무법인(유한)의 설립에 따른 인가신청, 설립등기, 설립인가신고 등의 절차는 법무법인의 경우와 대부분 동일하다. 다만, 법무법인(유한)의 구성원 변호사는 7명 이상이어야 하고 그 중 2인 이상이 통상하여 10년 이상 법원조직법 제42조 제1항 각 호의 어느 하나에 해당하는 있었던 자이어야 하도록 하고 있다(법 제58조의6 제1항). 법무법인(유한)은 7명의 이상의 구성원 변호사의 출자에 의한 자본을 가지고, 이 자본은 균일한 비례적 단위인 출자에 의하여 분할되며, 구성원 변호사는 원칙적으로 출자금액을 한도로 하여 법무법인(유한)에 대하여만 책임을 지게 된다(법 제58조의10). 법무법인(유한)의 자본총액은 5억원 이상이어야 한다(법 제58조의7 제1항). 출좌 1좌의 금액은 1만원으로 하며 각 구성원의 출자좌수는 3천좌 이상이어야 한다(법 제58조의7 제2항, 제3항).

(2) 법무법인 구성원 변호사의 책임이 직접·연대·무한책임인 데 반하여, 법무법인(유한) 구성원 변호사의 책임은 상법상 유한회사의 사원과 같이 출자금액을 한도로 한 간접·유한책임인 점에서 가장 큰 차이가 있다.9) 즉, 법무법인(유한) 구성원 변호사의 책임은 변호사법에 규정된 것 외에는 그 출자금액을 한도로 한다(법 제58조의10). 변호사법에 규정된 주된 책임은 바로 수임사건과 관련된 손해배상책임을 의미하는데(법 제58조의11), 법무법인(유한) 구성원 변호사의 책임은 법무법인(유한)의 운영과 관련된 일반책임과 수임사건과 관련된 손해배상책임으로 나누어 살펴볼 수 있다.

---

9) 유한회사(有限會社, [영] private company, [독] Gesellschaft mit beschränkter Haftung). 유한회사라 함은 주식회사의 주주와 같이 회사채권자에 대하여는 직접 아무런 책임을 지지 않고 회사에 대하여만 일정한 범위의 출자의무만을 부담하는 간접·유한책임(상법 제553조) 사원만으로 구성된 회사이다. 유한회사는 독일, 프랑스의 유한책임회사, 영국의 사회사(私會社)를 모방하여 채용된 물적 회사와 인적 회사의 장점을 융합시킨 중간적 형태의 회사로서 중소기업에 적합한 형태의 회사이다. 그 조직이 비공개적·폐쇄적인 점에서는 인적 회사와 유사하나, 유한책임사원으로 구성되는 자본단체라는 점에서는 주식회사와 유사하다. 이른바 폐쇄적 간이 주식회사라고도 말할 수 있다.

2. 법무법인(유한) 구성원 변호사의 일반책임

(1) 법무법인(유한)의 구성원 변호사는 법무법인(유한)의 운영과 관련하여, 예컨대 사무실의 임차료와 직원들의 급여나 퇴직금 지급채무 등을 출자금액의 한도에서 책임지게 되고, 자본총액이 5억원에 미달하면 그 부족액을 보충하기 위하여 증자할 책임(법 제58조의7 제4항) 등을 지게 된다.

(2) 법무법인(유한)에는 한 명 이상의 감사를 둘 수 있으며, 이 경우 감사는 변호사이어야 한다(법 제58조의6 제5항). 감사는 언제든지 법인의 업무와 재산상태를 조사할 수 있고, 이사에 대하여 영업에 관한 보고를 요구할 수 있다(상법 제569조, 법 제58조의17 제1항).[10] 한편 법무법인(유한)은 '주식회사의 외부감사에 관한 법률' 제13조에 따른 회계처리기준에 따라 회계처리를 하여야 하는데(법 제58조의9 제1항), 위 법률에 따른 감사인이 회사 또는 제3자에게 손해를 배상할 책임이 있는 경우에 해당회사의 이사 또는 감사도 그 책임이 있으면, 그 감사인과 해당 회사의 이사 및 감사는 연대하여 손해를 배상할 책임이 있다(주식회사의 외부감사에 관한 법률 제31조 제4항). 이 경우 법무법인(유한)의 감사가 구성원 변호사의 지위에 있을 때에는 출자금액의 한도에서 유한 책임을 지게 된다. 따라서 구성원 변호사는 수임사건과 관련하여 담당변호사가 되거나 담당변호사를 지휘·감독하는 지위에 있지 않은 이상 출자금액의 한도 내에서만 법무법인(유한)의 운영과 관련된 책임을 지게 된다.

3. 법무법인(유한)의 수임사건과 관련된 손해배상책임

법무법인(유한)이 수임사건을 처리하는 업무 방법은 법무법인과 전적으로 동일하다. 그러나 변호사법 제58조의11에서는 법무법인(유한)이 수임사건과 관련하여 고의 또는 과실로 의뢰인인 위임인에게 손해를 발생시킨 경우, 그 손해배상책임의 주체를 당해 사건을 처리한 담당변호사와 그 변호사를 지휘·감독한

---

10) 상법 제569조[감사의 권한] 감사는 언제든지 회사의 업무와 재산상태를 조사할 수 있고 이사에 대하여 영업에 관한 보고를 요구할 수 있다.

지위에 있는 변호사로 특정하여 법무법인(유한)이 이들과 연대하여 손해배상책임을 지도록 규정하고 있다(제1항, 제2항).

(1) 수임사건과 관련된 담당변호사의 손해배상책임

1) 법무법인(유한)은 법인 명의로 업무를 수행하며, 그 업무를 담당할 변호사를 지정하여야 하고, 특히 구성원 아닌 소속 변호사에게 그 업무를 담당시킬 경우에는 구성원 변호사와 공동으로 담당변호사로 지정하여야 한다(법 제58조의16, 제50조 제1항). 담당변호사(담당변호사가 지정되지 아니한 경우에는 그 법무법인(유한)의 구성원 전부를 말한다)가 수임사건에 관하여 고의나 과실로 그 수임사건의 위임인에게 손해를 발생시킨 경우, 담당변호사는 법무법인(유한)과 연대하여 그 손해를 배상할 책임이 있다(법 제58조의11 제1항). 이 규정의 취지는 수임사건과 관련된 손해배상책임의 주체를 법무법인에서와 같이 구성원 변호사 전체가 연대하여 책임을 지도록 한 것이 아니라, 당해 사건을 담당·처리한 담당변호사만이 책임을 지도록 그 책임의 범위를 제한하였다는 것이다.

2) 여기서 담당변호사의 고의나 과실로 손해배상책임을 지게 되는 수임사건은 법무법인(유한) 명의로 수임한 사건을 말하는 것이다. 따라서 담당변호사가 사건을 개인적으로 수임하여 처리하던 중 위임인에게 손해를 발생시킨 경우에는 법무법인(유한)이 사용자책임을 부담하게 되는 것은 별론으로 하고, 이는 본 규정의 적용대상이 아니라 할 것이다.

3) 담당변호사가 지정되지 아니한 경우에는 구성원 변호사 전부가 법무법인(유한)과 연대하여 책임을 지게 되므로 종래부터 법무법인(유한)은 수임사건을 처리함에 있어 반드시 담당변호사를 지정하도록 하고 있다.[11]

(2) 수임사건과 관련된 담당변호사를 지휘·감독한 변호사의 손해배상책임

1) 담당변호사가 수임사건과 관련하여 손해배상책임을 지는 경우, 그 담당변호사를 직접 지휘·감독하는 구성원 변호사도 그 손해를 배상할 책임이 있다(법

---

11) 법무법인(유한)이 사건을 수임한 때에는 소송위임장, 또는 변호인선임서 등을 해당 기관에 제출하여야 하는데, 이때 담당변호사 지정서도 함께 제출하는 것이 보통이다.

제58조의11 제2항 전문). 담당변호사를 지휘·감독하는 구성원 변호사는 법무법인 (유한)의 대리감독자로서 민법상 감독자책임 또는 사용자책임에 상당하는 책임을 지도록 하고 있는 것인데, 이 책임이 성립하기 위해서는 구성원 변호사가 당해 사건의 담당변호사를 스스로 선임하고 지휘·감독하는 것은 아닐지라도, 당해 사건의 처리를 직접적·현실적으로 지휘·감독하였어야 한다고 해석되고 있다. 결국 담당변호사가 수임사건과 관련하여 손해배상책임을 지는 경우, 법무법인(유한)은 그 담당변호사와 연대하여 책임을 지게 되는데, 이 경우 그 담당변호사를 실질적으로 지휘·감독한 구성원 변호사는 이들과 함께 부진정연대책임을 지게 된다는 것이다.

2) 다만, 담당변호사를 지휘·감독한 구성원 변호사가 지휘·감독을 할 때에 주의를 게을리하지 않았음을 증명한 경우에는 그 손해를 배상할 책임이 없다(법 제58조의11 제2항 단서). 이러한 사정은 담당변호사를 지휘·감독하는 지위에 있는 구성원 변호사가 주장 및 증명하여야 한다. 구성원 변호사의 면책을 인정하는 것은 법무법인(유한)이 담당변호사와 함께 연대책임을 지기 때문이다.

(3) 손해배상 준비금 등

법무법인(유한)은 변호사법 제58조의11 제1항과 제2항에 따른 손해배상책임에 관한 사항을 대통령령으로 정하는 바에 따라 사건수임계약서와 광고물에 명시하여야 하고(법 제58조의11 제3항), 수임사건과 관련한 법 제58조의11에 따른 손해배상책임을 보장하기 위하여 대통령령으로 정하는 바에 따라 사업연도마다 손해배상 준비금을 적립하거나 보험 또는 대한변협이 운영하는 공제기금에 가입하여야 한다(법 제58조의12 제1항). 위 제1항에 따른 손해배상 준비금, 손해배상보험 또는 공제기금은 법무부장관의 승인 없이는 손해배상 외의 용도로 사용하거나 그 보험계약 또는 공제계약을 해제 또는 해지하여서는 아니 된다(같은 조 제2항). 이는 담당변호사나 법무법인(유한)의 무자력으로 인해 채무를 완제하지 못하게 되는 경우를 대비한 것이다.

4. 법무법인(유한) 및 구성원 변호사의 담당변호사에 대한 구상권

법무법인(유한)의 담당변호사가 업무상 과오로 위임인에게 손해를 입힌 경우에, 법무법인(유한)이 그 손해를 배상하여 담당변호사와 그를 지휘·감독한 구성원 변호사가 면책된 때에는 법무법인(유한)은 담당변호사와 구성원변호사에게 구상권을 행사할 수 있고, 또한 같은 사안에서 담당변호사를 지휘·감독한 구성원 변호사가 피해자에게 그 손해를 배상하여 담당변호사가 면책된 때에는 구성원 변호사는 담당변호사에게 구상권을 행사할 수 있다.

V. 법무조합의 책임

1. 법무조합의 설립절차와 조직

(1) 법무조합의 설립에 따른 인가신청, 설립등기, 설립인가신고 등의 절차는 법무법인 내지 법무법인(유한)의 경우와 대부분 동일하다. 다만, 법무조합의 경우에는 설립 시에 정관이 아닌 규약을 작성하도록 하면서 여기에 설립에 관한 일정한 사항을 기재하도록 하고 있는데(법 제58조의19, 제58조의20), 법무조합 규약의 법적 성질은 민법상 조합계약으로 보는 것이 일반적이다.[12] 법무조합은 7

---

12) 민법상 조합계약이란 2인 이상이 상호출자하여 공동사업을 경영할 것을 약정하는 법률행위를 말한다. 조합계약의 법적 성질에 관하여 학설의 대립이 있는데, 사단법인의 설립행위인 합동행위설에 의하면 법인이라는 권리주체가 생기기 때문에 설립에 참가한 모든 사람의 권리·의무도 이 법인에 대한 것이 되지만, 조합의 설립에 의해서는 법인격을 취득하는 것은 아니므로, 조합의 법률관계는 계약이라고 보는 계약설이 타당하다. 우리 민법도 이를 전형계약의 일종으로 규정하고 있다. 조합계약은 조합원 각자가 서로 출자 내지 협력할 채무를 부담한다는 점에서 유상, 쌍무, 낙성계약이라고 보는 견해가 일반적이지만 조합계약을 본래 의미의 유상, 쌍무계약으로 보기는 어렵기 때문에 조합계약에 쌍무계약에 관한 민법 제536조 이하의 규정과 매매에 관한 규정이 적용되는지에 대해서는 신중할 필요가 있다. 따라서 ① 업무집행조합원이나 이미 출자를 이행한 조합원이 출자를 청구하는 경우에 다른 조합원이 아직 출자하지 않았음을 이유로 동시이행의 항변권을 행사할 수 없고(민법 제536조 참조), ② 어느 조합원의 출자의무가 불능으로 되더라도 그 자가 조합원으로 되지 못할 뿐 조합 자체가 불성립으로 되지는 않으므로, 어느 조합원의 출자의무가 그에게 책임 없는 사유로 불능이 되더라도 당연히 다른 조합원의 출자의무의 소멸을 가져오는 것은 아니

명 이상의 구성원 변호사의 출자에 의하여 그 재산을 소유하게 되고 구성원 변호사가 아닌 소속 변호사를 둘 수 있다(법 제58조의22 제1항, 제2항).

(2) 법무조합에 관하여 변호사법에서 정한 것 외에는 민법 중 조합에 관한 규정이 준용된다(법 제58조의31 제1항). 따라서 법무조합의 구성원 변호사는 출자의무를 부담하며 그 대상은 금전이 전형적이지만 동산이나 부동산 또는 소유권 이외의 무체재산권이나 권리도 가능하다. 법무조합은 법무법인(유한)과는 달리 자본총액에 관한 제한이 없다. 법무조합의 업무집행은 구성원 과반수의 결의에 의하지만(법 제58조의23 제1항) 변호사로서의 업무집행 방법에 관하여는 법무법인에 관한 규정을 준용하고 있기 때문에(법 제58조의30, 제50조), 법무법인, 법무법인(유한)과의 사이에 차이가 없다.

(3) 민법상 조합의 당사자능력 인정 여부에 관하여는 다툼이 있으나 이를 부정하는 것이 민사소송법 학자들 사이에서의 다수설이고 판례 역시 같은 입장이다.[13] 그러나 변호사법은 법무조합이 소송의 당사자가 될 수 있다고 규정함으로써 법무조합에게 당사자능력을 인정하고 있는데(법 제58조의26) 이는 법무조합이 대내적으로는 3명 이상의 변호사로 조직된 법무법인보다 더 많은 7명 이상의 변호사로 구성되는 조직을 갖추고 있을 뿐만 아니라 대외적으로는 구성원 각자가 재산을 출자하여 변호사의 직무를 계속적으로 수행하는 실체를 갖추고 있다는 점을 고려한 것으로 보인다.

2. 법무조합 구성원 변호사의 일반책임

(1) 법무조합 구성원 변호사는 법무조합의 채무(법 제58조의25에 따른 수임사건과 관련한 채무는 제외한다)에 대하여 그 채무 발생 당시의 손실분담 비율에 따라 책임을 진다(법 제58조의24). 여기에서 법무조합의 채무는 수임사건과 관련된 손

며(민법 제537조 참조), ③ 나아가 출자한 것에 하자가 있더라도 조합원은 담보책임을 지지 않으며 그 밖에 조합에서 규정하고 있는 임의탈퇴, 제명, 해산청구 등에 관한 규정은 해제, 해지에 관한 특칙을 가지고 있으므로 해제, 해지의 일반규정이 적용되지 않는다.

13) 대법원 1999.4.23. 선고 99다4504 판결.

해배상책임으로 인한 채무는 제외되므로 법무조합 자체의 운영과 관련하여 발생된 채무만을 의미한다. 예컨대 법무조합 운영자금의 차용, 집기·비품의 구입 대금, 사무실 임차료, 직원의 급료 등이 이에 해당된다.

(2) 법무조합 구성원 변호사의 손익분배에 관한 사항은 법무조합의 규약에 필수적으로 기재되어야 하는 사항이지만(법 제58조의20 제5호), 이는 조합 내부관계에 해당되는 사항이므로 이를 알지 못하는 조합채권자는 그 부담비율에 관계 없이 각 구성원 변호사에게 균분하여 그 권리를 행사할 수 있는 것으로 보아야 할 것이고(법 제58조의31 제1항, 민법 제712조),[14] 이 경우 법무조합 규약상의 손실 분담비율에 관한 주장·증명은 구성원 변호사가 하여야 할 것이다. 구성원 변호사 중에서 변제할 자력이 없는 변호사가 있을 경우, 민법 규정에 의하면 그 변제할 수 없는 부분은 다른 구성원 변호사가 균분하여 변제할 책임이 있지만(민법 제713조), 법무조합에 관하여는 위 민법규정이 준용되지 않으므로(법 제58조의31) 채무를 변제할 자력이 없는 구성원 변호사가 있더라도 다른 구성원 변호사는 추가로 변제할 의무를 부담하지 않게 된다.

3. 법무조합의 수임사건과 관련된 손해배상책임

(1) 수임사건과 관련된 담당변호사의 손해배상책임

법무조합은 수임한 사건에 관하여 조합명의로 업무를 수행하고, 그 업무를 담당할 변호사를 지정하여야 하며, 구성원 아닌 소속 변호사에게 그 업무를 담당시킬 경우에는 구성원 변호사와 공동으로 담당변호사로 지정하여야 한다(법 제58조의30, 제50조 제1항). 법무조합이 수임한 사건의 담당변호사(담당변호사가 지정되지 아니한 경우에는 그 법무조합의 구성원 전부를 말한다)가 수임사건에 관하여 고의나 과실로 그 수임사건의 위임인에게 손해를 발생시킨 경우, 담당변호사는 그 손해를 배상할 책임이 있다. 만약 담당변호사가 지정되지 아니한 경우에는

---

14) 민법 제712조[조합원에 대한 채권자의 권리행사] 조합채권자는 그 채권발생 당시에 조합원의 손실부담의 비율을 알지 못한 때에는 각 조합원에게 균분하여 그 권리를 행사할 수 있다.

그 법무법인 구성원 모두가 담당변호사로 인정된다(법 제58조의25 제1항). 이와 같이 법무조합에 있어 담당변호사는 법무조합의 출자금액이나 손익분배에 관한 사항과 무관하게 위임인이 입은 손해를 그 자신의 재산으로 배상할 책임을 진다는 점에서 위와 같은 경우 모든 구성원 변호사가 직접·연대·무한책임을 지는 법무법인 및 담당변호사가 그 법인과 함께 연대하여 책임을 지는 법무법인(유한)과는 차이가 있다.

(2) 수임사건과 관련된 담당변호사를 지휘·감독한 변호사의 손해배상책임

담당변호사가 수임사건과 관련하여 손해배상책임을 지는 경우, 그 담당변호사를 직접 지휘·감독하는 구성원 변호사도 그 손해를 배상할 책임이 있다(법 제58조의25 제2항 전문). 이는 담당변호사를 지휘·감독하는 구성원 변호사로 하여금 법무조합의 대리감독자로서 민법상 감독자책임 또는 사용자책임에 상당하는 책임을 지도록 하고 있는 것인데, 담당변호사를 지휘·감독한 구성원 변호사가 책임을 지는 근거와 그 내용은 법무법인(유한)과 전적으로 동일하다. 그러나 담당변호사를 지휘·감독한 구성원 변호사가 지휘·감독을 할 때에 주의를 게을리하지 않았음을 증명한 경우에는 그 손해를 배상할 책임이 없고(법 제58조의25 제2항 단서), 그러한 사정은 담당변호사를 지휘·감독하는 지위에 있는 구성원 변호사가 주장 및 증명하여야 한다는 점 역시 법무법인(유한)의 경우와 전적으로 동일하다.

(3) 손해배상책임이 없는 구성원 변호사 또는 법무조합의 책임

변호사법 제58조의25 제3항은 "제1항 및 제2항에 따른 책임을 지지 않는 구성원은 제1항에 따른 손해배상책임에 대하여는 조합재산의 범위 내에서 그 책임을 진다"고 규정하여 손해배상책임을 지지 않는 구성원 변호사는 담당변호사가 손해배상책임을 지는 경우에만 조합재산의 범위 내에서 그 책임을 지도록 하고 있다. 즉, 법무조합은 손해배상책임을 야기한 담당변호사가 개인재산으로 책임을 지게 되는데, 이를 통해 채무를 완제할 수 없게 되는 경우에 다른 구성원 변호사는 조합재산으로 책임을 지게 되므로 만약 조합재산이 없어 채무를 완제할 수 없게 된 때에는 수임사건처리에 관여하지 않은 구성원 변호사는 결국 그 책임을 면하게 된다.

(4) 손해배상 준비금 등

법무조합은 변호사법 제58조의25 제1항과 제2항에 따른 손해배상책임에 관한 사항을 대통령령으로 정하는 바에 따라 사건수임계약서와 광고물에 명시하여야 하고(법 제58조의25 제4항), 수임사건과 관련한 법 제58조의25에 따른 손해배상책임을 보장하기 위하여 대통령령으로 정하는 바에 따라 사업연도마다 손해배상 준비금을 적립하거나 보험 또는 대한변협이 운영하는 공제기금에 가입하여야 한다(법 제58조의30, 제58조의12 제1항). 위 제1항에 따른 손해배상 준비금, 손해배상보험 또는 공제기금은 법무부장관의 승인 없이는 손해배상 외의 용도로 사용하거나 그 보험계약 또는 공제계약을 해제 또는 해지하여서는 아니 된다(법 제58조의30, 제58조의12 제2항). 이는 담당변호사나 법무조합의 무자력으로 인해 채무를 완제하지 못하게 되는 경우에 대비한 것이다.

4. 법무조합의 담당변호사에 대한 구상권

법무조합의 담당변호사가 업무상 과오로 위임인에게 손해를 입힌 경우에, 법무조합이 그 손해를 배상하여 담당변호사가 면책된 때에는 법무조합은 담당변호사에게 구상권을 행사할 수 있다. 또한 담당변호사를 지휘·감독한 구성원 변호사가 피해자에게 그 손해를 배상하여 담당변호사가 면책된 때에는 구성원 변호사는 담당변호사에게 구상권을 행사할 수 있고 이 경우 서로 간의 과실비율에 따라서 구상금액이 결정될 것이다.

▮▮▮ 관련 판례

대법원 2013.2.14. 선고 2012다77969 판결

【판시사항】
[1] 법무법인의 대표변호사나 담당변호사가 법무법인과 연대하여 제3자에게 손해배상 책임을 부담하는 것은 대표변호사 등이 업무집행 중 불법 행위를 한 경우에 한정되

는지 여부(적극)

[2] 甲 법무법인이 乙 주식회사와 소송위임계약을 체결하고 대표변호사인 丙을 담당변
호사 중 1인으로 지정하였는데, 상고이유서 제출기간이 지나도록 상고이유서를
제출하지 않아 상고가 기각되자 乙 회사가 甲 법인과 丙을 상대로 손해배상을
구한 사안에서, 甲 법인의 소송위임계약상 채무불이행으로 乙 회사가입은 손해에
관하여 丙이 연대책임을 진다고 본 원심판결에 법리오해의 위법이 있다고 한 사례

【판결요지】

1. 원심은 채택 증거를 종합하여 그 판시와 같은 사실을 인정한 다음, 피고 법무법인
서광은 주식회사 이스텍제약(나중에 원고에 흡수합병)과 사이에 대법원 2009다65973
사건에 관하여 소송위임계약을 체결하고 그 대표변호사인 피고 2를 담당변호사 중
1인으로 지정하였는데, 상고이유서 제출기간이 도과하도록 상고이유서를 제출하지
아니하여 위 사건의 상고가 기각되었으니, 소송위임계약에 따른 선량한 관리자로서의
주의의무를 다하지 못한 채무불이행으로 인하여 원고가 입은 손해를 배상할 책임이
있다고 판단하였다.

기록에 비추어 살펴보면, 원심의 이러한 판단은 정당한 것으로 수긍이 가고, 거기에
상고이유의 주장과 같이 논리와 경험의 법칙을 위반하고 자유심증주의의 한계를
벗어난 위법이 없다.

2. 변호사법 제50조 제6항은 "법무법인의 담당변호사는 지정된 업무를 수행할 때에
각자가 그 법무법인을 대표한다."고 규정하고 있고, 변호사법 제58조 제1항에 의하여
준용되는 상법 제210조는 "회사를 대표하는 사원이 그 업무집행으로 인하여 타인에게
손해를 가한 때에는 회사는 그 사원과 연대하여 배상할 책임이 있다."고 규정하고
있는바, 상법 제210조는 법인의 불법행위능력에 관한 민법 제35조 제1항의 특칙이므
로, 법무법인의 대표변호사나 담당변호사가 법무법인과 연대하여 제3자에 대해 손해
배상책임을 부담하는 것은 대표변호사 등이 그 업무집행 중 불법행위를 한 경우에
한정된다.

따라서 원심의 판단과 같이 피고 법무법인 서광이 원고에 대하여 불법행위로 인한
손해배상책임이 아니라 소송위임계약상의 채무불이행으로 인한 손해배상책임을 부
담할 뿐이라면, 그 대표변호사이자 담당변호사인 피고 2에 대하여 변호사법 제58조
제1항, 상법 제210조에 기한 연대책임을 물을 수는 없다.

그런데도 원심은, 피고 2에 대하여 피고 법무법인 서광과 연대하여 원고에게 채무불이
행으로 인한 손해를 배상하도록 명하고 말았으니, 이러한 원심판결에는 상법 제210조

의 손해배상책임에 관한 법리를 오해하여 판결 결과에 영향을 미친 위법이 있다. 이 점을 지적하는 상고이유의 주장은 이유 있다.

제 8 장

변호사에 대한 징계와 변호사법위반에 대한 벌칙

I. 총 설

1. 변호사는 공공성을 지닌 법률전문직으로서 당사자와 그 밖의 관계인의 위임이나 국가·지방자치단체와 그 밖의 공공기관의 위촉 등에 의하여 소송에 관한 행위 및 행정처분의 청구에 관한 대리행위와 일반 법률사무를 하는 것을 그 직무로 한다(변호사법 제1조, 제2조). 그러나 현실에서 변호사는 상인과 다를 바 없는 영업자로서 생계를 위하여 그 업무를 수행하는 인간에 불과하기 때문에 법령에서 정하는 직무규정에서 일탈하여 행동할 가능성이 항존하고, 실제로 그 가능성이 현실화되어 사회적으로 큰 문제가 되기도 한다. 현재 우리나라의 변호사들은 역사상 유래를 찾아보기 힘들 정도의 급격한 환경변화로 인하여 대단히 어려운 시기를 보내고 있지만 그렇다고 해서 변호사에 대한 직업윤리 준수의 필요성이 감소되어야 한다거나 약화되어야 한다는 주장은 찾아보기 힘들다. 비록 징계를 받아야 할 행위를 한 변호사가 소수라 하더라도 이를 그대로 방치하게 되면 소수의 변호사에 대한 불만이 증폭되어 변호사 직역 전체에 대한 사회적 비난으로 확산되게 되고, 이는 결국 사법질서 전체에 대한 신뢰의 붕괴로 이어질 수 있다는 점에서 변호사에 대한 징계제도는 필수적으로 요청되는 것이다.

2. 1949년에 제정된 변호사법은 법무부장관을 위원장으로 하는 징계위원회를 두고, 여기서 변호사에 대한 징계절차를 주관하도록 한 바 있다. 이에 대해서는 변호사가 그 사명을 다하기 위해서는 국가기관의 변호사에 대한 감독을 최소화하고 자치단체인 변호사협회가 그 징계권을 행사하는 것이 바람직한 것이라는 비판이 있어왔다. 이에 1993년에 개정된 변호사법에서는 변호사에 대한 징계절차를 주관하는 기관으로서, 대한변호사협회에 '변호사징계위원회'를 둠과 아울러 법무부에는 대한변호사협회의 징계처분에 불복하는 사건에 대한 행정심판기관으로서의 성격을 지닌 '변호사징계위원회'를 설치하게 되었다(변호사법 제92조, 제93조, 제94조).

II. 징계의 종류와 사유

변호사법 제90조는 변호사에 대한 징계의 종류를 영구제명, 제명, 3년 이하의 정직, 3천만원 이하의 과태료, 견책 등 5가지로 규정함과 아울러 제91조는 징계사유를 영구제명의 대상이 되는 것과 그 밖의 징계처분의 대상이 되는 것으로 2분하여 규정하고 있다.

1. 영구제명

(1) 영구제명은 변호사의 신분을 영구적으로 박탈하는 징계처분이다. 영구제명처분을 받은 사실은 변호사의 결격사유에 해당하므로(법 제5조 제10호), 이를 받은 자는 일정 기간이 경과하더라도 다시 변호사로 등록하여 변호사신분을 회복하는 것이 불가능하게 된다. 법무부장관은 변호사명부에 등록된 자가 영구제명을 당하였으면 대한변호사협회에 그 변호사의 등록취소를 명하여야 하고(법 제19조), 대한변호사협회는 결격사유가 있는 변호사에 대하여 변호사등록을 취소하여야 한다(법 제18조 제1항 제2호). 영구제명처분은 징계혐의자의 변호사등록원부에 그 징계결정의 내용을 기재하여 등록을 취소하고, 변호사등록원부를 말소하는 방식으로 집행한다(변호사징계규칙 제43조 제1항 제1호).

(2) 영구제명 사유

1) 이에 대하여 변호사법 제91조 제1항은 다음과 같이 규정하고 있다.

제1호; 변호사의 직무와 관련하여 2회 이상 금고 이상의 형을 선고받아(집행유예를 선고받은 경우를 포함한다) 그 형이 확정된 경우(과실범의 경우는 제외한다)

제2호; 이 법에 따라 2회 이상 정직 이상의 징계처분을 받은 후 다시 제2항에 따른 징계 사유가 있는 자로서 변호사의 직무를 수행하는 것이 현저히 부적당하다고 인정되는 경우

2) 제1호의 영구제명사유는 변호사의 직무와 관련된 범죄로 2회의 금고 이상의 형이 확정된 경우이다. 1차로 금고 이상의 형이 선고되거나 집행유예를 선고받으면 그 형의 집행이 끝나거나 그 집행을 받지 아니하기로 확정된 후 5년간

또는 집행유예기간이 지난 후 2년간은 변호사의 등록취소사유에 해당된다(법 제18조 제1항 제2호, 제5조 제1호, 제2호). 따라서 등록취소기간 동안은 변호사직무를 행할 수 없으므로 여기에서의 영구제명 사유는 1차로 금고 이상의 형이 선고되거나 집행유예를 선고받은 후 일정한 기간이 경과되어 재등록한 변호사가 다시 금고 이상의 형을 선고받거나 집행유예를 선고받아 그 형이 확정된 경우를 전제로 한 것이다.

3) 제2호의 영구제명사유는 2회 이상 정직 이상의 징계처분을 받은 후 다시 제명 이하의 징계처분사유가 있고, 또한 변호사로서의 직무수행이 현저히 부적당한 경우이다. '2회 이상 정직 이상의 징계처분'이 제명인 경우, 이는 변호사의 등록취소사유에 해당하므로(법 제18조 제1항 제2호, 제5조 제4호), 제명된 후 5년이 경과하여 재등록한 변호사가 다시 제명 이하의 징계처분사유에 해당되는 때가 여기에 해당된다.

(3) 영구제명된 변호사의 업무금지위반행위의 효력[1]

영구제명처분을 받은 변호사가 변호사업무를 수행하는 것은 당연히 금지된다. 그런데 이러한 금지의무에 위반하여 영구제명된 변호사가 의뢰인과의 위임계약을 해지하지 않고서 재판 외에서 대리행위를 하거나 재판상 소송대리행위를 한 경우 그 행위의 법률상 효력이 문제된다.

1) 우선 영구제명된 변호사는 변호사 신분이 박탈되므로 변호사가 아닌 자에 해당하고, 따라서 업무금지위반행위는 변호사법 제109조 제1호에 해당되어 형사처벌의 대상이 된다.

2) 업무금지위반행위가 재판 외에서 의뢰인의 대리인으로서 행해진 경우 종전의 위임계약은 변호사의 신분이 박탈 내지 상실됨으로써 이행불능상태에 빠지게 됨과 아울러 민법 제103조에 위반되어 무효이므로 징계처분 후 종전의 위임계약에 따라 행한 대리행위는 무권대리행위로서 원칙적으로 무효가 된다고

---

1) 이하의 설명은 영구제명뿐만 아니라 제명이나 정직처분을 받은 변호사에게도 동일하게 적용되는 것이다.

볼 것이고, 이 경우 상대방은 표현대리의 법리에 의하여 보호된다고 할 것이다. 한편 업무금지위반행위가 소송대리행위인 경우에는 변호사는 그 자격이 박탈되어 소송대리권이 소멸하므로 그 소송행위는 무효이고 나중에 본인 또는 소송대리인의 추인이 가능하다고 볼 수도 있을 것이나, 이 경우 상대방이 사실심 변론종결 시까지 이의를 제기하지 않으면 그 소송행위는 유효하다고 봄이 타당할 것이다.[2]

(4) 업무규제조치

변호사회 등은 변호사가 영구제명, 제명 또는 정직의 징계처분을 받은 때에는 피징계변호사에게 이하의 각 호에 정한 사항 및 변호사회가 따로 정한 규제조치에 대하여 설명하고 그 준수를 설시하여야 한다(변호사징계처분집행규정 제3조).

1. (사건 등의 취급) 피징계변호사는 수임한 법률사건(법원, 검찰청 및 행정청에 계속 전의 것도 포함)에 대하여 즉시 의뢰자와의 위임계약에 의한 사무처리를 정지한다. 다만, 피징계변호사가 6월 이상의 정직처분을 받은 때에는 의뢰자와의 위임계약을 해제하여야 한다.
2. (고문계약의 취급) 피징계변호사는 의뢰자와의 고문활동을 정지하여야 한다.
3. (기일변경신청 등) 피징계변호사는 기일의 연기·변경신청을 할 수 없다. 피징계변호사는 수임한 법률사건에 관하여 법원 등에서 서류의 송달 및 송부가 있는 때에는 이를 수령하여서는 아니된다. 잘못 수령한 때에는 반환하는 등 곧 적절한 조치를 하여야 한다.
4. (보석보증금의 환부 등) 피징계변호사는 보석보증금의 환부, 보전보증금 및 공탁금의 수령, 회수 및 화해금 등의 변제의 수령을 하여서는 아니된다. 다만, 민법 제691조[3]에 해당하는 경우는 그러하지 아니하다.
5. (의뢰자 등에게 인계) 피징계변호사는 제1호 단서의 경우 의뢰자 및 당해 사건을 새로 취급할 변호사에게 성실하게 법률사무를 인계하여야 한다.
6. (복대리의 선임 등) 피징계변호사는 새로운 복대리인을 선임하거나 다른 변호사를

---

2) 대법원 2003.5.30. 선고 2003다15556 판결.
3) 민법 제691조[위임종료시의 긴급처리] 위임종료의 경우에 급박한 사정이 있는 때에는 수임인, 그 상속인이나 법정대리인은 위임인, 그 상속인이나 법정대리인의 위임사무를 처리할 수 있을 때까지 그 사무의 처리를 계속하여야 한다. 이 경우에는 위임의 존속과 동일한 효력이 있다.

고용하는 등을 하여서는 아니된다.

7. (복대리인들의 감독) 피징계변호사는 처분을 받기 전에 선임한 복대리인 또는 고용한 변호사(이하 "보조변호사"라고 함)에게 지시·감독을 하여서는 아니된다.

8. (사무소의 관리행위 등) 피징계변호사는 법률사무소로서 사용한 사무소(이하 "사무소"라고 함)의 관리행위·임대차계약의 계속 및 보조변호사와 사무원과의 고용 등을 계속하여서는 아니된다.

9. (사무소의 사용) 피징계변호사는 정직기간 중 사무소를 법률사무소로 사용하여서는 아니된다. 다만, 수임하고 있는 법률사건의 인계 기타 이 규정에 의하여 업무정지기간 중 인정되어 있는 사무 등을 위하여 필요한 때에는 변호사회 등의 승인을 얻어 그 사용을 할 수 있다. 보조변호사는 피징계변호사의 사무소를 자기의 법률사무소로서 사용할 수 있다. 피징계변호사의 사무소가 자택을 겸한 때에는 사생활 기타 변호사 업무 이외의 목적으로만 사용할 수 있다. 사무원 등은 사무소의 관리, 청소, 우편물의 정리 기타 변호사업무 이외의 목적을 위하여 사무소로 사용할 수 있다.

10. (법률사무소 표시의 제거) 피징계변호사가 6월 이상의 정직처분을 받은 때에는 즉시 변호사 및 법률사무소인 것을 표시한 표찰·간판 등의 일체의 표시를 제거(표시로서의 기능을 잃게 하는 조치 일반을 말한다)하여야 한다.

11. (변호사 명함 등의 사용) 피징계변호사는 변호사 명의 또는 법률사무소명을 표시한 명함, 사무용지 및 봉투를 사용하거나 타인으로 하여금 사용하게 하여서도 아니된다.

12. (회무활동) 피징계변호사는 변호사회 등의 회무에 관한 활동을 할 수 없다.

13. (공직 등의 사임) 피징계변호사는 변호사회 등의 추천에 의하여 관공서 등의 위원 등에 취임한 때에는 즉시 당해 관공서 등에 사임의 절차를 취하여야 한다.

14. (변리사, 세무사 업무) 피징계변호사는 변호사의 자격에 의한 변리사, 세무사의 등록을 한 때에도 변리사, 세무사 업무를 행할 수 없다.

15. (지도·감독) 변호사회 등은 피징계변호사가 이 규정이 정하는 규제조치를 준수하도록 지도·감독을 하여야 한다.

2. 제 명

(1) 제명은 징계혐의자인 변호사의 신분을 박탈하는 징계처분이다. 제명처분을 받은 변호사는 5년이 경과하면 다시 변호사등록을 하여 변호사 신분을 회복할 수 있다(법 제5조 제4호). 제명처분의 집행절차는 영구제명의 경우와 동일하다.

(2) 업무금지의 범위

1) 제명된 변호사는 변호사의 신분이 박탈 또는 상실되게 되므로 일체의 변

호사업무를 수행할 수 없다. 업무금지의 범위는 정직처분을 받은 변호사와 거의 일치하지만, 제명처분은 정직기간이 경과한 후 업무의 재개가 예정되어 있는 정직처분과는 달리 법률사무소에 대한 관리행위 및 임대차계약을 계속하는 것이 불가능하며 사무직원과의 고용계약도 계속할 수 없다. 다만, 제명된 변호사라 하더라도 수임인의 지위에서 위임계약에 따른 긴급처리의무를 부담하므로(민법 제691조) 처리 중인 사건을 다른 변호사에게 위임하는 등의 조치를 취하여 위임 인에게 손해가 발생하지 않도록 하여야 한다.

2) 앞서 본 변호사징계처분집행규정 제3조가 정하는 사항은 제명처분을 받은 변호사에게도 그대로 적용된다.

3. 3년 이하의 정직

정직은 일정 기간 동안 변호사업무를 하는 것을 금지하는 것이다. 이는 영구 제명이나 제명과는 달리 변호사의 자격이나 신분을 박탈하는 것은 아니지만 정직기간 동안 일체의 변호사 업무를 수행하여서는 안 될 의무를 부담케 한다. 정직의 집행은 징계혐의자의 변호사등록원부에 정직개시일과 정직기일을 명시하여 징계결정의 내용을 기재하는 방식으로 한다(변호사징계규칙 제43조 제1항 제2호).

4. 3천만원 이하의 과태료

변호사의 신분에는 영향을 미치지 않지만 재산상의 불이익 내지 금전적인 부담을 가하는 처분이다. 과태료의 결정은 민사집행법에 따른 집행력 있는 집행 권원과 같은 효력이 있으며, 검사의 지휘로 집행한다(법 제98조의5 제2항). 과태료 는 징계결정의 내용을 변호사등록원부에 기재하고, 대한변호사협회의 장이 검사 에게 의뢰하여 집행한다(변호사징계규칙 제43조 제1항 제3호).

5. 견 책

변호사의 신분과 활동에 아무런 제한을 가하지 않는 가장 가벼운 징계처분으로서 근신하고 자숙하라는 것이다. 견책은 대한변호사협회의 장이 근신하고 자숙하라는 취지의 문서를 송달하고, 징계결정의 내용을 변호사등록원부에 기재하는 방식으로 집행한다(변호사징계규칙 제43조 제1항 제4호).

6. 영구제명 이외의 징계처분에 대한 징계사유

변호사법 제91조 제2항은 영구제명 외의 제명, 3년 이하의 정직, 3천만원 이하의 과태료, 견책에 처할 수 있는 징계사유에 관하여 다음과 같이 규정하고 있다.

제1호; 변호사법을 위반한 경우
제2호; 소속 지방변호사회나 대한변호사협회의 회칙을 위반한 경우
제3호; 직무의 내외를 막론하고 변호사로서의 품위를 손상하는 행위를 한 경우

(1) 제1호 소정의 '변호사법을 위반한 경우'란 변호사법이 변호사에게 요구 또는 금지하는 사항을 위반한 것을 말한다. 구체적으로 변호사법 제21조 내지 제38조에서 규정한 의무에 위반한 경우가 전형적인 경우이지만, 변호사법 제109조 내지 제113조의 형사처벌 대상행위 중 제110조, 제111조 위반행위도 포함된다. 경우에 따라서는 하나의 행위가 변호사법에 위반됨과 동시에 형사처벌의 대상이 되기도 하는데, 이 경우 징계처분과 형사처벌은 그 성질과 목적을 달리하는 것이므로 양자가 병행하여 부과된다 할지라도 이는 일사부재리의 원칙에 반하는 것이 아니다.

(2) 제2호 소정의 '소속 지방변호사회나 대한변호사협회의 회칙을 위반한 경우'란 그 회칙이 부과하는 일정한 의무를 이행하지 않은 경우를 말한다. 변호사는 소속 지방변호사회와 대한변호사협회의 회칙을 지켜야 하고(법 제25조), 지방변호사회와 대한변호사협회는 변호사가 준수하여야 할 의무를 회칙에 포함시켜야 한다(법 제66조 제5호, 제80조 제1호). 또한 대한변호사협회 회칙은 "모든 회원은 대한변호사협회의 회칙, 규칙, 규정 및 결의를 준수하여야 하며, 대한변호사협회로부터 지정 또는 위촉받은 사항을 신속·정확하게 처리하여야 한다"고 규정하고 있으므로(대한변호사회칙 제9조 제1항) 회칙 이외에 대한변호사협회의 규칙, 규정 등에서 일정한 의무를 부과한 경우 변호사가 이를 이행하지 않으면 징

계사유에 해당된다.[4]

(3) 제3호 소정의 '변호사로서의 품위를 손상하는 행위'란 변호사가 직무를 수행함에 있어서 그 적격성에 부정적 영향을 미치거나 이에 대한 합리적 의심을 낳을 정도의 행위를 말하는 것으로서[5] 이를 시민이나 인간으로서의 도덕률에 기초를 둔 개념으로 볼 것은 아니다. 변호사징계의 실무에 있어서는 어지간하면 징계혐의사실에 대한 법령의 적용에서 품위유지의무위반을 들고 있는 것이 보통이지만, '품위손상'이라는 개념은 지나치게 포괄적이고 추상적이며 불확정적이기 때문에 이를 징계사유로 한 것은 변호사에 대한 징계권을 남용할 위험을 초래할 수 있고, 그로 인해 변호사의 독립성이 저해될 염려가 있다는 비판이 있다.[6] 품위란 때에 따라 가진 자, 기득권자, 혜택을 받는 자의 무기나 치장이 되는 수가 있어서 자칫하면 보수적인 가치관을 신봉하는 데 이용될 위험이 있으므로 이에 관한 지나친 확대해석은 피해야 할 것으로 생각된다.

Ⅲ. 징계절차

1. 징계절차의 개요

(1) 지방검찰청 검사장 또는 고위공직자범죄수사처장, 지방변호사회의 장, 법조윤리협의회[7] 위원장은 변호사에게 징계 사유가 발견된 때 대한변호사협회의 장에게 징계개시신청을 한다. 의뢰인이나 그 법정대리인 등도 소속 지방변호사회의 장에게 한 징계개시청원이 기각되거나 지방변호사회의 장이 그 청원이 접

---

4) 예를 들어, 변호사징계규칙 제9조 제6호에서는 이 규칙에 의하여 출석, 경위서 및 소명자료 제출 등의 요구를 받고도 2회 이상 불응한 경우를 징계사유로 규정하고 있다.

5) 이에 대해서는 변호사 직무의 내외를 막론하고 변호사로서의 사명과 지위 및 변호사에게 요구되는 고도의 도덕성에 반하는 행위를 의미하는 것으로 보는 견해도 있다. 최진안, 앞의 책, 583면.

6) 오종근, "변호사 징계", 법률가의 윤리와 책임, 서울대학교 법과대학편, 박영사, 2007, 379면.

7) 이하 윤리협의회라고 한다.

수된 날부터 3개월이 지나도 징계개시 신청여부를 결정하지 아니하면 대한변호사협회의 장에게 재청원을 할 수 있다(법 제97조의2, 제97조의3, 제89조의4 제4항, 제89조의5 제3항, 제89조의6 제5항).

(2) 대한변호사협의 장은 징계개시 신청된 변호사가 변호사법 제91조에 따른 징계사유에 해당된다고 판단되면 '대한변호사협회 변호사징계위원회'에[8] 징계개시청구를 한다(변호사법 제97조). 이러한 징계개시청구에 의하여 변호사에 대한 징계심사절차가 진행되게 된다. 변호사에 대한 징계의 청구는 징계사유가 발생한 날부터 3년이 지나면 하지 못한다(법 제98조의6).

(3) 변협징계위원회는 변호사법 제91조에 따른 징계 사유에 해당하는 징계사건을 심의한 후, 위원 과반수의 찬성으로 의결을 하고 그 의결결과(징계결정)를 징계혐의자와 징계청구자 또는 징계개시 신청인에게 각 통지한다(변호사법 제95조 제1항, 제98조의4).

(4) 변협징계위원회의 징계 결정에 불복하는 징계혐의자와 징계개시 신청인은 그 통지를 받은 날부터 30일 이내에 '법무부 변호사징계위원회'에[9] 이의신청을 할 수 있고(법 제100조 제1항), 법무부징계위원회의 결정에 불복하는 징계혐의자는 행정소송법으로 정하는 바에 따라 그 통지를 받은 날부터 90일 이내에 행정법원에 소를 제기할 수 있다(같은 조 제4항).

2. 징계의 대상

변호사법상 징계의 대상이 되는 자는 원칙적으로 변호사의 자격이 있는 자로서 대한변호사협회에 등록을 마치고 현재 변호사로 활동하고 있는 자이다. 대한변호사협회 회칙은 개업신고를 하지 않았거나 휴업신고를 한 변호사를 준회원으로 분류하면서, 준회원에 대하여는 회원의 권리·의무와 변호사의 지도·감독에 관한 규정을 적용하지 않는 것으로 규정하고 있는데(대한변호사협회 회칙 제

---

8) 이하 변협징계위원회라고 한다.
9) 이하 법무부징계위원회라고 한다.

10조), 여기서 개업신고란 변호사법 제7조가 정하는 대한변호사협회에의 등록을 말하는 것이고, 현재 휴업신고를 하고 법률사무를 취급하지 않고 있는 변호사 역시 징계사유에 해당되면 징계의 대상이 된다는 점에 대해서는 이론이 없다. 문제는 변호사법이 변호사의 자격(법 제4조)과 자격등록(법 제7조 제1항)을 구분하여 규정하고 있는 상황에서, 변호사의 자격은 있지만 자격등록을 하지 않은 변호사도 징계의 대상이 될 수 있는가이다. 생각건대 변호사의 자격이 있는 자가 등록을 하지 않은 상태에서 법률사무를 취급하는 경우, 이에 대한 직접적인 처벌규정은 없지만, 이는 변호사의 등록의무를 규정한 변호사법 제7조에 위반하는 경우에 해당되므로 징계의 대상이 될 수 있다고 보는 것이 타당할 것이다.[10]

3. 징계개시 신청권자와 징계개시 청구권자

(1) 징계개시 신청권자

변호사에 대한 징계는 지방검찰청 검사장 또는 고위공직자범죄수사처장과 지방변호사회의 장, 법조윤리협의회의 장의 신청에 의하여 개시될 수 있다.

1) 지방검찰청 검사장 또는 고위공직자범죄수사처장

지방검찰청 검사장 또는 고위공직자범죄수사처장은 범죄수사 등 업무의 수행 중 변호사에게 변호사법 제91조 따른 징계사유가 있는 것을 발견하였을 때에는 대한변호사협회의 장에게 그 변호사에 대한 징계를 신청하여야 한다(변호사법 제97조의2 제1항).

2) 지방변호사회의 장

지방변호사회의 장은 소속 변호사에게 변호사법 제91조에 따른 징계사유가 있는 것을 발견한 경우에는 대한변호사협회의 장에게 그 변호사에 대한 징계를

---

10) 이에 반하여 대한변호사협회에 변호사에 대한 1차적인 징계권을 부여한 것은 변호사 자치를 존중하자는 것이므로 그 자치의 영역으로 들어온 자, 즉 자격등록을 마친 변호사만이 징계의 대상이 된다고 하면서, 대한변호사협회로부터 변호사등록취소처분을 받은 변호사는 징계의 대상이 되지 않는다고 보는 견해도 있다. 최진안, 앞의 책, 571면.

신청하여야 한다(법 제97조의2 제2항).

3) 윤리협의회 위원장

윤리협의회 위원장은 공직퇴임변호사 또는 특정변호사에게 변호사법 제91조에 따른 징계사유나 위법의 혐의가 있는 것을 발견하였을 때에는 대한변호사협회의 장이나 지방검찰청 검사장에게 그 변호사에 대한 징계개시를 신청하거나 수사를 의뢰할 수 있다(법 제89조의4 제4항, 제89조의5 제3항).

4) 의뢰인 등의 청원

의뢰인이나 의뢰인의 법정대리인·배우자·직계친족 또는 형제자매는 수임변호사나 법무법인(제58조의2에 따른 법무법인(유한)과 제58조의18에 따른 법무조합을 포함한다)의 담당변호사에게 제91조에 따른 징계 사유가 있으면 소속 지방변호사회의 장에게 그 변호사에 대한 징계개시의 신청을 청원할 수 있다(법 제97조의3 제1항). 지방변호사회의 장은 제1항의 청원을 받으면 지체 없이 징계개시의 신청 여부를 결정하고 그 결과와 이유의 요지를 청원인에게 통지하여야 한다(같은 조 제2항). 청원인은 지방변호사회의 장이 제1항의 청원을 기각하거나 청원이 접수된 날부터 3개월이 지나도 징계개시의 신청 여부를 결정하지 아니하면 대한변호사협회의 장에게 재청원 할 수 있다. 이 경우 재청원은 제2항에 따른 통지를 받은 날 또는 청원이 접수되어 3개월이 지난 날부터 14일 이내에 하여야 한다(같은 조 제3항). 변호사로 하여금 징계를 받게 할 목적으로 제기되는 진정, 고발, 고소 등은 그 명칭을 불문하고 징계개시의 청원으로 본다(변호사징계규칙 제13조 제1항).

(2) 징계개시 청구권자

대한변호사협회의 장은 변호사가 징계사유에 해당하면 변협징계위원회에 징계개시를 청구하여야 한다(법 제97조). 변호사에 대한 징계개시의 청구권은 대한변호사협회의 장만이 독점적으로 행사할 수 있다.

4. 징계개시의 청구절차

(1) 대한변호사협회의 장은 지방검찰청 검사장, 지방변호사회의 장, 윤리협의회 위원장의 징계개시 신청이 있거나(법 제97조의2, 제89조의4 제4항, 제89조의5 제3항), 의뢰인 등의 징계개시 재청원이 있으면(법 제97조의3 제3항), 지체 없이 징계개시의 청구 여부를 결정하여야 하고, 징계개시의 청구 여부를 결정하기 위하여 필요하면 대한변호사협회에 설치된 조사위원회로 하여금 징계혐의사실에 대한 조사를 하도록 할 수 있다(법 제97조의4 제1항, 제2항). 대한변호사협회의 장은 징계개시의 청구 여부를 결정하였을 때에는 지체 없이 그 사유를 징계개시 신청인이나 재청원인에게 통지하여야 한다(법 제97조의4 제3항).

(2) 징계개시 신청 기각결정 등에 대한 이의신청

징계개시 신청인은 대한변호사협회의 장이 징계개시의 신청을 기각하거나 징계개시의 신청이 접수된 날부터 3개월이 지나도 징계개시의 청구 여부를 결정하지 아니하면 변협징계위원회에 이의신청을 할 수 있다. 이 경우 이의신청은 징계개시 청구 여부 결정의 통지를 받은 날 또는 징계개시의 신청이 접수되어 3개월이 지난날부터 14일 이내에 하여야 한다. 변협징계위원회는 위 이의신청이 이유 있다고 인정하면 징계절차를 개시하는 결정을 하여야 하고, 이유 없다고 인정하면 이의신청을 기각하는 결정을 하여야 하며, 이와 같은 결정을 하였을 때에는 지체 없이 그 결과와 이유를 이의신청인에게 통지하여야 한다(법 제97조의5 제1항 내지 제3항). 이와 같이 변호사법은 대한변호사협회의 장에게뿐만 아니라 변협징계위원회에게도 변호사에 대한 징계개시 결정권을 인정하고 있다.

5. 징계결정의 절차

(1) 변협징계위원회의 절차

1) 변호사에 대한 징계는 대한변호사협회의 장의 징계청구 또는 변협징계위원회의 징계결정에 의하여 개시되는데, 변협징계위원회는 대한변호사협회 산하에 설치된 기관으로서 변호사법 제91조에 따른 징계사유가 있는 변호사의 징계

사건을 심의하여 징계사유가 존재할 경우, 그에 합당한 징계처분을 의결하는 합의제 기관이다.

2) 변협징계위원회의 구성

가. 변협징계위원회는 다음 각 호의 위원으로 구성한다(변호사법 제93조 제1항).

1. 법원행정처장이 추천하는, 판사 1명과 변호사가 아닌 경험과 덕망이 있는 자 1명
2. 법무부장관이 추천하는, 검사 1명과 변호사가 아닌 경험과 덕망이 있는 자 1명
3. 대한변호사협회 총회에서 선출하는 변호사 3명
4. 대한변호사협회의 장이 추천하는, 변호사가 아닌 법학 교수 및 경험과 덕망이 있는 자 각 1명

나. 변협징계위원회에 위원장 1명과 간사 1명을 두며, 위원장과 간사는 위원 중에서 호선한다(변호사법 제93조 제2항). 제1항의 위원을 추천하거나 선출할 때에는 위원의 수와 같은 수의 예비위원을 함께 추천하거나 선출하여야 하고(같은 조 제3항), 변호사의 자격을 취득한 날부터 10년이 지나지 아니한 자는 위원장이나 판사·검사·변호사인 위원 또는 예비위원이 될 수 없으며(같은 조 제4항), 위원과 예비위원의 임기는 각각 2년으로 하되(같은 조 제5항), 다만 보선된 위원장, 위원 및 예비위원의 임기는 전임자의 잔임기간으로 한다(변호사징계규칙 제2조 제5항). 예비위원을 두는 취지는 위원에 결원이 발생하였을 때 새로운 위원을 위촉하거나 선출함에 있어 상당한 시일이 소요되는 것에 대응하기 위한 것이다. 변협징계위원회의 위원 및 예비위원은 변호사법 제94조에 따른 법무부징계위원회의 위원 및 예비위원을 겸할 수 없다(법 제93조 제6항).

다. 판사인 위원 및 예비위원은 법원행정처장의, 검사인 위원 및 예비위원은 법무부장관의 각 추천을 받아 협회장이 위촉하며, 변호사인 위원 및 예비위원은 총회에서 선출하고, 법과대학 교수 및 경험과 덕망이 있는 자인 위원 및 예비위원은 협회장이 상임이사회의 심의를 거쳐 위촉한다(변호사징계규칙 제2조 제2항). 판사, 검사, 변호사인 위원 및 예비위원은 변호사자격을 취득한 때부터 10년을 경과한 자이어야 하며, 변호사인 위원 및 예비위원은 변호사로서 5년 이상 개업한 경력이 있어야 한다(같은 규칙 제2조 제3항). 위원장은 변호사인 위원 중에서

협회장이 추천한 위원 중에서 선임하도록 되어 있는데(같은 규칙 제2조 제4항), 이는 위원장은 위원 중에서 호선한다고 규정한 변호사법 제93조 제2항에 반하여 위임입법의 법리에 부합하지 않은 것으로서 개정되어야 할 것으로 보인다.

라. 위원이 결원, 제척, 기피, 회피 등의 사유로 직무를 수행할 수 없을 때 같은 자격으로 위촉된 예비위원이 그 직무를 대행하며, 판사, 검사, 변호사인 예비위원의 직무대행 순서는 위원장이 지정한다(변호사징계규칙 제2조 제7항).

3) 조사위원회의 설치와 직무

변호사의 징계혐의사실에 대한 조사를 위하여 대한변호사협회에 조사위원회를 둔다(법 제92조의2 제1항). 조사위원회는 협회장의 요구가 있거나 변호사에게 징계사유에 해당하는 혐의가 있다고 인정될 때에는 혐의유무에 대하여 조사를 한 후 그 결과를 협회장에게 보고하여야 한다(변호사징계규칙 제38조 제1항, 제41조 제1항).[11] 조사위원회는 필요하면 관계 기관·단체 등에 자료 제출을 요청할 수 있으며, 당사자나 관계인을 면담하여 사실에 관한 의견을 들을 수 있다(법 제92조의2 제2항). 이와 같이 조사위원회는 징계혐의사실의 존재 유무를 조사하여 대한변호사협회장 또는 변협징계위원회에 보고하는 보조기관이라 할 수 있다.

4) 징계심의절차

가. 징계개시의 통지

변협징계위원회의 위원장은 징계절차가 개시되면 지체 없이 징계심의기일을 정하여 징계혐의자에게 통지하여야 한다(법 제98조 제3항). 변협징계위원회는 대한변호사협회의 장의 징계개시 청구가 있거나 징계개시결정을 하여 징계절차를 개시한 때에는 즉시 징계혐의자에게 징계개시통지서와 징계개시청구서 부본 1통을 송달하고, 같은 규칙 제15조 제2항(이의신청이 존재하는 경우)의 규정에 따라 징계절차를 개시한 때에는 즉시 징계혐의자에게 징계개시통지서와 이의신청 결

---

11) 종래에는 변호사징계규칙 제38조 제2항에서 "변협 징계위원회로부터 징계혐의사실에 대한 조사요청을 받은 경우 이를 조사하여 그 결과를 징계위원회에 보고하여야 한다"고 규정하였으나 2014.10.13. 개정된 변호사징계규칙에서는 이 조항을 삭제하였다.

정문 등본 1통을 송달하여야 한다(변호사징계규칙 제17조 제1항). 징계개시통지서에는 심의기일에 출석하여 진술할 수 있고, 증거자료 등을 제출할 수 있으며, 특별변호인을 선임할 수 있음과 심사기일의 공개를 신청할 수 있음을 기재하여야 한다(같은 조 제2항). 변협징계위원회는 징계혐의자가 징계청구된 징계혐의사실로 공소제기되어 있을 때에는 그 사건이 확정될 때까지 심의절차를 정지한다. 다만, 공소의 제기가 있는 경우로서 징계사유에 관하여 명백한 증명자료가 있거나 징계혐의자의 심신상실·질병 등의 사유로 형사재판절차가 진행되지 아니할 때에는 징계심의를 진행할 수 있다(같은 규칙 제19조).

나. 심의기일의 통지

변협징계위원회는 징계혐의자에게 심의기일의 일시·장소를 통지하여야 한다. 다만, 심의기일에 출석한 징계혐의자에게는 고지할 수 있다. 변협징계위원회는 징계청구가 징계개시 신청인의 신청에 의한 것일 때에는 당해 징계개시 신청인에게도 심의기일의 일시·장소를 통지를 하여야 한다(같은 규칙 제20조 제1항, 제2항).

다. 심의절차

① 변협징계위원회의 위원장은 징계심의기일을 정하고 징계혐의자에게 출석을 명할 수 있고(법 제98조의2 제1항), 징계혐의자는 징계심의기일에 출석하여 구술 또는 서면으로 자기에게 유리한 사실을 진술하거나 필요한 증거를 제출할 수 있으며, 변호사 또는 학식과 경험이 있는 자를 특별변호인으로 선임하여 사건에 대한 보충진술과 증거제출을 하게 할 수도 있다(같은 조 제2항, 제4항). 변협징계위원회는 출석명령을 받은 징계혐의자나 그 특별변호인이 심의기일에 출석하지 아니한 경우에도 서면으로 심의절차를 진행하고 심의를 종결할 수 있다(같은 조 제5항, 변호사징계규칙 제23조 제2항). 변협징계위원회는 직권 또는 징계혐의자의 신청에 의하여 징계혐의자를 심문할 수 있고, 참고인에게 사실의 진술이나 감정을 요구할 수 있으며, 직권 또는 신청에 의하여 필요한 물건이나 장소에 대한 검증을 할 수 있고, 서류 기타의 물건의 소지인에게 그 제출을 요구할 수 있다(같은 규칙 제26조 제1항, 제2항). 또한 변협징계위원회는 필요한 때에는 직권으로

징계혐의사실에 대한 조사를 담당한 자를 소환하여 의견을 청취할 수 있고 국가기관 등에 대하여 사실조회를 할 수 있다(같은 조 제3항, 제4항). 징계위원회의 위원장은 출석한 징계혐의자 및 선임된 특별변호인에게 최종의견을 진술할 기회를 주어야 한다(같은 조 제5항).

② 징계개시 신청인인 지방검찰청 검사장 또는 고위공직자범죄수사처장, 지방변호사회의 장, 윤리협의회 위원장은 징계사건에 관하여 의견을 제시할 수 있고(법 제98조의2 제7항), 징계청구인인 대한변호사협회의 장은 직접 또는 대리인을 통해서 구술 또는 서면으로 징계혐의사건에 관한 의견을 진술할 수 있다(변호사징계규칙 제25조 제3항). 여기서 '의견'이란 징계혐의사실의 존재와 징계혐의변호사에 대한 징계양정 시에 참작할 사항 등에 관한 의사표시를 의미한다.

5) 징계결정절차

가. 변협징계위원회는 징계청구를 받거나 징계개시결정을 하여 징계절차를 개시한 날부터 6개월 이내에 징계에 관한 결정을 하여야 하고, 부득이한 사유가 있을 때에는 그 의결로 6개월의 범위에서 기간을 연장할 수 있다(법 제98조 제1항). 변협징계위원회는 심의를 종료하였을 때에는 지체 없이 징계사건에 관하여 결정을 하여야 하는데(변호사징계규칙 제31조 제1항), 변협징계위원회의 징계의결은 재적 위원 과반수의 출석과 출석위원 과반수의 찬성으로 한다. 다만, 과반수의 찬성을 얻은 의견이 없을 때에는 과반수에 달할 때까지 징계혐의자에게 가장 불리한 의견의 수에 순차 유리한 의견의 수를 더하여 그 중 가장 유리한 의견을 합의된 의견으로 한다(같은 조 제2항).

나. 징계청구가 부적법한 경우, 예컨대 징계혐의자가 사망한 경우나 징계사유가 발생한 날부터 3년의 제척기간이 도과된 경우(법 제98조의6), 동일한 사유로 이미 징계처분을 받은 경우 등에는 징계청구를 각하하는 결정을 하여야 한다. 징계혐의사실이 인정되지 않거나 인정되더라도 정상참작의 사유가 있어서 징계처분을 하지 않음이 상당할 경우에는 징계청구를 기각하는 결정을 하여야 할 것이나 그렇지 않은 경우에는 징계처분을 하여야 할 것이다.

6) 징계결정 이후의 절차

가. 변협징계위원회가 징계에 관하여 결정을 하였을 때에는 징계결정서를 작성하여야 하며, 징계결정서에는 주문과 이유를 기재하고 위원장과 출석한 위원 및 간사가 기명날인 또는 서명하여야 한다(변호사징계규칙 제32조). 변협징계위원회는 징계의결의 결과를 징계혐의자와 징계청구자 또는 징계개시 신청인에게 통지하여야 함(법 제98조의4 제2항)과 아울러 대한변호사협회의 장에게 서면으로 그 결과와 이유를 통보하여야 하고(변호사징계규칙 제33조 제1항), 대한변호사협회의 장은 변협징계위원회에서 징계에 관한 결정이 있은 후 지체 없이 법무부장관에게 보고하여야 한다(법 제99조).

나. 대한변호사협회의 장은 확정된 징계처분의 내용을 대한변호사협회가 운영하는 인터넷 홈페이지 및 대한변호사협회가 발행하는 회지 또는 신문에 공고하여야 한다(변호사징계규칙 제45조). 대한변호사협회의 장은 징계처분정보를 인터넷 홈페이지에 공개할 때 그 기간은 3개월 이상이어야 하고, 홈페이지 최상단 메뉴에 변호사 정보란을, 그 하위 메뉴로 변호사 징계 내역을 두고, 변호사 징계 내역 메뉴에 징계처분정보를 기재하는 방법으로 게재하여야 하며, 변호사 징계 내역 메뉴에서 변호사의 성명 및 사무실의 명칭(해당 변호사가 법무법인 등에 소속되어 있거나 그 구성원인 경우에는 그 법무법인 등의 명칭을 말한다)으로 징계처분정보가 검색될 수 있도록 하여야 한다(변호사징계규칙 제47조 제3항, 제4항).

7) 징계의 효력발생시기

징계혐의자가 징계결정의 통지를 받은 후 30일 이내에 이의신청을 하지 아니하면 이의신청이 기간이 끝난 날부터 변협징계위원회의 징계의 효력이 발생하지만(법 제98조의4 제3항), 법무부징계위원회에 이의신청을 하면 그 이의신청에 대한 결정을 송달받은 날부터 효력이 발생한다(변호사징계규칙 제35조).

(2) 법무부징계위원회의 절차

1) 개 요

변협징계위원회에서 징계혐의자에 대하여 징계결정을 하지 않거나 또는 징계처분이 부당하게 무겁거나 가볍다고 판단되는 경우 징계혐의자 또는 징계개시 신청인은 법무부징계위원회에 이의신청을 할 수 있고, 법무부징계위원회는 이의신청의 당부 등에 대하여 심리한 후 결정을 내리게 되며, 이에 대하여 불복하는 징계혐의자는 행정소송을 제기할 수 있다.

법무부징계위원회는 위원장(법무부장관) 1명과 위원 8명으로 구성되며, 예비위원 8명을 둔다(법 제94조 제1항). 위원과 예비위원의 임기는 각각 2년으로 한다(같은 조 제3항).

2) 이의신청절차

징계혐의자 또는 징계개시 신청인은 변협징계위원회의 결정을 통지받은 날부터 30일 이내에 법무부징계위원회에 이의신청을 할 수 있다(법 제100조 제1항). 헌법재판소는 변협징계위원회의 징계결정이나 그에 불복하여 열리는 법무부징계위원회의 징계결정은 모두 기본적으로 공권력적 행정처분이라고 하면서 법무부징계위원회의 결정은 행정심판에 해당된다고 한다.[12] 따라서 변협징계위원회의 징계결정은 행정심판위원회에서 말하는 (원)처분에 해당되고(행정심판법 제3조 제1항),[13] 법무부징계위원회의 징계결정은 재결의 성격을 갖는다고 볼 것이다(행정심판법 제43조).[14]

3) 이의신청에 대한 심리

법무부징계위원회는 이의신청을 받은 날부터 3개월 이내에 징계에 관한 결

---

12) 헌재 2000.6.29. 1999헌가9 결정.
13) 행정심판법 제3조[행정심판의 대상] ① 행정청의 처분 또는 부작위에 대하여는 다른 법률에 특별한 규정이 있는 경우 외에는 이 법에 따라 행정심판을 청구할 수 있다.
14) 행정심판법 제43조(재결의 효력)는 (행정심판위원회)의 각하, 기각, 처분의 취소·변경 등 여러 재결에 대해 규정하고 있다.

정을 하여야 하고 부득이한 사유가 있는 때에는 그 의결로 3개월의 범위 내에서 기간을 연장할 수 있다(법 제98조 제2항). 법무부징계위원회의 심리절차에서 이의신청인은 행정심판법상의 청구인의 지위를, 대한변호사협회의 장은 피청구인의 지위를 갖는다. 법무부징계위원회의 심리절차에 대하여는 변협징계위원회의 징계심의 절차를 준용하도록 되어 있다(법 제100조 제2항, 제98조의2). 이의신청에 대한 법무부징계위원회의 심리절차 진행 중 징계혐의사실에 대한 공소가 제기된 경우, 이의신청절차가 변협징계위원회의 속심적 성격을 갖는다고 볼 것이므로 변협징계위원회에서의 징계심의절차에 있어서와 마찬가지로 원칙적으로 심리절차를 정지하여야 할 것이다.[15]

4) 이의신청에 대한 결정

이의신청이 부적법한 경우, 예컨대 이의신청기간을 도과해서 이의신청한 경우 또는 이의신청권자가 아닌 자가 이의신청한 경우 등에는 이를 각하하여야 할 것이다. 이의신청이 이유 있다고 인정하면 변협징계위원회의 징계 결정을 취소하고 스스로 징계결정을 하여야 하며, 이의신청이 이유 없다고 인정하면 기각하여야 한다(법 제100조 제2항). 이와 같은 결정은 위원 과반수의 찬성으로 의결한다(같은 조 제3항). 이의신청에 대한 결정을 함에 있어서는 행정심판법상 불이익변경금지의 원칙[16]이 적용된다고 할 것이다.

5) 징계결정의 효력발생시기

이에 관하여 종래 변호사징계규칙 제35조는 "이의신청기간이 만료한 때 또는 법무부징계위원회의 이의신청에 대한 결정이 난 때부터 효력을 발생한다"라고 규정하고 있었으나, 2013.2.25. "징계위원회의 이의신청에 대한 결정을 송달받은 날부터"로 개정되었다. 징계결정은 행정심판법상 재결에 해당하므로 그 결정서가 이의신청인에게 송달된 때에 그 효력이 발생하는 것으로 보아야 할 것이므로 이는 해석론에 부합하는 타당한 개정으로 생각된다.

---

15) 오종근, 앞의 논문, 390면.
16) 행정심판법 제47조 ② 위원회는 심판청구의 대상이 되는 처분보다 청구인에게 불리한 재결을 하지 못한다.

6) 징계결정에 대한 불복

법무부징계위원회의 결정에 불복하는 징계혐의자는 행정소송법으로 정하는 바에 따라 그 통지를 받은 날부터 90일 이내에 행정법원에 소(訴)를 제기할 수 있는데 이 기간은 불변기간이다(변호사법 제100조 제4항, 제6항). 행정소송은 징계결정이 있었던 날부터 1년이 지나면 제기할 수 없다. 다만, 정당한 사유가 있는 경우에는 그러하지 아니하다(행정소송법 제20조 제2항).

Ⅳ. 업무정지명령 및 과태료 부과

1. 업무정지명령의 의의 및 성질

(1) 법무부장관은 변호사가 공소가 제기되거나(약식명령이 청구된 경우와 과실범으로 공소가 제기된 경우는 제외한다) 변호사법 제97조에 따라 징계절차가 개시되어 그 재판이나 징계 결정의 결과, 등록취소나 영구제명 또는 제명에 이르게 될 가능성이 매우 크고, 그대로 두면 장차 의뢰인이나 공공의 이익을 해칠 구체적인 위험성이 있는 경우에는 법무부징계위원회에 그 변호사의 업무정지에 관한 결정을 청구할 수 있고, 법무부징계위원회의 결정에 따라 해당 변호사에 대하여 업무정지를 명할 수 있는데(법 제102조 제1항, 제2항), 이는 법무부장관의 변호사에 대한 감독권에 기초한 것이다(법 제39조).

(2) 업무정지명령은 당해 변호사에 대한 형사판결이나 징계결정이 확정되는 경우 그 효력이 상실되는 잠정적인 처분으로서 실질적 효력에 있어서 징계처분 중 정직에 해당한다. 이는 당해 변호사가 재판 또는 징계 결과 제명 이상의 징계처분을 받는 경우, 의뢰인의 이익이나 사법제도의 원활한 운영에 위험이 생길 염려가 있어서 이를 예방하기 위하여 존재하는 것이다.

2. 업무정지명령 절차

법무부징계위원회는 변호사법 제102조 제1항에 따라 청구를 받은 날부터 1개월 이내에 업무정지에 관한 결정을 하여야 한다. 다만, 부득이한 사유가 있는 때에는 그 의결로 1개월의 범위에서 그 기간을 연장할 수 있다(법 제103조 제1항). 업무정지에 관하여는 변호사법 제98조 제3항 및 제98조의2 제2항부터 제6항까지의 규정을 준용한다(법 제103조 제2항). 변호사법 제102조 제2항에 따른 법무부장관의 업무정지명령은 해당 변호사에게 송달된 때부터 효력을 발생한다(법 시행령 제26조).

3. 업무정지 기간과 갱신 및 업무정지명령의 실효

(1) 업무정지 기간은 6개월로 한다. 다만, 법무부장관은 해당 변호사에 대한 공판 절차 또는 징계절차가 끝나지 아니하고 업무정지 사유가 없어지지 아니한 경우에는 법무부징계위원회의 의결에 따라 업무정지 기간을 갱신할 수 있다(법 제104조 제1항). 제1항 단서에 따라 갱신할 수 있는 기간은 3개월로 하고, 업무정지 기간은 갱신 기간을 합하여 2년을 넘을 수 없다(같은 조 제2항, 제3항).

(2) 업무정지명령은 그 업무정지명령을 받은 변호사에 대한 해당 형사 판결이나 징계 결정이 확정되면 그 효력을 잃는다(법 제106조). 업무정지명령을 받은 변호사가 공소제기된 해당 형사사건과 같은 행위로 징계개시가 청구되어 정직 결정을 받으면 업무정지 기간은 그 전부 또는 일부를 정직 기간에 산입한다(법 제107조). 동일한 행위로 인하여 업무정지의 불이익을 2중으로 받는 것을 방지하기 위한 것이다.

4. 업무정지명령에 대한 불복

업무정지명령, 업무정지 기간의 갱신에 관하여는 제100조 제4항부터 제6항까지의 규정을 준용한다(법 제108조). 따라서 업무정지명령을 받은 자는 행정소송법으로 정하는 바에 따라 그 통지를 받은 날부터 90일 이내에 행정법원에 소를 제기할 수 있고(법 제100조 제4항), 업무정지 결정이 있었던 날부터 1년이 지나면 소를 제기할 수 없다. 다만, 정당한 사유가 있는 경우에는 그러하지 아니하다(같은 조 제5항).

5. 업무정지명령의 해제

법무부장관은 업무정지 기간 중인 변호사에 대한 공판 절차나 징계절차의 진행 상황에 비추어 등록취소·영구제명 또는 제명에 이르게 될 가능성이 크지 아니하고, 의뢰인이나 공공의 이익을 침해할 구체적인 위험이 없어졌다고 인정할 만한 상당한 이유가 있으면 직권으로 그 명령을 해제할 수 있다(법 제105조 제1항). 대한변호사협회의 장, 검찰총장 또는 업무정지명령을 받은 변호사는 법무부장관에게 업무정지명령의 해제를 신청할 수 있다(같은 조 제2항). 법무부장관은 제2항에 따른 신청을 받으면 직권으로 업무정지명령을 해제하거나 법무부징계위원회에 이를 심의하도록 요청하여야 하며, 법무부징계위원회에서 해제를 결정하면 지체 없이 해제하여야 한다(같은 조 제3항).

6. 과태료 부과

(1) 변호사에 대한 과태료 처분은 2가지 종류가 있는데, 하나는 변호사법 제90조 제4호 소정의 징계처분으로써의 과태료처분이고, 다른 하나는 변호사법 제117조 소정의 과태료처분이다. 전자는 변호사에 대한 징계처분으로서의 성질을 가지는 것이지만 후자는 변호사 행정상의 질서에 장해 내지 위험을 야기할 염려가 있는 의무위반행위에 대한 제재인 행정질서벌이라 할 수 있다.[17) 문제는 변

---

17) 행정법상의 의무위반에 대하여 일반통치권에 의거하여 과하는 제재로서의 벌을 행정벌이라고 한다. 행정벌은 징계벌과 다르다. 징계벌은 특별행정법관계에서 그 내부질서를 유지하기 위하여 질서문란자에 대해 과하는 제재이다. 또한 행정벌은 일반의 형사벌처럼 범인의 반사회성을 처벌하는 것이 아니고, 행정목적의 실현을 위한 명령, 금지의 위반을 처벌하여 행정법규의 실효성을 확보함을 목적으로 하는 점에서 형사벌과 다르다.
행정벌은 성질에 따라 (1) 행정형벌(行政刑罰): 형법에 형명이 있는 형벌(사형·징역·금고·자격

호사법 제117조가 정하는 과태료처분의 대상이 되는 변호사의 행위는 동시에 같은 법 제91조 제2항 제1호의 변호사법 위반행위에 해당되어 징계사유에 해당된다는 점이다. 즉, 하나의 행위가 지방검찰청 검사장의 과태료 처분의 대상이 됨과 동시에 징계처분의 대상이 되므로 이중처벌의 위험이 존재한다는 점이다. 따라서 변호사자치의 취지를 고려하여 행정질서벌로서의 과태료를 변호사징계제도로 일원화하는 입법론적인 검토가 요망된다.

(2) 과태료 부과 사유

1) 2천만원 이하의 과태료 부과대상은 공직퇴임변호사(법 제89조의4 제1항, 제2항)가 수임자료와 처리결과에 대한 거짓 자료를 제출한 경우이다(법 제117조 제1항).

2) 다음 각 호의 어느 하나에 해당하는 자에게는 1천만원 이하의 과태료를 부과한다.

1. 제21조의2 제5항(제21조의2 제6항에 따라 위탁하여 사무를 처리하는 경우를 포함한다)에 따른 개선 또는 시정 명령을 받고 이에 따르지 아니한 자
1의2. 제22조 제2항 제1호, 제28조의2, 제29조, 제35조 또는 제36조(제57조, 제58조의 16 또는 제58조의30에 따라 준용되는 경우를 포함한다)를 위반한 자
2. 제28조에 따른 장부를 작성하지 아니하거나 보관하지 아니한 자
3. 정당한 사유 없이 제29조의2(제57조, 제58조의16 또는 제58조의30에 따라 준용되는 경우를 포함한다)를 위반하여 변호하거나 대리한 자
4. 제54조 제2항, 제58조의14 제2항 또는 제58조의28 제2항을 위반하여 해산신고를 하지 아니한 자
5. 제58조의9 제2항을 위반하여 대차대조표를 제출하지 아니한 자
6. 제58조의21 제1항을 위반하여 규약 등을 제출하지 아니한 자

상실·자격정지·벌금·구류·과료·몰수)이 과하여지는 행정벌이며, 행정벌의 대부분은 이에 속한다. 이러한 행정형벌에는 특별한 규정이 있는 경우를 제외하고는 형법총칙이 적용된다(형법 제8조). (2) 행정질서벌(行政秩序罰): 형법에 형명이 없는 과태료가 과하여지는 행정벌이다. 이러한 행정질서벌은 행정법규 위반행위가 직접 행정목적을 침해하는 것은 아니고, 다만 행정목적 달성에 장해가 되는 정도의 비행인 경우에 과하여지는 것이다(예컨대 공증인법 제83조). 행정질서벌에는 형법총칙이 적용되지 않고, 그 과벌절차는 질서위반행위규제법이 정하는 바에 의한다. (3) 조례에 의한 과태료(條例에 의한 過怠料): 지방자치법의 규정에 의하여 조례로써 정하는 과태료이다(지방자치법 제34조).

7. 제58조의21 제2항에 따른 서면을 비치하지 아니한 자

8. 제89조의4 제1항·제2항 및 제89조의5 제2항을 위반하여 수임 자료와 처리 결과를 제출하지 아니한 자

3) 다음 각 호의 어느 하나에 해당하는 자에게는 500만원 이하의 과태료를 부과한다.

1. 제85조 제1항을 위반하여 연수교육을 받지 아니한 자

2. 제89조 제2항에 따른 윤리협의회의 요구에 정당한 이유 없이 따르지 아니한 자

(3) 과태료 처분절차

과태료는 지방검찰청 검사장이 부과·징수한다(법 제117조 제4항).[18]

(4) 과태료 처분에 대한 불복

과태료 부과에 불복하는 당사자는 과태료 부과 통지를 받은 날부터 60일 이내에 해당 행정청에 서면으로 이의제기를 할 수 있다(질서위반행위규제법 제20조 제1항). 이의제기를 받은 행정청은 이의제기를 받은 날부터 14일 이내에 이에 대한 의견 및 증빙서류를 첨부하여 관할 법원에 통보하여야 한다. 다만, 1. 당사자가 이의제기를 철회한 경우, 2. 당사자의 이의제기에 이유가 있어 과태료를 부과할 필요가 없는 것으로 인정되는 경우에는 그러하지 아니하다(같은 법 제21조 제1항). 그 통보를 받은 관할 법원은 비송사건절차법에 따른 과태료 재판을 한다(같은 법 제28조).

---

18) 과태료 부과·징수, 재판 및 집행 등의 절차에 관하여는 「질서위반행위규제법」이 우선적으로 적용되므로, 「질서위반행위규제법」에서 정하고 있는 내용과 중복되거나 저촉되는 내용으로 변호사법에서 정하고 있던 과태료 처분에 대한 이의절차, 과태료 재판, 과태료 체납처분 관련 규정은 2017.12.12. 개정으로 삭제되었다.

관련 판례

헌재 2006.4.27. 2005헌마997 [변호사법 제5조 제1호 위헌확인]

【판시사항】

[1] 전문분야 자격제도와 입법재량

[2] 금고 이상의 형을 선고받고 그 집행이 종료되거나 그 집행을 받지 아니하기로 확정된 후 5년을 경과하지 아니한 자는 변호사가 될 수 없다고 규정한 변호사법 제5조 제1호(이하 '이 사건 법률조항'이라 한다)가 청구인의 직업선택의 자유를 침해하는지 여부(소극)

[3] 변호사의 직무와 무관한 범죄로 금고 이상의 형을 선고받은 경우도 결격 사유로 규정하고 있는 이 사건 법률조항이 평등원칙에 위배되는지 여부(소극)

【결정요지】

[1] 이 사건 법률조항은 입법자가 변호사라는 전문분야에 관하여 마련한 자격제도의 한 내용이라고 할 것이다. 그런데 입법자는 일정한 전문분야에 관한 자격제도를 마련함에 있어서 그 제도를 마련한 목적을 고려하여 정책적인 판단에 따라 그 내용을 구성할 수 있고, 마련한 자격제도의 내용이 불합리하고 불공정하지 않은 한 입법자의 정책판단은 존중되어야 하며, 자격제도에서 입법자에게는 그 자격요건을 정함에 있어 광범위한 입법재량이 인정되는 만큼, 자격요건에 관한 법률조항은 합리적인 근거 없이 현저히 자의적인 경우에만 헌법에 위반된다.

[2] 입법자는 변호사제도를 도입하여 법률사무전반을 변호사에게 독점시키고 그 직무수행을 엄격히 통제하고 있으며, 일반적으로 법률사건은 당사자 및 이해관계인의 생명, 신체, 명예 및 재산 등의 권리, 의무에 관한 다툼이나 의문에 대한 사건으로서 그 사무처리에 있어서 고도의 법률지식을 요하고 공정성과 신뢰성이 요구된다는 점을 생각할 때, 이 사건 법률조항은 그 입법목적의 정당성이 인정된다. 또한 금고 이상의 형을 선고받고 그 집행이 종료된 후 5년을 경과하지 아니한 자가 변호사가 될 수 없도록 제한한 것은 변호사의 공공성과 변호사에 대한 국민의 신뢰를 보호하고자 하는 입법목적의 달성에 적절한 수단이며, 이 사건 법률조항은 결격사유에 해당하는 자의 변호사 활동을 영원히 박탈하는 조항이 아니라 5년간 변호사 활동을 금지하고 윤리의식을 제고할 시간을 주는 것으로서 직업선택의 자유를 일정 기간 제한하는 것이므로, 이로써 보호하고자 하는 공익이 결격사유에 해당하는 자가 직업을 선택할

수 없는 불이익보다 크다.

또한 법원이 범죄의 모든 정황을 고려한 후 금고 이상의 형의 판결을 하였다면 그와 같은 사실만으로는 사회적 비난가능성이 높다고 할 것이며, 사회질서유지 및 사회정의 실현이라는 변호사의 사명을 고려할 때, 변호사의 결격 사유인 금고 이상의 형의 원인이 된 범죄행위가 그 직무관련범죄로 한정되는 것은 아니다.

그렇다면 이 사건 법률조항이 청구인의 직업선택의 자유를 침해할 정도로 입법형성의 재량을 일탈한 것이라고 볼 수는 없다.

[3] 변호사의 독점적 지위가 법률사무 전반에 미치는 점, 변호사의 직무에는 국가지방자치단체 기타 공공기관의 위촉 등에 의하여 소송에 관한 행위 및 행정처분의 청구에 관한 대리행위와 일반 법률사무가 포함되어 있는 점 등을 고려할 때, 변호사의 직무는 보다 공공적인 성격이 강하여 변호사는 법제도 및 준법에 대한 보다 고양된 윤리성을 갖추는 것이 필요하므로, 의료법, 약사법, 관세사법에서 결격사유가 되는 금고 이상의 형의 선고를 받은 범죄를 직무관련범죄로 한정하고 있는 것과 달리, 이 사건 법률조항이 변호사의 결격사유로서의 범죄의 종류를 당해 업무수행의 공익성 및 공정성을 저해하는 것으로 제한하지 아니하고 금고 이상의 형의 선고를 받은 모든 경우로 정하고 있다고 하더라도, 이러한 차별취급이 합리성과 형평에 반한다고 할 수 없다.

V. 변호사의 사생활 등 직무외 활동과 징계사유

변호사의 사생활이 변호사윤리의 규율영역에 속하는지는 쉽게 말하기 어렵다. 전통적 견해에 의하면 변호사의 사생활은 변호사윤리의 규율대상이 된다고 하지만 이에 대해서는 적어도 그 범위를 놓고서 반론이 있어 왔다. 우리의 판례 역시 변호사의 사생활을 변호사윤리의 규율대상으로 보고 있다.[19] 그러나 변호사의 사생활은 그것이 변호사로서의 업무 수행적격에 영향을 줄 수 있을 때에만 그 범위 내에서 변호사윤리의 규율대상이 될 수 있다고 보는 것이 옳다. 예컨대, 변호사가 알콜 중독 상태에 있다고 하여 그 자체로 변호사윤리에 위반되어 징계사유가 된다고 할 수는 없는 것이다. 그러나 알콜중독으로 인하여 의뢰인이 위

---

19) 대법원 2002.6.11. 선고 2002두2062 판결.

임한 소송사건에서 기일에 무단으로 불출석하거나 변론을 제대로 하지 않았다면 이는 변호사윤리 위반으로서 징계사유가 된다고 보아야 할 것이다. 세금체납, 신용불량상태, 단순한 교통법규위반 등도 그 자체로 변호사윤리 위반이라고 할 수는 없다. 범죄행위의 경우에도 비교적 경미한 과실범이나 행정범(소방법, 주차장법, 건축법 등 위반행위) 등은 원칙적으로 징계사유에 해당하지 않는다고 보아야 할 것이다. 그러나 그 이외의 범죄행위로서 행위자의 범죄적 악성을 드러내는 것이거나, 법질서 기타 공동체의 가치에 대한 적대적 반사회적 성향을 외부적으로 표출하는 것이거나, 자기 통제력의 심각한 결여를 보이는 것이거나, 분쟁의 평화롭고 질서 있는 해결에 근본적으로 부적절한 성품을 드러내는 것이라고 평가될 경우에는 징계사유로 보는 것이 타당할 것이다.

VI. 변호사법위반에 대한 벌칙

1. 총 설

변호사법은 제90조 이하에서 변호사에 대한 징계의 종류와 사유 및 징계절차를 규정하고 있음과 아울러 제109조 이하에서는 형사처벌의 대상이 되는 일련의 행위들과 그에 대한 벌칙을 규정하고 있다. 변호사가 변호사법을 위반한 경우 변호사는 징계처분을 받게 된다. 특히 변호사가 변호사법 제109조 제2호 또는 제110조 내지 제113조 소정의 행위를 한 경우에는 징계처분에 그치지 않고 형사처벌까지 받게 된다.[20] 그러나 양자는 그 성질과 목적을 전혀 달리하는 것이기 때문에 병행하여 부과된다 하더라도 이는 일사부재리 원칙에 반하는 것이 아니라는 점은 앞서 본 바와 같다. 아래에서는 변호사법 위반행위에 대한 각 벌칙규정 중 특히 해석상 논란이 있는 부분에 한정하여 대법원 판례를 중심으로

---

20) 변호사법 제109조 제1호에서는 변호사가 아닌 자만이 그 범죄의 주체가 될 수 있는 것으로 규정하고 있으나, 같은 조 제2호와 제110조 내지 제113조에서는 변호사만이 그 범죄의 주체로 될 수 있는 경우와 변호사 아닌 자도 그 범죄의 주체로 될 수 있는 경우가 혼재해 있다.

그 의미와 내용을 살펴보기로 한다.

2. 제109조(벌칙)

다음 각 호의 어느 하나에 해당하는 자는 7년 이하의 징역 또는 5천만원 이하의 벌금에 처한다. 이 경우 벌금과 징역은 병과(倂科)할 수 있다.

1. 변호사가 아니면서 금품·향응 또는 그 밖의 이익을 받거나 받을 것을 약속하고 또는 제3자에게 이를 공여하게 하거나 공여하게 할 것을 약속하고 다음 각 목의 사건에 관하여 감정·대리·중재·화해·청탁·법률상담 또는 법률관계 문서 작성, 그 밖의 법률사무를 취급하거나 이러한 행위를 알선한 자
   가. 소송 사건, 비송 사건, 가사 조정 또는 심판 사건
   나. 행정심판 또는 심사의 청구나 이의신청, 그 밖에 행정기관에 대한 불복신청 사건
   다. 수사기관에서 취급 중인 수사 사건
   라. 법령에 따라 설치된 조사기관에서 취급 중인 조사 사건
   마. 그 밖에 일반의 법률사건
2. 제33조 또는 제34조(제57조, 제58조의16 또는 제58조의30에 따라 준용되는 경우를 포함한다)를 위반한 자

(1) 금품 등의 수수 약정의 방법

▮▮▮ 관련 판례

> **대법원 2002.3.15. 선고 2001도970 판결**
> 구 변호사법(2000. 1. 28. 법률 제6207호로 전문 개정되기 전의 것, 아래에서는 '법'이라고만 한다) 제90조 제2호 후단에서 말하는 알선이라 함은 법률사건의 당사자와 그 사건에 관하여 대리 등의 법률사무를 취급하는 상대방 사이에서 양자간에 법률사건이나 법률사무에 관한 위임계약 등의 체결을 중개하거나 그 편의를 도모하는 행위를 말하고, 따라서 현실적으로 위임계약 등이 성립하지 않아도 무방하며, 비변호사가 법률사건의 대리를 다른 비변호사에게 알선하는 경우는 물론 변호사에게 알선하는 경우도 이에 해당하고, 그 대가로서의 보수(이익)를 알선을 의뢰하는 자뿐만 아니라 그 상대방 또는 쌍방으로부터 받거나 받을 것을 약속한 경우도 포함하며, 이러한 보수의 지급에 관한 약속은 그 방법에 아무런 제한이 없고 반드시 명시적임을 요하는 것도 아니라 할 것이고, 원심

이, 그 판시 범죄사실에서, '피고인들은, 검찰 및 법원의 일반직원들, 경찰관과 교도관들, 기타 일부 일반인들(이하 '소개인들'이라 한다)이 변호사에게 법률 사건·사무의 수임을 알선하면 해당 변호사는 그 대가로 변호사 수임료 중 착수금의 일정 비율에 해당하는 돈을 소개 사례비로 지급하는 관행이 있고, 소개인들이 그와 같은 관행에 따라 당연히 소개의 대가로 사례비를 지급받을 것을 기대하고 있는 정을 잘 알면서, 그러한 관행에 편승하여 사례비를 제공하고 법률 사건·사무의 수임을 알선받았다'고 인정한 것은, 그 소개인들과 피고인들 사이에 법률사건의 알선에 대한 대가로서의 금품의 지급에 관한 약속이 묵시적으로 이루어졌음을 인정하는 취지로 보여지므로, 원심이 피고인들의 행위를 법 제90조 제3호, 제27조 제2항, 제90조 제2호에 각 해당하는 것으로 본 것은 위와 같은 법리에 따른 것으로서 정당하고, 거기에 상고이유의 주장과 같은 법리오해나 죄형법정주의 위반의 위법이 있다고 할 수 없다.

(2) 본조 제1호 소정의 '이익'의 의미

▮▮▮ 관련 판례

대법원 1996.5.10. 선고 95도3120 판결

구 변호사법(1993. 3. 10. 법률 제4544호로 개정되기 전의 것) 제78조 제2호는 금품·향응 기타 이익의 수수 또는 그 약속행위가 있어야 처벌하도록 규정하고 있는바, 위 법조항 소정의 '이익'은 비변호사의 법률사무 취급을 금하는 위 법의 입법취지 등에 비추어 볼 때, 실비변상을 넘는 경제적 이익에 한한다고 해석하여야 할 것이고, 단순한 실비변상을 받았음에 불과한 때에는 위 법 소정의 법률사무 취급이 있어도 범죄가 된다고 할 수 없다.

원심이, 피고인이 교통사고원인 분석 등을 위한 감정을 위하여 한 건당 사고현장 예비답사에 필요한 택시 대절료, 현장측량에 필요한 택시 대절료 및 보조인건비, 현장 및 실물 촬영 등 사진대, 식비 등의 기초적인 비용으로서 합계 금 286,380원을 지출한 사실이 인정되고, 여기에다가 사고원인 분석을 위한 수사기록 열람, 실황조사서 등의 복사, 목격자 진술 수집, 분석보고서 작성 등에 소요되는 비용을 더하여 보면, 피고인이 14회에 걸쳐 교통사고 원인분석을 하고 한국교통사고조사기술원 원장인 공소외 강성모로부터 받은 금 5,600,000원은 실비변상의 범위 내에 속한다고 봄이 상당하다는 등의 이유로 피고인에게 무죄를 선고하였음은 옳고, 거기에 소론과 같은 채증법칙 위배로 인한 사실오인이나 판단유탈의 위법이 있다고 할 수 없다.

(3) 본조 제1호 소정의 '감정'의 의미

▮▮▮ 관련 판례

대법원 2007.9.6. 선고 2005도9521 판결

변호사법(2000. 1. 28. 법률 제6207호로 전문개정되기 전의 것) 제90조 제2호 소정의 '감정'은 법률상의 권리의무에 관하여 다툼 또는 의문이 있거나 새로운 권리의무관계의 발생에 관한 사건 일반에 있어서 그 분쟁이나 논의의 해결을 위하여 행하여지는 법률사무취급의 한 태양으로 이해되어야 하고, 따라서 '감정'은 법률상의 전문지식에 기하여 구체적인 사안에 관하여 판단을 내리는 행위로서 법률 외의 전문지식에 기한 것은 제외되어야 한다. 아파트관리 및 하자보수공사 등을 목적으로 하는 회사가 아파트 입주자대표회의와 아파트 하자보수에 관한 손해배상청구소송을 대신 수행하여 주기로 하는 소송약정을 체결한 다음 그에 필요한 자료제공의 일환으로 하자내역을 조사하고 하자보고서를 작성한 경우, 하자보수비용을 산출하여 하자보고서를 작성하는 행위 부분은 위 회사의 통상적 업무수행에 불과하여 변호사법 제109조 제1호의 '감정'에 해당하지 않는다.

대법원 1995.2.14. 선고 93도3453 판결

구 변호사법(1993.3.10. 법률 제4544호로 개정되기 전의 것) 제78조 제2호의 입법취지와 현행 변호사법이 그 조항을 이어받은 제90조 제2호에서 "감정" 및 "대리"를 "법률사건"에 관한 "법률사무" 취급의 한 태양으로 조문 내용을 개정하고 있는 점까지 감안하여 보면, 구 변호사법 제78조 제2호 소정의 "감정" 및 "대리"는 민 형사소송에서의 그것과 반드시 개념범위가 동일한 것으로 볼 수 없고, 법률사건 즉 법률상의 권리, 의무에 관하여 다툼이나 의문이 있거나 새로운 권리의무관계의 발생에 관한 사건 일반에 있어서, 그 분쟁이나 논의의 해결을 위하여 행하여지는 법률사무 취급의 한 태양으로 이해되어야 하고, 따라서 "감정"은 법률상의 전문지식에 기하여 구체적인 사안에 관하여 판단을 내리는 행위로서 법률 외의 전문지식에 기한 것은 제외되는 것으로, "대리"는 법률사건에 관하여 본인을 대신하여 사건을 처리하는 제반 행위로서 분쟁처리에 관한 사실행위를 포함하는 것으로 각각 이해함이 상당할 것이다.

(4) 본조 제1호 소정의 '대리'의 의미

▌▌▌ 관련 판례

대법원 2010.2.25. 선고 2009도13326 판결

구 변호사법(2008. 3. 28. 법률 제8991호로 개정되기 전의 것, 이하 '구 변호사법'이라고한다) 제109조 제1호의 '대리'에는 법률적 지식을 이용하는 것이 필요한 행위를 본인을대신하여 하거나, 법률적 지식이 없거나 부족한 본인을 위하여 사실상 사건의 처리를주도하면서 외부적인 형식만 본인이 직접 하는 것처럼 하는 등으로 대리의 형식을취하지 아니하고 실질적으로 대리가 이루어지는 것과 같은 효과를 발생시키는 경우도포함된다. 변호사가 아닌 피고인이 법률상 '대리'의 형식을 취하지는 않았지만 甲을대신하여 답변서를 작성·제출하는 등 사실상 형사사건의 처리를 주도하고, 그 대가로甲이 망(亡) 乙에 대하여 가지고 있던 채권을 추심하여 그 중 일부를 지급받기로 약정한사안에서, 구 변호사법 제109조 제1호 위반죄가 성립한다.

대법원 2009.4.23. 선고 2007도3587 판결

구 변호사법(2008. 3. 28. 법률 제8991호로 개정되기 전의 것) 제109조에 의하면, 변호사가 아닌 자가 경매대상 부동산의 낙찰을 희망하는 사람들을 위하여 모든 경매 과정에관여하여 경매부동산을 낙찰받도록 하여 주는 등 경매입찰을 사실상 대리하여 주고그 수수료 명목으로 돈을 받은 것은 실질적으로 위 변호사법 제109조 제1호에서 규정하는 법률사무의 '대리'에 해당한다. 한편, 법무사법 제74조 제1항 제1호, 제3조 제1항, 제2조 제1항 제5호에서 "법무사 아닌 자가 업으로 민사집행법에 의한 경매사건 등에서경매입찰신청을 대리하는 행위를 금하고 이를 위반하는 경우 처벌하도록" 규정하고있다고 해서, 변호사도 아니고 법무사도 아닌 자가 하는 위와 같은 경매입찰의 대리행위에 대하여 위 변호사법 제109조의 적용이 배제되는 것은 아니다. 형식상으로는 법무사사무원의 지위에 있지만 실제로는 법무사의 지도·감독을 받지 않고 자신의 독자적인책임과 계산 하에 경매입찰을 사실상 대리하고 그 수수료 명목의 돈을 지급받기로약정한 사안에서, 구 변호사법(2008. 3. 28. 법률 제8991호로 개정되기 전의 것) 제109조제1호 위반죄가 성립한다.

대법원 2007.6.28. 선고 2006도4356 판결

변호사 아닌 자가 법률사무의 취급에 관여하는 것을 금지함으로써 변호사제도를 유지하고자 하는 변호사법 제109조 제1호의 규정 취지에 비추어 보면, 위 법조에서 말하는 '대리'에는 본인의 위임을 받아 대리인의 이름으로 법률사건을 처리하는 법률상의 대리뿐만 아니라, 법률적 지식을 이용하는 것이 필요한 행위를 본인을 대신하여 행하거나, 법률적 지식이 없거나 부족한 본인을 위하여 사실상 사건의 처리를 주도하면서 그 외부적인 형식만 본인이 직접 행하는 것처럼 하는 등으로 대리의 형식을 취하지 않고 실질적으로 대리가 행하여지는 것과 동일한 효과를 발생시키고자 하는 경우도 당연히 포함된다.

대법원 2001.4.13. 선고 2001도790 판결

변호사 아닌 자가 법률사무의 취급에 관여하는 것을 금지함으로써 변호사제도를 유지하고자 하는 구 변호사법(2000. 1. 28. 법률 제6207호(2000. 7. 29. 시행)로 전문 개정되기 전의 것} 제90조 제2호의 규정 취지에 비추어 보면, 위 법조에서 말하는 '대리'에는 본인의 위임을 받아 대리인의 이름으로 법률사건을 처리하는 법률상의 대리뿐만 아니라, 법률적 지식을 이용하는 것이 필요한 행위를 본인을 대신하여 행하거나, 법률적 지식이 없거나 부족한 본인을 위하여 사실상 사건의 처리를 주도하면서 그 외부적인 형식만 본인이 직접 행하는 것처럼 하는 등으로 대리의 형식을 취하지 않고, 실질적으로 대리가 행하여지는 것과 동일한 효과를 발생시키고자 하는 경우도 당연히 포함된다고 할 것이고, 법률적 지식이 없거나 부족한 경매부동산에 대한 매수희망자들을 위하여 경매사건에 있어서 입찰가격을 결정하여 주고, 그에 따라 입찰표를 작성하게 하는 등 입찰서상의 명의인을 기재하여 제출하는 것을 제외한 모든 경매과정에 관여하여 경매부동산을 경락받도록 하여 주는 등 경매 입찰을 사실상 대리해 주고, 그 수수료 명목으로 금원을 교부받은 경우, 구 변호사법 제90조 제2호 소정의 '대리'에 해당할 뿐 구 부동산중개업법 시행령 제19조의2 제2호 소정의 '경매대상 부동산에 대한 권리분석 및 취득의 알선'에는 해당하지 않는다.

대법원 1996.4.26. 선고 95도1244 판결

구 변호사법(1993. 3. 10. 법률 제4544호로 개정되기 전의 것) 제78조 제2호나, 현행 변호사법 제90조 제2호 소정의 '대리'는, 법률사건에 관하여 본인을 대신하여 사건을 처리하는 제반 행위로서 이는 분쟁처리에 관한 사실행위를 포함하는 개념으로서 민·형사소송에서의 그것과 반드시 개념범위가 동일한 것은 아니고, 법률상의 권리, 의무에 관하여 다툼이나 의문이 있거나 새로운 권리의무관계의 발생에 관한 사건 일반에 있어서 그 분쟁이나 논의의 해결을 위하여 행하여지는 법률사무취급의 한 태양이라고 보아야 한다. 경매사건 기일 연기나 취하를 부탁하고 경매신청취하서를 피해자를 대신하여 제출하는 등의 행위는 구 변호사법 제78조 제2호 소정의 '대리'에 해당한다.

대법원 1990.4.24. 선고 90도98 판결

변호사법 제78조 제2호에서 말하는 소송사건의 대리에는 반드시 소송위임을 받아 대리인의 이름으로 소송을 수행하는 법률상의 대리만을 뜻하는 것이 아니고 변호사 아닌 자가 당사자를 대리하여 본인의 이름으로 변호사의 직무에 속하는 소송사건을 처리하는 경우도 포함한다고 할 것이므로 변호사가 아닌 자가 보수약정을 하고 당사자를 대신하여 소장, 준비서면, 증거신청서 등 각종 소송서류를 작성하여 주고 그 서류를 법원에 접수시킬 때에도 당사자와 동행하였으며 법정에서 소송진행상황을 파악하면서 법원에서 보내는 각종 송달서류를 자신이 직접 수령하는 등 소송의 제기 및 수행에 필요한 행위를 대행하였다면 이와 같은 일련의 행위는 변호사법 제78조 제2호위반의 범죄를 구성한다.

(5) 본조 제1호 소정의 '중재·화해'의 의미

📝 관련 판례

대법원 2001.11.27. 선고 2000도513 판결

구 변호사법(2000. 1. 28. 법률 제6207호로 전문 개정되기 전의 것) 제90조 제2호에 규정된 '기타 일반의 법률사건'이라 함은 법률상의 권리·의무에 관하여 다툼 또는 의문이 있거나 새로운 권리의무관계의 발생에 관한 사건 일반을 말하고, 같은 호에 규정된 '화해'라 함은 위와 같은 법률사건의 당사자 사이에서 서로 양보하도록 하여 그들 사이의 분쟁을 그만두게 하는 것을 말하며, 이에는 재판상 화해 뿐만 아니라 민법상 화해도 포함된다. 손해사정인이 그 업무를 수행함에 있어 보험회사에 손해사정보고서를 제출하고 보험회사의 요청에 따라 그 기재 내용에 관하여 근거를 밝히고 타당성 여부에 관한 의견을 개진하는 것이 필요할 경우가 있다고 하더라도 이는 어디까지나 보험사고와 관련한 손해의 조사와 손해액의 사정이라는 손해사정인 본래의 업무와 관련한 것에 한하는 것이고, 여기에서 나아가 금품을 받거나 보수를 받기로 하고 교통사고의 피해자측을 대리 또는 대행하여 보험회사에 보험금을 청구하거나 피해자측과 가해자가 가입한 자동차보험회사 등과 사이에서 이루어질 손해배상액의 결정에 관하여 중재나 화해를 하도록 주선하거나 편의를 도모하는 등으로 관여하는 것은 위와 같은 손해사정인의 업무범위에 속하는 손해사정에 관하여 필요한 사항이라고 할 수 없다.

(6) 본조 제1호 소정의 '법률상담'의 의미

▌▍▎ 관련 판례

대법원 2005.5.27. 선고 2004도6676 판결

법적 분쟁에 관련되는 실체적, 절차적 사항에 관하여 조언 또는 정보를 제공하거나 그 해결에 필요한 법적, 사실상의 문제에 관하여 조언, 조력을 하는 행위는 변호사법 제109조 제1호의 법률상담에 해당한다. 민사소송의 당사자로부터 소송에 관한 법률적인 지원을 부탁받고 당사자를 만나 변호사선임 문제 등을 논의한 후 소송 관련 서류와 함께 착수금 명목의 금원을 교부받은 경우가 변호사법 제109조 제1호 위반죄에 해당한다.

(7) 본조 제1호 소정의 '그 밖의 법률사무'의 의미

▌▍▎ 관련 판례

대법원 2009.10.15. 선고 2009도4482 판결

구 변호사법[2008. 3. 28. 법률 제8991호로 개정되기 전의 것] 제109조 제1호에서 정한 '기타 법률사무'라고 함은 법률상의 효과를 발생·변경·소멸시키는 사항의 처리 및 법률상의 효과를 보전하거나 명확화하는 사항의 처리를 뜻하는 것인데, 그러한 법률사무를 취급하는 행위는 법률상의 효과를 발생·변경·소멸·보전·명확화하는 사항의 처리와 관련된 행위이면 족하고, 직접적으로 법률상의 효과를 발생·변경·소멸·보전·명확화하는 행위에 한정되는 것은 아니다. 변호사 아닌 피고인이 민사소송의 의뢰를 받아 대가의 일부를 받으면서 소송 관련 서류를 받은 행위만으로는 구 변호사법 제109조 제1호에서 정한 '기타 법률사무'에 해당하지 않는다고 한 원심판결에 심리를 다하지 아니한 위법이 있다.

대법원 2008.2.28. 선고 2007도1039 판결

변호사법 제109조 제호에서 비 변호사의 사무취급이 금지되는 대상으로 열거하고 있는 '기타 일반의 법률사건'이라 함은, 법률상의 권리·의무에 관하여 다툼 또는 의문이 있거나, 새로운 권리의무관계의 발생에 관한 사건 일반을 의미하고, 같은 조 소정의 '기타 법률사무'라고 함은 법률상의 효과를 발생·변경·소멸시키는 사항의 처리 및 법률상의 효과를 보전하거나 명확화하는 사항의 처리를 뜻한다고 보아야 하므로, 부동산 권리관계 내지 부동산등기부 등본에 등재되어 있는 권리관계의 법적 효과에 해당하는 권리의 득실·변경이나 충돌 여부, 우열관계 등을 분석하는 이른바 권리분석업무는 변호사법 제109조 제호 소정의 법률사무에 해당함이 분명하다고 할 것이지만, 단지 부동산등기부등본을 열람하여 등기부상에 근저당권, 전세권, 임차권, 가압류, 가처분 등이 등재되어 있는지 여부를 확인·조사하거나 그 내용을 그대로 보고서 등의 문서에 옮겨 적는 행위는 일종의 사실행위에 불과하여 이를 변호사법 제109조 제1호 소정의 법률사무 취급행위라고 볼 수는 없다.

대법원 1998.8.21. 선고 96도2340 판결

상가의 분양 및 임대에 관하여 분쟁이 발생한 이해관계인들 사이에 화해, 합의서, 분양계약서의 작성 및 등기사무 등을 처리한 것이 변호사법 제90조 제2호 소정의 기타 일반의 법률사건에 관하여 법률사무를 취급한 것에 해당한다.

(8) 본조 제1호 다목 소정의 '수시기관에서 취급 중인 조사사건'의 의미

▌▐▌ 관련 판례

대법원 2010.7.15. 선고 2010도2527 판결

변호사가 아닌 사람의 법률사무 취급을 금지하기 위한 구 변호사법[2008. 3. 28. 법률 제8991호로 개정되기 전의 것) 제109조 제1호의 입법 취지, 위 조항의 문언 등을 고려할 때, 위 조항에서 금지하고 있는 비변호사의 행위는 변호사라면 할 수 있는 법률사무에 한정된다고 해석함이 상당하다. 이 사건의 경우 지구대 소속 경찰관이던 피고인이 2006년 12월경 피해자들을 조사하고, 피의자들을 지구대로 임의동행한 다음 그 사건을 경찰서로 인계하는 행위는 권한의 남용이나 대가의 수수에 따라 다른 범죄를 구성할 여지가 있음은 별론으로 하고, 피고인 자신의 업무행위라고 볼 수 있을 뿐 변호사가 할 수 있는 법률사무에는 해당하지 않으므로, 이를 구 변호사법 제109조 제1호 위반죄로 처벌할 수는 없다.

(9) 본조 제1호 라목 소정의 '법령에 따라 설치된 조사기관에서 취급 중인 사건'의 의미

🖊 관련 판례

대법원 1988.4.12. 선고 86도5 판결

변호사법 제78조 제2호의 후단에서 말하는 '법령에 의하여 설치된 조사기관에서 취급중인 조사사건'이라 함은 사인의 공법상 또는 사법상의 권리의무나 법률관계에 대하여 이를 조사하거나 조정 해결하는 절차로써 그 절차에 관여하는 것이 법률사무를 취급하는 변호사의 직역에 속하는 것을 이른다 할 것이므로 한국감정원에서 하는 부동산시가감정 업무는 이에 해당하지 아니한다.

(10) 본조 소정의 '알선'의 의미

🖊 관련 판례

대법원 2002.3.15. 선고 2001도970 판결

구 변호사법(2000. 1. 28. 법률 제6207호로 전문 개정되기 전의 것) 제90조 제2호 후단에서 말하는 알선이라 함은 법률사건의 당사자와 그 사건에 관하여 대리 등의 법률사무를 취급하는 상대방 사이에서 양자간에 법률사건이나 법률사무에 관한 위임계약 등의 체결을 중개하거나 그 편의를 도모하는 행위를 말하고, 따라서 현실적으로 위임계약

등이 성립하지 않아도 무방하며, 비변호사가 법률사건의 대리를 다른 비변호사에게 알선하는 경우는 물론 변호사에게 알선하는 경우도 이에 해당하고, 그 대가로서의 보수 (이익)를 알선을 의뢰하는 자뿐만 아니라 그 상대방 또는 쌍방으로부터 받거나 받을 것을 약속한 경우도 포함하며, 이러한 보수의 지급에 관한 약속은 그 방법에 아무런 제한이 없고 반드시 명시적임을 요하는 것도 아니다. 변호사인 피고인이 소개인들로부터 법률사건의 수임을 알선받으면 그 대가를 지급하는 관행에 편승하여 사례비를 지급하고 비변호사인 소개인들로부터 법률사건의 수임을 알선받은 경우, 소개인들과 사이에 법률 사건의 알선에 대한 대가로서의 금품지급에 관한 명시적이거나 적어도 묵시적인 약속이 있었다고 봄이 상당하다.

대법원 2001.7.24. 선고 2000도5069 판결

변호사 법률사무소의 사무직원이 그 소속 변호사에게 소송사건의 대리를 알선하고 그 대가로 금품을 받은 행위는 구 변호사법(2000. 1. 28. 법률 제6207호로 전문 개정되기 전의 것) 제90조 제2호 후단의 알선에 해당하고,] 변호사가 자신의 법률사무소 사무직원 으로부터 법률사건의 알선을 받은 행위는 구 변호사법(2000. 1. 28. 법률 제6207호로 전문 개정되기 전의 것) 제90조 제3호, 제27조 제2항 위반죄에 해당한다.

대법원 1999.9.7. 선고 99도2491 판결

변호사 아닌 사람이 소송사건의 당사자로부터 받게 되는 선임료 중에서 일정 비율에 해당하는 금액을 받기로 변호사와 약정하고 그 변호사에게 사건의 소송대리를 알선하여 준 다음 그 약정금액을 받는 행위는 변호사법 제90조 제2호 등에 저촉된다 할 것이고, 이 경우 그 알선행위를 한 사람이 소송사건의 대리행위를 수임한 변호사의 사무원이라거 나 혹은 그와 같은 약정이 보수의 일부를 보충하여 지급받는 방법으로 이루어졌다 하여 달리 취급할 것이 아니다.

대법원 1991.4.12. 선고 91도74 판결

타인이 토지에 관한 소유권이전등기의 말소등기청구소송을 제기함에 있어서, 그 일체의 비용을 피고인이 부담하는 등 이들을 지원하되 승소하게 되면 소송의 목적물인 토지 중 1필지를 그 대가로 받기로 약정을 하여 그들로 하여금 변호사를 대리인으로 선임하게 한 행위는 그 변호사 비용을 위 약정에 따라 피고인이 부담하였다고 하더라도 소송사건에 관하여 이익을 받기로 약정하고 소송사건의 대리를 알선한 행위로서 변호사법 제78조 제2호에 해당한다.

(11) 변호사 아닌 자에게 고용된 변호사의 공범성립 여부

▮▮▮ 관련 판례

대법원 2004.10.28. 선고 2004도3994 판결
변호사 아닌 자가 변호사를 고용하여 법률사무소를 개설·운영하는 행위에 있어서는 변호사 아닌 자는 변호사를 고용하고 변호사는 변호사 아닌 자에게 고용된다는 서로 대향적인 행위의 존재가 반드시 필요하고, 나아가 변호사 아닌 자에게 고용된 변호사가 고용의 취지에 따라 법률사무소의 개설·운영에 어느 정도 관여할 것도 당연히 예상되는 바, 이와 같이 변호사가 변호사 아닌 자에게 고용되어 법률사무소의 개설·운영에 관여하는 행위는 위 범죄가 성립하는 데 당연히 예상될 뿐만 아니라 범죄의 성립에 없어서는 아니 되는 것인데도 이를 처벌하는 규정이 없는 이상, 그 입법 취지에 비추어 볼 때 변호사 아닌 자에게 고용되어 법률사무소의 개설·운영에 관여한 변호사의 행위가 일반적인 형법 총칙상의 공모, 교사 또는 방조에 해당된다고 하더라도 변호사를 변호사 아닌 자의 공범으로서 처벌할 수는 없다.

(12) 본조 위반행위의 사법적 효력

본조 위반행위는 강행규정에 반하는 반사회적 법률행위로써 무효라는 것이 대법원의 일관된 입장이다.

▮▮▮ 관련 판례

대법원 2010.2.25. 선고 2009다98843 판결
원심판결 이유에 의하면, 원심은 판시증거에 의하여 원고가 변호사를 선임하고 소송비용을 부담하여 피고가 이 사건 아파트의 건설사와 건설공제조합을 상대로 하자담보책임에 기한 손해배상청구소송을 제기하기로 한 사실, 당시 피고는 이 사건 아파트의 하자보수공사를 원고에게 도급하기로 하되 그 공사비는 위 소송을 제기하여 받는 합의금 또는 승소금으로 충당하기로 하고, 피고가 승소 후 원고에게 하자보수공사를 도급하지 않는 경우 위 합의금 또는 승소금의 25%를 위약금으로 원고에게 지급하기로 약정한 사실 등을 인정한 후 원고가 피고의 손해배상청구소송에 관여한 행위는 변호사법 제109조 제1항 소정의 '대리'에 해당하는 것이고, 피고가 승소 후 원고에게 하자보수공사를 도급하지 않는 경우 위약금을 지급하기로 하는 약정은 반사회질서의 행위로서 무효이므로, 위 약정이 유효함을 전제로 한 원고의 청구는 나머지 점에 관하여 더 나아가 살필 필요 없이 이유 없다고 판단하였는바, 위 법리에 비추어 원심의 위와 같은 판단은 옳고, 거기에 변호사법 제109조 제1호 소정의 대리의 해석이나 위 조항에 위반한 약정의 사법적 효력에 관한 법리를 오해한 위법이 없다.

대법원 1990.5.11. 선고 89다카10514 판결

변호사 아닌 갑과 소송당사자인 을이 갑이 을이 소송당사자로 된 민사소송사건에 관하여 을을 승소시켜주고 을은 소송물의 일부인 임야지분을 그 대가로 갑에게 양도하기로 약정한 경우 위 약정은 강행법규인 변호사법 제78조 제2호에 위반되는 반사회적 법률행위로서 무효이다.

대법원 1987.4.28. 선고 86다카1802 판결

구 변호사법(법률 제2654호) 제48조는 강제법규로서 같은 법조에서 규정하고 있는 이익취득을 목적으로 하는 법률행위는 그 자체가 반사회적 성질을 띠게 되어 사법적 효력도 부정된다. 변호사 아닌 자 갑이 소송당사자인 을로부터 소송사건을 떠맡아 을을 대리하여 갑의 비용과 책임하에 소송대리인을 선임하는 등의 일체의 소송수행을 하여 을을 승소시켜 주고 그 대가로서 소송물의 일부를 양도받기로 하는 내용의 양도약정이 변호사법에 저촉되어 무효라 하더라도 그 무효는 그 대가 약정부분에 한정된다 할 것이고, 그 대가 약정부분이 아닌 소송대리인 선임권한 위임부분까지 무효로 볼 수는 없으므로 갑이 변호사보수금을 현실적으로 지급하지 아니 하였다면 을로서는 갑이 위 약정에 따라 을의 이름으로 선임한 변호사에 대하여 그 보수금의 지급채무를 여전히 부담하고 있다 할 것이다.

3. 제110조(벌칙)

변호사나 그 사무직원이 다음 각 호의 어느 하나에 해당하는 행위를 한 경우에는 5년 이하의 징역 또는 3천만원 이하의 벌금에 처한다. 이 경우 벌금과 징역은 병과할 수 있다.

1. 판사·검사, 그 밖에 재판·수사기관의 공무원에게 제공하거나 그 공무원과 교제한다는 명목으로 금품이나 그 밖의 이익을 받거나 받기로 한 행위
2. 제1호에 규정된 공무원에게 제공하거나 그 공무원과 교제한다는 명목의 비용을 변호사 선임료·성공사례금에 명시적으로 포함시키는 행위

관련 판례

대법원 2006.11.23. 선고 2005도3255 판결

변호사법 제110조 제1호에서는 변호사가 "판사·검사 기타 재판·수사기관의 공무원에게 제공하거나 그 공무원과 교제한다는 명목으로 금품 기타 이익을 받거나 받기로 한 행위"를 처벌하고 있는바, 변호사는 공공성을 지닌 법률전문직으로서 독립하여 자유롭게 그 직무를 행하는 지위에 있음을 감안하면, 위 처벌조항에서 '교제'는 의뢰받은 사건의 해결을 위하여 접대나 향응은 물론 사적인 연고관계나 친분관계를 이용하는 등 이른바 공공성을 지닌 법률전문직으로서의 정상적인 활동이라고 보기 어려운 방법으로 당해 공무원과 직접·간접으로 접촉하는 것을 뜻하는 것이라고 해석되고, 변호사가 받은 금품 등이 정당한 변호활동에 대한 대가나 보수가 아니라 교제 명목으로 받은 것에 해당하는지 여부는 당해 금품 등의 수수 경위와 액수, 변호사선임계 제출 여부, 구체적인 활동내역 기타 제반 사정 등을 종합하여 판단하여야 한다.

대법원 1996.5.31. 선고 94도2119 판결

피고인이 피해자로부터 변호사 보수비용이 아니라 공무원에게 청탁하는 명목으로 금원을 교부받은 이상 실제로 그 금원 중 일부를 변호사 선임비용으로 사용하였다고 하여도 구 변호사법(1993. 3. 10. 법률 제4554호로 개정되기 전의 것) 제78조 제1호 소정의 벌칙규정에 해당한다.

4. 제111조(벌칙)

① 공무원이 취급하는 사건 또는 사무에 관하여 청탁 또는 알선을 한다는 명목으로 금품·향응, 그 밖의 이익을 받거나 받을 것을 약속한 자 또는 제3자에게 이를 공여하게 하거나 공여하게 할 것을 약속한 자는 5년 이하의 징역 또는 1천만원 이하의 벌금에 처한다. 이 경우 벌금과 징역은 병과할 수 있다.

② 다른 법률에 따라 「형법」 제129조부터 제132조까지의 규정에 따른 벌칙을 적용할 때에 공무원으로 보는 자는 제1항의 공무원으로 본다.

(1) 본조 위반죄의 주체

본조 위반죄는 변호사가 아닌 사람뿐만 아니라 변호사의 자격이 있는 사람도 그 주체가 될 수 있다.

📑 관련 판례

> **대법원 2007.6.28. 선고 2002도3600 판결**
> 변호사 지위의 공공성과 직무범위의 포괄성에 비추어 볼 때, 특정범죄 가중처벌 등에 관한 법률 제3조 및 구 변호사법(2000. 1. 28. 법률 제6207호로 전문 개정되기 전의 것) 제90조 제호의 규정은 변호사가 그 위임의 취지에 따라 수행하는 적법한 청탁이나 알선행위까지 처벌대상으로 한 규정이라고는 볼 수 없고, 정식으로 법률사건을 의뢰받은 변호사의 경우, 사건의 해결을 위한 접대나 향응, 뇌물의 제공 등 이른바 공공성을 지닌 법률전문직으로서의 정상적인 활동이라고 보기 어려운 방법을 내세워 의뢰인의 청탁 취지를 공무원에게 전하거나 의뢰인을 대신하여 스스로 공무원에게 청탁을 하는 행위 등을 한다는 명목으로 금품 등을 받거나 받을 것을 약속하는 등, 금품 등의 수수의 명목이 변호사의 지위 및 직무범위와 무관하다고 평가할 수 있는 경우에 한하여 특정범죄 가중처벌 등에 관한 법률 제3조 및 구 변호사법 제90조 제1호 위반죄가 성립한다.

> **대법원 1997.6.27. 선고 97도439 판결**
> 자신의 이득을 취하기 위하여 공무원이 취급하는 사건 또는 사무에 관하여 청탁한다는 명목으로 금품 등을 교부받은 것이 아니고, 공무원이 취급하는 사무에 관한 청탁을

받고, 청탁상대방인 공무원에게 제공할 금품을 받아 그 공무원에게 단순히 전달한 경우에는 알선수뢰죄나 증뢰물 전달죄만이 성립하고, 이와 같은 경우에 변호사법 제90조 제1호 위반죄는 성립할 수 없다.

대법원 1989.2.14. 선고 87도2631 판결

변호사법(1982.12.31. 법률 제3594호로 개정되기 전의 법률) 제54조 위반죄는 변호사의 자격이 있는 자라도 그 주체가 될 수 있는 것이므로 소송사건의 위임과 관련하여서가 아니라 공무원이 취급하는 사건 또는 사무에 관하여 청탁 또는 알선한다는 명목으로 금원을 교부받은 이상 위 법조의 적용대상이 된다.

(2) '공무원이 취급하는 사건 또는 사무'의 의미

▐▐▐ 관련 판례

대법원 2006.4.14. 선고 2005도7050 판결

변호사법 제111조에서 말하는 '공무원이 취급하는 사건 또는 사무'라 함은 자기 자신을 제외한 모든 자의 사건 또는 사무를 가리키는 것으로 해석함이 상당하다.

대법원 2000.9.8. 선고 99도590 판결

피고인이 진정, 고소한 사건의 피진정인, 피고소인이 구속되도록 수사기관에 청탁한다는 명목으로 제3자로부터 금원을 수령한 경우에 비록 피고인이 진정인, 고소인, 피해자 중의 한 사람이라고 하더라도 다른 사람에게 강제수사의 불이익을 주도록 하려는 청탁일 뿐이어서 인신구속에 관한 수사 또는 재판사무에 관한 그러한 청탁을 가리켜 피고인 자신을 위한 사건 또는 사무나 피고인 자신의 사건 또는 사무라고 볼 수는 없으므로 구 변호사법 제90조 제1호 위반죄를 구성한다.

(3) '청탁 또는 알선의 명목'의 의미

▐▐▌ 관련 판례

대법원 2008.7.24. 선고 2008도2794 판결

변호사법 제111조 소정의 '공무원이 취급하는 사건 또는 사무에 관하여 청탁 또는 알선을 한다는 명목으로 금품·향응 기타 이익을 받는다'함은 공무원이 취급하는 사건 또는 사무에 관하여 공무원과 의뢰인 사이를 중개한다는 명목으로 금품을 수수한 경우를 말하는 것으로, 단순히 공무원이 취급하는 사건 또는 사무와 관련하여 노무나 편의를 제공하고, 그 대가로서 금품 등을 수수하였을 뿐인 경우는 이에 포함되지 않으나, 공무원이 취급하는 사건 또는 사무에 관하여 청탁한다는 명목으로서의 성질과 단순히 공무원이 취급하는 사건 또는 사무와 관련하여 노무나 편의를 제공하고 그 대가로서의 성질이 불가분적으로 결합되어 금품이 수수된 경우에는 그 전부가 불가분적으로 공무원이 취급하는 사건 또는 사무에 관하여 청탁한다는 명목으로서의 성질을 가진다. 따라서 수사기관에 마약사범 구속자에 대한 선처를 청탁한다는 명목으로 돈을 받은 경우 그 돈 중 일부가 위 청탁을 위한 다른 마약사범에 대한 제보 및 체포 비용 명목이었다고 하더라도 위 돈 전부에 대하여 변호사법 위반죄가 성립한다.

대법원 2007.6.29. 선고 2007도2181 판결

공무원이 취급하는 사건에 관하여 청탁한다는 명목으로 금품을 수수함으로써 성립하는 변호사법 제111조 위반죄는 금품을 교부받은 자가 실제로 청탁할 생각이 없었다 하더라도 그와 같은 청탁의 명목으로 금품을 교부받은 것이 자기의 이득을 취하기 위한 것이라면 그 죄의 성립에는 영향이 없는 것이다. 이와 같은 법리에 비추어 보면, 피고인이 피해자로부터 피고인의 채권을 변제받기 위하여 사건을 청탁할 것처럼 거짓말하여 이 사건 금품을 교부받은 것이므로 피고인의 이 사건 행위는 위 변호사법 위반죄를 구성한다.

대법원 2007.6.28. 선고 2002도3600 판결

금품수수의 명목이 단지 알선행위를 할 사람을 소개시켜 준다는 것으로 국한되는 경우에는 특정범죄 가중처벌 등에 관한 법률 제3조 혹은 구 변호사법(2000. 1. 28. 법률 제

6207호로 전문 개정되기 전의 것) 제90조 제호 위반죄가 성립하지 아니하지만, 반드시 담당 공무원을 구체적으로 특정하여 그에게 직접 청탁·알선할 것을 금품수수의 명목으로 하여야만 성립되는 것이 아니라, 청탁할 공무원을 구체적으로 특정하지 아니한 경우는 물론 영향력 등을 행사할 수 있는 중간인물을 통하여 청탁·알선해준다는 명목으로 금품 등을 수수한 경우에도 특정범죄 가중처벌 등에 관한 법률 제3조 혹은 구 변호사법 제90조 제호 위반죄가 성립할 수 있으며, 금품 수수의 명목이 된 청탁·알선의 상대방은 구체적으로 특정될 필요는 없다 하더라도 최종적으로는 공무원일 것을 요하고 또 청탁·알선의 대상이 그의 직무에 속한 사항이거나 그가 취급하는 사건 또는 사무에 해당하여야 하지만, 중간인물은 반드시 공무원일 필요는 없고 공무원이라 하더라도 청탁·알선의 대상이 반드시 그의 직무에 속하여야 하는 것은 아니다.

대법원 2006.4.14. 선고 2005도7050 판결

변호사법 제111조의 '청탁 또는 알선을 한다는 명목으로'는 '청탁 또는 알선을 하는 것의 명목으로'의 의미로서 결국 '청탁 또는 알선을 내세우거나 이에 관하여'의 취지와 다르지 않다고 할 것이고, 따라서 청탁 또는 알선의 부탁을 하고, 이를 수락하는 행위와 그 이익을 받거나 받을 것을 약속하는 행위 사이의 관련성 내지 대가성이 인정되는 한 청탁 또는 알선의 부탁을 하고, 이를 수락하는 행위가 먼저 있은 뒤 나중에 그와 관련하여 또는 그 대가로 이익을 받을 것을 약속하거나 이익을 받는 행위가 있었다고 하여 이에 해당되지 않는다고 볼 수 없다.

대법원 1997.12.23. 선고 97도547 판결

변호사법 제90조 제1호에서 말하는 공무원이 취급하는 사건 또는 사무에 관하여 청탁 또는 알선을 한다는 명목으로 금품을 수수한다 함은 공무원이 취급하는 사건 또는 사무에 관하여 공무원과 의뢰인 사이를 중개한다는 명목으로 금품을 수수한 경우라야 하는 것이지, 이를 전제로 하지 않고 단순히 공무원이 취급하는 사건 또는 사무와 관련하여 노무를 제공하고, 그 대가로서 금품을 수수하였을 뿐인 경우에는 공무원이 취급하는 사건 또는 사무에 관하여 청탁 또는 알선을 한다는 명목으로 금품을 수수한 것이라고 볼 수 없다.

> **대법원 1997.10.10. 선고 97도2109 판결**
>
> 피고인이 위 조삼덕으로부터 교부받은 금 33,000,000원 중 금 5,500,000원은 위 공소외 1에 대한 변호사 선임비용으로, 금 3,000,000원은 그의 채권자 양석만에 대한 합의금으로, 금 15,000,000원은 역시 그의 채권자 김광주에 대한 채무변제를 위한 공탁금으로 각 지출하였으므로 위 지출금 상당액은 변호사법위반죄에 해당하지 않을 뿐더러 추징의 대상도 아니라는 취지이나, 피고인이 변호사 선임비용이나 채권자들에 대한 채무변제금으로서가 아니라 수사담당 공무원들에게 청탁을 한다는 명목으로 위의 금원을 교부받은 이상, 피고인이 위 금원의 일부를 실제 그 주장과 같은 용처에 사용하였다고 하더라도 변호사법 제90조 제1호의 벌칙규정에 해당한다.

(4) 금품 등 수수의 의미

▮▮▮ 관련 판례

> **대법원 2008.4.10. 선고 2007도3044 판결**
>
> 그러나 원심의 위와 같은 판단은 다음과 같은 이유로 수긍하기 어렵다.
> 변호사법 제111조 소정의 '공무원이 취급하는 사건 또는 사무에 관하여 청탁 또는 알선을 한다는 명목으로 금품·향응 기타 이익을 받는다'함은 공무원이 취급하는 사건 또는 사무에 관하여 공무원과 의뢰인 사이를 중개한다는 명목으로 금품을 수수한 경우를 말하는 것으로, 단순히 공무원이 취급하는 사건 또는 사무와 관련하여 노무나 편의를 제공하고, 그 대가로서 금품 등을 수수하였을 뿐인 경우는 이에 포함되지 아니한다 할 것이나, 공무원이 취급하는 사건 또는 사무에 관하여 청탁한다는 명목으로서의 성질과 단순히 공무원이 취급하는 사건 또는 사무와 관련하여 노무나 편의를 제공하고 그 대가로서의 성질이 불가분적으로 결합되어 금품이 수수된 경우에는 그 전부가 불가분적으로 공무원이 취급하는 사건 또는 사무에 관하여 청탁한다는 명목으로서의 성질을 가진다고 할 것이다.

> **대법원 2007.6.28. 선고 2002도3600 판결**
>
> 공무원의 직무에 속한 사항의 알선에 관하여 금품 등을 수수함으로써 성립하는 특정범죄가중처벌 등에 관한 법률(이하, '특가법'이라고만 한다) 제3조의 알선수재죄와 공무원이

취급하는 사건 또는 사무에 관하여 청탁 또는 알선을 한다는 명목으로 금품·향응 기타 이익을 받는 등의 행위를 하는 경우에 성립하는 구 변호사법[2000. 1. 28. 법률 제6207호로 전문 개정되기 전의 것, 이하 같다.] 제90조 제1호 위반죄에서, 위 금품 등은 어디까지나 위와 같은 청탁 혹은 알선행위의 대가라는 명목으로 수수되어야 하므로, 알선행위자가 아닌 제3자가 그 대가인 금품 기타 이익을 중간에서 전달한 것에 불과한 경우에는 그 제3자가 알선행위자와 공동가공의 의사를 가지고 전달행위를 하여 실행행위에 관여한 것으로 평가할 수 있는 경우는 별론으로 하고 그 자체만으로는 특가법 제3조가 정하는 알선수재죄의 구성요건에 해당하지 아니하며, 공무원이 취급하는 사건 또는 사무에 관한 청탁 의뢰를 받고 청탁 상대방인 공무원에게 제공할 금품을 받아 그 공무원에게 단순히 전달한 경우에는 구 변호사법 제90조 제1호 위반죄가 성립할 수 없다.

대법원 2006.4.14. 선고 2005도7050 판결

변호사법 제111조의 '청탁 또는 알선을 한다는 명목으로'는 '청탁 또는 알선을 하는 것의 명목으로'의 의미로서 결국 '청탁 또는 알선을 내세우거나 이에 관하여'의 취지와 다르지 않다고 할 것이고, 따라서 청탁 또는 알선의 부탁을 하고, 이를 수락하는 행위와 그 이익을 받거나 받을 것을 약속하는 행위 사이의 관련성 내지 대가성이 인정되는 한 이 사건에서와 같이 청탁 또는 알선의 부탁을 하고, 이를 수락하는 행위가 먼저 있은 뒤 나중에 그와 관련하여 또는 그 대가로 이익을 받을 것을 약속하거나 이익을 받는 행위가 있었다고 하여 이에 해당되지 않는다고 볼 수 없다. 변호사법 제111조에서 정하고 있는 '이익'의 의미는 뇌물죄에서의 뇌물의 내용인 이익과 마찬가지로 금전, 물품 기타의 재산적 이익뿐만 아니라, 사람의 수요·욕망을 충족시키기에 족한 일체의 유형·무형의 이익을 포함한다고 해석되고, 투기적 사업에 참여하거나 어떤 수익을 얻을 수 있는 사업에 투자할 기회를 얻는 것도 이에 해당한다.

대법원 2002.4.21. 선고 99도3403 판결

외국인이 대한민국 공무원에게 알선한다는 명목으로 금품을 수수하는 행위가 대한민국 영역 내에서 이루어진 이상, 비록 금품수수의 명목이 된 알선행위를 하는 장소가 대한민국 영역 외라 하더라도 대한민국 영역 내에서 죄를 범한 것이라고 하여야 할 것이므로, 형법 제2조에 의하여 대한민국의 형벌법규인 구 변호사법[2000. 1. 28. 법률 제6207호로 전문 개정되기 전의 것] 제90조 제1호가 적용되어야 한다.

(5) 사기죄와의 관계

⫶⫶ 관련 판례

대법원 2006.1.27. 선고 2005도8704 판결
공무원이 취급하는 사건 또는 사무에 관하여 청탁 또는 알선을 한다는 명목으로 금품·향응 기타 이익을 받거나 받을 것을 약속하고 또 제3자에게 이를 공여하게 하거나 공여하게 할 것을 약속한 때에는 위와 같은 금품을 받거나 받을 것을 약속하는 것으로써 변호사법 제111조 위반죄가 성립된다고 할 것이고, 위 금품의 수교부자가 실제로 청탁할 생각이 없었다 하더라도 위 금품을 교부받은 것이 자기의 이득을 취하기 위한 것이라면 동 죄의 성립에는 영향이 없다. 공무원이 취급하는 사건에 관하여 청탁 또는 알선을 할 의사와 능력이 없음에도 청탁 또는 알선을 한다고 기망하고 금품을 교부받은 경우, 사기죄와 변호사법 위반죄가 상상적 경합의 관계에 있다.

(6) 본조 위반행위의 사법적 효력

본조 규정에 위반하는 약정은 반사회적 법률행위에 해당하므로 무효라고 보아야 한다.[21)

5. 제112조(벌칙)

다음 각 호의 어느 하나에 해당하는 자는 3년 이하의 징역 또는 2천만원 이하의 벌금에 처한다. 이 경우 벌금과 징역은 병과할 수 있다.

1. 타인의 권리를 양수하거나 양수를 가장하여 소송·조정 또는 화해, 그 밖의 방법으로 그 권리를 실행함을 업(業)으로 한 자
2. 변호사의 자격이 없이 대한변호사협회에 그 자격에 관하여 거짓으로 신청하여 등록을 한 자
3. 변호사가 아니면서 변호사나 법률사무소를 표시 또는 기재하거나 이익을 얻을 목적

---

21) 서울고등법원 1980.4.28. 선고 97나3234 판결.

으로 법률 상담이나 그 밖의 법률사무를 취급하는 뜻을 표시 또는 기재한 자
4. 대한변호사협회에 등록을 하지 아니하거나 제90조 제3호에 따른 정직 결정 또는 제
102조 제2항에 따른 업무정지명령을 위반하여 변호사의 직무를 수행한 변호사
5. 제32조(제57조,제58조의16 또는 제58조의30에 따라 준용되는 경우를 포함한다)를
위반하여 계쟁권리를 양수한 자
6. 제44조 제2항(제58조의16이나 제58조의30에 따라 준용되는 경우를 포함한다)을 위
반하여 유사 명칭을 사용한 자
7. 제77조의2 또는 제89조의8을 위반하여 비밀을 누설한 자

(1) 본조 제1호 규정의 의미

▌▌▌ 관련 판례

헌재 2004.1.29. 2002헌바36 결정

이 사건 법률조항 중 "업으로" 부분의 의미는 일정한 행위를 계속ㆍ반복하여 하는
것으로 일반적으로 이해되고 있고, 법원도 위 구성요건의 핵심적 의미를 반복ㆍ계속성에
두고, 사람이 사회생활상의 지위에 기하여 어떠한 사무에 계속적으로 종사할 경우,
다시 말하면 어떠한 행위가 객관적으로 상당한 횟수 반복하여 행하여지거나 또는
반복ㆍ계속할 의사로 행하여진 경우가 위 구성요건에 해당한다는 취지로 해석하고
있으며, 또한 이 사건 법률조항의 입법목적 내지 보호법익을 침해하는 행위의 모습은
매우 다양할 것으로 예상되는데 예를 들어 타인의 권리를 양수하여 소송 등의 방법으로
이를 실행하는 행위의 횟수를 명시하는 방법 등으로 구성요건의 내용을 구체적이고
정형적으로 정한다면 입법목적을 침해하는 다양한 형태의 행위를 탄력적으로 규율할
수 없으므로 이 사건 법률조항이 채택하고 있는 "업으로"라는 구성요건은 입법목적의
효율적인 달성을 위한 형사정책상의 강한 필요에 따른 것으로 수긍될 수 있다.

대법원 1994.4.12. 선고 93도1735 판결

구 변호사법[1993.3.10. 법률 제4544호로 개정되기 전의 것] 제79조 제1호는 법률에
밝은 자가 업으로서 타인의 권리를 유상 또는 무상으로 양수하여 이를 실행하기 위하여
법원을 이용하여 소송, 조정 또는 화해 기타의 수단을 취하는 것을 금지함으로써 남소의
폐단을 방지하려는 데 있으므로, 회사가 타인의 기존의 권리를 양수한 것이 아니고
물품할부판매계약의 성립단계에서부터 금융을 제공하는 당사자로서 개입하여 사실상

채권발생과 동시에 채권양도가 이루어지고, 타인의 권리를 양수한다고 하더라도 당초부터 소송을 하는 것을 주된 목적으로 하지 아니할 뿐 아니라, 소송 등의 수단에 의한 것이 다수의 양수권리 중 적은 일부에 지나지 아니하여, 계속적 반복적으로 소송을 할 것을 예정하고 있었다고 보기 어려운 경우 등은 이에 해당하지 아니한다.

대법원 1993.1.26. 선고 91도2981 판결

피고인이 이 사건 채권양수 당시 그 자신의 소외 강상규에 대한 채권은 불과 금 1,000,000원이면서 위 강상규가 판시 연산재건아파트 신축공사조합의 조합장으로서 조합원 88명에 대하여 가진 금 69,256,328원의 분양잔대금 채권에 대하여 이를 양수하고 그 권리를 실행하여 그 실행된 채권액의 30%를 받기로 하여 그 중 일부 채권을 소송의 방법으로 실행한 사실을 인정하였는바, 기록에 대조하여 살펴볼 때 위 사실인정은 정당한 것으로 수긍할 수 있고 거기에 소론과 같은 채증법칙 위반의 위법이 없으며, 위의 피고인의 행위는 그 자신의 위 강상규에 대한 채권에 비하여 그가 양수하여 권리를 실행하는 대가로 받기로 하는 액수가 훨씬 많아 실질적으로 거의 채권이 없어 영리를 취할 목적을 띠고 있는 점과 계속적, 반복적으로 분양채무자인 조합원들을 상대로 소송을 할 것을 예정하고 있었던 사실이 엿보이고 있음에 비추어 변호사법 제79조 제1호에 규정한 타인의 권리를 양수하거나 양수를 가장하여 소송, 조정 또는 화해 기타의 방법으로 그 권리를 실행함을 업으로 한 자에 해당한다 할 것이다.

대법원 1988.12.6. 선고 88도56 판결

변호사법 제79조 제1호 소정의 "권리의 실행"이라 함은 실제로 타인의 권리를 양수하거나 양수를 가장하여 그 권리자로서 자기의 권리를 실행한 경우를 말하는 것이고 채권자로부터 그 수령권한만을 위임받아 채무자들에게 채무의 변제를 요구한 행위는 이에 해당하지 않는다.

(2) 본조 제3호 규정의 의미

▌▌▌ 관련 판례

대법원 2007.6.14. 선고 2006도7899 판결

피고인 1,2가 피고인 3으로부터 LBA법률중개사 강의를 듣고 시험을 거쳐 'LBA부동산법률중개사'라는 민간 자격인증서를 교부받은 후 'LBA(상호 1 생략)부동산'과 'LBA(상호 2 생략)부동산'이라는 각 상호로 부동산중개업을 영위함에 있어 간판, 유리벽, 명함에 상호를 표시하면서 상호 또는 공인중개사 표시에 비해 작은 글씨로 '법률중개사'나 '부동산법률중개사'라는 표시 또는 기재를 하거나 상호 또는 공인중개사 표시와 병기하였을 뿐, 더 나아가 '법률중개사'라는 표시 또는 기재를 독자적으로 사용하지는 않았으며, 피고인 1의 경우 명함 뒷면에 '업무협력 법률상담: 법무법인 유일'이라는 기재를 하였으나, 그 전체 취지에 비추어 볼 때 위 기재는 위 피고인 자신이 직접 법률상담을 한다는 뜻으로 보기는 어려운 점, 명함 및 간판은 물론 부동산중개사무소 전체를 통틀어 달리 법률상담 기타 법률사무를 취급한다는 뜻이 내포된 표시 또는 기재가 보이지 아니하고, 그 밖에 전체적인 외관상 일반인들이 보기에 법률상담 기타 법률사무를 취급하는 것으로 인식하게 할 만한 어떠한 표시 또는 기재를 한 것으로 확인되지 아니한 점 등을 종합하여 볼 때, 피고인 1,2가 위와 같이 '법률중개사' 표시를 한 행위는 단지 부동산중개 관련 법률을 잘 아는 '공인중개사'의 뜻으로 인식될 정도에 불과하여 일반인들로 하여금 '법률상담 기타 법률사무를 취급하는 뜻의 표시 또는 기재'로 인식하게 할 정도에 이르렀다고 단정할 수는 없다.

대법원 1988.11.22. 선고 87도2248 판결

변호사법 제79조 제3호 후단은 "변호사가 아니면서 이익을 얻을 목적으로 법률상담 기타 법률사무를 취급하는 뜻의 표시 또는 기재를 한 자"를 처벌하는 규정으로서, 그와 같은 표시 또는 기재에 이익을 얻을 목적이 나타나야만 되는 것이 아님은 물론 그 이익과 법률상담 기타 법률사무의 취급사이에 직접적인 대가관계가 있어야만 되는 것도 아니라고 해석하여야 할 것이다. 원심판결은 피고인들이 공모하여 변호사가 아니면서 이익을 얻을 목적으로 "상담식 법률백과"라는 책을 판매하는 수단으로 "법생활무료상담소(상호생략)"라는 간판을 걸어놓고 상담소 소속 홍보요원을 통하여 누구든지 회비로 금 90,000원만 납부하면 평생 무료로 법률상담을 하여 준다고 선전하는 등의 방법으로 회원을 2,000명 가량 모집하여 회비를 징수하고 각종 법률상담을 함은 물론법원에 제출하는 소장 등 소송서류를 1000여건 작성하여준 사실을 인정하고 피고들의 이와 같은 행위가 변호사법 제79조 제3호에 해당한다고 판단하였는 바, 이는 정당한 것이다.

(3) 본조 제4호 규정에 해당하는지가 문제된 사례

1) 군법무관은 군인이나 군무원에 대한 군법교육이나 법률상담을 실시하고, 그 과정에서 소장, 고소장 또는 각종 신청서 등 법률사무에 관련된 서류를 작성할 수 있는 바, 이는 군법무관 본연의 법률상담 업무의 일환이라고 할 수 있다. 이는 군법무관이 영업으로 변호사의 업무를 행하는 것이 아니므로 군법무관이 군내 법률상담 업무를 하기 위하여 변호사협회에 변호사로 등록할 이유가 없다. 따라서 군법무관이 군인이나 군무원을 상대로 무상으로 법률상담을 하는 행위 및 그 과정에서 소장 등을 작성하여 주는 법률사무 취급행위는 변호사법 제112조 제4호나 그 밖의 변호사법 규정에 위반되지 않는다.[22]

2) '사법시험에 합격하여 사법연수원 소정의 과정을 마친 자'가 대한변호사협회에 등록하지 않은 상태에서 국회의원 보좌관을 하면서 명함에 변호사자격을 표시하여 사용할 수 있는지 및 친족이나 일반 사인 간의 화해에 변호사의 자격으로 개입할 수 있는지의 여부가 문제된 적이 있는데, 이에 관하여 대한변협은 "이 경우 대한변호사협회에 등록을 하고 소속 변호사회에 개업신고와 동시에 휴업신고를 한 다음 변호사의 표시를 사용하여야 한다. 이는 사법시험에 합격하여 사법연수원 소정의 과정을 마친 자는 변호사 자격을 취득하되, 다만 대한변호사협회에 등록을 하여야 변호사의 표시 또는 기재를 하거나 변호사의 직무를 행할 수 있는 것으로 보아야 하는 바, 그렇지 않으면 기본적 인권을 옹호하고 사회정의를 실현함을 사명으로 하는 변호사에 대하여 감독기관인 대한변호사협회가 감독, 징계 등 권한을 행사할 수 없기 때문이다. 한편, 친족 또는 일반 사인 간의 민사상 화해에 법률지식을 가진 개인으로서 보수를 받지 아니하고 나서

---

22) 대한변협 2005.8.2. 법제2003호.

서 해결을 해 주는 것은 변호사법에 위반되지 않는다. 그러나 변호사의 자격으로 개입한다면 보수를 받지 않는다 하더라도 변호사법에 위반된다. 변호사는 공공성을 지닌 전문자유직이므로 보수를 받지 않고 타인의 법률사무를 수행할 수도 있는 것이므로, 보수를 받는지의 여부와 변호사의 표시를 할 수 있는지의 여부는 별개의 문제이다"라고 보고 있다.[23]

6. 제113조(벌칙)

다음 각 호의 어느 하나에 해당하는 자는 1년 이하의 징역 또는 1천만원 이하의 벌금에 처한다.

1. 제21조의2제1항을 위반하여 법률사무소를 개설하거나 법무법인·법무법인(유한) 또는 법무조합의 구성원이 된 자
2. 제21조의2제3항(제31조의2제2항에 따라 준용하는 경우를 포함한다)에 따른 확인서를 거짓으로 작성하거나 거짓으로 작성된 확인서를 제출한 자
3. 제23조 제2항 제1호 및 제2호를 위반하여 광고를 한 자
4. 조세를 포탈하거나 수임제한 등 관계 법령에 따른 제한을 회피하기 위하여 제29조의2(제57조, 제58조의16 또는 제58조의30에 따라 준용되는 경우를 포함한다)를 위반하여 변호하거나 대리한 자
5. 제31조 제1항 제3호(제57조, 제58조의16 또는 제58조의30에 따라 준용되는 경우를 포함한다)에 따른 사건을 수임한 변호사
6. 제31조의2제1항을 위반하여 사건을 단독 또는 공동으로 수임한 자
7. 제37조 제1항(제57조, 제58조의16 또는 제58조의30에 따라 준용되는 경우를 포함한다)을 위반한 자

7. 제114조(상습범)

상습적으로 제109조 제1호, 제110조 또는 제111조의 죄를 지은 자는 10년 이하의 징역에 처한다.

---

23) 대한변협 2005.6.24. 법제1746호.

8. 제115조(법무법인 등의 처벌)

① 법무법인·법무법인(유한) 또는 법무조합의 구성원이나 구성원 아닌 소속 변호사가 제51조를 위반하면 500만원 이하의 벌금에 처한다.

② 법무법인, 법무법인(유한) 또는 법무조합의 구성원이나 구성원이 아닌 소속 변호사가 그 법무법인, 법무법인(유한) 또는 법무조합의 업무에 관하여 제1항의 위반행위를 하면 그 행위자를 벌하는 외에 그 법무법인, 법무법인(유한) 또는 법무조합에게도 같은 항의 벌금형을 과(科)한다. 다만, 법무법인, 법무법인(유한) 또는 법무조합이 그 위반행위를 방지하기 위하여 해당 업무에 관하여 상당한 주의와 감독을 게을리하지 아니한 경우에는 그러하지 아니하다.

9. 제116조(몰수·추징)

제34조(제57조, 제58조의16 또는 제58조의30에 따라 준용되는 경우를 포함한다)를 위반하거나 제109조 제1호, 제110조, 제111조 또는 제114조의 죄를 지은 자 또는 그 사정을 아는 제3자가 받은 금품이나 그 밖의 이익은 몰수한다. 이를 몰수할 수 없을 때에는 그 가액을 추징한다.

▊▊ 관련 판례

대법원 2007.6.28. 선고 2007도2737 판결
피고인이 변호사법 제109조 제1호에 위반하여 공소외인으로부터 돈을 받은 후에 모 사찰의 증축공사비로 금 1,070만원을 지급하였다고 하더라도 이는 변호사법위반으로 취득한 재물을 피고인이 독자적인 판단에 따라 소비한 것에 불과하므로, 공소외인으로부터 받은 금액을 추징한 원심의 조치는 정당하다.

대법원 2001.5.29. 선고 2001도1570 판결
구 변호사법[2000. 1. 28. 법률 제6207호로 전문 개정되기 전의 것] 제94조의 규정에 의한 필요적 몰수 또는 추징은 같은 법 제27조의 규정에 위반하거나 같은 법 제90조 제1호, 제2호 또는 제92조의 죄를 범한 자 또는 그 정을 아는 제3자가 받은 금품 기타 이익을 그들로부터 박탈하여 그들로 하여금 부정한 이익을 보유하지 못하게 함에 그 목적이 있는 것이고, 같은 법 제90조 제2호에 규정한 죄를 범하고 이자 및 반환에 관한 약정을 하지 아니하고 금원을 차용하였다면 범인이 받은 실질적 이익은 이자 없는 차용금에 대한 금융이익 상당액이므로 이 경우 위 법조에서 규정한 몰수 또는 추징의 대상이 되는 것은 차용한 금원 그 자체가 아니라 위 금융이익 상당액이다.

대법원 1999.4.9. 선고 98도4374 판결

변호사법 제94조의 규정에 의한 필요적 몰수 또는 추징은 같은 법 제27조의 규정에 위반하거나 같은 법 제90조 제1호, 제2호 또는 제92조의 죄를 범한 자 또는 그 정을 아는 제3자가 받은 금품 기타 이익을 그들로부터 박탈하여 그들로 하여금 부정한 이익을 보유하지 못하게 함에 그 목적이 있는 것이므로, 수인이 공동하여 같은 법 제90조 제2호에 규정한 죄를 범하고 교부받은 금품을 분배하는 경우에는 각자가 실제로 분배받은 금품만을 개별적으로 몰수하거나 그 가액을 추징하여야 할 것이다.

대법원 1999.3.9. 선고 98도4313 판결

변호사법 제94조는 같은 법 제90조 제1호의 죄를 범한 자 또는 그 정을 아는 제3자가 받은 금품 기타 이익은 이를 몰수하고, 이를 몰수할 수 없을 때에는 그 가액을 추징한다고 규정하고 있는바, 그 규정의 취지는 변호사법 제90조 제1호의 죄를 범한 범인 또는 그 정을 아는 제3자가 받은 금품 기타 이익을 박탈하여 그들로 하여금 불법한 이득을 보유하지 못하게 함에 그 목적이 있는 것이므로 그 이익이 개별적으로 귀속한 때는 그 이익의 한도 내에서 개별적으로 추징하여야 하고 그 이익의 한도를 넘어서 추징할 수는 없는 것이고, 그와 같은 점에 비추어 볼 때, 비록 변호사법 제90조 제1호의 죄를 범한 범인이라 하더라도 불법한 이득을 보유하지 아니한 자라면 그로부터 해당 금품을 몰수·추징할 수 없고, 피고인이 공무원이 취급하는 사건 또는 사무에 관하여 청탁 또는 알선을 한다는 명목으로 제3자에게 금품을 공여하게 한 경우에는 피고인이 그 제3자로부터 그 금품을 건네 받아 보유한 때를 제외하고는 피고인으로부터 그 금품 상당액을 추징할 수 없다.

대법원 1993.12.28. 선고 93도1569 판결

구 변호사법[1993.3.10. 법률 제4544호로 개정되기 전의 것] 제82조의 규정에 의한 필요적 몰수 또는 추징은, 금품 기타 이익을 범인 또는 제3자로부터 박탈하여 그들로 하여금 부정한 이익을 보유하지 못하게 함에 그 목적이 있는 것이므로, 수인이 공동하여 공무원이 취급하는 사건 또는 사무에 관하여 청탁을 한다는 명목으로 받은 금품을 분배한 경우에는 각자로부터 실제로 분배받은 금품만을 개별적으로 몰수하거나 그 가액을 추징하여야 하고, 위와 같은 청탁을 한다는 명목으로 받은 금품 중의 일부를 실제로 금품을 받은 취지에 따라 청탁과 관련하여 관계공무원에게 뇌물로 공여한 경우에도 그 부분의 이익은 실질적으로 피고인에게 귀속된 것이 아니므로 그 부분을 제외한 나머지 금품만을 몰수하거나 그 가액을 추징하여야 한다.

대법원 1990.10.30. 선고 90도1770 판결

변호사법 제82조는 같은 법 제78조 제1호의 죄를 범한 자가 받은 금품 기타 이익은 이를 몰수하고 몰수할 수 없을 때에는 그 가액을 추징하게 되어 있고 위의 죄를 범한 자 스스로가 소비한 금액만을 추징하게 되어 있는 것이 아니며 사후에 그 금품에 상당하는 돈을 지급하고 화해하였다 하더라도 교부받은 돈 자체가 반환된 것이 아니므로 이를 추징하여야 한다.

대법원 1982.8.24. 선고 82도1487 판결

피고인은 장의차 면허의 알선에 관하여 피해자 이역남으로부터 2차례에 걸쳐 피고인 등 3인이 합석한 자리에서 합계 230,000원 상당의 주연향응을 받았는데 피고인의 접대에 필요한 비용액이 불분명하므로 평등하게 분할한 액을 피고인의 이득액으로 볼 것이므로 그 3분의 1인 금 76,666원과 피고인이 공소외인을 통하여 받아 소비한 교제비 명목의 금 400만원 합계 금 4,076,666원을 변호사법 제56조 후단에 의하여 추징하여야 할 것이다.

10. 제117조(과태료)

① 제89조의4 제1항·제2항 및 제89조의5 제2항을 위반하여 수임 자료와 처

리 결과에 대한 거짓 자료를 제출한 자에게는 2천만원 이하의 과태료를 부과한다.

② 다음 각 호의 어느 하나에 해당하는 자에게는 1천만원 이하의 과태료를 부과한다.

1. 제21조의2제5항(제21조의2제6항에 따라 위탁하여 사무를 처리하는 경우를 포함한다)에 따른 개선 또는 시정 명령을 받고 이에 따르지 아니한 자
1의2. 제22조 제2항 제1호, 제28조의2, 제29조, 제35조 또는 제36조(제57조, 제58조의16 또는 제58조의30에 따라 준용되는 경우를 포함한다)를 위반한 자
2. 제28조에 따른 장부를 작성하지 아니하거나 보관하지 아니한 자
3. 정당한 사유 없이 제29조의2(제57조, 제58조의16 또는 제58조의30에 따라 준용되는 경우를 포함한다)를 위반하여 변호하거나 대리한 자
4. 제54조 제2항, 제58조의14제2항 또는 제58조의28제2항을 위반하여 해산신고를 하지 아니한 자
5. 제58조의9제2항을 위반하여 대차대조표를 제출하지 아니한 자
6. 제58조의21제1항을 위반하여 규약 등을 제출하지 아니한 자
7. 제58조의21제2항에 따른 서면을 비치하지 아니한 자
8. 제89조의4제1항·제2항 및 제89조의5제2항을 위반하여 수임 자료와 처리 결과를 제출하지 아니한 자

③ 다음 각 호의 어느 하나에 해당하는 자에게는 500만원 이하의 과태료를 부과한다.

1. 제85조 제1항을 위반하여 연수교육을 받지 아니한 자
2. 제89조 제2항에 따른 윤리협의회의 요구에 정당한 이유 없이 따르지 아니하거나 같은 항에 따른 현장조사를 정당한 이유 없이 거부·방해 또는 기피한 자

④ 제1항부터 제3항까지에 따른 과태료는 대통령령으로 정하는 바에 따라 지방검찰청검사장이 부과·징수한다.

제 9 장

법관 및 검사의 직무와 윤리

Ⅰ. 법관의 직무와 윤리

1. 서 론

(1) 법관은 법원에 속하여 있으면서 사법권을 구체적으로 행사하는 법조 전문직이라 할 수 있는데(헌법 제101조 제1항), 당사자 간에 생긴 법적 분쟁에 대하여 분쟁의 당사자로부터 독립하여 공정한 입장에서 공평한 절차에 따라서 오로지 법과 양심에 따라 재판을 하여야 할 책무를 부담한다. 재판에 관한 이와 같은 요청을 담보하기 위하여 현행법상 여러 가지 법제도가 마련되어 있으나,[1] 궁극적으로 이는 법관 각자의 양심과 내적인 가치관 등에 맡겨져 있다고 할 것이다.

(2) 우리나라에서 종래 법관의 행위규범 내지 윤리규범을 전체적으로 통할하여 체계적이고 조직적으로 성문화한 것은 1995.6.23. 대법원규칙 제1374호로 제정된 '법관윤리강령'이 최초라 할 수 있는데, 이에 대해서는 그 내용이 너무나 추상적이라는 비판을 받아 오다가 1997년 발생한 의정부 법조비리사건이[2] 계기가 되어 1998년 그 전부가 개정됨으로써 전문 외 총 7개의 조문으로 구성된 현재의 '법관윤리강령'에 이르게 되었다.

2. 법관윤리강령의 성격

법관윤리강령은 법관의 윤리기준에 관한 것으로서 행위규범의 성격을 갖는 것인데, 여기에는 추상적 윤리기준에 관한 선언적 규정과 구체적 행동에 관한 지침적 규정이 혼재되어 있다. 따라서 법관윤리강령은 기본적으로 법관에 대한

---

1) 법관의 신분보장, 제척 및 기피·회피제도, 합의제, 심급제도 등이 이에 해당된다.

2) 1997년 서울지방법원 의정부지원 관할구역에서 주로 형사사건을 담당해 오던 이모 변호사가 브로커를 사용해 사건을 대거 수임한 것이 밝혀지면서 시작되어 의정부지원 소속 법관 수 명이 변호사로부터 명절 떡값, 휴가비, 차용금 등의 명목으로 수십만원에서 수백만원을 받아 온 사실이 확인됨으로써 사법사상 최초로 금품수수 관련 비리로 법관에 대한 징계가 청구된 사건이다. 1998.4.7. 법관징계위원회에서는 법관으로서의 위신을 실추시켰다는 이유 등으로 5명은 정직, 1명은 견책으로 하는 결정을 내렸으며, 3명은 징계결정 전에 사직하였다.

선언적·권고적 성격을 가지는 것이지만, 이를 위반한 행위가 상당성 내지 합리성의 범위를 넘었을 때 징계사유가 될 수 있다는 점에서 강제적 성격도 가진다고 볼 수 있다.

3. 법관윤리강령의 내용

(1) 전 문

법관윤리강령은 그 제정의 실질적인 주체가 법관 전원이라는 점을 중시하여 1998년 개정 시부터 전문을 두고 있는데, 전문의 제1단락은 법관의 사명을, 제2단락은 법관윤리의 필요성을 간명하게 표현함과 아울러 법관윤리에 관하여 '사법권의 독립'과 '법관의 명예', 그리고 '공정성'과 '청렴성'을 기본 요소로 열거하고 있으며, 제3단락은 이 강령의 존재 의의에 관하여 설시하고 있다.

(2) 사법권 독립의 수호

제1조
법관은 모든 외부의 영향으로부터 사법권의 독립을 지켜 나간다.

1) 전문에서 선언된 바와 같이 사법권의 독립은 법관이 그 사명을 다하기 위한 불가결한 요소이다. 재판을 비롯한 법관으로서의 직무를 수행함에 있어 으뜸가는 요소는 공정성이며, 공정성을 보장하기 위한 가장 기본적인 토대는 사법권의 독립이라 할 수 있다. 정치권력을 포함한 국가권력, 사회의 각종 세력 또는 주류적인 여론은 이해관계와 기타 여러 가지 사정으로 인하여 법과 정의에 어긋나는 바를 지지하는 경우가 있을 수 있으며, 이러한 경우에 그들은 자신의 힘이나 주변의 역학관계를 이용하여 사법작용에 영향을 행사하려고 할 수도 있다. 이와 같은 경우 법관은 이에 구애받거나 흔들리지 않고 용기 있게 법과 정의의 길을 고수하여야만 정의를 실현한다는 법관의 사명을 다 할 수 있다. 현대 국가가 사법부를 독립시킨 근본적 취지가 바로 여기에 있다.

2) 사법권 독립의 전통적인 의미는 사법부 또는 그 구성원인 법관이 사법권

을 행사할 때 다른 국가기관인 행정부나 입법부의 간섭 또는 기타 정치권력으로부터 독립하여 공정하게 재판한다는 것이지만, 나아가 이 조항은 사법부 내부의 영향, 즉 '동료 법관으로부터의 독립'과 '사법부가 가지는 최소한의 조직적 영향으로부터의 독립'이라는 개념까지 포함한다. 따라서 법관은 사법행정사무에 관한 지휘·감독에 따라야 할 것이나 재판에 관하여는 독립하여 행하여야 한다. 이에 관하여 주의할 것은 법관이 '사법권의 독립'이라는 명제에 의지하여 법관의 직무상 책임과 윤리를 간과하거나 사법행정상의 지시를 무시하는 것은 용인되지 않는다는 점과 '사법권의 독립'이 '법관의 자의'를 의미하는 것은 아니라는 것이다.

(3) 품위 유지

> **제2조**
> 법관은 명예를 존중하고 품위를 유지한다.

1) 법관은 정의의 구현자로서 법관의 사명과 직무내용은 신성한 것으로 인식되고, 국민이 법관에게 기대하는 윤리 수준은 높을 수밖에 없다. 법관의 품행이 바르지 않다면 사법부 전체에 대한 평판과 사법작용에 관한 일반 국민의 신뢰를 떨어뜨리게 된다. 사법권의 행사는 국민의 신뢰가 바탕이 되어야 하고, 국민은 명예를 존중하고 품위를 갖춘 법관에 대하여 신뢰를 하는 것이므로, 법관의 명예존중과 품위유지는 법관이 그 사명을 다하기 위한 기본 전제가 되는 것이다.

2) 그러므로 법관은 공적·사적 생활을 가리지 않고 그에 맞는 명예와 품위를 유지하여야 하는데, 그 정도는 공적인 직무수행 과정에서 요구되는 수준이 사적 생활의 그것보다 더욱 높다고 할 것이다. 결국 법관으로서는 일반인에 비하여 사회가 기대하는 범위 내에서 상대적으로 가장 높은 수준에 가까운 윤리와 품행의 기준을 유지하는 것이 필요하다.

(3) 공정성 및 청렴성

> **제3조**
> ① 법관은 공평무사하고 청렴하여야 하며, 공정성과 청렴성을 의심받을 행동을 하지
>   아니한다.
> ② 법관은 혈연·지연·학연·성별·종교·경제적 능력 또는 사회적 지위 등을 이유로
>   편을 가지거나 차별을 하지 아니한다.

1) 제1항

가. 이 조항은 법관의 공정성과 청렴성에 대한 선언적 규정이다. 전단은 지극히 당연한 원리를 규정하고 있으므로, 법관의 윤리와 행동의 측면에서 실제적으로 중요성을 가지는 것은 후단 부분이다.

나. 법관은 단순히 복종받는 것만으로 부족하고 소송관계인을 포함한 일반 국민으로부터 존중받을 필요가 있는데, 재판에 대한 소송 관계인과 일반 국민의 존중은 법관에 대한 신뢰 없이는 생기기 어렵다. 그런데 법관이 신뢰를 얻기 위하여는 공정성과 청렴성을 갖추어야 할 뿐만 아니라 공정성과 청렴성을 추정할 수 있는 외관도 갖추어야 한다. 따라서 법관은 공정성과 청렴성을 의심받을 만한 상황이나 행동은 스스로 회피하는 것이 바람직하다. 다만, '공정성과 청렴성을 의심받을 행동'이라는 개념이 다소 불명확하므로 뒤에 나오는 제4조 제4항, 제5조 제2항이나 제6조의 규정에서 이를 좀 더 구체화하여 규정하고 있다. 법관의 직무상 제척과 회피에 관한 소송법의 규정은 이 조항의 취지가 명백히 구체화된 전형적인 예라 할 수 있는데, 이 조항은 법관의 공정성과 청렴성에 대한 국민의 신뢰를 유지한다는 기본토대를 지키되, 법관의 독립성이나 자유로운 활동을 지나치게 제약하지 않는 한계 내에서 실행되어야 할 것이다.

2) 제2항

가. 이 조항은 '법관의 공정성'이라는 이념을 좀 더 구체화하여 규정한 것이다. 법관의 공정성을 풀어서 본다면, 불편부당하고 공평무사한 것을 뜻한다. 법관이 공정성을 가지기 위해서는 일단 청렴성이 당연한 전제가 되어야 하겠지만,

현실적인 측면에서 공정한 재판이라는 이상을 달성하기 위하여 청렴성 못지않게 중요한 것은 법관이 법과 양심, 즉 법규정과 법의 정신 및 정의의 이념에만 따르고 편견을 가지거나 차별적 고려를 하지 아니하는 것이다. 물론 법관도 인간인 이상 각자의 성격이나 기질, 경험, 이해의 차이에 따른 편견을 가질 수 있고, 대상에 대한 호불호의 감정에 따라 차별적 고려를 할 수 있으나, 이러한 것들이 청렴성의 결핍보다 공정성을 더욱 침해하는 결과를 초래할 우려가 있기 때문에 직무수행에 있어서는 이를 철저히 배제하고자 하는 것이 이 조항의 취지이다.

나. "법관은 법과 양심에 따라 재판한다"라고 할 때의 '법'이란 '법규정' 그 자체만을 의미하는 것이 아니므로, 이를 헌법과 정의의 이념에 비추어 해석하거나 비판적 검토를 하는 것이 필요하다. 또한 '양심'이란 법관으로서의 직무상의 양심을 의미하며, 법관 개인이 자연인으로서 가지는 각자의 생각이나 신앙, 도덕률, 세계관을 의미하는 것이 아니다. 따라서 법관은 자신의 감정이나 견해를 법관의 양심으로 쉽사리 동일시하여 사법권의 독립이라는 방패 속에서 독선적 판단에 빠지는 잘못을 범하여서는 안 된다. 법관은 자신의 감정이 혹시 차별적인 것은 아닌지, 자신의 견해가 혹시 편견은 아닌지, 자신의 판단이 개인적인 연고나 이해관계의 영향을 받는 것은 아닌지 등에 관하여 법의 정신과 정의의 이념에 반추해 보는 노력을 게을리하여서는 안 된다.

(4) 직무의 성실한 수행

제4조
① 법관은 맡은 바 직무를 성실하게 수행하며, 직무수행 능력을 향상시키기 위하여 꾸준히 노력한다.
② 법관은 신속하고 능률적으로 재판을 진행하며, 신중하고 충실하게 심리하여 재판의 적정성이 보장되도록 한다.
③ 법관은 당사자와 소송대리인 등 소송 관계인을 친절하고 정중하게 대한다.
④ 법관은 재판 업무상 필요한 경우를 제외하고는 당사자와 소송 관계인을 법정 이외의 장소에서 면담하거나 접촉하지 아니한다.
⑤ 법관은 교육이나 학술 또는 정확한 보도를 위한 경우를 제외하고는 구체적 사건에 관하여 공개적으로 논평하거나 의견을 표명하지 아니한다.

1) 제1항

가. 제1조부터 제3조까지가 사법권의 독립, 명예와 품위, 공정성과 청렴성 등 기본이념에 관한 선언적 규정이라고 한다면, 제4조 이하는 이를 보다 구체화한 규정이라 할 수 있는데, 그 중에서도 제4조는 법관의 직무수행에 관한 기본규정으로서 직무수행의 성실성을 강조한 것이다. 특히 제1항의 전단은 '성실성'에 대하여, 후단은 '적정한 재판'을 담보할 수 있는 법관의 직무수행 능력 향상을 위한 노력의무에 관하여 규정하고 있다.

나. 법관에 대한 직무수행의 성실성 요구는 종종 법관의 독립을 침해하는 것이 아니냐는 논쟁을 불러일으키기도 하지만, 법관은 재판의 독립성을 내세워 직무수행의 게으름을 변명하거나 사법행정상의 명령에 불복하여서는 안 된다. 사법권의 독립성은 법관의 공정성과 재판의 적정성을 확보하기 위한 것일 뿐, 법관의 불성실 내지 게으름에 대한 면죄부를 주는 것은 아니기 때문이다.

2) 제2항

재판의 생명은 신속성과 적정성에 있다 할 것인데, 이 두 가지 이념은 서로 갈등관계에 있다는 점이 문제이다. 즉, 신속성을 강조하다 보면 오류가 있는 부적정한 재판이 행하여질 가능성이 커지고 적정성을 강조하다 보면 재판이 지연될 가능성이 커진다는 점이 문제가 된다. 어찌 되었든 법관은 적정성과 신속성이 적절히 조화되면서 최대한 발휘될 수 있도록 최선을 다하여야 한다.

3) 제3항

당사자와 대리인 등 소송 관계인 및 일반 국민은 일차적으로 법정에서 법관의 재판진행 태도를 보고 사법작용의 실체를 보고 느끼게 된다. 따라서 법관의 법정에서의 태도는 사법부의 권위와 신뢰성 확보라는 측면에서 볼 때 재판 진행의 신속성과 재판 결과의 적정성 못지않게 중요한 것이다. 또한 재판 진행의 신속성과 재판 결과의 적정성이 제3조 제1항 전단에서 규정하는 공정성 내지 실체에 관한 것이라면, 재판 진행의 태도는 같은 후단에서 규정하는 공정성의 외관에 해당한다. 따라서 이 조항은 제3조 제1항의 규정을 법정 진행의 측면에서 구체화한 것이다.

4) 제4항

가. 이 조항은 법관으로 하여금 현재 담당하고 있는 사건의 당사자와 대리인 등 소송 관계인을 재판절차 이외에서 면담하거나 접촉하는 것의 금지를 요지로 하고 있다. 이는 법관이 사적으로 당사자나 소송 관계인을 법정 이외의 장소에서 만난다면 제3조 제1항 후단의 규정 내용인 공정성과 청렴성에 대하여 의심을 받을 염려가 있기 때문에 이를 방지하기 위한 것이다.

나. 위 조항 상 '법정'이란 물리적인 의미의 법정 그 자체만을 의미하는 것이 아니라 정식의 재판절차가 진행되는 곳을 모두 포괄하는 개념이다. 따라서 법관이 변론 겸 화해기일 또는 조정기일을 판사실에서 진행하거나 현장검증절차 등을 법원 이외의 장소에서 진행하는 경우도 당연히 포함된다.

5) 제5항

가. 구체적 사건에 관한 담당 법관의 의견은 판결을 비롯한 재판으로 표명되어야 하며, 그 이외의 공개적인 논평이나 의견표명은 판결 등 재판의 내용에 대한 구구한 억측을 불러일으킬 염려가 있으므로 가급적 이를 피하는 것이 바람직하다. 여기서 '구체적 사건'이란 자신이 담당한 사건이거나 다른 법관이 담당한 사건 또는 곧 진행될 것으로 예상되는 사건을 의미하고, '공개적으로'란 법관들 사이의 의견교환이나 가벼운 대화의 범주를 넘어 기자회견이나 정보매체에의 칼럼게재 등 사법부 외부를 향하여 의견을 표명하는 것을 의미하며, 사법부 내부에서 의견을 표명하는 경우에도 이를 공식화하여 우회적으로 대외에 유포되도록 하는 것을 포함한다. 결국 이 조항에서 말하는 '공개적'이란 '사법부 외부에 대한 발언', '사석의 대화가 아닌 공식적인 발언', '언론이나 대중을 상대로 한 공개적 발언' 등의 행위 중 그 전부 또는 일부를 포괄하고 있는 것이다.

나. 그러나 법관이 사법연수원이나 법원공무원 연수원 등에서 강의를 하거나 학회 등 학술모임에서 교육과 학술의 목적으로 그 내용에 대하여 언급하는 것은

당연히 회피대상에서 제외되고 정확한 언론보도를 위하여 기자의 취재에 응하는 것도 마찬가지일 것이다.

(5) 법관의 직무외 활동

제5조
① 법관은 품위유지와 직무 수행에 지장이 없는 경우에 한하여, 학술활동에 참여하거나 종교·문화단체에 가입하는 등 직무외 활동을 할 수 있다.
② 법관은 타인의 법적 분쟁에 관여하지 아니하며, 다른 법관의 재판에 영향을 미치는 행동을 하지 아니한다.
③ 법관은 재판에 영향을 미치거나 공정성을 의심받을 염려가 있는 경우에는 법률적 조언을 하거나 변호사 등에 대한 정보를 제공하지 아니한다.

1) 제1항

법관은 법관이기 이전에 사회의 구성원인 자연인으로서 다양한 활동에 참여할 자유를 가진다. 그러므로 법관은 학술·종교·여가·사교활동 등 다양한 직무외 활동에 참여할 수 있고, 법관이 이러한 활동을 통해 스스로 사회현상에 대한 안목을 넓히고 다른 사회 구성원들에게도 도움을 준다면 이는 매우 바람직한 일이다. 다만, 법관은 직무의 특성상 이러한 자유가 일반인에 비하여 더 제한될 수도 있고, 그 직무로부터 유래하는 제한을 감수하여야 한다. 이와 같은 제한의 요체는 법관이 법정의 안팎에서 품위를 유지하고 직무수행에 지장을 초래하지 않아야 한다는 것이다.

2) 제2항

법적 분쟁에 관계된 사람은 자신이 알고 있는 법관에게 직접, 간접으로 분쟁 해결을 위해 노력해 줄 것을 부탁하는 경우가 많다. 그러나 법관이 타인의 분쟁에 관여하는 것은 분쟁의 공정한 처리를 해칠 우려가 있고, 나아가 법관 자신의 공정성에 대한 의심을 불러일으킬 수 있으므로 이와 같은 행동은 피하여야 한다는 것이 이 조항의 기본취지라 할 수 있다. 이 조항의 후단은 법관이 타인의 법적 분쟁에 관여하는 가장 전형적인 경우를 상정한 것이다. 즉, 법관이 타인의 부탁을 받고 다른 법관에게 사건에 관하여 청탁하는 등의 행위를 규율하고자 하는 것이다.

3) 제3항

법관에게는 고도의 공정성과 그러한 외관의 유지가 요구되므로 법관이 타인에게 법률적 조언을 하거나 법조인에 대한 정보를 제공하는 행위는 금지된다는 것이다. 이 조항에서 명시하고 있는 바와 같이 법관은 재판에 영향을 미치거나 공정성을 의심받을 염려가 있는 경우에는 법률적 조언이나 변호사 등 법조인에 대한 정보를 제공해서는 안 된다.

(6) 경제적 행위의 제한

> **제6조**
> 법관은 재판의 공정성에 관한 의심을 초래하거나 직무수행에 지장을 줄 염려가 있는 경우에는, 금전대차 등 경제적 거래행위를 하지 아니하며 증여 기타 경제적 이익을 받지 아니한다.

이 조항은 제3조의 청렴성을 구체화한 규정이다. 법관도 헌법상 경제활동을 할 자유와 권리가 있으므로 경제활동을 하는 것 자체는 문제되지 아니하지만, 법관에게는 직무의 공정성을 유지하거나 적정한 직무수행을 위하여 일반인에게는 가해지지 않는 일정한 제한을 가하고 있는 것이다.

(7) 정치적 중립

> **제7조**
> ① 법관은 직무를 수행함에 있어 정치적 중립을 지킨다.
> ② 법관은 정치활동을 목적으로 하는 단체의 임원이나 구성원이 되지 아니하며, 선거운동 등 정치적 중립성을 해치는 활동을 하지 아니한다.

1) 제1항

법관은 재판업무 등 그 직무를 수행함에 있어 개인적인 정치적 신념이나 정당과 정치인에 대한 개인적인 선호를 개입시켜서는 안 된다. "법관은 법과 양심에 따라 재판한다"고 할 때 여기서의 '양심'이란 정치적 신념을 포함한 개인적인 소신이 아니라 편견이나 선입관이 배제된 법관으로서의 직무상 양심을 의미하는 것이기 때문이다. 만약 법관이 정치적 중립을 지키지 않는다면 그 재판은 개인의 정치적 성향에 따라 영향을 받게 되고, 공정성 시비에 휘말리게 되어 결국 사법부의 신뢰 내지 독립성은 크게 훼손될 수밖에 없을 것이다.

2) 제2항

현행 정당법과 정치자금법에 의하면, 법관은 정당의 발기인이나 당원이 될 수 없을 뿐만 아니라 정치자금의 기부를 목적으로 하는 후원회의 회원이 될 수 없다. 그러므로 법관은 윤리강령에 의하기 이전에 이미 법률상으로 이러한 정치적 단체의 임원이나 구성원이 될 수 없다. 다만, 법관이 예비후보자·후보자의 배우자이거나 후보자의 직계존속·직계비속인 경우에는 그 후보자 등을 위하여 선거운동을 할 수 있다(공직선거법 제60조 제1항 단서 제4호).[3]

4. 법관에 대한 징계

(1) 법관의 신분보장

헌법 제106조 제1항은 "법관은 탄핵 또는 금고 이상의 형의 선고에 의하지 아니하고는 파면되지 아니하며, 징계처분에 의하지 아니하고는 정직·감봉 기타

---

3) 제60조[선거운동을 할 수 없는 자] ① 다음 각 호의 어느 하나에 해당하는 사람은 선거운동을 할 수 없다. 다만, … 제4호부터 제8호까지의 규정에 해당하는 사람이 예비후보자·후보자의 배우자이거나 후보자의 직계존비속인 경우에는 그러하지 아니하다. …
   4. 「국가공무원법」 제2조(공무원의 구분)에 규정된 국가공무원과 「지방공무원법」 제2조(공무원의 구분)에 규정된 지방공무원. 다만, 「정당법」 제22조(발기인 및 당원의 자격)제1항 제1호 단서의 규정에 의하여 정당의 당원이 될 수 있는 공무원(국회의원과 지방의회 의원 외의 정무직 공무원을 제외한다)은 그러하지 아니하다.

불리한 처분을 받지 아니한다"고 규정함과 아울러 제2항은 "법관이 중대한 심신상의 장해로 직무를 수행할 수 없을 때에는 법률이 정하는 바에 의하여 퇴직하게 할 수 있다"고 규정하여 법관의 신분을 보장하고 있다. 따라서 법관은 헌법재판소에 의한 탄핵결정이나 금고 이상의 형의 선고가 있는 경우에만 파면될 수 있고, 법관징계위원회의 징계처분에 의하지 아니하고는 정직·감봉 기타 불리한 처분을 받지 아니하며, 중대한 심신상의 장해로 직무를 수행할 수 없는 경우에만 강제퇴직될 수 있다.

(2) 징계의 종류

법관의 파면은 탄핵 또는 형의 선고에 의해서만 가능하므로, 법관에 대한 징계처분으로는 정직·감봉·견책의 세 가지만을 인정하고 있다(법관징계법 제3조 제1항). 정직은 1개월 이상 1년 이하의 기간 동안 직무집행을 정지하고, 그 기간 동안 보수를 지급하지 아니 한다(같은 조 제2항). 감봉은 1개월 이상 1년 이하의 기간 동안 보수의 3분의 1 이하를 줄인다(같은 조 제3항). 견책은 징계사유에 관하여 서면으로 훈계한다(같은 조 제4항).

(3) 징계사유

1) 법관에 대한 징계사유는 ① 법관이 직무상 의무를 위반하거나 직무를 게을리 한 경우, ② 법관이 그 품위를 손상하거나 법원의 위신을 떨어뜨린 경우로 국한되어 있다(법관징계법 제2조).

2) 법규위반이 징계사유가 되는 점에는 이론이 없다. 따라서 법관이 법원조직법 제49조 소정의 법관의 재직 중 금지사항[4])에 위반한 경우에는 징계사유에

---

4) 법원조직법 제49조[금지사항] 법관은 재직 중 다음 각 호의 행위를 할 수 없다.
   1. 국회 또는 지방의회의 의원이 되는 일
   2. 행정부서의 공무원이 되는 일
   3. 정치운동에 관여하는 일
   4. 대법원장의 허가 없이 보수를 받는 직무에 종사하는 일
   5. 금전상의 이익을 목적으로 하는 업무에 종사하는 일
   6. 대법원장의 허가를 받지 아니하고 보수의 유무에 상관없이 국가기관 외의 법인·단체 등의 고문, 임원, 직원 등의 직위에 취임하는 일

해당된다.

문제는 법관이 법관윤리강령을 위반한 경우 징계사유가 되는지의 여부이다. 생각건대 법관윤리강령은 외적 강제규범이 아니라 법관 각자가 직무를 수행함에 있어서 자율적으로 준수해야 할 윤리적 행동규범이므로 그 위반이 곧바로 징계의 사유가 된다고는 보기 어려울 것이지만, 그것을 위반하는 것이 법관징계법상의 '직무상 의무를 위반하거나 직무를 게을리한 경우'나 '그 품위를 손상하거나 법원의 위신을 실추시킨 경우'에 해당된다면 징계사유가 될 수 있다고 할 것이다.

(4) 법관징계위원회

법관에 대한 징계사건을 심의·결정하기 위하여 대법원에 법관징계위원회(이하 위원회라고 한다)를 둔다(법관징계법 제4조 제1항). 위원회는 위원장 1인과 위원 6인으로 구성하고, 예비위원 3인을 둔다(같은 조 제2항). 위원장은 대법관 중에서, 위원은 법관 3인과 변호사·법학교수 그 밖에 학식과 경험이 풍부한 사람 중 각 1명을 대법원장이 각각 임명하거나 위촉한다(같은 법 제5조 제1항). 예비위원은 법관 중에서 대법원장이 임명한다(같은 조 제2항). 위원장·위원 및 예비위원의 임기는 각각 3년으로 한다(같은 조 제3항). 위원장은 위원회의 사무를 총괄하고 회의를 소집하며 의결할 때 표결권을 가진다(같은 조 제4항).

(5) 징계절차

1) 징계청구와 징계심의의 개시

위원회의 징계심의는 대법원장, 대법관, 해당법관에 대하여 법원조직법에 따라 사법행정사무에 관한 감독권을 가지는 법원행정처장·사법연수원장·각급 법원장·법원도서관장의 징계청구에 의하여 개시한다(법관징계법 제7조 제1항). 징계청구권자는 해당법관에게 징계사유가 있다고 인정되는 때에는 그에 관하여 조사할 수 있고(같은 조 제2항), 조사한 결과 법관징계법 제2조 각 호의 징계사유에 해당된다고 인정할 때에는 징계의 청구를 하여야 하며(같은 조 제3항), 징계의 청

---

7. 그 밖에 대법원규칙으로 정하는 일

구는 위원회에 징계청구서를 제출하는 방식에 의한다(같은 조 제4항).

2) 징계부가금

제7조에 따라 징계청구권자가 징계를 청구하는 경우 그 징계 사유가 다음 각 호의 어느 하나에 해당하는 경우에는 해당 징계 외에 다음 각 호의 행위로 취득하거나 제공한 금전 또는 재산상 이득(금전이 아닌 재산상 이득의 경우에는 금전으로 환산한 금액을 말한다)의 5배 내의 징계부가금 부과 의결을 위원회에 청구하여야 한다(법관징계법 제7조의2 제1항).

1. 금전, 물품, 부동산, 향응 또는 그 밖에 대법원규칙으로 정하는 재산상 이익을 취득하거나 제공한 경우
2. 다음 각 목에 해당하는 것을 횡령(橫領), 배임(背任), 절도, 사기 또는 유용(流用)한 경우
   가. 「국가재정법」에 따른 예산 및 기금
   나. 「지방재정법」에 따른 예산 및 「지방자치단체 기금관리기본법」에 따른 기금
   다. 「국고금 관리법」 제2조 제1호에 따른 국고금
   라. 「보조금 관리에 관한 법률」 제2조 제1호에 따른 보조금
   마. 「국유재산법」 제2조 제1호에 따른 국유재산 및 「물품관리법」 제2조 제1항에 따른 물품
   바. 「공유재산 및 물품 관리법」 제2조 제1호 및 제2호에 따른 공유재산 및 물품

위원회는 징계부가금 부과 의결을 하기 전에 징계부가금 부과 대상자가 다른 법률에 따라 형사처벌을 받거나 변상책임 등을 이행한 경우(몰수나 추징을 당한 경우를 포함한다) 또는 다른 법령에 따른 환수나 가산징수 절차에 따라 환수금이나 가산징수금을 납부한 경우에는 대법원규칙으로 정하는 바에 따라 조정된 범위에서 징계부가금 부과를 의결하여야 한다(같은 조 제2항).

위원회는 징계부가금 부과 의결을 한 후에 징계부가금 부과 대상자가 형사처벌을 받거나 변상책임 등을 이행한 경우(몰수나 추징을 당한 경우를 포함한다) 또는 환수금이나 가산징수금을 납부한 경우에는 대법원규칙으로 정하는 바에 따라 이미 의결된 징계부가금의 감면 등의 조치를 하여야 한다(같은 조 제3항).

제1항에 따라 징계부가금 부과처분을 받은 사람이 납부기간 내에 그 부가금을 납부하지 아니한 때에는 대법원장은 국세 체납처분의 예에 따라 징수할 수

있다. 다만, 체납액 징수가 사실상 곤란하다고 판단되는 경우에는 징수를 관할 세무서장에게 의뢰하여야 한다(같은 조 제4항). 대법원장은 제4항 단서에 따라 관할 세무서장에게 징계부가금 징수를 의뢰한 후 체납일부터 5년이 지난 후에도 징수가 불가능하다고 인정될 때에는 위원회에 징계부가금 감면의결을 요청할 수 있다(같은 조 제5항).

3) 재징계등의 청구

징계청구권자는 다음 각 호의 어느 하나에 해당하는 사유로 대법원에서 징계 및 징계부가금 부과(이하 "징계등"이라 한다) 처분의 무효 또는 취소 판결을 받은 경우에는 다시 징계등을 청구하여야 한다. 다만, 제3호의 사유로 무효 또는 취소 판결을 받은 감봉·견책 처분에 대해서는 징계등을 청구하지 아니할 수 있다(법관징계법 제7조의3 제1항).

1. 법령의 적용, 증거 및 사실 조사에 명백한 흠이 있는 경우
2. 위원회의 구성 또는 징계등 의결에 절차상의 흠이 있는 경우
3. 징계양정 및 징계부가금이 과다(過多)한 경우

징계청구권자는 제1항에 따른 징계등을 청구하는 경우에는 대법원의 판결이 확정된 날부터 3개월 이내에 위원회에 징계등을 청구하여야 하며, 위원회에서는 다른 징계사건에 우선하여 징계등을 의결하여야 한다(같은 조 제2항).

4) 퇴직 희망 법관의 징계 사유 확인 등

대법원장은 법관이 퇴직을 희망하는 경우에는 제2조에 따른 징계 사유가 있는지 여부를 확인하여야 한다(법관징계법 제7조의4 제1항). 그 확인 결과 정직에 해당하는 징계 사유가 있는 경우 징계청구권자는 지체 없이 징계 등을 청구하여야 하고(같은 조 제2항), 이때 위원회는 다른 징계사건에 우선하여 징계 등을 의결하여야 한다(같은 조 제3항).

5) 징계사유의 시효

징계사유가 있는 날부터 3년(금품 및 향응 수수, 공금의 횡령·유용의 경우에는 5

년)이 경과하면 그 사유에 관하여 징계를 청구하지 못한다(같은 법 제8조 제1항).

탄핵소추에 따라 징계절차를 진행하지 못하여 위 기간이 지나거나 그 남은 기간이 1개월 미만인 경우에는 위 기간은 탄핵소추에 따른 절차가 완결된 날부터 1개월이 지난 날에 끝나는 것으로 본다(같은 법 제8조 제2항, 제20조).

제7조의3 제1항 각 호의 어느 하나에 해당하는 사유로 대법원에서 징계등 처분의 무효 또는 취소 판결을 한 경우에는 제1항의 기간이 지나거나 그 남은 기간이 3개월 미만인 경우에도 그 판결이 확정된 날부터 3개월 이내에는 다시 징계 등을 청구할 수 있다(같은 조 제3항).

6) 징계의 심의

징계청구가 있는 때에는 위원장은 심의기일을 정하여 피청구인의 출석을 요구하여야 한다(법관징계법 제12조). 징계의 심의는 공개하지 아니하고(같은 법 제13조 제4항), 위원회의 심의·결정에 참여한 자는 직무상 알게 된 비밀을 누설하여서는 아니 된다(같은 조 제5항). 피청구인과 징계청구인은 서면 또는 구술로써 의견을 진술하거나 증거를 제출할 수 있고(같은 법 제14조), 위원회는 피청구인이 적법한 송달을 받고도 심의기일에 출석하지 아니하거나 진술권을 포기한 때에는 피청구인의 진술 없이 서면에 의하여 심의할 수 있다(같은 법 제17조).

7) 징계절차의 정지 및 징계청구의 취하

징계사유에 관하여 탄핵의 소추가 있는 경우에는 그 절차가 완결될 때까지 징계절차는 정지된다(같은 법 제20조 제1항). 위원회는 징계사유에 관하여 공소의 제기기 있는 경우에는 그 절차가 완결될 때까지 징계절차를 정지할 수 있다(같은 조 제2항). 징계청구인은 징계청구 이후 새로운 사실의 발견 등 피청구인이 징계사유에 해당되지 아니한다고 인정할 만한 사유가 있는 경우에는 징계결정이 있기 전까지 징계청구를 취하할 수 있다(같은 법 제21조).

8) 징계결정

위원회는 심의를 종료하였을 때에는 다음 각 호의 구분에 따라 결정을 한다(같은 법 제24조).

1. 징계 사유가 있고 이에 대하여 징계등 처분을 하는 것이 타당하다고 인정되는 경우: 징계 사유의 경중(輕重), 피청구인의 근무성적, 공적(功績), 뉘우치는 정도, 그 밖의 여러 사정을 종합하여 그에 합당한 징계등 처분을 하는 결정. 다만, 징계등 처분을 하지 아니하는 것이 타당하다고 인정되는 경우에는 불문(不問)으로 하는 결정을 할 수 있다.
2. 징계 사유가 인정되지 아니하는 경우: 무혐의 결정

9) 징계처분 및 집행

대법원장은 위원회의 결정에 따라 징계등처분을 하고 이를 집행한다(같은 법 제26조 제1항). 대법원장은 징계등 처분을 한 때에는 이를 관보에 게재한다(같은 조 제2항).

10) 징계처분에 대한 불복절차

피청구인이 징계처분에 대하여 불복하고자 하는 경우에는 징계등 처분이 있음을 안 날부터 14일 이내에 전심절차를 거치지 아니하고 대법원에 징계등 처분의 취소를 청구하여야 하고(같은 법 제27조 제1항), 대법원은 그 취소청구사건을 단심(單審)으로 재판한다(같은 조 제2항).

Ⅱ. 검사의 직무와 윤리

1. 검사의 직무와 성격

(1) 검사는 검찰권을 행사는 국가기관으로서 종래 형사절차의 모든 단계에 관여하면서 형사사법의 정의를 구현하는 데 기여하는 능동적이고 적극적인 국가기관이라 할 수 있다. 검사는 법무부에 소속된 행정기관으로서 국가의 행정목적을 위하여 활동하므로 검찰권은 행정권에 속하는 것이지만 범죄의 수사와 공소의 제기·유지 및 재판의 집행을 내용으로 하는 검찰권은 그 내용에 있어서 사법권과 밀접한 관계를 맺고 있다는 점에서 검사는 행정기관임과 동시에 사법기관이라는 이중적 성격을 가진 기관으로 보는 것이 일반적이다.

(2) 검사는 검찰사무를 처리하는 단독제의 관청이다. 즉, 검사는 검찰총장이나 검사장의 보조기관으로서 검찰사무를 처리하는 것이 아니라 단독으로 자기 책임 하에 이를 처리한다. 검사는 준사법기관으로서 검사의 임명자격은 ① 사법시험에 합격하여 사법연수원 과정을 마친 사람, ② 변호사자격이 있는 사람이다(검찰청법 제29조).[5]

검사가 정치적 압력을 받지 않고 검찰권을 공정하게 행사하도록 하기 위하여 검사에 대하여도 법관과 같은 신분보장을 하고 있는데, 검사는 탄핵 또는 금고 이상의 형의 선고에 의하지 아니하고는 파면되지 아니하며, 징계처분 또는 적격심사에 의하지 아니하고는 해임·면직·정직·감봉·견책 또는 퇴직의 처분을 받지 아니한다(같은 법 제37조).

(3) 대한민국의 모든 검사는 검찰총장을 정점으로 하는 피라미드형의 계층적 조직체를 형성하고 일체불가분의 유기적 통일체로서 활동하는데, 따라서 검사는 검찰사무에 관하여 소속 상급자의 지휘·감독에 따른다. 이를 종래 검사동일체의 원칙이라 하는데 이에 의하여 단독제의 관청인 검사는 분리된 관청이 아니라 그 전체가 하나로서 검찰권을 행사할 수 있게 된다. 이른바 검사동일체의 원칙은 검찰권의 행사가 전국적으로 균형을 이루게 하여 검찰권 행사의 공정성을 담보하고자 하는 데에 그 주된 이유가 있다. 한편 검사윤리강령 제12조는 "검사는 상급자에게 예의를 갖추어 정중하게 대하며, 직무에 관한 상급자의 지휘·감독에 따라야 한다. 다만 구체적 사건과 관련된 상급자의 지휘·감독의 적법성이나 정당성에 이견이 있을 때에는 절차에 따라서 이의를 제기할 수 있다"고 규정하고 있다.

2. 검사윤리

(1) 서 론

검사윤리는 법관윤리 또는 변호사윤리에 비하여 고유한 것이 그다지 많지

---

5) 과거에는 판사와 검사의 임명자격이 동일했으나, 2014년 법원조직법의 개정으로 판사는 변호사자격이 있는 사람으로서 10년 이상 판사나 검사 또는 변호사 또는 국가기관 등과 공인된 대학의 조교수 이상으로 있던 사람 중에서 임용하게 됨으로써(제42조 제2항) 그 임명자격에 차이가 생겼다.

않은데, 그 이유는 검사는 일반적인 행정공무원으로서 공무원에 대하여 요구되는 복무규율이 그대로 검사에게도 타당하다고 여겨지고 또한 검사의 권한 행사에는 이른바 검사동일체의 원칙이 작용하여 전국적인 통제가 되고 있으므로, 개개의 검사윤리에 맡겨지는 부분이 그다지 많지 않다고 볼 수 있기 때문이다.[6] 그러나 이른바 검사동일체의 원칙에 따른 계층적 조직체로서의 검찰권의 행사는 결국 검사윤리에 의하여 유지되어 온 각개 검사의 검찰권 행사의 총체인 것이므로 검사윤리는 각개 검사 개인의 윤리로 환원하여 생각하여야 할 것이다. 검사윤리를 살펴보는 데 있어 검토하여야 할 규정으로는 검찰청법, 검사윤리강령(법무부훈령 제581호), 검사윤리강령운영지침(법무부예규 제1273호), 인권보호수사준칙(법무부훈령 제985호) 등이 있다.

(2) 검사의 사명과 기본적 윤리

검사윤리강령 제1조는 검사의 사명에 대하여 "검사는 공익의 대표자로서 국법질서를 확립하고 국민의 인권을 보호하며 정의를 실현함을 그 사명으로 한다"고 규정하고 있다. 이와 같은 사명으로부터 도출되는 검사의 기본적 윤리를 살펴보면 다음과 같다.

1) 검사는 공소권의 주체로서, 정당한 법의 적용을 청구할 의무를 부담한다. 따라서 검찰권의 행사에 있어서는 자기의 양심에 따라 무죄인 자를 보호함은 물론이고 피의자나 피고인의 정당한 권리를 옹호하여야 할 의무도 부담한다.

2) 검사는 외부로부터 공정성을 의심받을 만한 일을 하여서는 안 된다. 검사

---

6) 사법연수원, 법조윤리론, 2008, 156−157면. 검사는 검찰사무(검찰청법 제4조)를 처리하는 단독제 관청임에도, 모든 검사는 검찰총장을 정점으로 하는 피라미드형의 계층적 조직체를 형성하고 일체불가분의 유기적 통일체로서 활동해야 한다'는 원칙을 종래 '검사동일체 원칙(檢事同一體) 원칙'이라고 불러 왔다. 검사동일체 원칙을 통하여 범죄수사와 공소 제기·유지 및 재판의 집행을 내용으로 하는 검찰권 행사가 전국적으로 균형을 이루게 하여 검찰권 행사의 공정을 기하고, 전국적으로 통일된 수사망을 갖추어 광역화된 범죄에 효율적으로 대처할 수 있도록 하는 데 그 취지가 있다는 것이다. 이러한 '검사동일체 원칙'의 핵심적 내용은 '검사의 상명하복관계'와 '직무승계와 이전의 권한'이다. 그러나 현행 「검찰청법」은 더 이상 '검사동일체의 원칙'이라는 용어를 사용하고 있지 않다. 더 이상 '검사동일체의 원칙'이라는 용어를 사용하기보다는 검사 상호 간에 위에서 본 여러 규정들에 의해 협력관계가 있음을 인식하는 것으로 충분하다고 할 것이다.

는 검찰권의 행사가 공정하게 행해지고 있다는 일반적 신뢰를 손상시키지 않도록 언동을 신중히 하여 외견상 객관성을 유지하여야 한다.

3) 검사는 공익의 대표자로서 검사의 직무상 활동은 모두 공익의 정신에 기초하여 행해져야 한다. 특히 형벌권이라는 국가권력을 행사하는 검사에게 공익은 형벌권 행사의 목적이 될 수 있는 반면 자칫 형벌권에 의하여 침해되기 쉬운 국민의 자유에 대한 제한의 명분으로도 작용할 수 있는 양날의 칼과 같다는 점에 대한 확고한 인식의 바탕 위에서 공익의 정신으로 무장하는 것이 검사윤리의 출발점이라고 할 수 있다.

(3) 검사의 공정성

1) 법집행기관인 검사가 공정하고 중립적인 입장에서 사건을 처리하여야 함은 당연한 것이다. 기소독점주의와 기소편의주의를 채택하고 있는 우리나라 형사소송법상 검사는 기소권을 행사함에 있어 광범위한 재량권을 가지고 있는데, 이는 검찰에 대한 국민의 신뢰가 각 검사 개인의 구체적 검찰권 행사의 공정성 여하에 달려 있음을 말해 주는 것이다. 따라서 각 검사는 검찰권을 공정하게 행사하여만 할 뿐만 아니라, 일반인이 그 공정성에 의문을 가지지 않도록 특단의 배려를 할 필요가 있다.

2) 여기서 공정성이란 피의자나 피해자, 기타 사건 관계인에 대하여 정당한 이유 없이 차별대우를 하지 아니하며 어떠한 압력이나 유혹, 정실에도 영향을 받지 아니하고 오로지 법과 양심에 따라 엄정하고 공평하게 직무를 수행하는 것을 의미하는데(검사윤리강령 제3조 제2항), 검사는 이러한 공정성을 의심받을 만한 행동도 하여서는 안 된다. 검사는 직무수행의 공정성을 의심받을 우려가 있는 자와 교류하지 아니하며 그 처신에 유의하여야 한다(검사윤리강령 제14조). 또한 검사는 자신의 취급하는 사건의 피의자, 피해자 등 사건관계인 기타 직무와 이해관계가 있는 자(이하 사건 관계인 등이라 한다)와 정당한 이유 없이 사적으로 접촉하여서는 안 된다(검사윤리강령 제15조). 검사는 직무수행의 공정성을 의심받을 우려가 있는 자나 사건 관계인 등으로부터 정당한 이유 없이 금품, 금전상 이익, 향응이나 기타 경제적 편의를 제공받아서는 안 된다(검사윤리강령 제19조).

(4) 검사의 객관의무(진실의무)

검사는 공판절차에서 피고인에 대립하는 당사자이지만, 단순한 당사자가 아니라 공익의 대표자로서 피고인의 정당한 이익을 옹호하여야 할 의무가 있다. 따라서 검사는 피고인의 적이 아니라 피고인에게 이익이 되는 사실도 조사·제출하고, 피고인의 이익을 위하여 상소와 비상상고를 하여야 할 의무를 부담하는데 이를 검사의 객관의무라고 한다. 법치국가원리의 실현을 위하여는 검사가 객관성을 유지하지 않으면 안 된다는 점을 고려할 때, 검사의 객관의무를 인정할 수 있다. 검사의 객관의무와 관련하여 대법원은 검사가 소송 진행 도중에 피고인의 무죄를 증명할 수 있는 결정적인 물증(유전자 감정서)을 입수하고도 이를 법원에 제출하지 아니하고 이미 제기된 공소를 유지한 행위는 국가형벌권의 남용으로서 위법하다고 판단한 바 있다.[7]

(5) 직무상 비밀유지

검사는 수사사항, 사건 관계인의 개인정보 기타 직무상 파악한 사실에 대하여 비밀을 유지하여야 하며, 전화·팩스 또는 전자우편 그리고 기타 통신수단을 이용할 때에는 직무상 비밀이 누설되지 않도록 유의하여야 한다(검사윤리강령 제22조). 또한 검사는 그 사무실의 검찰공무원·사법연수생 기타 자신의 직무에 관여된 공무원들이 직무에 관하여 위법 또는 부당한 행위를 하거나 업무상 지득한 비밀을 누설하거나 부당하게 이용하지 못하도록 지도·감독하여야 한다(검사윤리강령 제23조). 이러한 비밀유지의무는 검사 재직 중은 물론이고 퇴직한 후에도 지속되는 것으로 보아야 한다. 검사는 수사 등 직무와 관련된 사항에 관하여 검사의 직함을 사용하여 대외적으로 그 내용이나 의견을 기고하고 발표하는 등 이를 공표할 때에는 소속 기관장의 승인을 받아야 한다(검사윤리강령 제21조). 소속 기관장의 승인 요구는 직무관련성이 있는 내용을 전제로 하는 것이지만, 설사 직무관련성이 없다 하더라도 검사의 명예와 품위를 손상시키는 기고라면 검사윤리에 위배되는 것으로 볼 수 있다.

---

7) 대법원 2002.2.22. 선고 2001다23447 판결.

(6) 정치적 활동의 금지

검사는 준사법기관으로서 정치적으로 중립적이어야 하기 때문에 정치적 활동은 금지된다. 검찰청법 제4조 제2항은 "검사는 그 직무를 수행할 때 국민 전체에 대한 봉사자로서 헌법과 법률에 따라 국민의 인권을 보호하고 적법절차를 준수하며, 정치적 중립을 지켜야 하고 주어진 권한을 남용하여서는 아니 된다"라고 규정하고 있다. 또한 검사는 재직 중 '국회 또는 지방의회 의원이 되는 일'과 '정치운동에 관여하는 일'이 금지된다(같은 법 제43조 제1호, 제2호). 이러한 취지에 따라 검사윤리강령 제3조 제1항은 "검사는 정치운동에 관여하지 아니 하며, 직무수행을 할 때 정치적 중립을 지킨다"고 규정하고 있는데, 검사윤리강령 운영지침 제2조에 의하면 '정치운동에 관여한다'고 함은 ① 검사가 정당에 가입하거나 정당의 행사에 참석하는 행위, ② 검사가 정치인에게 후원금을 포함한 정치자금을 제공하는 행위, ③ 그 밖에 국가공무원법 제65조, 국가공무원복무규정 제27조의 규정에 의해 금지된 정치운동을 하는 행위를 의미한다. 다만, 정치자금법 제22조에 따라 선거관리위원회에 기탁금을 기탁하는 행위는 제외한다.

(7) 이익충돌 회피

검사는 자신의 사적인 이해관계와 연관되어 있는 사건을 회피하여야 한다. 검사의 공정성에 영향을 미치기 때문이다. 검사는 취급 중인 사건의 피의자·피해자 기타 사건 관계인(당사자가 법인인 경우 대표이사 또는 지배주주)과 민법 제777조의 친족관계에 있거나 그들의 변호인으로 활동한 전력이 있을 때 또는 당해 사건과 자신의 이해가 관련되었을 때에는 그 사건을 회피하여야 하고(검사윤리강령 제9조 제1항), 취급 중인 사건의 관계인과 위 제1항 이외의 친분관계 기타 특별한 관계가 있는 경우에도 수사의 공정성을 의심받을 우려가 있다고 판단했을 때에는 그 사건을 회피할 수 있다(같은 조 제2항).

또한 검사는 직무상 관련이 있는 사건이나 자신이 근무하는 기관에서 취급 중인 사건에 관하여 피의자, 피고인 기타 사건 관계인에게 특정 변호사의 선임을 알선하거나 권유하여서는 안 된다(검사윤리강령 제20조).

(8) 청렴성

검사는 공·사생활에서 높은 도덕성과 청렴성을 유지하고, 명예롭고 품위 있게 행동하여야 한다(검사윤리강령 제4조). 따라서 검사는 금전상의 이익을 목적으로 하는 업무에 종사하거나 법무부장관의 허가 없이 보수 있는 직무에 종사하는 일을 하지 못하며, 법령에 의하여 허용된 경우를 제외하고는 다른 직무를 겸하여서는 안 된다(검사윤리강령 제17조). 또한 검사는 직무수행의 공정성을 의심받을 우려가 있는 자나 사건 관계인 등으로부터 정당한 이유 없이 금품, 금전상 이익, 향응 기타 경제적 편의를 제공받아서는 안 된다(검사윤리강령 제19조).

3. 검사에 대한 징계

(1) 징계의 종류

징계는 해임·면직·정직·감봉 및 견책으로 구분한다(검사징계법 제3조 제1항).

1) 정직은 1개월 이상 6개월 이하의 기간 동안 검사의 직무 집행을 정지하고 보수를 지급하지 아니하는 것을 말한다(같은 조 제3항).

2) 감봉은 1개월 이상 1년 이하의 기간 동안 보수의 3분의 1 이하를 감액하는 것을 말한다(같은 조 제4항).

3) 견책은 검사로 하여금 직무에 종사하게 하면서 그가 저지른 잘못을 반성하게 하는 것을 말한다(같은 조 제5항).

(2) 징계사유

다음 각 호의 1에 해당할 경우에는 징계를 행한다(검사징계법 제2조).
1. 검찰청법 제43조(정치운동 등의 금지)를 위반하였을 때
2. 직무상의 의무에 위반하거나 직무를 게을리 하였을 때
3. 직무 관련 여부에 상관없이 검사로서의 체면이나 위신을 손상하는 행위를 하였을 때

(3) 징계위원회

징계사건을 심의하기 위하여 법무부 내에 검사징계위원회(이하 위원회라고 한다)를 둔다(같은 법 제4조 제1항). 위원회는 위원장 1명을 포함한 9명의 위원으로 구성하고, 예비위원 3명을 두며(같은 조 제2항), 위원장은 법무부장관이 된다(같은 법 제5조 제1항).

(4) 징계절차

1) 징계의 청구와 개시

위원회의 징계심의는 검찰총장의 청구에 의하여 시작한다(같은 법 제7조 제1항). 검찰총장은 검사가 검사징계법 제2조 각 호의 1에 해당하는 행위를 하였다고 인정하는 때에는 징계청구를 하여야 하는데(같은 조 제2항), 검찰총장인 검사에 대한 징계 및 제7조의2에 따른 징계부가금 부과는 법무부장관이 청구하여야 한다(같은 조 제3항). 징계의 청구는 위원회에 서면으로 제출하여야 한다(같은 조 제4항).

2) 징계 부가금

제7조에 따라 검찰총장이 검사에 대하여 징계를 청구하거나 법무부장관이 검찰총장인 검사에 대하여 징계를 청구하는 경우 그 징계 사유가 금품 및 향응 수수(授受), 공금의 횡령(橫領)·유용(流用)인 경우에는 해당 징계 외에 금품 및 향응 수수액, 공금의 횡령액·유용액의 5배 내의 징계부가금 부과 의결을 위원회에 청구하여야 한다(검사징계법 제7조의2 제1항).

이에 따른 징계부가금의 조정, 감면 및 징수에 관하여는 「국가공무원법」 제78조의2 제2항부터 제5항까지의 규정을 준용한다(같은 조 제2항).

3) 재징계등의 청구

검찰총장(검찰총장인 검사에 대한 징계등의 경우에는 법무부장관을 말한다)은 다음 각 호의 어느 하나에 해당하는 사유로 법원에서 징계등 처분의 무효 또는 취소 판결을 받은 경우에는 다시 징계등을 청구하여야 한다. 다만, 제3호의 사유로 무효 또는 취소 판결을 받은 감봉·견책 처분에 대해서는 징계등을 청구하지 아니할 수 있다(검사징계법 제7조의3 제1항).

1. 법령의 적용, 증거 및 사실 조사에 명백한 흠이 있는 경우
2. 위원회의 구성 또는 징계등 의결, 그 밖에 절차상의 흠이 있는 경우
3. 징계양정 및 징계부가금이 과다한 경우

검찰총장(검찰총장인 검사에 대한 징계등의 경우에는 법무부장관을 말한다)은 제1항에 따른 징계등을 청구하는 경우에는 법원의 판결이 확정된 날부터 3개월 이내에 위원회에 징계등을 청구하여야 하며, 위원회에서는 다른 징계사건에 우선하여 징계등을 의결하여야 한다(같은 조 제2항).

4) 징계혐의자에 대한 부본 송달과 직무집행의 정지

위원회는 징계청구서의 부본을 징계혐의자에게 송달하여야 하고, 법무부장관은 필요하다고 인정할 때에는 징계혐의자에 대하여 직무집행의 정지를 명할 수 있다(같은 법 제8조 제1항, 제2항). 검찰총장은 해임 또는 면직 사유에 해당한다고 인정되는 사유로 조사 중인 검사에 대하여 징계청구가 예상되고, 그 검사가 직무집행을 계속하는 것이 현저하게 부적당하다고 인정되는 경우에는 법무부장관에게 그 검사의 직무집행을 정지하도록 명하여 줄 것을 요청할 수 있다. 이 경우 법무부장관은 그 요청이 상당하다고 인정할 때에는 2개월의 범위 안에서 직무집행의 정지를 명하여야 한다(같은 조 제3항).

5) 심의절차

징계의 청구가 있을 때에는 위원장은 징계심의의 기일을 정하고 징계혐의자의 출석을 명할 수 있다(같은 법 제9조). 위원회는 심의기일에 심의를 개시하고 징계혐의자에 대하여 징계청구에 대한 사실과 기타 필요한 사항을 심문할 수 있다(같은 법 제10조). 징계혐의자가 위원장의 명에·의하여 심의기일에 출석하였을 때에는 서면 또는 구술로써 자기의 이익되는 사실을 진술하며 증거를 제출할 수 있다(같은 법 제11조). 징계혐의자는 변호사 또는 학식경험이 있는 자를 특별변호인으로 선임하여 사건에 대한 보충진술과 증거제출을 하게 할 수 있다(같은 법

제12조). 징계혐의자가 위원장의 출석명령을 받고 심의기일에 출석하지 아니한 때에는 서면에 의하여 심의할 수 있다(같은 법 제14조). 위원장은 명에 의하여 출석한 징계혐의자 및 선임된 특별 변호인에게 최종 의견을 진술할 기회를 주어야 한다(같은 법 제16조).

6) 징계청구의 취하

검찰총장(검찰총장인 검사에 대한 징계등의 경우에는 법무부장관을 말한다)은 징계청구 이후에 제2조에 따른 징계 사유에 해당되지 아니한다고 인정할 만한 새로운 사실이 발견되는 등의 사유가 있는 경우에는 징계혐의자에 대한 징계청구를 제18조에 따른 징계의결 전까지 취하할 수 있다(같은 법 제17조의2).

7) 징계의결

위원회는 사건 심의를 마치면 출석위원 과반수의 찬성으로 징계를 의결한다(같은 법 제18조 제1항). 검찰총장은 징계의결에 앞서 위원회에 의견을 제시할 수 있다(같은 조 제4항). 위원회가 징계결정을 할 때 의견이 나뉘어 출석위원 과반수에 이르지 못한 경우에는 출석위원 과반수에 이르기까지 징계혐의자에게 가장 불리한 의견의 수에 차례로 유리한 의견의 수를 더하여 그 중 가장 유리한 의견에 따른다(같은 조 제2항).

위원회는 징계 사유가 있으나 징계처분을 하지 아니하는 것이 타당하다고 인정되는 경우에는 불문(不問)으로 하는 결정을 할 수 있다(같은 조 제3항).

(5) 징계의 집행과 징계심의 정지

1) 징계의 집행은 견책의 경우에는 징계처분을 받은 검사가 소속하는 검찰청의 검찰총장·고등검찰청검사장 또는 지방검찰청검사장이 하고, 해임·면직·정직·감봉의 경우에는 법무부장관의 제청으로 대통령이 한다(같은 법 제23조 제1항). 검사에 대한 징계처분을 한 때에는 그 사실을 관보에 게재하여야 한다(같은 조 제2항).

2) 징계사유에 관하여 탄핵의 소추 또는 공소의 제기가 있을 때에는 그 사건

이 완결될 때까지 징계심의를 정지한다. 다만, 공소의 제기가 있는 경우로서 징계사유에 관하여 명백한 증명자료가 있거나 징계혐의자의 심신상실·질병 등의 사유로 형사재판절차가 진행되지 아니할 때에는 징계심의를 진행할 수 있다(같은 법 제24조).

(6) 징계사유의 시효

징계는 징계사유가 있는 날부터 3년(금품 및 향응 수수, 공금의 횡령·유용의 경우에는 5년)이 경과하면 이를 청구하지 못한다(같은 법 제25조).

(7) 징계처분에 대한 불복

검사징계법은 징계처분에 대한 불복절차에 관하여 규정하지 않고 있는데, 검사 역시 행정부 소속 공무원이므로 일반 공무원의 징계에 대한 불복절차에 따른다고 할 것이므로 검사는 소청 또는 행정소송의 방식으로 불복할 수 있다고 할 것이다(국가공무원법 제9조 내지 제16조).

부 록

변호사윤리장전

윤 리 강 령

1. 변호사는 기본적 인권의 옹호와 사회정의의 실현을 사명으로 한다.
2. 변호사는 성실·공정하게 직무를 수행하며 명예와 품위를 보전한다.
3. 변호사는 법의 생활화 운동에 헌신함으로써 국가와 사회에 봉사한다.
4. 변호사는 용기와 예지와 창의를 바탕으로 법률문화향상에 공헌한다.
5. 변호사는 민주적 기본질서의 확립에 힘쓰며 부정과 불의를 배격한다.
6. 변호사는 우애와 신의를 존중하며, 상호부조·협동정신을 발휘한다.
7. 변호사는 국제 법조 간의 친선을 도모함으로써 세계 평화에 기여한다.

윤 리 규 약

제1장 일반적 윤리

제1조[사명] ① 변호사는 인간의 자유와 권리를 보호하고 향상시키며, 법을 통한 정의의 실현을 위하여 노력한다.

② 변호사는 공공의 이익을 위하여 봉사하며, 법령과 제도의 민주적 개선에 노력한다.

제2조[기본윤리] ① 변호사는 공정하고 성실하게 독립하여 직무를 수행한다.

② 변호사는 그 직무를 행함에 있어서 진실을 왜곡하거나 허위진술을 하지 아니한다.

③ 변호사는 서로 존중하고 예의를 갖춘다.

④ 변호사는 법률전문직으로서 필요한 지식을 탐구하고 윤리와 교양을 높이기 위하여 노력한다.

제2장 직무에 관한 윤리

제3조[회칙준수 등] 변호사는 법령과 대한변호사협회 및 소속 지방변호사회의 회칙·규칙·규정 등을 준수하고, 그 구성과 활동에 적극 참여한다.

제4조[공익 활동 등] ① 변호사는 공익을 위한 활동을 실천하며 그에 참여한다.

② 변호사는 국선변호 등 공익에 관한 직무를 위촉받았을 때에는 공정하고 성실하게 직무를 수행하며, 이해관계인 등으로부터 부당한 보수를 받지 아니한다.

제5조[품위유지의무] 변호사는 품위를 유지하고, 명예를 손상하는 행위를 하지 아니한다.

제6조[겸직 제한] ① 변호사는 보수를 받는 공무원을 겸하지 아니한다. 다만, 법령이 허용하는 경우와 공공기관에서 위촉한 업무를 행하는 경우에는 그러하지 아니하다.

② 변호사는 소속 지방변호사회의 허가 없이 상업 기타 영리를 목적으로 하는 업무를 경영하거나, 이를 경영하는 자의 사용인이 되거나, 또는 영리법인의 업무집행사원·이사 또는 사용인이 될 수 없다.

③ 제1항 및 제2항의 규정은 변호사가 휴업한 때에는 이를 적용하지 아니한다.

제7조[이중 사무소 금지] 변호사는 어떠한 명목으로도 둘 이상의 법률사무소를 둘 수 없다. 다만, 사무공간 부족등 부득이한 사유가 있어 대한변호사협회가 정하는 바에 따라 인접한 장소에 별도의 사무실을 두고 변호사가 주재하는 경우에는, 본래의 법률사무소와 함께 하나의 사무소로 본다.

제8조[사무직원] ① 변호사는 사건의 유치를 주된 임무로 하는 사무직원을 채용하지 아니한다.

② 변호사는 사무직원에게 사건유치에 대한 대가를 지급하지 아니한다.

③ 변호사는 사무직원을 채용함에 있어서 다른 변호사와 부당하게 경쟁하거나 신의에 어긋나는 행위를 하지 아니한다.

④ 변호사는 사무직원이 법령과 대한변호사협회 및 소속 지방변호사회의 회칙, 규칙 등을 준수하여 성실히 사무에 종사하도록 지휘·감독한다.

제9조[부당한 사건유치 금지 등] ① 변호사는 사건의 알선을 업으로 하는 자로부터 사건의 소개를 받거나, 이러한 자를 이용하거나, 이러한 자에게 자기의 명의를 이용하게 하는 일체의 행위를 하지 아니한다.

② 변호사는 어떠한 경우를 막론하고 사건의 소개·알선 또는 유인과 관련하여 소개비, 기타 이와 유사한 금품이나 이익을 제공하지 아니한다.

제10조[상대방 비방 금지 등] ① 변호사는 상대방 또는 상대방 변호사를 유혹하거
나 비방하지 아니한다.

② 변호사는 수임하지 않은 사건에 개입하지 아니하고, 그에 대한 경솔한 비판을
삼간다.

제11조[위법행위 협조 금지 등] ① 변호사는 의뢰인의 범죄행위, 기타 위법행위에
협조하지 아니한다. 직무수행 중 의뢰인의 행위가 범죄행위, 기타 위법행위에 해
당된다고 판단된 때에는 즉시 그에 대한 협조를 중단한다.

② 변호사는 범죄혐의가 희박한 사건의 고소, 고발 또는 진정 등을 종용하지 아
니한다.

③ 변호사는 위증을 교사하거나 허위의 증거를 제출하게 하거나 이러한 의심을
받을 행위를 하지 아니한다.

제12조[개인정보의 보호] 변호사는 업무를 수행함에 있어서 개인정보의 보호에 유
의한다.

제3장 의뢰인에 대한 윤리

제1절 일반규정

제13조[성실의무] ① 변호사는 의뢰인에게 항상 친절하고 성실하여야 한다.

② 변호사는 업무처리에 있어서 직업윤리의 범위 안에서 가능한 한 신속하게 의
뢰인의 위임목적을 최대한 달성할 수 있도록 노력한다.

제14조[금전거래의 금지] 변호사는 그 지위를 부당하게 이용하여 의뢰인과 금전대
여, 보증, 담보제공 등의 금전거래를 하지 아니한다.

제15조[동의 없는 소 취하 등 금지] 변호사는 의뢰인의 구체적인 수권 없이 소 취
하, 화해, 조정 등 사건을 종결시키는 소송행위를 하지 아니한다.

제16조[수임 거절 등] ① 변호사는 의뢰인이나 사건의 내용이 사회 일반으로부터
비난을 받는다는 이유만으로 수임을 거절하지 아니한다.

② 변호사는 노약자, 장애인, 빈곤한 자, 무의탁자, 외국인, 소수자, 기타 사회적
약자라는 이유만으로 수임을 거절하지 아니한다.

③ 변호사는 법원을 비롯한 국가기관 또는 대한변호사협회나 소속 지방변호사회로부터 국선변호인, 국선대리인, 당직변호사 등의 지정을 받거나 기타 임무의 위촉을 받은 때에는, 신속하고 성실하게 이를 처리하고 다른 일반 사건과 차별하지 아니한다. 그 선임된 사건 또는 위촉받은 임무가 이미 수임하고 있는 사건과 이해관계가 상반되는 등 정당한 사유가 있는 경우에는, 그 취지를 알리고 이를 거절한다.

제17조[국선변호인 등] ① 국선변호인 등 관련 법령에 따라 국가기관에 의하여 선임된 변호사는 그 사건을 사선으로 전환하기 위하여 부당하게 교섭하지 아니한다.
② 의뢰인의 요청에 의해 국선변호인 등이 사선으로 전환한 경우에는 별도로 소송위임장, 변호사선임신고서 등을 제출한다.

제18조[비밀유지 및 의뢰인의 권익보호] ① 변호사는 직무상 알게 된 의뢰인의 비밀을 누설하거나 부당하게 이용하지 아니한다.
② 변호사는 직무와 관련하여 의뢰인과 의사교환을 한 내용이나 의뢰인으로부터 제출받은 문서 또는 물건을 외부에 공개하지 아니한다.
③ 변호사는 직무를 수행하면서 작성한 서류, 메모, 기타 유사한 자료를 외부에 공개하지 아니한다.
④ 제1항 내지 제3항의 경우에 중대한 공익상의 이유가 있거나, 의뢰인의 동의가 있는 경우 또는 변호사 자신의 권리를 방어하기 위하여 필요한 경우에는, 최소한의 범위에서 이를 공개 또는 이용할 수 있다.

제2절 사건의 수임 및 처리

제19조[예상 의뢰인에 대한 관계] ① 변호사는 변호사로서의 명예와 품위에 어긋나는 방법으로 예상 의뢰인과 접촉하거나 부당하게 소송을 부추기지 아니한다.
② 변호사는 사무직원이나 제3자가 사건유치를 목적으로 제1항의 행위를 하지 않도록 주의한다.

제20조[수임 시의 설명 등] ① 변호사는 의뢰인이 사건 위임 여부를 결정할 수 있도록 의뢰인으로부터 제공받은 정보를 기초로 사건의 전체적인 예상 진행과정, 수임료와 비용, 기타 필요한 사항을 설명한다.
② 변호사는 의뢰인이 기대하는 결과를 얻을 가능성이 없거나 희박한 사건을 그 가능성이 높은 것처럼 설명하거나 장담하지 아니한다.

③ 변호사는 상대방 또는 상대방 대리인과 친족관계 등 특수한 관계가 있을 때에는, 이를 미리 의뢰인에게 알린다.

④ 변호사는 사건의 수임을 위하여 재판이나 수사업무에 종사하는 공무원과의 연고 등 사적인 관계를 드러내며 영향력을 미칠 수 있는 것처럼 선전하지 아니한다.

제21조[부당한 사건의 수임금지] 변호사는 위임의 목적 또는 사건처리의 방법이 현저하게 부당한 경우에는 당해 사건을기관에 제출할 때에는, 사전에 소속 지방변호사회를 경유한다. 다만, 사전에 경유할 수 없는 급박한 사정이 있는 경우에는 사후에 지체 없이 경유 절차를 보완한다.

제22조[수임 제한] ① 변호사는 다음 각 호의 어느 하나에 해당하는 사건을 수임하지 아니한다. 다만, 제3호의 경우 수임하고 있는 사건의 의뢰인이 동의하거나, 제4호의 경우 의뢰인이 동의하거나, 제5호 및 제6호의 경우 관계되는 의뢰인들이 모두 동의하고 의뢰인의 이익이 침해되지 않는다는 합리적인 사유가 있는 경우에는 그러하지 아니하다.

1. 과거 공무원·중재인·조정위원 등으로 직무를 수행하면서 취급 또는 취급하게 된 사건이거나, 공정증서 작성사무에 관여한 사건
2. 동일한 사건에 관하여 상대방을 대리하고 있는 경우
3. 수임하고 있는 사건의 상대방이 위임하는 다른 사건
4. 상대방 또는 상대방 대리인과 친족관계에 있는 경우
5. 동일 사건에서 둘 이상의 의뢰인의 이익이 서로 충돌하는 경우
6. 현재 수임하고 있는 사건과 이해가 충돌하는 사건

② 변호사는 위임사무가 종료된 경우에도 종전 사건과 기초가 된 분쟁의 실체가 동일한 사건에서 대립되는 당사자로부터 사건을 수임하지 아니한다.

③ 변호사는 의뢰인과 대립되는 상대방으로부터 사건의 수임을 위해 상담하였으나 수임에 이르지 아니하였거나 기타 그에 준하는 경우로서, 상대방의 이익이 침해되지 않는다고 합리적으로 여겨지는 경우에는, 상담 등의 이유로 수임이 제한되지 아니한다.

제23조[위임장 등의 제출 및 경유] ① 변호사는 사건을 수임하였을 때에는 소송위임장이나 변호인선임신고서 등을 해당 기관에 제출한다. 이를 제출하지 아니하고는 전화, 문서, 방문, 기타 어떠한 방법으로도 변론활동을 하지 아니한다.

② 변호사는 법률사건 또는 법률사무에 관한 소송위임장이나 변호인선임신고서 등을 공공기관에 제출할 때에는, 사전에 소속 지방변호사회를 경유한다. 다만, 사

전에 경유할 수 없는 급박한 사정이 있는 경우에는 사후에 지체 없이 경유 절차를 보완한다.

제24조[금전 등의 수수] 변호사는 예납금, 보증금 등의 금전 및 증거서류 등의 수수를 명백히 하고, 이로 인한 분쟁이 발생하지 아니하도록 주의한다.

제25조[다른 변호사의 참여] ① 변호사는 의뢰인이 다른 변호사에게 해당 사건을 의뢰하는 것을 방해하지 아니한다.
② 변호사는 의뢰인이 변호사를 바꾸고자 할 경우에는 업무의 인수인계가 원활하게 이루어질 수 있도록 합리적인 범위 내에서 협조한다.

제26조[공동 직무수행] ① 변호사는 동일한 의뢰인을 위하여 공동으로 직무를 수행하는 경우에는, 의뢰인의 이익을 위해 서로 협력한다.
② 변호사는 공동으로 직무를 수행하는 다른 변호사와 의견이 맞지 아니하여 의뢰인에게 불이익을 미칠 수 있는 경우에는, 지체 없이 의뢰인에게 이를 알린다.

제27조[의뢰인 간의 이해 대립] 수임 이후에 변호사가 대리하는 둘 이상의 의뢰인 사이에 이해의 대립이 발생한 경우에는, 변호사는 의뢰인들에게 이를 알리고 적절한 방법을 강구한다.

제28조[사건처리 협의 등] ① 변호사는 의뢰인에게 사건의 주요 경과를 알리고, 필요한 경우에는 의뢰인과 협의하여 처리한다.
② 변호사는 의뢰인의 요청이나 요구가 변호사의 품위를 손상시키거나 의뢰인의 이익에배치된다고 인정하는 경우에는, 그 이유를 설명하고 이에 따르지 않을 수 있다.

제29조[사건처리의 종료] 변호사는 수임한 사건의 처리가 종료되면, 의뢰인에게 그 결과를 신속히 설명한다.

제30조[분쟁 조정] 변호사는 의뢰인과 직무와 관련한 분쟁이 발생한 경우에는, 소속 지방변호사회의 조정에 의하여 분쟁을 해결하도록 노력한다.

제3절 보 수

제31조[원칙] ① 변호사는 직무의 공공성과 전문성에 비추어 부당하게 과다한 보수를 약정하지 아니한다.

② 변호사의 보수는 사건의 난이도와 소요되는 노력의 정도와 시간, 변호사의 경험과 능력, 의뢰인이 얻게 되는 이익의 정도 등 제반 사정을 고려하여 합리적으로 결정한다.

③ 변호사는 건전한 수임질서를 교란하는 과당 염가 경쟁을 지양함으로써 법률사무의 신뢰와 법률시장의 건강을 유지한다.

④ 변호사는 변호사 또는 법률사무의 소개를 내용으로 하는 애플리케이션등 전자적 매체 기반의 영업에 대하여 이에 참여하거나 회원으로 가입하는 등의 방법으로 협조하지 않는다.

제32조[서면계약] 변호사는 사건을 수임할 경우에는 수임할 사건의 범위, 보수, 보수 지급방법, 보수에 포함되지 않는 비용 등을 명확히 정하여 약정하고, 가급적 서면으로 수임계약을 체결한다. 다만, 단순한 법률자문이나 서류의 준비, 기타 합리적인 이유가 있는 경우에는 그러하지 아니하다.

제33조[추가 보수 등] ① 변호사는 정당한 사유 없이 추가보수를 요구하지 아니한다.

② 변호사는 명백한 서면 약정 없이 공탁금, 보증금, 기타 보관금 등을 보수로 전환하지 아니한다. 다만, 의뢰인에게 반환할 공탁금 등을 미수령 채권과 상계할 수 있다.

③ 변호사는 담당 공무원에 대한 접대 등의 명목으로 보수를 정해서는 아니 되며, 그와 연관된 명목의 금품을 요구하지 아니한다.

제34조[보수 분배 금지 등] ① 변호사는 변호사 아닌 자와 공동의 사업으로 사건을 수임하거나 보수를 분배하지 아니한다. 다만, 외국법자문사법에서 달리 정하는 경우에는 그러하지 아니하다.

② 변호사는 소송의 목적을 양수하거나, 정당한 보수 이외의 이익분배를 약정하지 아니한다.

제4장 법원, 수사기관, 정부기관, 제3자 등에 대한 윤리

제1절 법원, 수사기관 등에 대한 윤리

제35조[사법권의 존중 및 적법 절차 실현] 변호사는 사법권을 존중하며, 공정한 재판과 적법 절차의 실현을 위하여 노력한다.

제36조[재판절차에서의 진실의무] ① 변호사는 재판절차에서 의도적으로 허위 사실에 관한 주장을 하거나 허위증거를 제출하지 아니한다.
② 변호사는 증인에게 허위의 진술을 교사하거나 유도하지 아니한다.

제37조[소송 촉진] 변호사는 소송과 관련된 기일, 기한 등을 준수하고, 부당한 소송 지연을 목적으로 하는 행위를 하지 아니한다.

제38조[영향력 행사 금지] 변호사는 개인적 친분 또는 전관관계를 이용하여 직접 또는 간접으로 법원이나 수사기관 등의 공정한 업무 수행에 영향을 미칠 행위를 하지 아니한다.

제39조[사건 유치 목적의 출입 금지] 변호사는 사건을 유치할 목적으로 법원, 수사기관, 교정기관 및 병원 등에 직접 출입하거나 사무원 등으로 하여금 출입하게 하지 아니한다.

제40조[공무원으로부터의 사건 소개 금지] 변호사는 법원, 수사기관 등의 공무원으로부터 해당기관의 사건을 소개받지 아니한다.

제2절 정부기관에 대한 윤리

제41조[비밀 이용 금지] 변호사는 공무를 수행하면서 알게 된 정부기관의 비밀을 업무처리에 이용하지 아니한다.

제42조[겸직 시 수임 제한] 변호사는 공정을 해할 우려가 있을 때에는, 겸직하고 있는 당해 정부기관의 사건을 수임하지 아니한다.

제3절 제3자에 대한 윤리

제43조[부당한 이익 수령 금지] 변호사는 사건의 상대방 또는 상대방이었던 자로부터 사건과 관련하여 이익을 받거나 이를 요구 또는 약속받지 아니한다.

제44조[부당한 이익 제공 금지] 변호사는 사건의 상대방 또는 상대방이었던 자에게 사건과 관련하여 이익을 제공하거나 약속하지 아니한다.

제45조[대리인 있는 상대방 당사자와의 직접교섭 금지] 변호사는 수임하고 있는 사건의 상대방 당사자에게 변호사 또는 법정대리인이 있는 경우에는, 그 변호사 또는 법정대리인의 동의나 기타 다른 합리적인 이유가 없는 한 상대방 당사자와 직접 접촉하거나 교섭하지 아니한다.

제5장 업무 형태

제1절 법무법인 등

제46조[법무법인 등의 구성원, 소속 변호사의 규정 준수 의무] ① 변호사법에 의한 법무법인, 법무법인(유한), 법무조합 및 대한변호사협회 회칙에서 정한 공증인가합동법률사무소 및 공동법률사무소(이하 '법무법인 등'이라고 한다)의 구성원, 소속 변호사는 이 절의 규정을 준수한다.
② 구성원 변호사는 소속 변호사가 변호사 업무의 수행에 관련하여 이 절의 규정을 준수하도록 노력한다.
③ 변호사는 다른 변호사의 지시에 따라 업무를 수행하는 경우에도 이 절의 규정을 준수한다.
④ 소속 변호사는 그 업무수행이 이 절의 규정에 위반되는 것인지 여부에 관하여 이견이 있는 경우, 그 업무에 관하여 구성원 변호사의 합리적인 결론에 따른 때에서는 이 절의 규정을 준수한 것으로 본다.

제47조[비밀유지의무] 법무법인 등의 구성원 변호사 및 소속 변호사는 정당한 이유가 없는 한 다른 변호사가 의뢰인과 관련하여 직무상 비밀유지의무를 부담하는 사항을 알게 된 경우에는, 이를 누설하거나 이용하지 아니한다. 이는 변호사가 해당 법무법인 등으로부터 퇴직한 경우에도 같다.

제48조[수임 제한] ① 제22조 및 제42조의 규정은 법무법인 등이 사건을 수임하는 경우에 준용한다. 다만, 제2항에서 달리 정하는 경우는 제외한다.

② 법무법인 등의 특정 변호사에게만 제22조 제1항 제4호 또는 제42조에 해당하는 사유가 있는 경우, 당해 변호사가 사건의 수임 및 업무수행에 관여하지 않고 그러한 사유가 법무법인 등의 사건처리에 영향을 주지 아니할 것이라고 볼 수 있는 합리적 사유가 있는 때에는 사건의 수임이 제한되지 아니한다.

③ 법무법인 등은 제2항의 경우에 당해 사건을 처리하는 변호사와 수임이 제한되는 변호사들 사이에 당해 사건과 관련하여 비밀을 공유하는 일이 없도록 합리적인 조치를 취한다.

제49조[수임 관련 정보의 관리] 법무법인 등은 전조의 규정에 의해 수임이 제한되는 사건을 수임하지 않도록 의뢰인, 상대방 당사자, 사건명 등 사건수임에 관한 정보를 관리하고, 필요한 합리적인 범위 내에서 사건 수임에 관한 정보를 구성원 변호사들이 공유할 수 있도록 적절한 조치를 취한다.

제50조[동일 또는 유사 명칭의 사용 금지] 변호사법에서 정한 바에 따라서 설립된 법무법인, 법무법인(유한), 법무조합이 아닌 변호사의 사무소는 그와 동일 또는 유사한 명칭을 사용하지 아니한다.

제2절 기 타

제51조[사내변호사의 독립성] 정부, 공공기관, 비영리단체, 기업, 기타 각종의 조직 또는 단체 등(단, 법무법인 등은 제외한다. 이하 '단체 등'이라 한다)에서 임원 또는 직원으로서 법률사무 등에 종사하는 변호사(이하 '사내변호사'라 한다)는 그 직무를 수행함에 있어 독립성의 유지가 변호사로서 준수해야 하는 기본 윤리임을 명심하고, 자신의 직업적 양심과 전문적 판단에 따라 업무를 성실히 수행한다.

제52조[사내변호사의 충실의무] 사내변호사는 변호사윤리의 범위 안에서 그가 속한 단체 등의 이익을 위하여 성실히 업무를 수행한다.

제53조[중립자로서의 변호사] ① 변호사는 자신의 의뢰인이 아닌 당사자들 사이의 분쟁 등의 해결에 관여하는 경우에 중립자로서의 역할을 수행한다. 중립자로서 변호사가 행하는 사무에는 중재자, 조정자로서 행하는 사무 등을 포함한다.

② 중립자로서 역할을 수행하는 변호사는 당사자들에게 자신이 그들을 대리하는

것이 아님을 적절히 설명한다.

제54조[증인으로서의 변호사] ① 변호사는 스스로 증인이 되어야 할 사건을 수임하지 아니한다. 다만, 다음 각 호의 1에 해당하는 경우에는 그러하지 아니하다.

1. 명백한 사항들과 관련된 증언을 하는 경우
2. 사건과 관련하여 본인이 제공한 법률사무의 내용에 관한 증언을 하는 경우
3. 사건을 수임하지 아니함으로써 오히려 의뢰인에게 불리한 영향을 미치는 경우

② 변호사는 그가 속한 법무법인 등의 다른 변호사가 증언함으로써 의뢰인의 이익이 침해되거나 침해될 우려가 있을 경우에는 당해 사건에서 변호사로서의 직무를 수행하지 아니한다.

법관윤리강령

[대법원규칙 제2021호, 2006.5.25, 개정]

법관은 국민의 기본적 인권과 정당한 권리행사를 보장함으로써 자유·평등·정의를 실현하고, 국민으로부터 부여받은 사법권을 법과 양심에 따라 엄정하게 행사하여 민주적 기본질서와 법치주의를 확립하여야 한다. 법관은 이 같은 사명을 다하기 위하여 사법권의 독립과 법관의 명예를 굳게 지켜야 하며 국민으로부터 신뢰와 존경을 받아야 한다. 그러므로 법관은 공정하고 청렴하게 직무를 수행하며, 법관에게 요구되는 높은 수준의 직업윤리를 갖추어야 한다. 이에 우리 법관은 뜻을 모아 법관이 지녀야 할 윤리기준과 행위전범을 마련하여 법관으로서의 자세와 마음가짐을 새롭게 하고자 한다. 모름지기 모든 법관은 이 강령을 스스로의 책임과 규율 아래 잘 지켜 법관의 사명과 책무를 다하여야 할 것이다.

제1조[사법권 독립의 수호] 법관은 모든 외부의 영향으로부터 사법권의 독립을 지켜 나간다.

제2조[품위 유지] 법관은 명예를 존중하고 품위를 유지한다.

제3조[공정성 및 청렴성] ① 법관은 공평무사하고 청렴하여야 하며, 공정성과 청렴성을 의심받을 행동을 하지 아니한다.
② 법관은 혈연·지연·학연·성별·종교·경제적 능력 또는 사회적 지위 등을 이유로 편견을 가지거나 차별을 하지 아니한다.

제4조[직무의 성실한 수행] ① 법관은 맡은 바 직무를 성실하게 수행하며, 직무수행 능력을 향상시키기 위하여 꾸준히 노력한다.
② 법관은 신속하고 능률적으로 재판을 진행하며, 신중하고 충실하게 심리하여 재판의 적정성이 보장되도록 한다.
③ 법관은 당사자와 대리인등 소송 관계인을 친절하고 정중하게 대한다.
④ 법관은 재판업무상 필요한 경우를 제외하고는 당사자와 대리인등 소송 관계인을 법정 이외의 장소에서 면담하거나 접촉하지 아니한다.
⑤ 법관은 교육이나 학술 또는 정확한 보도를 위한 경우를 제외하고는 구체적 사건에 관하여 공개적으로 논평하거나 의견을 표명하지 아니한다.

제5조[법관의 직무외 활동] ① 법관은 품위 유지와 직무 수행에 지장이 없는 경우에 한하여, 학술 활동에 참여하거나 종교·문화단체에 가입하는 등 직무외 활동을 할 수 있다.

② 법관은 타인의 법적 분쟁에 관여하지 아니하며, 다른 법관의 재판에 영향을 미치는 행동을 하지 아니한다.

③ 법관은 재판에 영향을 미치거나 공정성을 의심받을 염려가 있는 경우에는 법률적 조언을 하거나 변호사 등 법조인에 대한 정보를 제공하지 아니한다.

제6조[경제적 행위의 제한] 법관은 재판의 공정성에 관한 의심을 초래하거나 직무 수행에 지장을 줄 염려가 있는 경우에는, 금전대차등 경제적 거래행위를 하지 아니하며 증여 기타 경제적 이익을 받지 아니한다.

제7조[정치적 중립] ① 법관은 직무를 수행함에 있어 정치적 중립을 지킨다.

② 법관은 정치활동을 목적으로 하는 단체의 임원이나 구성원이 되지 아니하며, 선거운동 등 정치적 중립성을 해치는 활동을 하지 아니한다.

검사윤리강령

[법무부 훈령 제581호]

검사는 범죄로부터 국민을 보호하고 「법의 지배」를 통하여 인간의 존엄과 권리를 보장함으로써 자유롭고 안정된 민주사회를 구현하여야 할 책임이 있다

검사는 이 책임을 완수하기 위하여 스스로 높은 도덕성과 윤리 의식을 갖추고 투철한 사명감과 책임감을 바탕으로 이 직무를 수행하여야 한다.

검사는 주어진 사명의 숭고함을 깊이 인식하고 국민으로부터 진정으로 신뢰받을 수 있도록 다음의 윤리 기준과 행동 준칙에 따라 실천하고 스스로 그 결과에 대하여 책임을 진다.

제1조[사명] 검사는 공익의 대표자로서 국법질서를 확립하고 국민의 인권을 보호하며 정의를 실현함을 그 사명으로 한다.

제2조[국민에 대한 봉사] 검사는 직무상의 권한이 국민으로부터 위임된 것임을 명심하여 성실하고 겸손한 자세로 국민에게 봉사한다.

제3조[정치적 중립과 공정] ① 검사는 정치 운동에 관여하지 아니하며, 직무 수행을 할 때 정치적 중립을 지킨다.
② 검사는 피의자나 피해자, 기타 사건 관계인에 대하여 정당한 이유 없이 차별 대우를 하지 아니하며 어떠한 압력이나 유혹, 정실에도 영향을 받지 아니하고 오로지 법과 양심에 따라 엄정하고 공평하게 직무를 수행한다.

제4조[청렴과 명예] 검사는 공·사생활에서 높은 도덕성과 청렴성을 유지하고, 명예롭고 품위 있게 행동한다.

제5조[자기계발] 검사는 변화하는 사회현상을 직시하고 높은 식견과 시대가 요구하는 새로운 지식을 쌓아 직무를 수행함에 부족함이 없도록 하기 위하여 끊임없이 자기계발에 노력한다.

제6조[인권보장과 적법절차의 준수] 검사는 피의자·피고인, 피해자 기타 사건 관계인의 인권을 보장하고 헌법과 법령에 규정된 절차를 준수한다.

제7조[검찰권의 적정한 행사] 검사는 적법한 절차에 의하여 증거를 수집하고 법령의 정당한 적용을 통하여 공소권이 남용되지 않도록 한다.

제8조[검찰권의 신속한 행사] 검사는 직무를 성실하고 신속하게 수행함으로써 국가 형벌권의 실현이 부당하게 지연되지 않도록 한다.

제9조[사건의 회피] ① 검사는 취급 중인 사건의 피의자, 피해자 기타 사건 관계인(당사자가 법인인 경우 대표이사 또는 지배주주)과 민법 제777조의 친족관계에 있거나 그들의 변호인으로 활동한 전력이 있을 때 또는 당해 사건과 자신의 이해가 관련되었을 때에는 그 사건을 회피한다.
② 검사는 취급 중인 사건의 사건 관계인과 제1항 이외의 친분 관계 기타 특별한 관계가 있는 경우에도 수사의 공정성을 의심받을 우려가 있다고 판단했을 때에는 그 사건을 회피할 수 있다.

제10조[사건 관계인에 대한 자세] 검사는 인권보호수사준칙을 준수하고 피의자, 피해자 등 사건 관계인의 주장을 진지하게 경청하며 객관적이고 중립적인 입장에서 사건 관계인을 친절하게 대하도록 노력한다.

제11조[변호인에 대한 자세] 검사는 변호인의 변호권행사를 보장하되 취급 중인 사건의 변호인 또는 그 직원과 정당한 이유 없이 사적으로 접촉하지 아니한다.

제12조[상급자에 대한 자세] 검사는 상급자에게 예의를 갖추어 정중하게 대하며, 직무에 관한 상급자의 지휘·감독에 따라야 한다. 다만, 구체적 사건과 관련된 상급자의 지휘·감독의 적법성이나 정당성에 이견이 있을 때에는 절차에 따라서 이의를 제기할 수 있다.

제13조[사법경찰관리에 대한 자세] 검사는 수사의 주재자로서 엄정하고 합리적으로 사법경찰관리를 지휘하고 감독한다.

제14조[외부 인사와의 교류] 검사는 직무 수행의 공정성을 의심받을 우려가 있는 자와 교류하지 아니하며 그 처신에 유의한다.

제15조[사건 관계인 등과의 사적 접촉 제한] 검사는 자신이 취급하는 사건의 피의자, 피해자 등 사건 관계인 기타 직무와 이해관계가 있는 자(이하 '사건 관계인 등'이라 한다)와 정당한 이유 없이 사적으로 접촉하지 아니한다.

제16조[직무 등의 부당 이용 금지] ① 검사는 항상 공·사를 분명히 하고 자기 또는 타인의 부당한 이익을 위하여 그 직무나 직위를 이용하지 아니한다.

② 검사는 직무와 관련하여 알게 된 사실이나 취득한 자료를 부당한 목적으로 이용하지 아니한다.

제17조[영리행위 등 금지] 검사는 금전상의 이익을 목적으로 하는 업무에 종사하거나 법무부장관의 허가 없이 보수 있는 직무에 종사하는 일을 하지 못하며, 법령에 의하여 허용된 경우를 제외하고는 다른 직무를 겸하지 아니한다.」

제18조[알선·청탁 등 금지] ① 검사는 다른 검사나 다른 기관에서 취급하는 사건 또는 사무에 관하여 공정한 직무를 저해할 수 있는 알선·청탁이나 부당한 영향력을 미치는 행동을 하지 아니한다.

② 검사는 부당한 이익을 목적으로 타인의 법적 분쟁에 관여하지 아니한다.

제19조[금품수수금지] 검사는 제14조에서 규정한 직무 수행의 공정성을 의심받을 우려가 있는 자나 제15조에서 규정한 사건관계인 등으로부터 정당한 이유 없이 금품, 금전상 이익, 향응이나 기타 경제적 편의를 제공받지 아니한다.

제20조[특정 변호사 선임 알선 금지] 검사는 직무상 관련이 있는 사건이나 자신이 근무하는 기관에서 취급 중인 사건에 관하여 피의자, 피고인 기타 사건 관계인에게 특정 변호사의 선임을 알선하거나 권유하지 아니한다.

제21조[외부 기고 및 발표에 관한 원칙] 검사는 수사 등 직무와 관련된 사항에 관하여 검사의 직함을 사용하여 대외적으로 그 내용이나 의견을 기고·발표하는 등 공표할 때에는 소속 기관장의 승인을 받는다.

제22조[직무상 비밀유지] 검사는 수사사항, 사건 관계인의 개인 정보 기타 직무상 파악한 사실에 대하여 비밀을 유지하여야 하며, 전화, 팩스 또는 전자우편 그리고 기타 통신수단을 이용할 때에는 직무상 비밀이 누설되지 않도록 유의한다.

제23조[검사실 직원 등의 지도·감독] 검사는 그 사무실의 검찰공무원, 사법연수생, 기타 자신의 직무에 관여된 공무원을 인격적으로 존중하며, 그들이 직무에 관하여 위법 또는 부당한 행위를 하거나 업무상 지득한 비밀을 누설하거나 부당하게 이용하지 못하도록 지도·감독한다.

판례색인

사항색인

공저자 약력

김 건 호

- 고려대학교 법과대학 및 동 대학원 졸업
- 제34회 사법시험 합격(사법연수원 제24기 수료)
- 변호사
- 사법시험위원 및 변호사시험위원

- 현) 충북대학교 법학전문대학원 교수

한 상 규

- 고려대학교 법과대학 졸업
- 제34회 사법시험 합격(사법연수원 제24기 수료)
- 대구지방법원, 서울고등법원 등 판사
- 변호사시험위원

- 현) 강원대학교 법학전문대학원 교수

제 4 판
법조윤리강의

초판발행	2012년 6월 20일
제4판발행	2022년 2월 28일

지은이	김건호·한상규
펴낸이	안종만·안상준

편 집	윤혜경
기획/마케팅	김한유
표지디자인	BEN STORY
제 작	고철민·조영환

펴낸곳	(주) **박영사**
	서울특별시 금천구 가산디지털2로 53, 210호(가산동, 한라시그마밸리)
	등록 1959. 3. 11. 제300-1959-1호(倫)

전 화	02)733-6771
f a x	02)736-4818
e-mail	pys@pybook.co.kr
homepage	www.pybook.co.kr
ISBN	979-11-303-4127-9 93360

정 가   25,000원